BULLETIN

DE LA

SOCIÉTÉ DES SCIENCES

HISTORIQUES & NATURELLES

DE LA CORSE

XIᵉ ANNÉE
JUIN-JUILLET-AOUT-SEPTEMBRE-OCTOBRE-NOVEMBRE 1891.
126ᵉ-127ᵉ-128ᵉ-129ᵉ-130ᵉ-131ᵉ FASCICULES

BASTIA
IMPRIMERIE & LIBRAIRIE OLLAGNIER

1891

SOMMAIRE

DES ARTICLES CONTENUS DANS LE PRÉSENT BULLETIN

Pages

Procès-verbaux des Séances du Parlement Anglo-Corse, du 7 février au 16 mai 1795 1-560

Pour paraître prochainement :

Correspondance de Lord Elliot, Vice-Roi de Corse, avec le Gouvernement anglais. — Traduction de M. Sébastien de Caraffa.

PROCÈS-VERBAUX

DES

SÉANCES DU PARLEMENT ANGLO-CORSE

SOCIÉTÉ DES SCIENCES HISTORIQUES ET NATURELLES
DE LA CORSE

PROCÈS-VERBAUX

DES SÉANCES

DU PARLEMENT ANGLO-CORSE

PUBLIÉS

par M. l'Abbé LETTERON

PROFESSEUR AU LYCÉE

BASTIA

IMPRIMERIE ET LIBRAIRIE OLLAGNIER

1891.

AVANT-PROPOS

Le recueil des *Procès-Verbaux du Parlement Anglo-Corse* forme la suite naturelle des deux volumes de *Pièces et Documents divers pour servir à l'Histoire de la Corse pendant la Révolution Française*. La dernière pièce du deuxième volume, la lettre du général Mouret, est du 29 décembre 1794, et la lettre de Lord Elliot, invitant les députés des pièves à se réunir en Parlement dans la ville de Bastia, est du 22 janvier 1795. L'assemblée générale tenue à Corte sous la présidence du général Paoli, avait, le 15 juin 1794, prononcé la séparation *totale* de la Corse et de la France, et le 19 elle avait promulgué la *Constitution du Royaume de Corse* (1). Cette Constitution resta en vigueur jusqu'à la fin de l'occupation anglaise, et c'est d'après ses dispositions que les divers pouvoirs furent constitués, que le Parlement fut élu, que les tribunaux furent organisés, que le Roi de la Grande Bretagne

(1) On trouvera le décret de séparation et la Constitution du Royaume de Corse dans le deuxième volume des *Pièces et Documents divers pour servir à l'Histoire de la Corse pendant la Révolution Française*, pp. 345 et suivantes.

enfin fut proclamé Roi de Corse, à condition qu'il *maintiendrait la liberté du peuple Corse selon la Constitution et la Loi.*

Les membres du nouveau Parlement, dont la convocation avait été ajournée à cause des rigueurs de la saison, se réunirent à Bastia le 6 février 1795, et se rendant à l'église de la Conception, lieu ordinaire des séances, ils déposèrent sur un bureau préparé à cet effet, les procès-verbaux de leur élection. La première séance eut lieu le 9 février.

Le recueil des procès-verbaux de ces séances est déposé aux Archives départementales d'Ajaccio. Il se compose de trois registres, grand in-4º, ainsi cotés : L 337, L 338, L 339. Le premier registre s'arrête à la séance du 13 avril 1795, le second registre commence à la séance du 13 avril, et se termine par le procès-verbal de la séance du 18 mai, c'est-à-dire à la fin de la première session du Parlement. La seconde session dura peu : commencée le 25 novembre 1795, elle s'acheva le 22 décembre ; le troisième registre contient les procès-verbaux de cette deuxième session qui fut aussi la dernière (1). Le Parlement n'était cependant pas dissous. Aux termes de la Constitution (Tit. III, art. 1er), la durée de chaque Parlement devait être de deux ans. Mais les succès de Bonaparte en Italie donnèrent bientôt à Lord Elliot d'autres soucis que celui de convoquer les Corses en Parlement ; il sentait que la possession de l'île lui échappait peu à peu

---

(1) D'après l'article 29 du Règlement de la Chambre (V. p. 41), toutes les délibérations du Parlement devaient être inscrites sur un *double registre*, et chaque procès-verbal signé par le président et par le secrétaire. Comme il n'existe aux Archives d'Ajaccio qu'un seul recueil de ces délibérations, il est probable que l'autre aura été emporté par les Anglais à leur départ de Corse.

depuis qu'il avait fait rappeler Paoli en Angleterre ; il prévoyait qu'un Corse allait envoyer, des côtes d'Italie, reprendre aux Anglais ce qu'un autre Corse leur avait donné.

Le compte-rendu des séances du Parlement Anglo-Corse n'était pas publié *in extenso*. On n'en livrait à l'impression que certaines parties, comme les adresses de la Chambre au Vice-Roi ou à d'autres personnages, avec les réponses à ces adresses. Tous les projets de décret rédigés par la Chambre étaient, dès qu'ils avaient reçu l'approbation du Roi, publiés sous le nom d'Actes de Parlement. Le texte du dispositif était conservé intégralement. Seulement la formule ordinaire, *Decreto della Camera di Parlamento di Corsica sopra* etc., était remplacée par celle-ci : GIORGIO III RE DELLA GRAN BRETAGNA, D'IRLANDA, DI FRANCIA, DI CORSICA. — *Atto di Parlamento del* (giorno del mese) *1795*. En outre, l'*Atto di Parlamento* se terminait toujours par cette formule : *Ordiniamo al Tribunale Supremo, a quelli delle Giurisdizioni, ai Podestà delle Pievi, ed agli Uffiziali Municipali delle Comunità, di pubblicare, eseguire, e fare eseguire la presente come Legge del Regno. — Per ordine di Sua Eccellenza* IL VICE RE *del Regno di Corsica,* POZZODIBORGO, *Presidente del Consiglio di Stato* (1). On rencontre bien de temps en temps, dans les bibliothèques publiques ou les collections particulières, quelques-uns de ces *Atti di Parlamento*, mais on peut avancer hardiment qu'on n'en trouverait nulle part un recueil complet, comme celui que contient le présent volume.

L'histoire de la Corse pendant l'occupation anglaise est

---

(1) Lorsque Pozzo-di-Borgo remplaçait North comme secrétaire d'État, il ajoutait, *e facente le funzioni di Segretario di Stato.*

fort complexe. On en trouvera ici la partie officielle, pleine de décorum et de courtoisie entre des pouvoirs divers qui au fond s'estiment peu et s'aiment moins encore. On croirait, en lisant le compte-rendu de ces séances, que le Vice-Roi ne rencontre jamais le moindre obstacle dans son administration, que partout, dans le Parlement, dans les populations, dans son entourage, il trouve une obéissance absolue, un dévouement sans bornes. Or, il faut bien en rabattre. Les deux années que Lord Elliot passa en Corse furent pour lui deux années d'embarras, de difficultés inouïes, et il regrettait amèrement d'être obligé pour son honneur de conserver la Vice-Royauté de l'Ile, dans la crainte qu'on ne le crût renversé et chassé par Paoli et ses amis. — C'est ce côté nouveau et curieux de l'administration anglaise que mettra en lumière la correspondance de Lord Elliot avec son gouvernement, correspondance dont M. Sébastien de Caraffa publiera prochainement la traduction dans notre Bulletin. Ce volume d'environ six cents pages, dont l'impression est déjà fort avancée, sera le commentaire à la fois le plus complet et le plus piquant des séances du Parlement Anglo-Corse.

L'Abbé Letteron.

(Nous devons, comme à l'ordinaire, remercier MM L. et P. Lucciana du concours qu'ils nous ont prêté pour l'impression du présent volume).

diritti di ciascuno, che i soli soggetti proclamati come membri del Parlamento dai Podestà delle pievi.

Il Signor Tartaroli rappresentò che il popolo d'Ajaccio avendogli accordata la sua confidenza con la pluralità dei suffragi nel concorso dei Signori Guitera e Cuneo d'Ornano, al momento che doveva giustamente lusingarsi di essere proclamato come il secondo parlamentario di quella Città, dopo del Signor Peraldi, egli si vide posposto al Signor Cuneo, che ha riportati non solo minori suffragi di detto Signor Tartaroli, ma eziandio del suddetto Signor Guitera;

Che la proclamazione fatta dal Podestà è diametralmente contraria allo spirito della legge e della Costituzione, giacchè il voto libero dei cittadini è quello che deve decidere della scelta dei candidati; ora avendo il Signor Tartaroli ottenuta la pluralità richiesta dalla legge, il Podestà di Ajaccio, senza lederne evidentemente le disposizioni, non poteva dispensarsi di proclamarlo per il secondo parlamentario di quella città;

Che se poi i membri legittimi della Camera credessero di non aderire alla di lui petizione, i soggetti che sono in di lui concorso dovrebbero essere provvisoriamente esclusi fino alla decisione finale da portarsi dalla Camera istessa per l'ammissibilità del secondo membro di Parlamento della città di Ajaccio.

Vari membri combatterono la proposizione del Signor Tartaroli. Altri opinarono che i soli membri della Camera del Parlamento, sopra la nomina de' quali queste opposizioni sono state rilevate, non dovessero far parte della Camera prima della di lei decisione.

I membri riuniti nella sala, dopo la discussione della materia e l'esame della Costituzione, e della legge decretata nella consulta generale del mese di giugno 1794, furono di avviso, che senza ledere i diritti del Signor Tartaroli e di tutti gli altri opponenti, i quali rimarranno intatti, ed illesi per essere discussi e decisi dalla Camera del Parlamento, i soli membri che sono stati proclamati dai rispettivi Podestà delle pievi prenderebbero seggio nella sala, ma che non avrebbero voce deliberativa sulle discussioni riguardanti la verificazione dei poteri.

Un membro ha osservato che sarebbe bene di prevenire per mezzo di una deputazione Sua Eccellenza il Signor Vice-Re della premura con cui i membri del Parlamento si sono resi in questa città alla di lui proclamazione, e del sacro dovere che nutrono di secondare intieramente gli ordini del Re per la presente riunione.

Questa proposizione essendo stata applaudita, i membri riuniti nominarono i Signori Pozzodiborgo, Bertolacci, Peraldi, Panattieri, Celani, Brandizio Paoli, Frediani, Ferrandi, Ciavaldini, Balestrino, Giulio Paolo Roccaserra, e Giampietri, i quali furono incaricati di presentarsi al Signor Vice-Re e di pronunziare il seguente discorso :

« Eccellenza,

» I candidati portatori del processo verbale di elezione nelle differenti Pievi per la nomina dei membri di Parlamento si sono riuniti in assemblea in virtù degli ordini del Re, ed aspettano quelli di Vostra Eccellenza. »

I membri della Camera essendosi trattenuti nella sala, e la detta deputazione rientrata ha riportata la risposta di Sua Eccellenza il Vice-Re nei termini seguenti :

« Signori,

» Ringrazio l'Assemblea di questa deputazione : sono sensibile di aver dovuto cagionarvi questo incomodo nella presente rigorosa stagione, e vi prego di comunicare questi miei sentimenti all'Assemblea. Lunedì nove del corrente mese, aprirò la sessione del Parlamento alle dieci ore della mattina. »

In appresso sulla proposizione di uno dei membri è stato opinato da tutti gli assemblati di regolare il ceremoniale dell'accompagnamento, e dell'entrata del Signor Vice-Re nella sala, nella seguente maniera:

Tutti i membri, nel giorno di lunedì prossimo, alle ore dieci della mattina, si riuniranno in questa medesima sala, e preceduti da quello che sarà riconosciuto il più decano, si renderanno nella chiesa parrocchiale di San Giovan Battista, ove sarà celebrata la messa dello Spirito Santo. Questa finita, rientreranno coll'istesso ordine nella sala del Parlamento, ove sarà nominata una deputazione per prevenire il Signor Vice-Re della riunione della Camera, e del desiderio di sentire gli ordini di Sua Maestà. La detta deputazione accompagnerà Sua Eccellenza, e quando entrerà nella sala, tutti i membri si leveranno in piedi. Al momento che il Signor Vice-Re pronuncierà il suo discorso, tutti i membri si porranno a sedere, e l'istessa deputazione lo accompagnerà fino al suo Palazzo.

GIAFFERRI, Presidente Decano.

Sessione del 9 Febbraio 1795.

I membri destinati a comporre la Camera del Parlamento essendosi resi nella sala preparata per le sue sessioni, si è riconosciuto il Signor Giafferri per il più anziano di età, ed esso alla testa, e preceduti dalla musica, si sono trasferiti nella chiesa parrocchiale di San Giovan Battista, ove arrivati e preso seggio nei luoghi preparati in chiesa, è stata celebrata la messa solenne dello Spirito Santo.

Questa finita e cantato il *Veni Creator*, gl'istessi membr

della Camera, coll'ordine medesimo con cui si erano trasferiti in chiesa, sono rientrati nella sala del Parlamento.

Essendo stata proposta una deputazione per rendersi presso di Sua Eccellenza il Vice-Re, ad oggetto di prevenirlo della riunione della Camera, e delle premure di veder aperto il Parlamento a tenore degli ordini di Sua Maestà, e questa deputazione approvata unanimemente, è stata composta dei Signori Angeli, Ciavaldini, Brandi, Stefanopoli, Ordioni, Ferri, Leoni, Negroni, Mattei, Antonio Ornano, Giampietri e Sabbiani, i quali si sono immediatamente diretti al Palazzo del Signor Vice-Re.

Alla comparsa di detta deputazione, Sua Eccellenza accompagnata dal Consiglio di stato, e da tutti gli ufficiali dello stato maggiore, e preceduti dalla musica, e fra due ale della guarnigione piazzata dal Palazzo fino alla sala, con un continuato sparo di artiglieria, si è reso nella sala del Parlamento.

Entrato nella sala suddetta, tutti i membri della Camera si sono levati in piedi, ed il Signor Vice-Re, dopo di aver salutato il trono, ed avere sotto di quello preso il seggio stato preparato, ed i membri componenti la detta Camera seduti, ha pronunciato il seguente discorso:

« Signori,

» È con la più sincera e cordiale soddisfazione, che io vi trovo in questo giorno riuniti in Parlamento, siasi perchè quella Costituzione sopra la quale riposa la futura felicità della Corsica trovasi con questo atto pienamente accompita, siasi perchè tutta l'energia della vostra autorità e saviezza è necessaria in quest'epoca, doppiamente interessante tanto per il perfetto stabilimento di un nuovo governo, quanto per la continuazione della guerra.

» Voi siete incaricati dell'adempimento di doveri non solo importanti, ma anche difficili, poichè da una parte col vigore, col coraggio nella guerra dovete assicurare come nazione indipendente la vostra libertà, dall'altra prendere per l'interna amministrazione risoluzioni che meglio sarebbero state combinate in un tempo di tranquillità e di pace.

» Per l'adempimento di un carico di tanta importanza io mi riposo sopra la saviezza e lo spirito pubblico del Parlamento, sostenuto dalla cordiale e zelante unione di tutti i buoni Corsi di pubblica e privata condizione; poichè senza dubbio voi parteciperete meco della consolante riflessione, che l'epoca presente offre la felice opportunità di comporre le passate animosità e di cancellare le divisioni, che non possono essere in avvenire alimentate da alcun sussistente motivo, che sono sempre in contradizione col bene generale e che lo pregiudicherebbero sopratutto in un momento eguale al presente.

» Sua Maestà da sua parte, sempre giusto e sempre fermo nei suoi impegni, ha già prese tutte le misure indicate dalla Costituzione per completare il nuovo sistema del vostro governo: Egli si è degnato di ratificare in persona l'atto costituzionale che fui previamente autorizzato di ricevere in suo nome: Io ho ordinato che la graziosa risposta fatta da Sua Maestà all'indirizzo dell'ultima consulta generale presentatagli dai deputati di quella assemblea, siasi messa nanti di voi, ed ho parimente ordinato che vi sia presentata copia della commissione, con cui Sua Maestà si è compiaciuta di conferirmi il sublime onore di rappresentarlo in questo Regno sotto il titolo di Vice-Re, conforme alle disposizioni dell'atto costituzionale.

» La scelta di una persona la di cui migliore qualificazione per questa distinta carica è la viva e costante affezione per la Corsica, vi farà conoscere, che i medesimi sentimenti hanno prevaluto in questa circostanza nell'animo di Sua Maestà.

» Io posso informarvi con eguale soddisfazione che Sua Maestà è fortemente sollecita di farvi godere della sua protezione contro i disegni ostili del nemico, e voi potete contare sopra il di lui potente e vigoroso sostegno durante la guerra. Egli confida nel tempo istesso nello zelo e coraggio dei suoi sudditi Corsi per respingere il nemico, e difendere nell'indipendenza della loro patria, e nella sicurezza della loro vita, fortuna ed onore, tutto ciò che puole essere caro agli uomini. Per tale oggetto un considerabile corpo d'infanteria corsa è stato levato, ed è stato proposto anche di aumentare questa truppa nazionale. Sono egualmente state prese le misure per mettere Sua Maestà in istato di assemblare le milizie, ed impiegarle in caso di bisogno.

» Il Parlamento intraprenderà nella sua saviezza di formare le adequate regole per la perfezione di questo sistema, affinchè possa dare alla Corsica, nei momenti di pericolo, tutto il benefizio ed il soccorso del coraggio e del patriottismo dei suoi abitanti.

» Poichè non bisogna mai perdere di vista che la conservazione e l'indipendenza del vostro paese non riposano solamente sulla protezione delle truppe regolate, qualunque sia la forza formidabile che possa essere impiegata, ma risiedono principalmente, previa la Divina Provvidenza, su i cuori e le armi di un popolo che ama la sua patria e la sua libertà.

» Molti importanti oggetti richiederanno la vostra immediata attenzione; il più urgente è quello di provvedere sufficienti fondi per il pubblico servizio; nelle presenti circostanze della Corsica, Sua Maestà si è compiaciuta d'incaricarsi di tutte le spese che concernono i stabilimenti militari; voi avete oltre ciò una gran forza navale senza alcun peso : voi non avete alcun debito pubblico e per conseguenza alcun interesse a pagare per tale oggetto.

» Riflettendo a questi particolari vantaggi goduti forse esclusivamente dalla vostra nazione, io sono persuaso che vorrete provvedere di buon' animo alle rimanenti ed indispensabili spese del pubblico servizio; ed è con la più gran soddisfazione che io considero essere cosa impossibile che una adeguata ed ampia provvisione per le spese civili sia mai di aggravio al popolo di Corsica, anche nello stato presente delle sue risorse.

» La fissazione del vostro religioso stabilimento è stata riservata al giudizio della Camera di Parlamento, di concerto con Sua Santità il Papa: Questo importante oggetto fisserà naturalmente la vostra pronta e seria attenzione, ed io non dubito punto che la saviezza e la pietà che presiederanno ai vostri consigli non siano per suggerirvi i mezzi onde conciliare i civili interessi e la temporale prosperità dei vostri costituenti, coi santi doveri della Religione e la riverenza dovuta ai suoi ministri ed ai sacri diritti della proprietà.

» La definizione dei limiti di ciascun potere, la giurisdizione da esercitarsi dai differenti tribunali nell'amministrazione della giustizia, e la chiarezza della legge stessa sono altrettanti punti di seria ed urgente importanza: una fedele e giudiziosa amministrazione delle proprietà nazionali, e particolarmente dei boschi e foreste, l'incoraggiamento dell'agricoltura, delle manifatture e del commercio, quello dell'industria in tutte le sue parti, il governo e la disciplina militare, la navigazione e le regole che possono mettere a profitto le risorse navali di quest'Isola siasi in marinari, che in munizioni proprie alla sua difesa ed al servizio generale dell'Impero; la riparazione delle strade, la facilitazione delle comunicazioni interne, l'istituzione per l'istruzione pubblica, gli stabilimenti di sanità, siasi per la sicurezza degli abitanti, che per la comodità del loro commercio, sono tutti oggetti che meritano la vostra pronta deliberazione, e alle quali la vostra saviezza e diligenza non mancheranno di provvedere.

» È con la più grande soddisfazione che io vi annunzio la conchiusione del trattato di matrimonio di Sua Altezza Reale, il Principe di Galles, colla Principessa Carolina, figlia del duca di Brunswick: Io sono persuaso che la vostra affezione per la persona e famiglia di Sua Maestà vi farà partecipare alla generale allegrezza sparsa in tutte le parti de' suoi dominii per un evento tanto interessante alla domestica felicità di Sua Maestà, e di questo illustre principe.

» Signori,

» Abbenchè penetrato dalla natura della circostanza presente e della importanza dei doveri, che ci sono imposti, confido nondimeno nel vostro patriottismo, applicazione e talenti, e prego Iddio di benedire ed illuminare i nostri consigli, e di armarci di saviezza e di virtù, in modo tale che questo primo Parlamento di Corsica sia un' esempio a tutti quelli che li succederanno, ed ai vostri costituenti d'oggidì, di disinteresse, di zelo, e sopratutto di unione per il pubblico bene.

» Per questi mezzi e coll'aiuto della Divina Provvidenza io confido che la vostra patria trionferà di tutti i suoi interni ed esterni nemici, e che conseguirà, sotto il dolce ed equo governo di Sua Maestà, l'apice della prosperità e felicità nazionale. »

Dopo di che il Signor Vice-Re, coll'istesso ordine con cui si era reso nella sala del Parlamento e col medesimo corteggio, si è restituito nel suo palazzo.

La deputazione rientrata nella sala, si è riconosciuto che il detto Signor Giafferri era il più decano, e in conseguenza in questa qualità ha presieduto la Camera ed ha scelto per segretario provvisorio il Signor Ferri Pisani.

In seguito un membro ha detto:

« Il prospetto della felicità di questo Regno, delineato nel grazioso discorso di Sua Eccellenza il Vice-Re, fa bastantemente conoscere le benefiche intenzioni di Sua Maestà verso dei nuovi suoi sudditi: la Camera del Parlamento, penetrata

Canari : Gio : Brando Antonetti, Simone Alessandrini.
Lota : Francesco Figarella, Gio : Francesco Confortini.
Nonza : Giulio Francesco Nobili, Giulio Francesco Fraticelli.

Giurisdizione di Corte.

Talcini : Francesco Benedetto Panattieri, Francesco Antonio Gafforj.
Venaco : Anton Francesco Luigi Carlotti, Francesco Maria Guglielmi.
Bozio : Paolo Zerbi, Marc' Aurelio Bernardini.
Caccia : Nicolò Giorgi, Agostino Grimaldi.
Castello : Angelo Giuseppe Griscelli, Orso Santo Bonelli.
Giovellina : Gio : Francesco Colonna, Anton Santo Colonna.
Niolo : Pietro Ordioni, Orso Leone Santini.
Rogna : Carlo Filippo Marchioni, Giulio Antonio Casanova.

Giurisdizione di Nebbio.

Oletta : Gio : Giacomo Saliceti, Pietro Saliceti.
Murato : Giabico Limarola, Achille Morati.
San Pietro : Giuseppe Simoni, Baldassare Petriconi.
Patrimonio : Giuseppe Maria Angeli, Natale Piazza.
Marana : Giulio Mariotti, Giacomo Maria Vittini.
Bigorno : Orso Taddeo Orsini, Paolo Gavini.
Canale : Luciano Grimaldi, Angelo Mariotti.

Giurisdizione della Rocca.

Sartenc : ..... (manque).
Tallano : Saverio Ortoli, Giacomo Francesco Giacomoni.
Portovecchio : Gio : Paolo Roccaserra, Giambattista Pietri.
Viggiano : Giovanni Peretti, Anton Pietro Paoli.
Istria : Paolo Agostino Colonna Istria, (le 2e manque).
Carbini : Don Giacomo Peretti, Don Giuseppe Peretti.

Scopamene: Pietro Paolo Colonna Cesari, Giacomo Antonio Serra.
Bonifacio: Antonio Maria Sazzarelli, Tommaso Celani.

Giurisdizione di Vico.

Cruzini: Brandizio Paoli, Simone Paoli.
Sorroingiù: Simone Colonna, Antonio Versini.
Sevinfuori: Giovanni Stefanopoli, Antonio Alessandri.
Sevidentro: Durabile Maria Colonna Ceccaldi, Francesco Saverio Colonna Ceccaldi.
Sorroinsù: Francesco Franceschetti, Filippo Maria Leca.

Sessione del 10 Febbraio 1795.

(Alle ore dieci di mattina).

I membri componenti la Camera del Parlamento si sono riuniti sotto la presidenza del Signor Giafferri Decano.

Essendo stata fatta lettura del processo verbale di ieri, la redazione è stata adottata.

La Camera si è costituita in comitato generale, ed il pubblico è stato invitato a ritirarsi.

È stata fatta lettura della commissione di Sua Eccellenza, il Signor Cavalliere Gilberto Elliot, Vice-Re del Regno di Corsica.

La Camera ha appreso con la maggior soddisfazione i poteri che Sua Maestà si è degnata di conferire al merito ed alle egregie virtù del Signor Elliot, e ha decretato che la commissione suddetta sarà trascritta nel registro contenente il processo verbale della presente sessione, stampato in Inglese ed in Italiano, e copie inviatene al Tribunale Supremo, Tribunali delle Giurisdizioni, Podestà delle pievi e municipalità di questo Regno, per esservi pubblicate ed affisse ne' luoghi consueti.

Un membro ha proposto di procedere in conformità dell'articolo 1º del titolo IV della Costituzione alla nomina di un presidente.

Sulla proposizione di un'altro membro, la Camera ha decretato, che tanto i membri non contestati, che coloro fra i contestati, che sono designati dai Podestà delle pievi per li più legalmente eletti, prenderanno egualmente parte a questa ed alle altre operazioni fino alla decisione delle loro contestazioni; ma che essi però non potranno aver voce deliberativa in ciò che riguarda la verificazione dei poteri.

I Signori Cuneo Tartaroli e Guitera hanno preteso di avere il diritto di essere considerati e ricevuti ciascuno come il secondo candidato della pieve di Ajaccio. La Camera ha deciso che tutti tre sarebbero esclusi fino a che le loro contestazioni non siano giudicate.

Ciò terminato, si è rinovata la proposizione di scegliere il presidente della Camera: Il nome del generale Paoli è stato immediatamente coi più vivi trasporti di venerazione e di amore proferito da tutti. Il Padre della Patria, il fondatore della vera libertà e della Costituzione della Corsica ha risuonato in tutti gli angoli della sala, e nell'entusiasmo della maggior tenerezza è stato unanimemente proclamato presidente.

La Camera ha decretato, che una deputazione composta di un membro per ciascheduna delle nove giurisdizioni andrà a testimoniare al Signor Generale Paoli i sentimenti di riconoscenza, d'attaccamento e di stima, che sono scolpiti nel cuore di tutti i Corsi, e in quello dei loro rappresentanti, e ad invitarlo a venire nel seno della Camera per assisterla co' suoi lumi, e guidarla co' suoi consigli nella grande opera della legislazione, che deve formarsi per assicurare la prosperità di questo Regno.

I membri delle differenti giurisdizioni hanno presentato i loro deputati, e la scelta è caduta sopra i seguenti:

Per la giurisdizione di Ajaccio: Il Signor Antonio Ornano.

Per la giurisdizione d'Aleria : Il Signor Bonaldi.
Per quella d'Ampugnani : Il Signor Anton Santi.
Per quella di Balagna : Il Signor Pietro Giudicelli.
Per quella di Bastia : Il Signor Nicolai.
Per quella di Corte : Il Signor Grimaldi.
Per quella di Nebbio : Il Signor Orsini.
Per quella della Rocca : Il Signor Peretti di Olmeto.
Per quella di Vico : Il Signor Francesco Franceschetti.

In conformità del sudetto articolo 1º del titolo IV della Costituzione, si è proceduto alla scelta di un segretario ed è stato all'unanimità nominato il Signor Gio : Andrea Muselli.

Copia delle lettere patenti portanti la commissione di Sua Eccellenza il Signor Cavaliere Gilberto Elliot, Vice-Re del Regno di Corsica.

« Giorgio III, per la grazia di Dio, Re della Gran Bretagna, di Francia, d'Irlanda, e di Corsica, difensore della fede, al nostro leale, fedele e ben' amato consigliere il Signore Gilberto Elliot, Baronet.

» Avendo noi accettata l'offerta fattaci della Corona e sovranità del Regno di Corsica, secondo la dimanda e il desiderio degli abitanti di Corsica, da loro manifestati in assemblea generale ai 19 di Giugno 1794, ed essendo noi obbligati a mantenere la libertà del popolo di Corsica, secondo le sue leggi e la sua Costituzione, ed atteso che è stato provveduto fra altre cose, a ciò che noi abbiamo in detta Corsica un nostro immediato rappresentante con il titolo di Vice-Re, e che quello Vice-Re avesse diversi poteri, ed una autorità specialmente espressa, ed atteso che egli è espediente per il buon governo del nostro Regno sopradetto, in conformità della Costituzione, e delle leggi fondamentali sopra enunziate, che noi autorizziamo il nostro Vice-Re del nostro sopradetto Regno, e gli diamo la facoltà di per noi, ed a nostro nome, convocare, prorogare e sciogliere il Parlamento, di nominare in certi casi agli uffizi d'amministrazione, di giustizia, e di finanze, di accordare la grazia per certi delitti, di radunare, formare ed ispettare le truppe sotto i loro rispettivi uffiziali e di proclamare, e mettere in esecuzione la legge marziale per la sicurezza, e difesa dell'Isola. — Sia noto a voi, che mettendo la nostra speciale confidenza nella prudenza, fedeltà, circospezione, e saviezza di voi suddetto Signore Gilberto Elliot, Baronet, dopo l'avviso del Consiglio del nostro Regno della Gran Bretagna, e della nostra scienza e mera volontà, abbiamo designato, fatto, nominato, e deputato, e colle presenti designiamo, facciamo, nominiamo, e deputiamo Voi sopranominato Signore Gilbert Elliot, Baronet, il nostro immediato rappresentante nel detto Regno di Corsica, con il titolo di Vice-Re di detto nostro Regno, per avere, reggere, esercitare, ed occupare la detta carica, assieme con tutti i singolari poteri, autorità, diritti, privileggi e vantaggi, qual si voglia emolumenti spettanti ed appartenenti a detta carica, per tanto che ci piacerà, dando e concedendo per mezzo delle presenti a voi il nostro suddetto Vice-Re di essere il nostro immediato rappresentante in detto Regno ai termini portati su quest'oggetto nel sopramentovato atto costituzionale; e di più dando e concedendo a voi il nostro già detto Vice-Re tutti i poteri, e tutta qual si voglia autorità, che il detto atto vuole esser dato e concesso al nostro immediato rappresentante e da lui esercitato nel nostro detto Regno col titolo di Vice-Re; la qual qualità deve essere da voi nostro suddetto Vice-Re esercitata nella maniera che più sarà conforme alle leggi, ed agli usi del nostro sopradetto Regno, e particolarmente per la nostra gloria, ed il nostro vantaggio, e per il buon governo del nostro detto Regno, e de' suoi abitanti i nostri fedeli sudditi.

» La nostra volontà ed il nostro piacere sono, che voi il nostro suddetto Vice-Re, al più presto che si potrà, dopo la pubblicazione di questa nostra commissione, proponghiate, e riceviate da quelle persone, le quali vi piacerà di nominare per essere membri del nostro Consiglio, egualmente che dal segretario di Stato, che sarà nominato per il detto nostro Regno di Corsica, il sottomentovato giuramento :

« Io A. B. prometto nella sincerità del mio cuore, e giuro
» di essere fedele, e di rendere un leale omaggio a Sua
» Maestà il Re Giorgio, come legal sovrano del Regno della
» Gran Bretagna, e di questo suo Regno di Corsica, e che lo
» difenderò con tutte le mie forze contro ogni tradimento,
» cospirazione, o qualsivoglia attentato che potesse esistere
» contro la sua persona, la sua corona, e dignità, e che farò
» i miei più premurosi sforzi per far palese e dichiarare a
» Sua Maestà, ai suoi eredi e successori, ogni tradimento, e
» traditoria cospirazione ed attentato che potranno arrivare
» a mia conoscenza contro di lui, o alcuno di loro, e questo
» io lo giuro senza alcun' equivoco, mentale scappatoria, o
» secreta restrizione, e rinunziando ad ogni perdono, o dis-
» pensa da qual si voglia persona, o autorità, se mai agisco
» in contrario ; e così facendo, Dio m'abbia nella sua
» guardia. »

» Di più diamo e concediamo a voi il nostro Vice-Re di emanare a nostro nome ogni proclamazione per convocare, e radunare il primo, ed ogni parlamento del nostro suddetto Regno di Corsica, per il tempo che durerà questa nostra commissione a voi indirizzata, secondo i termini fissati nel detto atto costituzionale, e conformemente ai provvedimenti, ed alle regole in esso atto portati su quest'oggetto, di prorogare il Parlamento d'un tempo all'altro, e di scioglierlo per mezzo di una proclamazione, o altrimenti, secondo le istruzioni che potete ricevere da noi, sotto il nostro sigillo, o la nostra sottoscrizione, o quella di una dei nostri primi segretari di stato.

» E vi concediamo pieno potere ed autorità di costituire,

e nominare solamente per quanto ci piacerà, i giudici, il nostro avvocato, e gli altri uffiziali del Tribunale Supremo, e di ogni tribunale, o tribunali giudiziari che saranno stabiliti nel nostro Regno di Corsica, i giudici del tribunale straordinario da stabilirvisi restando soli eccettuati, secondo che è regolato ed ordinato dalla detta Costituzione, e secondo i provvedimenti e regole in essa portati su quest'oggetto, e di ricevere in consiglio dalle persone così nominate il giuramento qui sopra enunziato.

» Di più diamo e concediamo a voi il nostro suddetto Vice-Re pieno potere ed autorità di nominare in nostro nome delle persone idonee per essere investite d'ogni altra piazza civile e militare nel nostro suddetto Regno di Corsica, secondo che converrà per il buon governo del medesimo, e quelle persone ne goderanno solamente quanto ci piacerà, e saranno sottomesse alle istruzioni, direzioni, e regole, che potrete ricevere da noi di tanto in tanto sotto il nostro sigillo, la nostra sottoscrizione, o quella di uno dei primi segretari di Stato, e di ricevere in consiglio dalle persone così nominate ed impiegate il giuramento qui sopra espresso, o fare dai medesimi prestare il detto giuramento avanti dei giudici del Tribunale Supremo.

» Diamo e concediamo a voi il nostro suddetto Vice-Re pieno potere ed autorità di, da per noi, o da nostri capitani, o comandanti da voi autorizzati, levare, armare, adunare, ispettare, comandare, ed impiegare ogni qualunque persona residente nel nostro suddetto Regno di Corsica, e secondo che il bisogno lo richiederà; di farle marciare da un luogo all'altro, o di imbarcarle per resistere a chiunque nemico, pirati, o ribelli, e per scacciarli, siasi per mare, siasi per terra; e se (così piaccia a Dio) succede di vincerli, di prenderli, e presi di sottometterli al rigore della legge, o di salvarli, conservarli a vostra discrezione, di ordinare l'esecuzione della legge marziale nel caso d'invasione o altro autorizzato dalla legge, e di fare ed eseguire ogni cosa, o cose che fa, o deve, secondo il diritto, fare ed eseguire il nostro Vice-Re.

» Il contenuto nelle presenti non deve essere inteso di maniera ad autorizzarvi, nè alcuno sotto la vostra autorità, a giudicare, o avere alcuna giurisdizione nel caso di delitto, lite, affare, o qualunque cosa fatta, o commessa in alto mare, o in qualche porto, fiume o anse di Corsica, da qualunque capitano, comandante, padrone, marinaro, o qual si voglia persona che potrà essere al nostro servizio, e nostra paga, a bordo, o sul ruolo di qualche nostra nave di guerra, o altro vascello attualmente impiegato, o sotto la chiama dei nostri commissionati per l'adempimento dell'uffizio di grand'ammiraglio, o del grand'ammiraglio della Gran Bretagna investito attualmente di quel carattere sotto il sigillo del nostro ammiragliato; ma che in tal caso il capitano, comandante, tenente, padrone, marinaro, soldato, o altra persona delinquente in quello genere non avranno il loro processo fatto, e non saranno giudicati secondo richiederà il loro delitto, se' non da una commissione, sotto il sigillo della Gran Bretagna, conformemente allo statuto del vigesimo ottavo regolamento di Enrico VIII, o da una commissione derivata da detti nostri commissionati per l'adempimento dell'uffizio del nostro grand'ammiraglio, o dal nostro grand'ammiraglio attualmente investito di quel carattere a tenore del sopramentovato atto intitolato: — Atto per schiarire, correggere e redigere in un solo atto di Parlamento le leggi relative alla disciplina delle truppe delle navi, e delle forze marittime di Sua Maestà, come il medesimo è alterato da un'atto passato nel 19mo anno del nostro Regno, intitolato: Atto per schiarire e correggere un atto fatto nel vigesimo secondo anno del nostro predecessore il Re Giorgio II, e che redige in atto del Parlamento le leggi relative alla disciplina delle truppe delle navi e delle forze marittime di Sua Maestà. Pure affinchè ogni disordine e delitto commesso a terra da qualunque capitano, comandante, tenente, padrone, maestro, marinaro, soldato, o altra qual si voglia persona dipendente da una delle nostre navi da guerra, o altro vascello impiegato per immediata commissione e sotto la requisizione dei nostri sudditi commissionati per l'adempimento dell'uffizio del nostro grand'ammiraglio della Gran Bretagna, attualmente investito di quel carattere, possa essere ricercato e punito secondo le leggi del detto nostro Regno di Corsica, dove tali disordini e delitti saranno commessi a terra, ancorchè tali delinquenti siano attualmente al nostro servizio ed a nostra paga, a bordo di qualche nostra nave da guerra, o altro vascello impiegato per l'immediata commissione, o sotto la requisizione de' nostri sopradetti commissionnati per l'adempimento dell'uffizio di grand'ammiraglio, o dal nostro grand'ammiraglio della Gran Bretagna attualmente investito di quel carattere, come è detto sopra; così egli non potrà ricevere protezione per sottrarsi alla giustizia per tali delitti commessi a terra, sotto qualunque pretesto di essere impiegato al nostro servizio di mare.

» Diamo e concediamo a voi il nostro suddetto Vice-Re pieno potere ed autorità, subordinati pure ad ogni istruzione che ci potrà piacere nelle diverse circostanze di darvi sotto il nostro sigillo e sottoscrizione, o quello di uno dei primi nostri segretari di Stato, per inalzare, riparare, e fabbricare nel detto nostro Regno di Corsica, tali e tanti forti, bastioni, castelli e fortificazioni che lo stimerete necessario, e di fortificarli, o parte di essi, e di tenerli provveduti delle necessarie munizioni, e di guarnirli di ogni sorte di armi convenienti e necessarie per la sicurezza e la difesa del detto nostro Regno, come di demolire le medesime fortificazioni, o parte di essa, ovvero di smantellarle, secondo che sarà più opportuno.

» Vi diamo e concediamo pieno potere ed autorità,

quando penserete che sia il caso, o quando giudicherete che qualche delinquente, o delinquenti condannati sopra un'istruzione criminale ad un'ammenda, o altra pena verso di noi, sono degni della nostra clemenza, di accordare la grazia a quelli delinquenti, e di rilevarli del loro delitto colla rimessa delle ammende, e delle pene, eccettuato il delitto di tradimento ; in quel caso avrete ancora l'autorità nelle occasioni straordinarie di accordare una dilazione ai rei, sino a che ed affinchè la nostra reale volontà possa essere conosciuta su quest'oggetto.

» E in conseguenza richiediamo, ed ordiniamo tutti i nostri uffiziali e ministri civili e militari, e tutti gli altri abitanti del detto nostro Regno di Corsica, di ubbidire e dare aiuto ed assistenza a voi nostro detto Vice-Re per l'esecuzione di questa nostra commissione, e dei poteri e dell'autorità ivi portati, ed in caso della vostra morte, o di vostra assenza dal detto nostro Regno di Corsica, diamo e concediamo per mezzo delle presenti tutti e ciascuno dei poteri, ed autorità in esse concessi ai membri del detto nostro consiglio, ed al nostro segretario di Stato per detto nostro Regno, o alla maggiorità di quelli essendovi unito il detto nostro segretario di Stato, dovendo durare la detta concessione quanto ci piacerà, o sino al vostro ritorno nel detto nostro Regno.

» Diamo e concediamo a voi il detto nostro Vice-Re pieno potere ed autorità, nel caso che qualcheduno, o qualcheduni commissionati, o provveduti, in virtù di questa nostra commissione, di qualche uffizio, o uffizi nel detto nostro Regno, del quale o dei quali abbiano meritato di essere dimessi da noi, appariscano a voi inabili a restare al nostro servizio, di sospendere, e rimovere tale persona o tali persone dal loro rispettivo impiego, senza motivarli quella sospensione, o demissione.

» E noi per le presenti dichiariamo, ordiniamo e fissiamo

che voi il detto Signore Gilberto Elliot, Baronet, dovrete, e potrete adempire, eseguire e godere l'uffizio e carica del nostro Vice-Re nel sopradetto nostro Regno di Corsica, con tutti i diritti e privilegi appartenenti alla detta carica, assieme con tutti i poteri ed ogni autorità a voi concessi per le presenti, per quanto così vorremo e ci piacerà.

» Dato nella nostra Corte a Santo Giacomo il primo di Novembre mille sette cento novanta quattro, il 33° del nostro Regno.

» Del comando di Sua Maestà sottoscritto *Portland*. »

Il Signor Decano ha rinviata la sessione a dimani undici del corrente, alle ore undici della mattina.

GIAFFERRI, Presidente Decano.

Sessione dell'11 Febbraio 1795.
(Alle ore dieci della mattina).

I membri componenti la Camera di Parlamento essendosi riuniti, è stata fatta lettura del processo verbale della precedente sessione che la Camera ha adottato nei termini di sopra espressi.

Il Signor Panattieri ha detto: Il Signor Generale De Paoli essendo stato nominato presidente della Camera di Parlamento, e trovandosi assente, una deputazione essendo stata destinata per andare a invitarlo a rendersi nel suo seno, non poteva la Camera procedere ad alcun'altra operazione senza la presenza del presidente; che la nomina di un vice-presidente sarebbe una espressa violazione all'articolo 1° del titolo 4° della Costituzione che seccamente prescrive la nomina di un presidente; che il primo atto del quale deve la Camera occuparsi essendo l'indirizzo al rappresentante del Re per testimoniargli i sentimenti di rispetto, di venerazione, di fedeltà e di riconoscenza, de' quali il popolo corso ed i suoi rappresentanti sono penetrati verso l'augusta persona di Sua Maestà ; e quest'atto dovendo esser rivestito di tutte le formali legalità, non potrebbe farsi sotto la presidenza di un decano, giacchè il Re, che ha accettata la Costituzione ed ha giurato di sostenerla, essendone il primo e più interessato difensore, non vorrebbe ricevere un'atto che oltre di non essere legale, lotta con una positiva legge costituzionale.

Ha proposto in conseguenza, che per assicurare la validità e la legalità delle operazioni della Camera medesima, ella si aggiorni per il tempo necessario al ritorno della deputazione, che, calcolo fatto, sarebbe a martedì prossimo.

Un altro membro ha osservato, che la nomina di un vice-presidente sembra che non sia punto contraria alla Costituzione. Questa non è che il fondamento di un grand'edifizio, che conviene perfezionare ; se un presidente non può essere presente alla Camera, perchè ella non avrà un diritto di nominare un sostituto fino a che il primo non venga ad occupare il posto che la pubblica confidenza gli ha onorevolmente destinato ?

L'aggiornamento proposto farebbe perdere inutilmente alla Camera un tempo prezioso di cinque giorni, che potrebbe essere utilmente impiegato ai comuni vantaggi della patria. Ha votato in conseguenza di procedere alla nomina di un vice-presidente.

Vari oratori avendo manifestato i loro sentimenti sopra le due proposizioni, se la Camera doveva aggiornarsi per aspettare il resultato della prima nomina di presidente nella persona del Signor Generale de Paoli, o doveva provvedere alla nomina di un vice-presidente:

La materia discussa e chiusa:

La Camera ha deliberato che si aggiornava a martedì prossimo, diccisette del mese corrente, alle ore dieci della mattina.

GIAFFERRI, Presidente Decano.
MUSELLI.

Sessione del 17 Febbraio 1795.

(Alle ore dieci della mattina).

I membri componenti la Camera del Parlamento riuniti, e con essi i signori Antonio e Giovanni Peraldi, Paolo Zerbi, e Simone Paoli, la sessione è stata aperta per la lettura del processo verbale della precedente, la di cui redazione è stata approvata.

La deputazione spedita al Signor Generale de Paoli ha reso conto della sua missione: ha detto che il Signor Generale si sarebbe reso col maggior piacere nel seno del Parlamento, se le abituali sue indisposizioni e la sua età gli avessero permesso d'intraprendere dei viaggi nella presente stagione; che a questi motivi se ne riuniscono degli altri, che sono espressi nella lettera diretta al presidente decano; che sensibile alla marca di onore, e di confidenza appalesatagli dalla Camera, le presentava i suoi più vivi e rispettosi ringraziamenti.

Ed all'istante il Signor Presidente Decano, avendo presentata la lettura del prelodato Signor Generale, si è trovata concepita nei termini seguenti:

» Cittadino Presidente Decano della Camera del Parlamento,

» Dopo la formale ricusa motivata che io feci nell'assemblea elettorale, io non ho luogo di credermi membro del Parlamento, ma quando anche a questa ricusa non si fosse fatta attenzione, nel mio stato presente, io non potrei accettare la carica, colla quale i rappresentanti del popolo hanno voluto darmi un nuovo contrassegno della continuante pubblica confidenza ed affezione.

» L'alto onore al quale mi chiamano col loro decreto, e con una deputazione di membri della Camera, quanto è superiore ad ogni mio merito, altrettanto è sproporzionato alle mie forze per bene adempirne i doveri: la mia età, le indisposizioni penose alle quali attualmente soggiaccio, non mi permettono in questa stagione intraprendere disastrosi e lunghi viaggi a cavallo, nè potrei sotto il loro peso attendere alla Camera giornalmente e costantemente, come un presidente è tenuto di fare, perchè vi regni il buon ordine e la decenza in tutte le sue operazioni. Questo riflesso di necessità, ed il costume in Inghilterra che deve essere il nostro modello, fa che il Presidente mai si assenti dal suo posto: egli è il primo nell'entrare nella Camera, e l'ultimo ad uscirne. Questa indispensabile obbligazione non potrebbe sperarsi da me nello stato attuale della mia salute. Ogni altro riflesso di personali riguardi sarebbe da me posposto all'opportunità che mi si offre di esser utile alla Patria ed al servizio del Re. Questa esposizione sincera dei motivi che mi privano dell'onore di presentarmi alla Camera in ossequio del suo grazioso invito, avvalorata dalla vostra voce, cittadino presidente decano, mi fa sperare, che dalla medesima non sarà formata opinione sinistra del mio zelo per il pubblico bene, nè della mia rispettosa sommissione al desiderio del Parlamento, per il quale avrò sempre attaccamento inalterabile, e venerazione costante, per quanto mi sono cari e la libertà ed i più sacri doveri del cittadino.

» Vi piaccia dunque, cittadino presidente decano, unitamente alli membri della deputazione, far noti questi miei sentimenti di profonda riconoscenza, di stima, venerazione e rispetto ai rappresentanti del popolo nella Camera del Parlamento.

» Monticello, 14 febbraro 1795. — Sottoscritto *Pasquale de Paoli.* »

Dopo la lettura della suddetta lettera, della quale è stata deliberata la trascrizione sul registro, la Camera rinnovando al Signore Generale De Paoli i sentimenti di stima e di amore, che sono scolpiti nei cuori di tutti i suoi membri, testifica il suo rincrescimento per non possederlo nel suo seno, e rimaner priva della saggezza de' suoi consigli, e dell'estensione de' suoi lumi nell'edifizio di quella legislazione, la quale sotto il più saggio e possente monarca della terra dovrà assicurare la prosperità di questo Regno.

Procedendo quindi la Camera alla nomina del presidente dopo l'appello nominale, è risultato che l'unanimità de' suffragi è stata a favore del Signor Agostino Giafferri, il quale è stato proclamato presidente della Camera di Parlamento.

Un membro ha osservato che la prima operazione della Camera deve essere quella di manifestare al rappresentante di Sua Maestà i voti della nazione Corsa, ed i sentimenti di venerazione, di rispetto e di fedeltà, e di riconoscenza, dei quali è penetrata verso l'augusta sua persona; ha proposto di nominare un comitato per formare un indirizzo, ed essere presentato a Sua Eccellenza il Signor Vice-Re da tutti i membri della Camera.

La scelta dei soggetti essendo stata deferita al presidente, ha nominati i Signori Pozzodiborgo, Belgodere, Panattieri, Pasqualini, Gio: Francesco Nicolai, e Angeli, e questi ritirati in uno degli scagni della sala, ed indi rientrati, è stato presentato il progetto d'indirizzo a Sua Eccellenza il Vice-Re, e fattane la lettura, si è trovato espresso ne' termini seguenti:

« Noi li fedeli e leali sudditi di Sua Maestà, assemblati in Camera di Parlamento, rendiamo grazie a Vostra Eccellenza per la felicità di questo Regno nella maniera cordiale e sincera colla quale si è compiaciuta esprimersi, ispirandoci sentimenti di unione e di zelo per il pubblico bene, quali non cesseremo di professare vivamente, e di comunione col nostro esempio a tutti i nostri costituenti.

» Vediamo nelle misure prese da Sua Maestà per la continuazione della guerra una solenne prova della sua fermezza, e vigilanza nel preservare la libertà e la proprietà di tutti i suoi sudditi della sovversione totale minacciata e tentata da un nemico, che alla cupidigia ed al furor militare riunisce massime e dottrine distruttrici di ogni società. Noi assicuriamo Vostra Eccellenza di impiegare tutti i mezzi, che ci possono somministrare il nostro coraggio e le nostre risorse per combatterlo e respingerlo.

» Questo necessario dovere contrattato da tutti i veri sudditi del Re e da qualunque ami la vera libertà sta a noi anche più particolarmente a cuore, essendo quelli stessi, che dal giogo di questo nemico ci siamo sottratti mediante gli sforzi valorosi de' nostri compatriotti e l'efficace intervenzione delle armi di Sua Maestà.

» Noi riconosciamo la munificenza e la grazia del Re nella leva del corpo d'infanteria corsa, e nell'aumentazione proposta, e confidiamo che queste brave truppe nazionali sapranno meritarsi col loro valore e colla buona disciplina, l'approvazione del sovrano e la stima del pubblico. Ringraziamo poi altamente Sua Maestà di avere generalmente confidato nel coraggio di tutti i suoi sudditi corsi colla costituzione della milizia.

» Lo spirito pubblico, e lo zelo che animano i nostri compatriotti per distinguersi nel servizio di Sua Maestà ci autorizzano ad assicurare Vostra Eccellenza che essi penetrati dai doveri che li concernono come sudditi fedeli e come cittadini zelanti sapranno nelle occorrenze far uso del valor nazionale per conservare il felice stato a cui sono pervenuti, e nel quale sperano di prosperare in avvenire sotto il giusto ed equo governo del Re.

» Noi riconosciamo tutto il vantaggio che ci procurano la presenza e la superiorità della flotta del Re nel mediterraneo e quanto la nostra sicurezza riposi sulla forza marittima impiegata da Sua Maestà in vantaggio immenso di tutti i suoi sudditi.

» La benignità di Sua Maestà nell'incaricarsi delle spese

per gli stabilmenti militari è un nuovo titolo alla riconoscenza nostra e dei nostri costituenti, e speriamo che i vantaggi che l'importanza locale della Corsica assicurano a Sua Maestà alleggeriranno il peso de' sacrifizi che la natura delle circostanze ed il suo amore verso di noi lo portano a compartirci.

» Riceviamo come un effetto della bontà di Vostra Eccellenza la comunicazione della graziosa risposta di Sua Maestà fatta alla deputazione della Consulta generale di Corsica, e per cui Sua Maestà si è compiaciuta di accettare in persona l'atto costituzionale e la sovranità di questo Regno, e siamo egualmente riconoscenti che l'Eccellenza Vostra abbia voluto ordinare che ci sia presentata copia della commissione per cui il Re si è degnato di conferire a Vostra Eccellenza il sublime onore di rappresentarlo in questa Isola sotto il titolo di Vice-Re in conformità della Costituzione. Noi scorgiamo in questa nomina una nuova prova della grazia del Re nell'avere preferito a quest'alta carica l'Eccellenza Vostra verso di cui tutti i buoni Corsi professano i più vivi sentimenti di venerazione e di riconoscenza, tanto per lo zelo da cui lo vedono animato per il loro bene e per l'esempio e la pratica delle virtù pubbliche e private, quanto per la memoria dei valevoli uffizi coi quali ha contribuito alla liberazione di questo Regno, ed alla creazione e stabilimento della di lui Costituzione.

» Tutti gli oggetti sopra de' quali l'Eccellenza Vostra ci raccomanda una pronta deliberazione, saranno da noi profondamente esaminati; sentiamo già la necessità di apportare i necessari provvedimenti sopra ciascuno di essi e particolarmente sopra quello che concerne la Religione, e speriamo, mediante l'aiuto della divina Provvidenza, di corrispondere colla saviezza delle nostre determinazioni ai desideri di Sua Maestà ed alla confidenza de' nostri compatriotti.

» Ci proponiamo egualmente di portare la più seria attenzione affine di provvedere i fondi sufficienti per il pubblico servizio e riuniamo il nostro piacere a quello dell'Eccellenza Vostra in considerare che un'adequata provvisione per le spese civili non può essere di aggravio alla Corsica anche nello stato presente delle sue risorse.

» La felice conclusione del matrimonio di Sua Altezza Reale il principe di Galles colla principessa Carolina, figlia del Duca di Brunswick, produce nei nostri cuori la gioia che è comune a tutti i sudditi di Sua Maestà; noi siamo sommamente interessati a benedire un evento che accresce la domestica prosperità di Sua Maestà e di questo illustre Principe.

» Eccellenza,

» Tutto il tenore del grazioso discorso di Vostra Eccellenza, ci ha inspirato sentimenti di lealtà e sommissione verso il sovrano e di zelo per il bene de' nostri concittadini: noi vi preghiamo di essere l'organo di questi doverosi sentimenti presso la Maestà del Re, e speriamo nella divina Provvidenza che sosterrà le nostre fatiche, ed illuminerà il nostro zelo in guisa tale che possiamo renderci meritevoli della grazia del Re e della stima ed amore della nostra Patria. »

La Camera votando dei ringraziamenti ai membri del suo comitato, ha adottato all'unanimità l'indirizzo suddetto, come quello che contiene i sinceri e fedeli sentimenti del popolo corso e dei membri della Camera verso del Trono e del benemerito rappresentante di Sua Maestà, ed ha deliberato che una deputazione, composta dei Signori Frediani, Ordioni e Colonna Leca, si renderà presso di Sua Eccellenza il Vice-Re per sapere il momento in cui si compiacerebbe di ricevere tutti i membri componenti la Camera di Parlamento, portatori dell'indirizzo suddetto.

La deputazione avendo riempita la sua commissione e rientrata nella sala ha detto che Sua Eccellenza il Vice-Re si felicitava della nomina del Presidente nella persona del Signor Giafferri, e che nella giornata di domani, sull'ora del mezzo giorno avrebbe ricevuti i membri della Camera.

Il Signor Panattieri ha pronunziato un discorso in cui delineando le rivoluzioni alle quali questo Regno è stato sottoposto ed il prospetto della felicità che ci viene preparata sotto il dolce governo del miglior dei Re, ha tracciati egualmente i doveri della Camera per l'opera della sua legislazione. Questo discorso ha incontrati gli applausi della Camera e sulla di lui proposizione è stato prestato il giuramento prescritto dall'articolo 3o del titolo XII della Costituzione, e ciascuno dei membri componenti la Camera ha detto ad alta ed intelligibile voce : « Io giuro per me ed in nome del popolo Corso, che rappresento, di riconoscere per mio sovrano e Re Sua Maestà Giorgio III, Re del Gran Bretagna, di prestargli fede ed omaggio secondo la Costituzione e leggi della Corsica, e di mantenere la detta Costituzione e leggi. »

Un membro ha proposto di procedere alla nomina di un comitato per la verificazione dei poteri di alcuni de' suoi membri, la nominazione dei quali trovasi contestata.

La Camera adottando la proposizione ha decretato, che questo comitato sarà composto di un soggetto per ciascuna giurisdizione per certificare i poteri delle nomine contestate, e farne in seguito il rapporto alla Camera.

Ed all'istante i membri delle nove giurisdizioni essendosi riuniti in scagni separati, sono stati presentati i seguenti soggetti per le giurisdizioni :

Di *Ajaccio*. — Il Signor Mario Peraldi.

Di *Aleria*. — Il Signor Marc'Antonio Ferrandi.

D'*Ampugnani*. — Il Signor Domenico Franzini.

Di *Balagna*. — Il Signor Anton Francesco Franceschini.

Di *Bastia*. — Il Signor Pasquale Bertolacci.

Di *Corte*. — Il Signor Francesco Antonio Gaffori.

Di *Nebbio*. — Il Signor Giabico Limarola.

Della *Rocca*. — Il Signor Giacomo Giacomoni.
Di *Vico*. — Il Signor Giovanni Stefanopoli.

Dopo la proclamazione dei detti soggetti è stato preteso dal Signor Benedetti, opponente per mezzo di una memoria, che il processo verbale della pieve di Sevenfuori deve considerarsi nullo e come non avvenuto, giacchè non si è convocata alcun'assemblea per la nomina dei due parlamentari, che il Signor Stefanopoli avendo preso seggio nella Camera come uno dei candidati di detta pieve, non dovrebbe far parte dei membri del comitato di verificazione prima che l'opposizione non venga discussa e decisa.

Dopo le osservazioni di vari membri, la Camera ha rinviato al suo comitato di verificazione l'esame, se il Signor Stefanopoli debba far parte dei membri verificatori dei poteri e farne il suo rapporto al primo giorno.

Il Signor Presidente ha sciolta la sessione alle ore due dopo il mezzo giorno, e rinviata a dimani diciotto del corrente alle ore dieci della mattina.

GIAFFERRI, *Presidente Decano*.
MUSELLI.

Sessione del 18 Febbraio 1795.

(Alle ore dieci della mattina).

Una parte dei membri della Camera di Parlamento essendosi resi nella sala delle sue sessioni, malgrado il tempo de' più burrascosi e la copia di neve fioccando senza interruzione, il Signor Presidente ha proposto ai membri riuniti, se la Camera avrebbe creduto di trasportarsi da Sua Eccellenza il Vice-Re per presentargli l'indirizzo stato decretato nella sessione di ieri, o differire a dimani.

Sulla mozione di uno dei membri è stata nominata una

deputazione composta dei signori Balestrino, Colonna Bozi e Paolo Mattei, ad oggetto di rendersi presso di Sua Eccellenza per sentire le sue intenzioni.

La detta commissione avendo eseguita la sua missione e rientrata nella sala, ha detto che Sua Eccellenza il Vice-Re sulla considerazione di una giornata così tempestosa avrebbe differito col maggior piacere il ricevimento dei membri della Camera al giorno di dimani.

Il comitato di verificazione dei poteri essendosi ritirato in uno degli scagni, ha diviso i suoi travagli sopra le nomine contestate per farne i rapporti alla Camera.

Il Signor Presidente ha sciolta la sessione e rinviata a dimani alle ore dieci della mattina.

Sessione del 19 Febbraio 1795.

(Alle ore undeci della mattina).

I membri della Camera di Parlamento riuniti, la sessione è stata aperta colla lettura dei processi verbali delle due precedenti, e la redazione è stata approvata.

Tutti i membri componenti la Camera, in esecuzione del suo decreto dei diecisette del mese presente si sono trasferiti al palazzo di Sua Eccellenza il Vice-Re per presentargli l'indirizzo unanimemente adottato nella detta sessione. All'approssimarsi al detto palazzo, la guardia del Signor Vice-Re, colà schierata, ha battuto il tamburo e presentato le armi; un aiutante ha ricevuta la Camera fuori della porta del palazzo, ed ha introdotti tutti i membri nel salone ove trovavasi Sua Eccellenza il Vice-Re, seduto sotto del trono, e circondato dai membri del Consiglio di Stato e dagli Uffiziali dello stato maggiore.

Tutti i membri della Camera rientrati nel detto salone, il

presidente ha pronunziato il suddetto indirizzo, dopo del quale Sua Eccellenza il Vice-Re ha risposto nei termini seguenti:

« Signori,

» Vi ringrazio di questo doveroso indirizzo; i sentimenti di leale affezione che dimostrate verso il re saranno sommamente accetti a Sua Maestà.

» Sono grato alle espressioni che manifestate a mio riguardo, e continuerò nell'impegno di giustificare la vostra buona opinione e quella del popolo.

» Confido sommamente che lo spirito pubblico e la diligenza della Camera del Parlamento seconderanno le paterne intenzioni di Sua Maestà, e procureranno il bene della Patria. »

In seguito i membri suddetti, col presidente della Camera alla testa, sono stati accompagnati fino alla porta dal medesimo aiutante che li aveva introdotti nel palazzo. La guardia schierata rese gl'istessi onori e col medesimo ordine si sono restituiti alla sala delle sessioni.

Il Signor Pozzodiborgo ha pronunziato un discorso rappresentante il ritratto di tutte le vicende alle quali questo Regno è stato sottoposto ne' tempi antichi e moderni, e la prospettiva del futuro felice suo destino sotto la dominazione di Sua Maestà; egli ha egualmente tracciate le orme dei travagli interessanti dei quali dovrà occuparsi la Camera per riempire il voto della sua istituzione e per assicurare in una maniera durevole la prosperità del popolo.

Questo discorso avendo incontrato la comune approvazione ed applauso, la Camera sulla mozione di un membro ha deliberata l'impressione tanto del suddetto discorso che di quello pronunziato dal Signor Panattieri nella sessione dei diecisette corrente, per esserne inviati degli esemplari in tutte le comunità del Regno.

Un membro ha proposto di formare dei comitati per presentare alla Camera quei progetti di leggi, de' quali saranno incaricati.

Dopo vari pareri sulla formazione dei comitati suddetti, la Camera ha decretato che ne sarà formato uno composto di quindici suoi membri per presentare nella giornata di dimani un progetto per la polizia della Camera stessa, e della forma di deliberare; l'istesso comitato formerà un piano del numero e della divisione dei comitati, che saranno giudicati necessari per accelerare la spedizione dei travagli, e farne rapporto alla Camera di Parlamento.

La scelta dei soggetti essendo stata deferita al Presidente, egli ha nominati i Signori Pozzodiborgo, Gio: Francesco Nicolai, Vinciguerra, Leoni, Bertolacci, Colonna-Leca, Mario Giuseppe Peraldi, Sebastiano Mattei, Balestrino, Belgodere, Pasqualini, Negroni, Ferri-Pisani, Panattieri e Gio: Paolo Roccaserra.

Il Signor Panattieri ha detto, che la consulta generale dell'anno 1794 decretò nella sessione del 21 giugno l'erezione del busto marmoreo del Padre della patria, del fondatore e ristoratore della sua libertà, il Signor Generale De Paoli, per essere collocato nella sala delle sessioni del Parlamento;

Che i suoi membri rendendo comune questo tributo di amore e di riconoscenza, scolpito ne' cuori di tutti i nazionali, non devono più differire a veder decorata questa sala di un così prezioso ornamento.

Ha proposto di procedere a questa inaugurazione in quel giorno che piacerà alla Camera e con quella pompa degna dell'immortale personaggio, a cui è consacrata.

La mozione gradita coi trasporti dei maggiori applausi, la Camera ha deliberato che l'inaugurazione del busto del Signor Generale De Paoli sarà eseguita nel giorno di domenica prossima ventidue del mese corrente.

Incarica il suddetto suo comitato di presentare nella sessione di dimani un piano che esprima in una maniera solenne le intenzioni del popolo e la dolce soddisfazione de' suoi rappresentanti in una giornata, che sarà sempre cara alla patria.

La sessione è stata sciolta alle ore due dopo il mezzo giorno e rinviata a dimani alle ore dieci della mattina.

GIAFFERRI, *Presidente Decano*.
MUSELLI.

Sessione del 20 Febbraio 1795.

(Alle ore dieci di mattina).

I membri della Camera riuniti, è stata aperta la sessione colla lettura del processo verbale della precedente e la redazione è stata approvata.

Un membro del comitato nominato nella sessione di ieri per formare il progetto di regolamento della polizia della Camera, della forma di deliberare e del numero e divisione dei comitati per accelerare i suoi travagli, avendolo presentato alla Camera e fattane per due volte la lettura, articolo per articolo, è stato adottato ne' termini proposti dal comitato suddetto nella maniera seguente:

ARTICOLO PRIMO.

Veruno potrà introdursi nella sala del Parlamento senza che non sia membro del medesimo. La sessione sarà aperta dal presidente all'ora indicata e non potrà essere chiusa che col consenso della Camera.

ART. 2.

Qualunque membro della Camera potrà domandare l'appello nominale per verificare la presenza della maggiorità voluta dalla Costituzione per la legalità della Camera.

Art. 3.

Veruno potrà parlare nella Camera senza che abbia ottenuto la parola dal presidente.

Art. 4.

Quelli che domandano la parola saranno inscritti dal segretario e l'otterranno secondo la priorità della domanda.

Art. 5.

L'opinione di ciascun membro sopra i differenti oggetti sottoposti al giudizio della Camera sarà manifestata pubblicamente.

Art. 6.

Veruna proposizione potrà essere sottoposta al giudizio della Camera senza essere messa per iscritto: Colui che l'avrà proposta potrà ritirarla avanti la decisione: qualunque altro membro però sarà padrone di riproporla.

Art. 7.

Tutte le proposizioni e progetti di legge generale fatti nella Camera saranno rinviati al comitato, a cui concernono, avanti di essere decretati.

Art. 8.

Vi saranno due comitati composti di quindici persone, ciascuno sotto il nome di legislazione e finanze.

Art. 9.

Ogni giurisdizione presenterà un membro per ciascun comitato; gli altri dodeci saranno scelti dal presidente, sotto l'approvazione della Camera.

Art. 10.

Il comitato di legislazione si occuperà delle leggi criminali e civili, divisione di poteri, giurisdizione della municipalità e podestà delle pievi, giustizia correzionale, abusi campestri, disciplina militare, sanità, educazione ed istruzione pubblica e di tutti gli altri oggetti che gli saranno rinviati dalla Camera.

Art. 11.

Il comitato delle finanze si occuperà delle imposizioni dirette ed indirette, beni nazionali e dei traditori, verificazione di conti, spese e debiti pubblici, boschi e foreste, fanciulli esposti, navigazione e marina, travagli pubblici, commercio ed agricoltura e di tutti gli altri oggetti parimente che gli saranno rinviati.

Art. 12.

I due comitati sceglieranno nel loro numero una commissione, che sia incaricata di formare un progetto sulle cose della religione e del clero.

Art. 13.

Tutte le materie di legge generale dovranno essere trattate e conchiuse nel comitato.

Art. 14.

Quando saranno fissate in uno dei comitati, tutti due saranno tenuti di riunirsi ed il progetto vi sarà letto e nuovamente discusso, se vi è luogo.

Art. 15.

Verun progetto di legge sarà presentato alla Camera, che non sia esaminato, conformemente alli due precedenti articoli, e fissato alla maggiorità.

Art. 16.

Alla prima lettura del progetto che sarà fatto alla Camera, la discussione si aprirà primieramente se vi sia luogo a deliberare sul medesimo.

Art. 17.

Se la Camera decide che vi è luogo a deliberare, allora il progetto sarà stampato e rinviato per la seconda lettura ad un altro giorno, a giudizio della Camera.

Art. 18.

Il giorno della seconda lettura la discussione si aprirà su gli articoli e saranno discussi.

Art. 19.

Gli articoli discussi alla seconda lettura saranno rinviati una terza volta ed in quella definitivamente decretati.

Art. 20.

I progetti determinati come sopra porteranno il nome di decreti della Camera di Parlamento; ogni decreto conterrà l'oggetto della legge e le date dei giorni ne' quali le tre letture saranno state fatte.

Art. 21.

Ogni decisione della Camera sarà fatta alla maggiorità dei

membri presenti ed in numero prescritto dalla Costituzione; quando sarà creduto che il giudizio della Camera non sia manifesto, dodici membri potranno chiedere l'appello nominale e l'otterranno.

Art. 22.

Alcuna questione dibattuta non potrà essere messa alle voci senza che la Camera decida previamente che la discussione è chiusa.

Art. 23.

Quando la discussione sarà chiusa il presidente proporrà la questione con chiarezza e brevità e pronunzierà il resultato del giudizio della Camera: ogni membro potrà fare le osservazioni opportune sul modo con cui deve porsi la questione.

Art. 24.

I decreti della Camera destinati ad aver forza di leggi e per conseguenza soggetti alla sanzione, saranno presentati al Vice-Re per mezzo di una deputazione e muniti della sottoscrizione del presidente e segretario.

Nelle contestazioni particolari che saranno di natura ad esser esaminate dalla Camera, i petizionari non potranno essere più intesi quando la Camera aprirà la discussione; potranno però parlare immediatamente dopo il rapporto.

Art. 25.

Saranno esclusi dalle formalità sopradette tutte le materie d'imminente necessità ed urgenza.

Art. 26.

Non saranno riputate materie di urgenza che quelle cose che riguardano qualche particolare applicazione e che non potrebbero essere definite più lungamente senza grave danno pubblico.

Art. 27.

Gli oggetti compresi nei due precedenti articoli non potranno però mai essere terminati dalla Camera nello stesso giorno in cui saranno proposti.

Art. 28.

All'apertura di ogni sessione si farà lettura del processo verbale della sessione precedente e di tutte le lettere ed indirizzi, che saranno diretti alla Camera; le lettere non potranno essere aperte che in presenza della Camera.

Art. 29.

Tutte le deliberazioni della Camera saranno inscritte sopra un doppio registro ed ogni sessione sottoscritta dal presidente e segretario.

Art. 30.

Veruna petizione sarà presentata alla Camera che per mezzo di uno de' suoi membri, la quale deciderà se vuole ascoltare la petizione.

Art. 31.

Il membro incaricato della medesima ne renderà conto alla Camera, la quale deciderà se vuole ascoltare la petizione.

Art. 32.

La Camera giudicherà se deve ammettere il petizionario in persona o per mezzo di procuratore a sostenere la sua petizione; il titolo della petizione sarà il seguente: « Umile petizione di......... alla onorevole Camera del Parlamento di Corsica. »

Art. 33.

Le persone estere, che interverranno nelle gallerie della Camera non potranno dare alcun segno di approvazione o disapprovazione sulle differenti materie sommesse alla discussione.

Art. 34.

Ogni membro avrà il diritto di richiedere l'espulsione degli esteri che saranno nelle gallerie.

Dopo l'approvazione del suddetto regolamento, di cui è stata ordinata l'impressione per esserne gli esemplari distribuiti ai membri della Camera, si è proceduto alla nomina de' membri dei due comitati ed il risultato delle voci dei membri delle rispettive giurisdizioni si è manifestato: per il comitato di legislazione in favore dei Signori Pozzodiborgo, Bonaldi, Vinciguerra, Belgodere, Bertolacci, Ordioni, Simoni, Paolo Colonna d'Istria e Stefanopoli.

Per il comitato delle finanze in favore dei Signori Mario Giuseppe Peraldi, Sebastiano Mattei, Ciavaldini, Balestrino, Paolo Mattei, Giorgj, Gavini, Roccaserra e Brandizio Paoli.

Il Signor Presidente, a cui dal regolamento è stata attribuita la facoltà di scegliere fra i membri della Camera sei soggetti per ciascun comitato, ha nominati per quello della legislazione i Signori Panattieri, Ferri-Pisani, Leoni, Serra, Pasqualini e Sabbiani; e per il comitato delle finanze, i Signori Frediani, Negroni, Ferrandi, Angeli, Franzini e Colonna-Leca, la nomina de'quali è stata approvata dalla Camera.

Un membro ha proposto di nominare un comitato per l'esame della gestione di tutti gli amministratori dei fondi pubblici, i quali sarebbero tenuti di rendere i loro conti in breve tempo.

La Camera ha incaricato il suo comitato di legislazione di formare un progetto di legge sul modo e forma di ricevere, verificare ed arrestare i conti di tutti gli amministratori dei pubblici fondi, e dopo il rapporto che ne sarà fatto si riserva di prendere quelle determinazioni che crederà le più opportune per l'indennità degl'interessi nazionali.

Il Signor Tommaso Renucci, membro della Camera del Parlamento per la pieve di S. Andrea, giurisdizione di Balagna, avendo richiesto un congedo per motivi d'indisposizione della sua salute, gli è stato accordato dalla Camera.

Un membro dell'istesso comitato ha letto il progetto per le cerimonie da praticarsi all'inaugurazione del busto marmoreo del Signor Generale De Paoli, e si trova concepito nei termini seguenti:

Articolo Primo.

Una deputazione composta di quattro membri si renderà questa mane dal Signor Vice-Re per farle parte della determinazione presa dalla Camera di Parlamento per l'inaugurazione del busto del generale De Paoli, fissata per domenica prossima sul mezzo giorno.

Art. 2.

Il Presidente della Camera scriverà lettera alla municipalità di Bastia per invitarla a dare gli ordini per un'illuminazione generale per la città nella detta sera e prenderà tutte le altre misure per festeggiare con pompa e solennità questa cerimonia nazionale.

Art. 3.

Quando il Vice-Re sia nell'intenzione d'intervenire a questa funzione, la Camera sceglierà dodici de' suoi membri per rendersi al suo palazzo per accompagnarlo.

Art. 4.

Il Presidente e segretario, accompagnati da dodici membri della Camera, si porteranno al luogo ove il busto sarà stato piazzato e farà cadere il velo che lo ricoprirà, e nel momento sarà fatto il triplice sparo di tutta l'artiglieria, al suono de' concerti musicali nella sala.

Art. 5.

Saranno pronunziati dei discorsi.

Art. 6.

Sarà rilevato processo verbale della festa e di tutto ciò che sarà a quest'occasione praticato; questo processo verbale sarà impresso ed inviato a tutte le municipalità per esserne fatta lettura al popolo.

Art. 7.

Il Presidente rimane incaricato di spedirne copia autentica al generale De Paoli.

Art. 8.

In detto giorno la Camera non si occuperà di altri oggetti. Il detto progetto essendo stato adottato all'unanimità, sulla proposizione dello stesso membro è stata nominata una deputazione composta dei Signori Panattieri, Mattei, Ciavaldini e Simoni per presentarsi da Sua Eccellenza il Vice-Re e fargli parte della determinazione presa dalla Camera per l'inaugurazione del detto busto nella giornata di domenica prossima.

La deputazione avendo riempita la sua commissione e rientrata nella sala, ha detto, che Sua Eccellenza il Vice-Re aveva inteso con estrema soddisfazione la determinazione presa dalla Camera per l'inaugurazione solenne del busto del generale De Paoli ; che per marcare i sentimenti della particolare sua stima verso il prefato Signor Generale e per quella che il Re nutre a di lui riguardo, si proponeva di assistere col maggior piacere ad una solennità cosi cara a tutti i Corsi e che avrebbe ordinate le misure per celebrarla con quel decoro dovuto alla Camera di Parlamento ed alla dignità del personaggio, che ne forma l'oggetto.

Un membro del comitato di verificazione ha fatto il rapporto sopra l'opposizione formata contro del Signor Giovanni Stefanopoli, nominato dai membri componenti la giurisdizione di Vico per uno dei soggetti del comitato suddetto, senza entrare in alcuna discussione sul fondo. Il comitato ha osservato che gli opponenti allegano una declinatoria di foro della detta giurisdizione fatta da detto Signor Stefanopoli ; e per ciò è stato di parere, che senza prendere nello stato attuale della controversia alcuna determinazione definitiva, la Camera debba accordare agli opponenti una dilazione di giorni quindici, per presentare la detta declinatoria ed esservi fatto diritto come di ragione.

Il Signor Stefanopoli ha detto, che non si ricorda precisamente della pretesa declinatoria, che quando anche questa sussista, essendo stata allegata per una causa meramente civile e passiva, non può in modo alcuno influire sopra del domicilio; che nella comunità di Cargese egli vi ha delle possessioni, casa aperta, vi passa qualche parte dell'anno ed ha rappresentato sia la comunità che la pieve in diverse deputazioni; che non è la prima volta che nella comunità della Piana si sono convocate le assemblee della pieve ; d'altronde l'istruzione emanata della consulta generale non avendo designato alcun capoluogo per la tenuta delle assemblee delle pievi, sembra che il podestà potesse esser l'arbitro della scelta: ha concluso in conseguenza a che dalla Camera venga rigettata la dimanda degli opponenti.

Il Signor Benedetti uno degli opponenti, dopo di aver ottenuta la parola, ha replicato che l'allegata declinatoria esiste realmente e si offre di presentarla in una congrua dilazione;

Che il Signor Stefanopoli non ha alcun domicilio di fatto nella comunità di Cargese; che esso colla sua famiglia è domiciliato nella città d'Ajaccio e che infine non essendoci stata alcuna assemblea nella comunità della Piana, la quale d'altronde non è stata mai il capo luogo della pieve, non può esistere alcun processo verbale e per conseguenza deve dichiararsi nulla e come non avvenuta la nomina dei due parlamentari della pieve di Sevenfuori.

La Camera, inteso il parere di vari membri, incarica il suo comitato di verificazione di fare nella sessione di dimani il rapporto sul fondo della contestazione, per esservi statuito come apparterrà.

Un altro membro dell'istesso comitato ha fatto il rapporto sulle opposizioni formate contro del Signor Gian Simone Paoli, proclamato dal podestà per secondo parlamentario della pieve di Cruzini.

Casa non aperta, difetto di possessioni per lire sei mila, assenza della pieve per un anno colla dimora in Cargese, votazione di due minori, attribuzione di falso al podestà per avere tolti suffragi all'opponente e notati in favore del candidato, la non esistenza del segretario sono i motivi di opposizione proposti dal Signor Gio: Pietro Pinelli.

Il comitato dopo di aver fatta la lettura tanto del processo verbale di elezione, che di tutte le scritture prodotte dalle parti interessate, sulla considerazione che il candidato colla sua dimora in Cargese, in qualità di medico, non ha perduto il domicilio nella sua pieve, ove d'altronde ha la sua casa aperta; che l'opposizione contro dei due pretesi minori è stata fatta dopo avere raccolte tutte le voci, senza essere stata giustificata; che la non possessione dei beni opposta contro del candidato non è stata punto provata ; che finalmente le imputazioni di pretesa falsità sono della competenza dei tribunali ordinari, è stato di parere, che senza arrestarsi ai mezzi d'opposizione allegata dal Signor Pinelli, sia ammesso per legittimo rappresentante della pieve di Cruzini il detto Signor Simone Paoli.

La materia discussa, intese le parti ed il parere de' vari membri, uno di essi ha proposto le due seguenti questioni :

La Camera vuole ella dichiararsi competente per prendere tutti gli schiarimenti ed informazioni sopra i processi verbali di nomine attaccati di falsità ?

Il contestato sarà egli tenuto di giustificare le sue possessioni almeno colla presentazione di una nota distinta sopra lo scagno della Camera, di cui l'opponente potrebbe prender comunicazione, farvi le osservazioni, che crederà opportune, ed in caso di discordia, verificare il valore dei beni per mezzo di pubblici esperti ?

L'Oratore che ha fatto le suddette due proposizioni, dopo averle sostenute con tutti quei mezzi tirati dalle disposizioni della Costituzione, ha votato per la loro adozione.

Vari membri hanno appoggiate le due mozioni, altri le hanno combattute.

Se la Camera (ha detto uno de' membri) va ad erigersi per tribunale competente della falsità dei processi, usurperebbe una giurisdizione attribuita ai soli giudici ; non è incombenza dell'opposto di giustificare le sue possessioni, avendo esso la presunzione della legge, garantita dal voto del podestà della pieve ; il solo opponente, come interessato, dovrebbe avere il peso di procurarsi questa prova negativa per escludere il di lui competitore.

L'autore delle mozioni ha replicato, che la Camera deve essere gelosa di conservare intatti ed illesi tutti quei diritti compartitigli dalla Costituzione. Secondo la disposizione dell'articolo 11º del titolo 3º ella deve decidere la contestazione concernente l'elezione de' suoi membri; perchè dunque non sarà l'arbitra di procurarsi tutti gli schiarimenti, che convengono alla di lei equità e giustizia per la verificazione dei processi attaccati di falsità per poi prendere quelle determinazioni che saranno analoghe alle circostanze del caso?

Perchè il contestato e per la sua delicatezza propria e per illuminare la Camera e per sostenere la giustizia della sua elezione, e finalmente per soddisfare a ciò ch'è prescritto dalla Costituzione non dovrà presentare lo stato de' suoi beni per giustificare in una maniera autentica le sue possessioni?

O queste formano il valore delle lire sei mila e l'opponente non vorrà impugnarlo, o la dichiarazione è insufficiente, ed in tal caso il candidato non può legalmente riguardarsi come membro di Parlamento.

La questione discussa e chiusa:

La Camera rinvia le due proposizioni al suo comitato di verificazione per presentare un progetto di regolamento, per essere discusso e deciso dalla Camera medesima, che mediante le disposizioni della presente determinazione, la decisione sopra l'opposizione formata contro del detto Signor Gio: Simone Paoli rimane aggiornata.

La sessione è stata sciolta alle ore tre pomeridiane e rinviata a dimani alle ore dieci della mattina.

GIAFFERRI, *Presidente Decano.*
MUSELLI.

Sessione del 21 Febbraio 1795.

(*Alle ore dieci della mattina*).

I membri della Camera riuniti, la sessione è stata aperta colla lettura del processo verbale della precedente, la di cui redazione è stata approvata.

Un membro del comitato di verificazione ha presentati alla Camera i due progetti di regolamento, de' quali era stato caricato; il primo concernente la forma per la verificazione dei processi delle nomine dei membri del Parlamento attaccati di falsità, ed il secondo sopra la forma di assicurarsi della quantità dei beni di coloro contro de' quali era stata opposta non possessione per il valore di lire sei mila prescritte dalla Costituzione.

I detti due progetti letti alla Camera e l'esame apportato sopra del piano riguardante la verificazione della falsità, è stato osservato da vari membri, che gli articoli proposti dal comitato erano piuttosto un progetto di legge, che di regolamento, giacchè si fissava per un delitto di prevaricazione quello della falsità dei processi verbali, e come tale rimesso al giudizio del tribunale straordinario istituito dal titolo 7° della Costituzione; hanno in conseguenza proposto di rinviarne l'esame al comitato di legislazione per occuparsi nella più breve dilazione di un progetto di legge sulla maniera e le forme da praticarsi per la verificazione dei processi verbali attaccati di falsità.

La Camera adottando la mozione ha incaricato il suo comitato di legislazione di presentare nella sessione di lunedì prossimo il suddetto progetto di legge, per essere discusso e definitivamente arrestato dalla Camera.

Apertasi quindi la discussione sopra gli articoli proposti dal detto comitato di verificazione sopra il modo e le forme di assicurarsi delle possessioni del candidato contro di cui è stato opposto il non possesso per la quantità di lire sei mila prescritte dalla Costituzione:

La Camera dopo qualche leggero emendamento ha adottati gli articoli proposti dal comitato nella maniera seguente:

Articolo 1.

L'opposto di non possedere sarà tenuto di presentare avanti la Camera una nota indicativa di tutti i suoi beni.

Art. 2.

Il Segretario della Camera del Parlamento sarà tenuto di dare la comunicazione o copia della suddetta nota all'opponente ad ogni sua richiesta.

Art. 3.

L'opponente potrà domandare alla Camera l'estimazione per esperti del valore dei beni indicati nella nota, e proporre le eccezioni sopra l'identità e valore dei suddetti beni.

Art. 4.

La Camera del Parlamento decretando che si proceda all'estimazione, l'opponente sarà tenuto di deporre avanti il cancelliere della giurisdizione la somma di lire cinquanta per le spese dell'estimo, e l'opponente e l'opposto nomineranno ciascuno un perito non ricusabile, quando meglio non giudichino di convenire in uno.

Art. 5.

I periti nominati dalle parti procederanno tanto alla verificazione dell'identità de' beni, quanto all'estimazione del loro valore.

Art. 6.

Se i periti saranno discordi, le parti contestanti ricorreranno alla Camera del Parlamento affinchè essa nomini *ex officio* il terzo perito.

Art. 7.

Allorchè le parti contestanti avranno convenuto in un perito, o quando i periti non saranno discordi, non vi sarà luogo a revisione.

Art. 8.

Le spese saranno a carico del soccombente.

Art. 9.

L'estimo sarà fatto le parti presenti, o debitamente chiamate, e la perizia sarà resa avanti il Cancelliere della giurisdizione, senza che le parti vi possano essere presenti.

Art. 10.

L'opponente assente, che non si presenta avanti la Camera del Parlamento fra il termine di quindici giorni, e l'opponente presente fra quello di tre giorni, a provare le loro opposizioni, ed a prendere in comunicazione la lista dei beni dell'opposto, decaderanno dalle loro opposizioni personali.

Un membro ha proposto alla Camera se conveniva di formare una legge provvisoria per lo stabilimento di una commissione straordinaria destinata a trasportarsi in quelle giurisdizioni ove si sono manifestati più frequenti delitti, e nelle quali la vita e la sostanza dei cittadini sono poco rispettate, chè il popolo riclama da tutte le parti una giustizia pronta e severa per godere dei dolci frutti della pace, e della sicurezza sotto l'ombra delle leggi e del governo più giusto dell'universo; che per prevenire l'impunità dei delitti, e per la punizione di quelli che disgraziatamente si sono commessi in alcune comunità, la detta commissione straordinaria fosse rivestita di quei poteri, che combinassero collo stato attuale dell'Isola, senza seguitare la stretta osservanza di quelle leggi, le quali o troppo lente, o troppo moderate, hanno fin qui favorito la moltiplicità ed impunità dei misfatti.

Questa proposizione gradita all'unanimità dalla Camera, ella ha incaricato il suo comitato di legislazione ad occuparsi di un progetto di legge per lo stabilimento di una commissione straordinaria e provvisoria, e di quella attribuzione di autorità che viene provocata dall'imperio delle circostanze per una pronta punizione dei delitti e per la sicurezza della vita, e delle sostanze di tutti i cittadini.

La sessione è stata sciolta alle due ore pomeridiane, e rinviata a dimani alle ore dieci della mattina.

Giafferri, Presidente Decano.
Muselli.

Sessione del 22 Febbraio 1795.

(*Alle ore dieci della mattina*).

La Camera riunita per l'inaugurazione del busto marmoreo del Signor Generale De Paoli, decretato dall'amore e dalla riconoscenza del popolo Corso nella sua consulta generale del mese di giugno 1794, invitò il suo Presidente a nominare una deputazione di dodici membri per portarsi da Sua Eccellenza il Vice-Re, prevenirlo della riunione della Camera, e per accompagnare Sua Eccellenza dal suo palazzo fino alla sala.

Fu in seguito nominata dal Presidente una commissione di dodici membri per assisterlo nel momento in cui doveva togliere il velo, sotto di cui era nascosto il busto del Signor Generale De Paoli.

Poco dopo fu annunziato dagli uscieri della sala l'arrivo di

Sua Eccellenza il Vice-Re, sul di cui passaggio tutta la guarnigione si trovava schierata.

I membri della Camera si levarono in piedi, e Sua Eccellenza in mezzo alle acclamazioni e al suono della più adattata sinfonia, che rammentava a tutti i cuori l'aria nazionale inglese: *God save the King* (che Iddio salvi il Re), pervenne al suo trono circondato dai membri del Consiglio di Stato, uffiziali maggiori dell'armata, e principali commensali di Sua Eccellenza, i quali riuniti alla deputazione le avevano fatto corteggio.

Il Vice-Re posto a sedere, la Camera fece l'istesso, ed i membri della deputazione presero il loro posto.

Il Presidente allora assistito dal segretario, e da una deputazione di dodici membri della Camera, si diresse al luogo ove il busto del generale De Paoli era nascosto sotto di un velo, e nel momento in cui questo fu tolto, tutta la sala risuonò delle più vive e tenere acclamazioni, manifestate con i replicati evviva, e i trasporti del maggior giubilo, tanto della Camera, che della parte del trono, e delle tribune. A questi applausi interiori faceva eco la gioia generale della città tutta, espressa col suono di una musica militare, la quale si fece sentire co' concerti i più armoniosi fuori della sala, e col rimbombo di tutta l'artiglieria.

I primi trasporti di allegrezza avendo dato luogo a più tranquilli e quieti sentimenti di rispetto e di ammirazione, questi ricevettero un nuovo alimento dai discorsi successivamente pronunziati dai Signori Carlo Andrea Pozzodiborgo, Francesco Benedetto Panattieri e Paolo Felice Ferri-Pisani, la stampa e l'inscrizione de' quali discorsi nel presente processo verbale sono state unanimemente e con applauso generale decretate dalla Camera.

Discorso pronunziato dal Signor Pozzodiborgo.

« Signori,

» Fu sempre antico lodevole costume delle nazioni illuminate, e de' governi prudenti e giusti di ricompensare la virtù e tramandare alla memoria dei posteri il nome e le gesta di quei valorosissimi e fortissimi uomini, che alla patria loro qualche servizio importante aveano reso.

» La Corsica gloriandosi del nome e dei fatti egregi del generale De Paoli, non meno riconoscente di qualunque altra nazione, gli ha decretato quegli onori, che ad uomo mortale possano essere giustamente e meritamente compartiti.

» Se con matura ed imparziale riflessione si considera la natura dei servizi di questo grand'uomo resi alla sua patria, si riconoscerà che giammai alcun altro paese ne ricevette maggiori, o più gravi da un cittadino.

» Preservarono altri la patria loro dagl'insulti passeggieri dei nemici, altri ne accrebbero la gloria marziale colle vinte battaglie, ne estesero altri i confini, ed altri ne illuminarono le menti colle savie dottrine.

» Il generale De Paoli, non solo gran parte di tutte queste cose operò, ma la patria stessa creò liberandola dalla tirannia, e sostituendo all'abbattimento della schiavitù il sentimento della nazionale indipendenza, e della libertà sostenuta e regolata dalle leggi.

» Io non intraprenderò a narrarvi la serie dei travagli, che ha dovuto sopportare per conseguire un fine alla patria di tanta utilità, ed a se medesimo di così alta ed inclita gloria, poichè nelle menti di tutti voi sono scolpiti e fissi, e la storia, sola testimonia dei tempi e della verità, potrà dettagliarli e presentarli all'ammirazione dei posteri; ma voi vi compiacerete di riconoscer meco, anche in questo momento, che l'atto augusto da voi consacrato non solo è la giusta nazionale testimonianza alla virtù di Paoli, ma è ancora uno stimolo all'emulazione di tutti coloro, che bramano distinguersi nella carriera della virtù. Quel busto non è un freddo marmo che ci sia messo per spettacolo innanzi agli occhi; egli, risvegliandoci in questa sala alla mente l'idea del suo originale, ci comanda e ci prescrive nel tempo stesso lealtà, e sommissione al re, mantenimento della Costituzione, zelo per il bene pubblico, dignità ed elevatezza nelle nostre determinazioni, decenza nei dibattimenti, costanza e fermezza di animo nei pericoli e nelle avversità, quella fermezza che confortò Paoli ad intraprendere per due volte la liberazione della sua patria, senza sbigottirsi nell'aspetto terribile delle difficoltà che gli si presentavano per mancanza delle materiali risorse, per le insidie, ed il furore dei nemici. »

Discorso pronunziato dal Signor Panattieri.

« Signori,

» Lo spettacolo che si offre in quest'istante ai vostri sguardi è per l'immortale benemerito cittadino che ne forma l'oggetto, un'eloggio il più sublime, e una testimonianza la più lusinghevole, che non potrebbero esserlo le fredde e le tante espressioni dei sentimenti che l'inspirano.

» Un uomo che la propria nazione e le estere hanno dichiarato per padre della patria, per fondatore e restauratore dell'independenza nazionale, la di cui vita è stata una continua meditazione per la felicità del popolo, e un giuramento non interrotto alla libertà e ai veri diritti del cittadino : un'uomo che eguale nelle avversità come nelle fortune ha sempre saputo meritarsi la stima, l'attaccamento, il rispetto, la venerazione e la confidenza dei popoli : un'uomo che nel suo vivente vede solennemente inaugurato il suo busto nel tempio stesso della libertà e della giustizia che ha edificato :

un' uomo... ma tutta l'eloquenza non è capace a lodare l'eroe del secolo, il genio raro di Paoli; che se egli rende aride le penne, e le lingue sterili per degnamente encomiarlo, la sua effigie almeno sempre presente fra noi, intrattenga e risvegli nelle nostre assemblee, come nei nostri cuori, l'idea delle virtù, che li hanno meritata questa testimonianza gloriosa della tenerezza, e della riconoscenza dei Corsi, l'orrore per la tirannia, l'amore del suo paese, la libertà della patria. »

Discorso pronunziato dal Signor Ferri-Pisani

« Signori,

» È impresa utile il celebrare le grandi azioni di un' uomo in mezzo a quei che ne furono i testimoni, perchè la presenza delle virtù, lascia sempre nell'anime rette un' impressione a cui non possono produrre l'eguale i fregi della più ornata eloquenza.

» Dall' altra parte è difficile di resistere al piacere di lodare senza menzogna e di essere garantiti dall'universale opinione, quando siamo certi che l'ardente imaginazione non può passare i confini del giusto, nè spargere i nostri detti di fanatica adulazione.

» E forse questi motivi sarebbero atti a tentarmi di accompagnare i due onorevoli membri, che si son resi gli' interpreti dei sentimenti della patria, e i panegiristi dell' uomo illustre che la onora. Ma tutto ciò che io direi è stato già ripetuto, e la mia riconoscenza non potrebbe offrire che un' omaggio debole e stracco alla memoria di Paoli.

» Forse nella timida indecisione in cui sono, opera sordamente ed ha molta parte la ripugnanza, che prova ognuno a dire le proprie lodi, perchè la virtù di Paoli ha disperato da lungo tempo e l'invidiosa ambizione, ed il geloso interesse, e la di lui gloria è ormai divenuta così strettamente unita a quella della nazione, che le di lui lodi sono le lodi di ciascheduno de' suoi compatriotti.

» Comunque sia, tacerò. Ma un silenzio necessitato da un tal genere di motivi, non sarà forse riguardato come il più sterile elogio che far si possa agli uomini straordinari. »

Pronunziati i suddetti discorsi, Sua Eccellenza il Vice-Re, accompagnato dal medesimo corteggio di sopra descritto, scese dal suo trono, ed arrivato dirimpetto al busto del generale De Paoli, fissò i suoi sguardi sopra di esso, si compiacque di leggere e far leggere al di lui corteggio l'epigrafo apposto al basso del monumento rappresentante l'eroe Corso, e levatosi il cappello, lo salutò.

Continuando in seguito il passo verso la porta esteriore della sala, si rese al di lui palazzo.

Dopo di che la Camera, a tenore della precedente sua determinazione, non volendo distrarsi in una giornata così preziosa dalle impressioni profonde di riconoscenza e di patriottismo ricevute per una così solenne inaugurazione, ha sciolta la sessione.

GIAFFERRI, *Presidente Decano.*
MUSELLI.

Sessione del 23 Febbraio 1795.

I membri della Camera di Parlamento riuniti, la sessione è stata aperta colla lettura del processo verbale della precedente, la di cui redazione è stata approvata.

Un membro del comitato di verificazione ha fatto il rapporto sopra la nomina dei due parlamentari, che ha avuto luogo nella città e pieve di Calvi.

Gli abitanti si riunirono nel giorno dei quattordici decembre ultimo sotto la presidenza d'un decano, ed animati da quell'entusiasmo che aveva potuto suggerire il patriottismo il più puro, gelosi di esercitare quell'atto della rappresentazione nazionale che veniva attribuito ai cittadini attivi di tutte le pievi dell'Isola, procederono alla nomina dei due rappresentanti alla Camera di Parlamento, sotto il buon piacere della Camera stessa, e l'approvazione di Sua Eccellenza il Vice-Re.

I due candidati, che hanno meritata la confidenza del popolo, saranno eglino ammessi? E nel caso della negativa, la pieve di Calvi dovrà ella avere dei rappresentanti? Sono state le due questioni proposte dal rapportatore.

Il Comitato è stato di avviso, che l'assemblea di quella pieve non essendo stata presieduta da un podestà secondo le disposizioni della legge, deve riguardarsi come illegale, e per conseguenza illegali le nomine dei due membri alla Camera, tanto più che la pieve suddetta non poteva avere il diritto di essere rappresentata che in forza di una legge del Parlamento medesimo.

Riguardo alla seconda questione, avendo il Parlamento la facoltà tramandatagli dall'assemblea costituente di statuire se la pieve di Calvi avrà il diritto di essere rappresentata, ed in quale proporzione, il comitato è stato di parere di non privare quella pieve del diritto della rappresentazione nazionale, giacchè gli abitanti de' quali attualmente è composta, quantunque gemessero sotto il duro giogo de' nemici della patria all'epoca della consulta generale nell'anno 1794, aveano costantemente dimostrato il loro attaccamento alla causa pubblica, per cui dovettero soffrire i tratti i più crudeli dell'oppressione e della tirannia, che venivano esercitati dalla forza dominante, che teneva incatenate le loro braccia.

Procedendo quindi il rapportatore all'esame della proporzione con cui quella pieve doveva essere rappresentata, egli ha osservato che se Calvi si riguarda come luogo marittimo, la popolazione di quella città non arriva sicuramente alle tre mila anime, che si richiedono dall'articolo 1º del titolo II della Costituzione per dare due membri di Parlamento ; ma quella città avendo sempre formato pieve da se sola, e la di lei popolazione superando quella di molte altre pievi che hanno il prezioso diritto di nominare due rappresentanti, il comitato è stato di parere di attribuire questo diritto medesimo alla pieve di Calvi per essere osservato in una assemblea legalmente convocata.

Un membro ha osservato che la Camera è incompetente per portare alcuna decisione definitiva sopra il diritto della rappresentazione riclamata dagli abitanti di Calvi.

L'assemblea costituente avendo tramandato al Parlamento la facoltà di statuirvi, si rende necessario un decreto che stabilisca quel diritto, ed in qual proporzione, per essere sottoposto alla sanzione del Re ; ha proposto in conseguenza d'incaricare il comitato di legislazione del progetto di questo decreto per presentarlo all' esame della Camera.

Un altro membro ha votato perchè sia riconosciuta la giustizia della rappresentazione di Calvi, salvo a decidere sulla proposizione, e che sia appalesata la soddisfazione della Camera per il patriottismo manifestato da quegli abitanti in voler concorrere alla legislazione della patria.

La discussione chiusa e messa alle voci :

La Camera, testificando la piena sua soddisfazione agli abitanti di Calvi per la premura, patriottismo e zelo, che hanno fatti spiccare in questa circostanza, riconosce la giustizia della rappresentazione nazionale riclamata dalla suddetta pieve : incarica il suo comitato di legislazione di formare un progetto di decreto, e presentarlo alla Camera.

Un membro ha proposto alla Camera di aggiornarsi per alcuni giorni ad oggetto che i suoi comitati possano occuparsi senza distrazione a formare quei progetti di decreti sopra le materie a ciascuno di essi attribuite, cominciando da quelli che sono i più interessanti per il bene pubblico.

La Camera ha deliberato che si aggiornava a venerdì prossimo, venti sette del mese corrente, alle ore dieci della mattina, e così è stata sciolta la sessione.

GIAFFERRI, *Presidente Decano*.
MUSELLI.

Sessione del 27 Febbraio 1795.

(*Alle ore dieci della mattina*).

I membri della Camera riuniti, è stata fatta lettura del processo verbale della precedente sessione, la di cui redazione è stata approvata.

Il Signor Don Pietro Orabuona, membro della Camera per la pieve di Ostriconi, giurisdizione di Balagna, ha richiesto con una sua memoria un congedo per passare in Italia all'oggetto di curarsi dalle indisposizioni della sua salute.

La Camera ha accordato al Signor Orabuona un congedo di tre mesi.

Una memoria eguale è stata presentata dal Signor Angelo Felice Emanuelli, membro della Camera per la pieve di Vallerustie, giurisdizione di Ampugnani.

La Camera ha dato congedo al detto Signor Emanuelli per un mese.

È stata fatta lettura di una memoria del Signor Gio: Paolo Roccaserra, di Portovecchio, tendente allo stabilimento di una salina in quel golfo.

La Camera ha rinviata la detta memoria al suo comitato di finanze per esaminare il progetto e farne il rapporto.

Il Signor Gio: Giacomo Saliceti, Pietro Saliceti, Battista Battesti, Marc'Antonio Ferrandi e Francesco Antonio Colonna di Arro, assenti dalle precedenti sessioni, essendosi presentati nella sala, per riempiere le funzioni di membri di

Parlamento, il Presidente ha loro proposto il giuramento prescritto dalla Costituzione, di riconoscere per essi, ed in nome del popolo Corso, che rappresentano, per loro soviano e Re Sua Maestà Giorgio III, Re della Gran Bretagna, di prestargli fede ed omaggio secondo la Costituzione e leggi della Corsica, e di mantenere la detta Costituzione e leggi ; i detti Signori Saliceti, Battesti, Ferrandi e Colonna di Arro hanno risposto individualmente : Lo giuro ; di qual giuramento è stato loro dato atto.

Un membro del comitato di legislazione ha fatto lettura d'un progetto di decreto per la creazione della commissione straordinaria di cui la Camera l'aveva incaricato.

Dopo la detta lettura la Camera, a tenore del suo regolamento del 20 del mese cadente, dichiara che vi è imminente necessità ed urgenza ; delibera in conseguenza che il suddetto progetto sarà adottato, impresso e copie distribuitene a tutti i suoi membri, per esserne in seguito discussi gli articoli, e definitivamente decretati.

L'istesso membro del comitato di legislazione ha presentato un progetto di regolamento tendente a riconoscere la legalità de' suoi membri, rendere la Camera indipendente sopra la verificazione delle falsità, di cui i processi verbali di elezione possono essere attaccati, e prendere tutti quegli altri schiaramenti, che la sua delicatezza e la sua giustizia sapranno suggerirgli.

Intesa la lettura del detto progetto, è stato adottato nei termini stessi stati proposti dal comitato di legislazione, e nella maniera seguente :

« La Camera di Parlamento, considerando che essa deve prendere tutte le misure per rendere la ricognizione della validità dei suoi membri independente da qualunque altra influenza , e non volendo d'altronde pregiudicare i diritti delle parti lese qualora volessero farli valere nanti i tribunali per gli oggetti che sono di loro competenza :

» Determina che il suo comitato di verificazione procurerà tutti i rinsegnamenti che crederà necessari sulle eccezioni presentate contro la verità dei fatti contenuti in alcuni processi verbali, affine di mettere la Camera in istato di giudicare sulla influenza di dette eccezioni contro legalità dei candidati. Per il di più lascia le parti libere di provvedersi secondo le legge. »

Un altro membro del comitato di legislazione ha presentato un progetto di decreto sulla formazione delle municipalità del Regno, e sopra l'attribuzione della loro giurisdizione tanto nelle materie civili, che economiche.

La lettura di detto progetto intesa, e la discussione aperta, la Camera ha dichiarato che vi era luogo a deliberare in conformità delle disposizioni dell'articolo 17 del precitato regolamento; che il detto progetto sarà stampato, e rinviato per la seconda lettura alla sessione di venerdì, sei dell'entrante mese di marzo, per essere aperta la discussione, e dopo il rinvio per una terza volta esserne definitivamente decretati gli articoli.

Un membro del comitato di verificazione ha osservato alla Camera, che col suo regolamento del 21 del mese spirante prescrisse di presentare una nota indicativa di tutti i suoi beni, senza fissare alcun termine.

Che agli opponenti essendo stata accordata la dilazione di tre giorni, essendo presenti, e di quindici agli assenti per provare la loro opposizione, sarebbe più giusto di prescrivere un curto termine agli opposti per presentare la nota de' loro beni.

Ha proposto per ciò a nome del suddetto comitato di verificazione un'articolo addizionale al regolamento suddetto, di cui essendo stata fatta lettura, la Camera ha determinato:

Che gli opposti di non possedere saranno tenuti fra lo spazio di venti quattr'ore di presentare sullo scagno la nota de' loro beni; passato quel termine, e la detta presentazione non fatta, saranno decaduti da tutti i loro diritti personali.

L'istesso membro ha sottoposto ai lumi della Camera, se fra molte eccezioni proposte da un' opponente debba primieramente discutersi quella che può sembrare perentoria, lasciando in seguito l'esame delle altre.

La Camera ha deciso, che tutte le opposizioni saranno rapportate, discusse e decise, con una sola e medesima determinazione.

Il medesimo membro ha rappresentato che il Signor Giovanni Stefanopoli fù nominato dai parlamentari della giurisdizioni di Vico per uno dei soggetti componenti il Comitato della verificazione de' poteri; che la di lui nomina essendo contestata, e tuttavia indecisa, sarebbe bene che la Camera incaricasse i membri componenti la detta giurisdizione di sostituire al detto Signor Stefanopoli un' altro soggetto per accelerare l'esame delle contestazioni pendenti nanti del comitato suddetto.

La Camera ha deliberato che i membri componenti la Camera di Parlamento per la giurisdizione di Vico si riuniranno sessione tenente in comitato per presentare un soggetto fra loro in luogo del Signor Stefanopoli, a far parte dei membri del comitato di verificazione.

All'istante la riunione suddetta avendo avuto luogo, è stato presentato il Signor Durabile Maria Colonna Ceccaldi, la di cui nomina è stata approvata dalla Camera.

Il Signor Presidente ha sciolta la sessione, e rinviata a domani vent'otto del cadente, alle ore dieci della mattina.

GIAFFERRI, *Presidente.*
MUSELLI.

Sessione del 28 Febbraio 1795.

(*Alle ore dieci della mattina*)

I membri della Camera riuniti, la sessione è stata aperta colla lettura del processo verbale della precedente, la di cui redazione è stata approvata.

È stata fatta lettura di una memoria del Signor Paolo Agostino Colonna d'Istria tendente alla separazione del Poggio di Bichisà dalla comunità di Petreto.

La Camera l'ha rinviata al suo comitato di legislazione per esaminarla e farne rapporto.

Un membro del comitato di finanze ha presentato un progetto di legge concernente il reddito e la vendita del sale.

La lettura intesa, ed aperta la discussione *se vi era luogo a deliberare*:

La Camera ha deciso che vi è luogo a deliberare; che il progetto sarà stampato, e rinviato per la seconda lettura alla sessione di sabbato sette del prossimo mese di marzo, per esserne discussi gli articoli, e definitivamente decretati al terzo rinvio.

Un membro del comitato di verificazione ha fatto il rapporto sulle opposizioni state formate contro i due membri alla Camera di Parlamento nominati dalla pieve della Mezzana, giurisdizione di Ajaccio.

Nullità ed illegalità dell'assemblea per essere stata convocata nella comunità di Peri, eccezione personale contro il Signor Santo Sandamiani, l'uno dei proclamati dal podestà per il non possesso dei beni, sono i due mezzi di opposizione, che hanno fatto valere gli abitanti di tre comunità della Mezzana.

Il rapportatore ha osservato che il podestà di quella pieve

intimò l'assemblea nel villaggio dei Peri, ove intervennero gli abitanti delle altre comunità; che i cittadini delle tre Comunità della Mezzana in vece d'intervenirvi non si presentarono che al numero di quattro, per protestare solamente contro l'illegalità dell'assemblea. Il podestà non ostante l'opposizione ne continuò le operazioni, il risultato delle quali produsse la nomina dei due membri alla Camera di Parlamento nelle persone dei Signori Francesco Melgrani e Santo Sandamiani.

Gli opponenti allegano per un mezzo di questa prima loro eccezione, che tutte le assemblee della pieve sono state in ogni tempo tenute nel convento della Mezzana; che questo era la sede delle antiche amministrazioni del governo francese, e che solamente le dette assemblee hanno cessato di essere convocate in detto convento, quando la pieve è stata divisa in due rioni, ciascuno de' quali doveva avere, in forza della legge, un'assemblea;

Che il podestà dunque non avendo nel luogo solito ordinata questa convocazione, le operazioni dell'assemblea devono riguardarsi come nulle.

A questa prima parte di opposizioni rispondono i due candidati che la legge nè l'istruzione non avendo designato il luogo per la tenuta delle assemblee delle pievi, sembra che la facoltà e la scelta del luogo sia attribuita al podestà;

Che le tre comunità della Mezzana dopo che sono riunite alle altre per formare una sola pieve, non possono più vantare il minimo diritto sul preteso loro possesso; giacchè se si considera la divisione in due rioni, ordinata dalla disposizione delle leggi costituzionali francesi, questa non attribuiva maggior diritto più alle une che alle altre comunità;

Che il podestà avendo intimata l'assemblea nella comunità delli Peri, gli abitanti della Mezzana avrebbero dovuto presentarvisi da buoni cittadini, e concorrere all'elezione, salve quelle proteste che avrebbero giudicate opportune.

Riguardo all' eccezione stata formata contro del Signor Sandamiani per il non possesso dei beni in qualità di figlio di famiglia, è stato osservato da parte dell'opposto cher essendo stato rivestito della procura generale del padre pe l'amministrazione de' suoi beni, si trovava emancipato di pieno diritto, e quindi non contrastandosi al padre il possesso, anche al di là della somma prescritta dalla Costituzione, deve il figlio riguardarsi egualmente come possedente, tanto più che il padre medesimo alla confidenza della generale amministrazione appoggiata al figlio, vi ha riunita una donazione di beni, che importa il valore al di là di lire sei mila.

Il rapportatore manifestando l'avviso del comitato, è stato di parere che l'assemblea convocata per ordine del podestà della Mezzana nella comunità delli Peri sia valida e legittima, giacchè il luogo della convocazione non si vede individualmente indicato dalla legge;

Che sopra l'eccezione del *non possesso* formata contro del Signor Sandamiani, avendo questo giustificata la sua emancipazione mediante la generale amministrazione dei beni paterni, e prodotto un atto di donazione al di là di lire sei mila, il comitato è stato di avviso, che il Signor Sandamiani sia il rappresentante legittimo della pieve della Mezzana.

Le due questioni discusse e chiuse,

La Camera dichiara che senza pregiudizio dei diritti competenti agli abitanti della Mezzana sopra la fissazione del capo luogo di questa pieve, l'assemblea tenuta nella comunità delli Peri è buona e valida. Determina in conseguenza, che senza arrestarsi all'opposizione del non possesso stata fatta contro del Signor Sandamiani, il medesimo sarà riconosciuto per il secondo rappresentante legittimo della pieve della Mezzana alla Camera di Parlamento.

Un altro membro dell'istesso comitato ha rapportate le

opposizioni state formate contro l'elezione dei due parlamentari della pieve di Sorroinsù, giurisdizione di Vico.

L'assemblea di quella pieve è stata legalmente convocata, e proclamati dal podestà i due candidati nelle persone dei Signori Francesco Franceschetti e Filippo Leca, si presentò il Signor Francesco Antonio Massimi, allegando che le voci date in di lui favore non erano state fedelmente marcate. A questa imputazione fu risposto dal podestà, in presenza di tutti gli assemblati, che lo scagno essendo stato accessibile ad ognuno, la pubblicità delle voci veniva abbastanza assicurata.

L'opponente non si è punto presentato per sostenere la sua eccezione, ma solamente un di lui figlio minore, a nome del padre, ha prodotta una memoria con vari certificati, nella quale esponendo che l'assemblea non fu tenuta nel luogo solito, che gli abitanti della Soccia non diedero le loro voci per non essere stati chiamati, ha concluso per la nullità della nomina del Signor Leca per il non possesso dei beni, e di quella del Signor Franceschetti per non avere ottenuta la pluralità delle voci.

Il rapportatore ha osservato, che l'opposizione formata dal Signor Massimi figlio non si vede punto autorizzata dal padre, e quindi deve riputarsi come illegittima; che non è da presumersi che il Signor Massimi padre, il quale ha data la sua voce in favore del Signor Leca, voglia ora rilevare l'eccezione del non possesso;

Che la pretesa infedeltà dello scagno sopra la nomina del Signor Franceschetti non si trova in modo alcuno giustificata, giacchè i certificati prodotti, oltre di essere ultronei e simultanei, manifestano una patente contradizione, si distruggono fra di loro, e vengono finalmente smentiti dal contenuto nel processo verbale e dagli attestati della municipalità;

Che infine le assemblee della pieve di Sorroinsù sono state

sempre tenute nel Poggiolo, come luogo centrale, e ne sono state prodotte le più autentiche giustificazioni.

Il comitato pertanto è stato di avviso, che senza arrestarsi ai mezzi di opposizione proposti dal Signor Massimi figlio, come illegali ed illegittimi, sia confermata l'elezione dei Signori Franceschetti e Leca, membri alla Camera di Parlamento per la pieve di Sorroinsù.

La questione discussa e chiusa, e inteso il parere di vari membri:

La Camera determina, che le opposizioni formate dal Signor Massimi figlio sono nulle ed illegali; in conseguenza il processo verbale contenente la nomina dei Signori Francesco Franceschetti e Filippo Leca per i due parlamentari per la detta pieve di Sorroinsù sortirà il suo pieno ed intiero effetto.

Un altro membro dello stesso comitato di verificazione ha fatto il rapporto dell'opposizione formata contro l'elezione dei Signori Pietro Antonio Balestrino, e Anton Francesco Franceschini per i due parlamentari della pieve d'Aregno.

Il Signor Marc'Angelo Mariani, opponente, dopo la proclamazione stata fatta dal podestà, propose l'eccezione contro tutti quelli che non vestissero le qualità richieste dalla Costituzione, ed al basso del processo verbale fece inserire l'opposizione diretta individualmente contro del Signor Balestrino come non possedente la somma di lire sei mila nella pieve, in cui era stato eletto.

Il rapportatore ha osservato che il Signor Moriani non si è punto curato di giustificare il motivo della sua opposizione contro del Signor Balestrino, e non si è neppure presentato per proseguirla.

Il candidato avendo in di lui favore la presunzione legale, sostenuta dal voto del podestà, il parere del comitato di verificazione è che tanto il Signor Balestrino che il Signor Franceschini siano stati bene e validamente eletti.

La Camera, inteso il rapporto suddetto, visto che l'opponente non ha prodotti i mezzi delle sue eccezioni, avendo dichiarato che vi è luogo a deliberare :

Determina che il processo verbale contenente l'elezione dei Signori Pietro Antonio Balestrino ed Antonio Francesco Franceschini per i due membri alla Camera del Parlamento per la pieve di Aregno sarà eseguito secondo la sua forma e tenore.

Dopo di che è stata sciolta la sessione, e la Camera si è aggiornata a lunedì prossimo, due dell'entrante mese di marzo.

GIAFFERRI, *Presidente*.
MUSELLI.

Sessione del 2 Marzo 1795.

I membri della Camera riuniti, è stata aperta la sessione colla lettura del processo verbale della precedente, la di cui redazione è stata approvata.

I Signori Giulio Francesco Confortini, membro al Parlamento per la pieve di Lota, giurisdizione di Bastia, e Paolo Marini per la pieve di Olmi, giurisdizione di Balagna, assenti nelle precedenti sessioni, essendosi presentati nella sala, il Presidente ha loro deferito il giuramento prescritto dalla Costituzione — di riconoscere per loro, ed in nome del popolo che rappresentano, per loro Sovrano e Re Sua Maestà Giorgio III, Re della Gran Bretagna, e di prestargli fede ed omaggio secondo la Costituzione e leggi della Corsica e di mantenere la detta Costituzione e leggi. I detti Signori Confortini e Marini hanno risposto individualmente — *Lo giuro* — di qual giuramento è stato loro dato atto.

L'ordine del giorno richiamando l'esame e la discussione del progetto di legge portante lo stabilimento della commissione straordinaria, ed impresso per determinazione della Camera, un membro del comitato di legislazione ne ha rinnovata la lettura, e dibattuto, e discusso separatamente ciascuno degli articoli di detto progetto di legge, di cui era stata dichiarata l'urgenza, inteso il parere di vari membri:

La Camera, con qualche leggiera aggiunzione, lo ha definitivamente decretato nei seguenti termini, e copia autentica ne sarà presentata per mezzo di una deputazione a Sua Eccellenza il Vice Re per sottoporlo alla sanzione reale.

Decreto della Camera di Parlamento del Regno di Corsica per la creazione di una o più commissioni straordinarie da nominarsi dal Re per procedere contro gli accusati di delitto che merita pena afflittiva o infamante.

Considerando che per gli effetti della guerra e della rivoluzione, il corso della giustizia criminale è stato interrotto in alcune parti del Regno, e che è espediente e necessario di determinare certe regole e misure pronte e legali per punire i delinquenti: Piaccia per ciò alla Eccellentissima Maestà del Re, mediante il consenso della Camera di Parlamento riunita in questa presente sessione, e per autorità della medesima statuire e sia statuito come segue:

Articolo Primo.

Sarà creata una o più commissioni straordinarie nominate dal Re, le quali saranno autorizzate a portarsi nei differenti luoghi ove sarà da Sua Maestà giudicato necessario per prendere informazione dei delitti commessi contro le leggi, e che sono di natura a meritare pena afflittiva o infamante.

Art. 2.

Ogni commissione sarà composta di tre soggetti, e di un

segretario, due dei quali saranno incaricati dell'istruzione dei processi, ed il terzo farà le funzioni della parte pubblica.

Art. 3.

Le dette commissioni non potranno durare al di là di quindici giorni dopo l'apertura della seconda sessione di Parlamento, e potranno anche essere rivocate avanti in virtù di una legge.

Art. 4.

Nell'intervallo della durata di queste commissioni, il Re potrà sospendere l'esercizio di una di esse, o di tutte, nel caso che lo giudichi necessario; quando però la Camera sarà riunita, l'esercizio di tutte non potrà essere sospeso che in virtù di una legge.

Art. 5.

La commissione è autorizzata a ricevere le querele delle parti offese, e d'istruire le procedure, siasi in virtù di quelle, come anche delle denunzie della parte pubblica, contro tutti gli autori, complici, o fautori dei delitti designati nel primo articolo.

Art. 6.

Qualunque delle dette commissioni, ed ogni membro di esse avrà la facoltà di far citare i testimoni, riceverne l'esame, interrogare gli accusati, e far separatamente o congiuntamente tutti gli atti di semplice procedura; nel caso che un membro di detta commissione agisse separatamente in virtù del presente articolo, potrà farsi assistere da quel segretario che stimerà di scegliere.

Art. 7.

I membri della commissione uniti, o separati come sopra, potranno ordinare la cattura degli accusati, siasi in virtù dello lamenta delle parti offese, siasi di quella della parte pubblica, o delle informazioni che si sarà procurate; in tal caso sarà proceduto fra ventiquattr'ore all'interrogatorio dell'accusato.

Art. 8.

I testimoni che saranno intesi saranno tenuti di prestare giuramento di deporre la verità.

Art. 9.

La commissione unita giudicherà secondo le prove che avrà acquistate mediante l'istruzione della procedura, se vi è luogo a proseguire il processo nanti il tribunale supremo; se pronunzierà che vi è luogo, l'accusato sarà spedito sotto buona guardia nanti il detto tribunale; se diversamente, sarà messo in libertà, con condizione però di prestare sicurtà di presentarsi ad ogni requisizione di giustizia.

Art. 10.

Quando un'accusato contro di cui sarà decretata la cattura dalla commissione, in virtù degli articoli sopradetti sarà contumace, o si sarà sottratto all'arresto colla fuga, la commissione sarà autorizzata a farlo perseguitare in qualunque luogo, e tempo dalla forza armata.

Art. 11.

Ogni resistenza aperta, ed a mano armata per parte del decretato, o di altre persone che accorressero a sostenerlo, sarà riputata e punita come delitto di rebellione contro la giustizia.

Art. 12.

Quando i due membri della commissione, nei giudizi che devono rendere uniti, si troveranno discordi, il parere di quello che sarà conforme alle conclusioni della parte pubblica prevalerà.

Art. 13.

La commissione è autorizzata a farsi presentare dai podestà delle pievi tutti i processi formati da essi, o dagli antichi giudici di pace, sopra i delitti commessi, e giudicherà sopra quelli, o altre informazioni che si procurerà, se vi sia luogo all'arresto degli accusati.

Art. 14.

La commissione, o un membro di essa, è autorizzata a procedere all'annotazione dei beni delle persone accusate e fuggitive, e di quelli contro dei quali sarà stato giudicato che vi è luogo a procedere straordinariamente nanti il tribunale supremo. Le altre autorità pubbliche, nelle giurisdizioni ove non fosse presente la commissione, continueranno ad esercitare le loro funzioni secondo le attribuzioni che la legge dà loro, anche circa l'amministrazione della giustizia criminale.

Art. 15.

Gli onorari dei membri della commissione sono fissati a nove franchi al giorno; quelli del segretario a sei.

Il Signor Presidente ha sciolta la sessione alle ore due dopo mezzo giorno, e l' ha rinviata a dimani martedi, tre del corrente, alle ore dieci della mattina.

GIAFFERRI, *Presidente.*
MUSELLI.

Sessione del 3 Marzo 1795

I membri della Camera riuniti, la sessione è stata aperta colla lettura del processo verbale della precedente, la di cui redazione è stata approvata.

I Signori Battesti, Natali, Ottomani, e Valentini hanno richiesto in una memoria presentata a nome delle due pievi di Coasina e Cursa, lo stabilimento di un magazzino a sale nel loro littorale, attesa la distanza del luogo ov' è stato progettato, e la difficoltà del passaggio.

La Camera ha rinviata la memoria all' esame del suo comitato di finanze per farne rapporto.

È stata fatta lettura di un' altra memoria dei marcadanti e commercianti di Bastia, contenente alcuni progetti ed osservazioni sopra i diritti d'importazione e di esportazione nell' Isola.

La Camera l'ha rinviata ai due suoi comitati di legislazione e di finanze, per avervi quel riguardo di cui può essere meritevole, alla formazione del progetto di decreto a ciò relativo.

Un membro ha detto, che le amministrazioni dei distretti continuano nelle loro funzioni, ciò che occasiona una forte spesa alla nazione, senza che produchino alcun vantaggio. Ha proposto di dichiarare il termine delle loro funzioni, il rendimento de' conti al Re, e la rimessa di tutti gli scritti ai rispettivi tribunali; a qual effetto il comitato di legislazione rimarrà incaricato di presentare un progetto di decreto, per essere dopo l'esame arrestato nel modo che sarà giudicato il più convenevole.

La Camera, adottando la proposizione dell'oratore, incarica il suo comitato di legislazione di presentarle un progetto di legge per essere discusso ed arrestato nelle forme ordinarie.

Un membro del comitato di verificazione ha osservato, che era stata formata opposizione alla nomina de' Signori Angelo Luigi Emanuelli e Giuseppe Maria Renucci, parlamentari della pieve di Vallerustie, giurisdizione d'Ampugnani; ma che il Signor Paolo Andrea Vincenti, opponente, avendo desistito dalle sue eccezioni, il comitato era di avviso che i detti Signori Emanuelli e Renucci siano riconosciuti per i legittimi rappresentanti della detta pieve di Vallerustie.

La Camera dichiara che mediante la desistenza dell'opponente, i Signori Angelo Luigi Emanuelli e Giuseppe Maria Renucci sono i rappresentanti legali della suddetta pieve.

È stato fatto rapporto da un membro del detto comitato sopra l'eccezione del *non possesso* stata formata contro del Signor Antonio Parodi nominato per uno dei parlamentari della pieve di Olmi, giurisdizione di Balagna.

L'opposto ha presentato la nota de' suoi beni, a tenore delle disposizioni del regolamento della Camera. Fra questi ha inclusi i beni patrimoniali di un di lui fratello prete, e gli acquisti fatti dopo la di lui elezione. Il Signor Fabiani, opponente, ha eccepito contro i beni del patrimonio, e quelli posteriormente acquistati, giacchè separati questi dalla nota prodotta dal contestato, il valore de' beni che possedeva di sua proprietà al momento dell'elezione è al di sotto di lire sei mila volute dalla Costituzione.

Il comitato ha proposto alla Camera, se credeva di deliberare sulla questione se i beni ceduti in patrimonio, e posteriormente acquistati dal Signor Parodi faranno parte delle di lui proprietà.

La discussione aperta, ed inteso il parere di vari membri sulla mozione di uno di essi, che non ci era luogo a deliberare, avendo di già la Camera determinato che tutte le eccezioni prodotte dagli opponenti non sarebbero decise separatamente, ma tutte con un solo e medesimo giudizio;

La Camera senza pregiudizio delle ragioni delle parti, ordina l'estimo de' beni indicati dal Signor Parodi, eccettuati quelli compresi nel patrimonio e nell'atto di acquisto da esso posteriormente fatto dopo la di lui elezione.

Un membro del suddetto comitato ha rapportate le opposizioni state formate contro la nomina dei due membri alla Camera per la pieve di Sevenfuori, giurisdizione di Vico.

Due sono le eccezioni proposte per combattere l'elezione suddetta; la prima viene rilevata dagli abitanti di Ota, che impugnano la nullità dell'asssemblea stata intimata dal podestà nella comunità della Piana, e la non esistenza dell'assemblea medesima.

La seconda opposizione è diretta personalmente contro del Signor Giovanni Stefanopoli l'uno dei due candidati, di cui viene contrastato il domicilio nella comunità di Cargese.

Il rapportatore ha osservato, che quantunque nella comunità di Ota si convocassero le assemblee nel tempo del governo reale francese, nell'anno 1790 però fu tenuta alla Piana, considerata come luogo centrale della pieve di Sevenfuori, dopo che la comunità di Cargese fu incorporata a questa pieve medesima, e che il Signor Stefanopoli fu nominato per uno degli elettori in quell'assemblea primaria; che d'altronde il luogo non essendo stato fissato dalla legge deve riguardarsi come devoluto alla scelta del podestà; che riguardo alla non esistenza dell'assemblea si sono prodotti degli attestati semplici che non possono essere valevoli a distruggere la legalità del processo verbale, che seco porta la presunzione della verità in tutto il suo contenuto, tanto più che i medesimi attestati vengono distrutti dalle dichiarazioni fatte nei due processi verbali delle due municipalità della Piana e di Cargese; che a questa pieve si riunisce la più concludente, ed è quella che degli abitanti di Ota si presentarono all'assemblea per opporsi di nullità.

Procedendo il rapportatore all'esame dell'opposizione personale diretta contro del Signor Stefanopoli, come preteso domiciliato in Cargese, ha esposto alla Camera che il detto Signor Stefanopoli ha rappresentato più volte la pieve di Sevenfuori in qualità di elettore e che nell'anno 1794 fu nominato deputato della comunità di Cargese, ed in questa qualità ebbe l'onore d'intervenire nell'Assemblea generale Costituente; che il di lui domicilio in Cargese è giustificato tanto dalla casa aperta che vi tiene, quanto dal soggiorno che vi fa per molti mesi colla sua famiglia, dalla dichiarazione formale della sua cittadinanza, dall'animo di goderne avendo rinunciato a quella di Ajaccio ove non ha concorso in verun tempo ad alcun'assemblea; e che se disgraziatamente egli non dovesse riputarsi come cittadino di Cargese, rimarrebbe privo di qualunque domicilio, e del diritto prezioso inerente a tutti i suoi concittadini possidenti;

Che qualunque declinatoria che esso possa aver allegato contro il foro del giudice di pace della pieve, non può riguardarsi che come fatta all'opportunità di qualche causa, giacchè il detto Signor Stefanopoli ha riconosciuta in tutti i tempi la competenza della municipalità di Cargese, la giurisdizione del giudice di pace della pieve di Sevenfuori, ed il tribunale della giurisdizione di Vico, ove anche attualmente vi ha una causa pendente.

Dopo l'esposizione di tutti i suddetti fatti, il comitato di verificazione è stato di avviso che il processo verbale della pieve di Sevenfuori sia legittimo e legali le nomine fatte nelle persone dei Signori Stefanopoli, ed Alessandri.

La Camera di Parlamento, inteso il detto rapporto, e la lettura di una memoria del Signor Benedetti opponente:

Determina che senza arrestarsi alle eccezioni di nullità dell'assemblea, ed all'opposizione personale del non domicilio formato contro del Signor Giovanni Stefanopoli, il processo verbale della nomina dei due parlamentari per la pieve di Sevenfuori, regolato dal podestà nella comunità della Piana, sortirà il suo pieno ed intiero effetto.

Sulla mozione di un membro, la Camera ha autorizzato il detto Signor Giovanni Stefanopoli a far parte del comitato di verificazione per la giurisdizione di Vico, in compagnia del Signor Durabile Maria Colonna Ceccaldi che fu sostituito al medesimo, pendente la contestazione sulla di lui nomina.

Il presidente ha sciolta la sessione alle ore due, e l'ha rinviata a dimani alle ore dieci della mattina.

GIAFFERRI, Presidente.
MUSELLI.

Sessione dei 4 Marzo 1795.

(*Alle ore dieci della mattina*).

I membri della Camera riuniti, la sessione è stata aperta colla lettura del processo verbale della precedente, la di cui redazione è stata approvata.

Un membro del comitato di verificazione ha fatto il rapporto sull'opposizione formata dal Signor Orlando Saliceti contro l'elezione del Signor Giovan Giacomo Saliceti, membro della Camera del Parlamento per la pieve di Oletta, giurisdizione del Nebbio, come non possedente le lire sei mila di beni fondi volute dalla Costituzione.

Il rapportatore ha osservato, che l'opponente non ha punto giustificata la sua eccezione nel termine prescritto dal regolamento della Camera, e quindi l'avviso del comitato è che il detto Signor Gio : Giacomo Saliceti sia riconosciuto per rappresentante legittimo di detta pieve di Oletta.

La Camera, adottando l'avviso del suo comitato di verificazione, dichiara buona e valida l'elezione del detto Signor Gio : Giacomo Saliceti per uno de' suoi membri per la pieve di Oletta. L'istesso membro del comitato di verificazione ha rapportato la questione, che si è elevata fra il Signor Giuseppe Morlas, e il Signor Giuseppe Sanoni, che sono in concorso per il secondo membro alla Camera di Parlamento per la pieve di Santo Pietro, giurisdizione del Nebbio.

Il primo avendo riportata la maggiorità de' suffragi, sull'opposizione formata da un terzo nell'assemblea medesima per il *non possesso* dei beni, non fu proclamato dal podestà, il quale annunziò per il secondo candidato il Signor Giuseppe Sanoni, ed in questa qualità ha preso fin qui seggio fra i membri della Camera.

Il Signor Morlas a prodotto nanti il comitato di verificazione la prova del possesso di beni dotali per la somma di lire dieci mila e quindi al di là del valore prescritto dalla Costituzione.

Il comitato di verificazione pertanto ha riconosciuto valido e legale il possesso dei beni di cui il Signor Morlas ha presentato la prova ed avendo esso ottenuta la maggiorità delle voci degli assemblati, è stato di avviso di riconoscere il detto Signor Morlas per legittimo rappresentante della pieve di Santo Pietro.

La discussione aperta, intese le parti in persona e l'opinione di vari membri, la Camera di Parlamento, in conformità dell'avviso del suo comitato di verificazione, senza arrestarsi all'eccezione del non possesso stata allegata contro del Signor Giuseppe Morlas, determina che il detto Signor Morlas è riconosciuto legalmente eletto membro alla Camera di Parlamento per la pieve di Santo Pietro, ed in questa qualità vi prenderà seggio.

All'istante il Signor Presidente avendogli deferito il giuramento prescritto dalla Costituzione di riconoscere per sè, ed in nome del popolo Corso, che rappresenta, per suo Sovrano e Re, Sua Maestà Giorgio III, Re della Gran Bretagna, di prestargli fede ed omaggio secondo la Costituzione e leggi della Corsica, e di mantenere la detta Costituzione e leggi, il detto Signor Morlas ha risposto: *Lo giuro*; di qual giuramento gli è stato dato atto.

Sulla proposizione di un membro del comitato di verificazione, il quale ha esposto che era stata formata l'eccezione della minorità contro del Signor Francesco Saverio Colonna Ceccaldi, l'uno de' membri proclamati dal podestà per la pieve di Sevidentro;

La Camera accorda al detto Signor Colonna Ceccaldi una dilazione di giorni venti, a cominciare dal giorno d'oggi per ultimo e perentorio termine per presentare il suo estratto battesimale confrontato sul registro della parrocchia dal presidente ed avvocato del Re della giurisdizione di Vico, nanti de' quali il detto registro sarà presentato.

I Signori Ornano, maggiore, e Pietri, Giacomoni e Ceccaldi, uffiziali del battaglione Quenza, hanno richiesto in una loro memoria un congedo ad oggetto di passare in Corte ove il detto battaglione doveva organizzarsi ai dieci del mese corrente.

La Camera accorda un congedo di giorni quindici al maggiore e di giorni dieci agli altri uffiziali del battaglione Quenza a cominciare dal dieci del mese corrente.

Un membro ha proposto alla Camera di aggiornarsi, affinchè i suoi comitati siano nel caso di presentare al più presto qualche progetto di legge.

La Camera si è aggiornata al sabbato sette del corrente mese, alle ore dieci della mattina, e la sessione è stata sciolta.

GIAFFERRI, *Presidente*.
MUSELLI.

Sessione del 7 Marzo 1795.

I membri della Camera del Parlamento riuniti, la sessione è stata aperta colla lettura del processo verbale della precedente, la di cui redazione è stata approvata.

L'ordine del giorno richiamando la seconda lettura e la discussione dei progetti presentati dal comitato di legislazione nelle sessioni de' 27 e 28 febbraio, il primo concernente la creazione, elezione, e giurisdizione degli uffiziali municipali, e il secondo sopra il reddito e la vendita del sale :

Sull'osservazione di uno de' membri, la Camera ha dichiarato che vi è urgenza per l'esame e discussione del progetto di legge concernente il sale. La priorità ammessa e la discussione aperta sopra ciascuno degli articoli separatamente, vi sono stati apportati dei leggieri emendamenti ed aggiunzioni come segue :

All'articolo terzo sono stati aggiunti due magazzini di sale, uno all'Algajola e l'altro a Casamotta, littorale di Fiumorbo, al prezzo di soldi due e danari tre la libbra in quest'ultimo magazzino; ed all'articolo 17º è stato deliberato che il podestà della pieve sarà assistito da un segretario, che sceglierà, e la Camera ha rinviata la terza lettura alla sessione di lunedi nove del corrente mese, per essere nuovamente discussi gli articoli suddetti e definitivamente decretati.

Un membro dell'istesso comitato di legislazione ha presentato un progetto di articoli addizionali per la polizia correzionale, che formeranno il titolo 7º del progetto del decreto concernente la creazione delle municipalità.

La Camera, dopo avere intesa la lettura degli articoli suddetti, dichiara che vi è luogo a deliberare, ordina che il progetto sarà impresso per essere discusso al seguito di quello concernente la creazione, elezione e giurisdizione degli uffiziali municipali, a far parte del medesimo decreto.

L'istesso membro del comitato di legislazione ha fatto lettura di un progetto di legge sopra la promulgazione degli atti di Parlamento, e di due articoli regolamentari concernenti il medesimo oggetto.

La Camera, intesane la lettura, dichiara che vi è luogo a

deliberare sopra il progetto di decreto, ne ordina l'impressione e il rinvio per la seconda lettura al primo giorno.

Aperta quindi la discussione sopra i due articoli regolamentari, la Camera di Parlamento li ha arrestati nei termini proposti dal comitato di legislazione, come segue :

ARTICOLO PRIMO.

Ogni decreto reso dalla Camera di Parlamento, soggetto alla sanzione del Re, sarà trascritto fra le ore ventiquattro al doppio registro, sottoscritto dal Presidente e segretario, e ne sarà fatta una doppia spedizione.

ART. 2.

La minuta sanzionata dal Re, o quella che contiene la di lui ricusa, sarà depositata nell'archivio della Camera, e sarà subito fatta menzione sul doppio registro e nel margine della trascrizione del decreto, della sanzione o ricusa, indicandone la data.

Un membro dell'istesso comitato di legislazione avendo rapportata la memoria del Signor Paolo Agostino Colonna d'Istria, tendente alla separazione del villaggio di Bicchisà dalla comunità di Petreto, di cui il primo fa parte :

La Camera, sull'avviso del rapportatore, ha deliberato, che prima di farvi diritto, la detta memoria sarà sottoscritta almeno da venti cittadini dell'istessa comunità, e che il petizionario venga provvisto di una procura legale, che lo autorizzi a questa dimanda.

Un membro del comitato di verificazione ha fatto il rapporto dell'opposizione formata dal Signor Arrighi contro del Signor Antonio Versini, l'uno dei candidati per la pieve di Sorrolosù.

Il detto Signor Versini essendo assente (per quanto asseriscesi, per causa di malattia), il Signor Colonna Leca ha presentata, a di lui nome, la nota de' suoi beni, che dice di aver estratta da un atto pubblico statogli rimesso dal Signor Versini medesimo.

Il rapportatore medesimo ha proposta la questione se un terzo che non è munito dei poteri dell'assente possa o no presentare alla Camera delle scritture in di lui nome.

Il parere del comitato è per la negativa, giacchè si deve riguardare come persona illegittima quella che non è specialmente autorizzata a produrre gli atti necessari per un assente.

La Camera ha aggiornata la questione dopo la risposta che riceverà il Presidente.

Il Signor Presidente ha sciolta la sessione alle ore due dopo il mezzogiorno, e l'ha rinviata a lunedì nove del mese corrente alle ore dieci della mattina.

GIAFFERRI, *Presidente.*
MUSELLI.

Sessione del 9 Marzo 1795.

I membri della Camera riuniti, la sessione è stata aperta per la lettura del processo verbale della precedente, la di cui redazione è stata approvata.

Il presidente della Camera ha rimessa sullo scagno una lettera del Signor Generale De Paoli risponsiva a quella d'invio della spedizione dei processi verbali per l'inaugurazione del suo busto nella sala del Parlamento. Fatta la lettura tanto della lettera del Presidente, che della risposta del prelodato Signor Generale De Paoli, il di cui nome ha risuonato nella sala coi soliti trasporti di tenerezza ed applauso, sulla mozione di un membro, la Camera ha deliberato, che la lettera del suo Presidente e la risposta del generale De Paoli saranno trascritte sopra il registro, il che è stato immediatamente eseguito.

Lettera del Signor Presidente.

« Eccellenza,

» La Camera di Parlamento, riempiendo un dovere così grato a tutti i Corsi, deliberò l'inaugurazione del vostro busto nella sua sala, e questa solenne cerimonia rinnuovò tutti i sentimenti d'amore, di stima e di venerazione che si trovavano di già scolpiti ne' cuori de' vostri compatriotti.

» Ho l'onore, Signor Generale, di dirigervi diversi esemplari del processo verbale, che è stato redatto in una sì fausta circostanza.

» Le espressioni che vi si contengono sono dettate dalla giustizia, dalla verità e dalla riconoscenza.

» Compiacetevi, Signor Generale, di gradire la spedizione, che ho il vantaggio di farvi a nome della Camera stessa, ed il tributo di quel rispettoso attaccamento con cui ho l'onore di protestarmi, Signor Generale, ecc.

» Sottoscritto: GIAFFERRI, *Presidente.* »

Risposta del Signor Generale De Paoli.

« Cittadino Presidente,

» Dal processo verbale, che di commissione della Camera del Parlamento mi avete mandato, vedo quanto ogni giorno più si accrescono le ragioni del mio inalterabile attaccamento e zelo verso la patria, che mai cessa di manifestarmi la sua affezione e compiacenza colla quale nota quei pochi servizi, che ad essa ho potuto prestare nel tempo che sono stato alla testa della sua amministrazione. L'impegno col quale i Rappresentanti del Popolo, e il nostro Vice-Re hanno voluto generosamente solennizzare il giorno in cui hanno dato effetto al grazioso decreto della nostra ultima assemblea a mio riguardo, sarà sempre presente all'animo mio, penetrato della più umile riconoscenza, sommessione ed ossequio per codesto augusto senato, e di lealtà per il giusto e virtuoso nostro magnanimo Re, che ne protegge i diritti e ne fà valere le ragioni.

» Questi miei indelebili sentimenti, cittadino Presidente, vi prego presentarli alla Camera del Parlamento, avvalorandoli coll' energia de' vostri autorevoli uffici, perchè vieppiù spieghi la mia più profonda venerazione verso la medesima.

» Monticello, 7 gennaio 1795.

» Sottoscritto : PASQUALE DE PAOLI. »

È stata fatta lettura di una lettera indirizzata alla Camera dalla classe dei poveri dimoranti nella città di Bonifacio, i quali riclamano quei soccorsi, che sono loro assicurati dalle pie fondazioni di quella città, e che sperano dall' umanità della Camera del Parlamento.

La Camera l'ha rinviata al suo comitato di finanze per esaminarla, e farne prontamente il rapporto.

Il Signor Anton Vincenzo Saladini, l'uno dei membri della Camera di Parlamento per la pieve di Tuani, giurisdizione di Balagna, assente dalla presente sessione per causa di malattia, essendosi presentato nella sala, il Presidente gli ha deferito il giuramento costituzionale di riconoscere per sè ed in nome del Popolo Corso che rappresenta, per suo sovrano e Re Sua Maestà Giorgio III, Re della Gran Bretagna, di prestargli fede ed omaggio secondo la Costituzione e leggi di Corsica e di mantenere la detta Costituzione ecc.

Il detto Signor Saladini ha risposto — *Lo giuro* — di qual giuramento gli è stato datto atto, ed ha preso seggio fra i membri della Camera.

Gli uscieri della sala hanno annunziato un messaggio del Re arrivato alla Bastia; il presidente, a nome della Camera, lo ha invitato ad introdursi nella sala, e pervenuto vicino allo scagno, il suddetto messaggio ha letto un foglio che ha in seguito depositato sullo scagno, del tenore seguente:

« A nome del Re.

» Gilberto Elliot Vice-Re del Regno di Corsica.

» Informiamo la Camera di Parlamento della comparsa di una squadra nemica nelle acque del Capo-Corso.

» Le relazioni che ci sono pervenute ci danno motivo di congetturare che questa non siasi ancora allontanata, ed in conseguenza, che sarà facile alla flotta del Re di poterla raggiungere e combattere.

» La Camera di Parlamento sentirà con soddisfazione che gli abitanti del Capo-Corso e molte persone di quelle pievi, constituite nelle cariche pubbliche, dimostrano tutta la fermezza e la diligenza che si richiedono in simile caso.

» Questo avvenimento, quantunque ordinario nel corso di una guerra simile a quella che siamo obbligati di sostenere, convincerà nel tempo stesso la Camera della necessità di mettere il governo nella facoltà di prendere quelle misure di sicurezza interna che la natura della circostanza possa rendere giustificata.

» La Camera di Parlamento riconoscerà nel tempo stesso la necessità di rivolgere principalmente la sua attenzione agli oggetti, che riguardano il miglior metodo onde mettere a profitto la forza generale del popolo contro i propri nemici, e quelli del Re, ed a confermare lo spirito pubblico in quei sentimenti che lo hanno fin ora guidato in ciò che concerne il servizio di sua Maestà e la difesa della Patria.

» Dato a Bastia li 9 marzo 1795.

» Per ordine di Sua Eccellenza,

» Sottoscritto : ELLIOT. »

Dopo la detta lettura un membro ha proposto di nominare una deputazione di quattro soggetti per presentare a S. E. il Vice-Re i ringraziamenti della Camera per questa nuova prova del di lui zelo ed amore per il bene di questo Regno, e notificargli la premura che essa avrà di esaminare tutti gli oggetti importanti annunciatigli a nome del Re.

La Camera adottando all'unanimità la suddetta proposizione, sono stati nominati i Signori Alessandrini, Angeli, Antonetti ed Anton Santi per formare la detta deputazione presso del Vice-Re, a cui sarà presentata la seguente risposta :

« Eccellenza,

» La Camera di Parlamento ringrazia Vostra Eccellenza del grazioso messaggio, che si è degnata comunicarle a nome del Re, e riconosce in questo atto una nuova prova dello zelo ed amore di V. E. per il bene di questo Regno.

» La Camera si propone di esaminare colla più grande serietà gli oggetti importanti che le sono stati suggeriti da V. E. »

La deputazione avendo all'istante riempiuta la sua missione, e rientrata nella sala, ha detto che S. E. il Vice-Re non si aspettava meno dallo zelo della Camera di Parlamento per secondare le intenzioni paterne di Sua Maestà e concorrere alla pubblica salvezza di questo Regno.

Un membro ha detto che il nemico, essendosi approssimato nei nostri lidi, potrebbe far temere di qualche invasione nell'Isola; che la fermezza, il coraggio ed i petti dei bravi nazionali saranno altrettanti scudi per opporre alle di lui temerarie intraprese, ma che frattanto la vigilanza dei Rappresentanti del Popolo deve in questa occasione essere maggiormente eccitata per prevenire i maneggi degl'interni nemici della Patria, se pure esistessero;

Che la Costituzione avendo stabilite delle forme determinate sopra l'arrestazione dei cittadini, e queste dovendo essere eseguite, si perverrebbe difficilmente a salvare la patria nelle circostanze del suo pericolo.

Ha proposto in conseguenza di attribuire al Re la facoltà di assicurarsi delle persone sospette, e dei cospiratori contro lo Stato e la tranquillità pubblica.

Questa mozione gradita all'unanimità, la Camera dichiara che vi è urgenza; la rinvia al comitato di legislazione per presentare alla sessione di dimani un progetto di decreto, le di cui disposizioni tendano ad assicurare la pubblica salvezza che potrebbe essere minacciata dalle persone sospette, o dai cospiratori contro la patria.

È stata rappresentata la necessità della partenza dei Signori Leoni e Pietro Saliceti per oggetti di pubblico servizio; la Camera ha loro accordato un congedo di giorni quindici.

Sulla mozione di un membro, la Camera ha determinato che veruno de' suoi membri potrà assentarsi da questa città senza avere ottenuto un congedo dalla Camera stessa; ed in caso di assenza senza congedo, incorreranno nell'emenda di lire duecento pronunziata dall'articolo 4º del titolo IV della Costituzione contro i membri eletti e non comparenti.

Un membro ha detto che la Costituzione ha autorizzata la Camera di Parlamento ad occuparsi di tutti gli affari del Clero, e fra le altre cose prendere le misure per assicurare l'esercizio dell'Episcopato in Corsica;

Che la Camera allorchè fu riunita portò subito la sua attenzione sopra di un oggetto cotanto importante, e perchè fosse trattato con maggior maturità ed attenzione, incaricò i due suoi comitati di legislazione e di finanze a scegliere quelle persone che avrebbero creduto le più proprie ed adattate a questo travaglio;

Che il comitato del Clero ha già cominciato a fare dei piani di tutto ciò che può aver relazione agli affari della Religione, ma con tutto il zelo che v'impiega, non è possibile che ve lo presenti così prontamente come lo desidererebbe e per la moltiplicità degli articoli che abbraccia, e per la delicatezza dell'oggetto, e per molte difficoltà, che si presentano, e che deve scegliere con discrezione e giustizia;

Frattanto il popolo manca degli spirituali soccorsi, e questa mancanza è occasionata in gran parte dall'assenza de' Vescovi, e dalla cessazione delle loro episcopali funzioni;

Che il loro richiamo, e la libertà dell'esercizio delle loro funzioni non potrebbe che far molto bene, e d'altronde è un seguito dei principî che il popolo riunito ha costituzionalmente esternati;

Che quest'operazione non deve in alcun modo ritardare gli altri piani e progetti del comitato del Clero, che potrà anzi coll'arrivo di questi principî di Santa Chiesa ricevere dei maggiori lumi e delle cognizioni.

Ha proposto perciò di decretare che è libero ai Vescovi di Corsica di ritornare alle loro diocesi per esercitare tutte le funzioni del loro ministero.

Il Presidente della Camera [è] incaricato di farne parte ai detti Vescovi.

Il Comitato del Clero è incaricato di presentare alla Camera un progetto per l'attribuzione e giurisdizione a darsi ad uno, o più di detti vescovi, della diocesi di Ajaccio, che si trova vacante per la morte del suo funzionario, e ciò di concerto con Sua Santità.

La mozione essendo stata unanimemente applaudita, la

Camera la rinvia ai due comitati di legislazione e di finanze per presentare al più presto un progetto di decreto, da cui venga assicurato il ritorno dei sacri diritti dell'Episcopato in questo Regno.

È stata rinnovata la lettura del progetto di decreto concernente la promulgazione degli atti di Parlamento, di cui la Camera aveva dichiarata l'urgenza alla prima lettura che ne fu fatta nella sessione de' sette del presente mese.

Esaminati e discussi ad uno ad uno tutti gli articoli e ridotti ad un solo per formare l'articolo 8º ed ultimo di detto decreto nella seguente maniera:

Articolo 8º.

Gli atti di Parlamento saranno obbligatori per tutto il Regno quindici giorni dopo la data della sanzione, ammenoché non sia stato diversamente determinato dalla legge,

La Camera lo ha definitivamente arrestato nei termini seguenti, per essere due spedizioni autentiche presentate alla sanzione del Re.

Decreto che regola la forma della promulgazione degli atti di Parlamento, e fissa il termine da cui cominceranno ad essere obbligatori, letto nella sessione del 7 marzo 1795, e definitivamente arrestato nella sessione del 9 di detto mese.

Considerando che è necessario di regolare il modo con cui gli atti di Parlamento saranno promulgati, e di fissare l'epoca dalla quale saranno obbligatori per tutti i sudditi di Sua Maestà in questo Regno: Piaccia però all'Ecc^{ma} Maestà del Re, col consenso della Camera di Parlamento riunita in questa presente sessione, e per autorità della medesima, statuire, e sia statuito ciò che segue:

Articolo Primo

Saranno fatte due copie di ogni decreto reso dalla Camera di Parlamento sottoscritto dal Presidente e dal segretario, e inviate al Re per mezzo di una deputazione.

Art. 2.

La deputazione farà rapporto alla Camera nel suo ritorno della rimessa fatta al Re del decreto, del che sarà fatta menzione nel processo verbale della sessione.

Art. 3.

La sanzione, o la ricusa pronunziata dal Re sarà deposta sullo scagno della Camera di Parlamento, sottoscritta da lui e dal segretario di Stato, al basso di una delle due copie del decreto che sarà presentato alla sanzione.

Art. 4.

Il decreto sanzionato sarà inviato dal Re al Tribunale Supremo, a quello delle giurisdizioni, podestà delle pievi e municipalità del Regno.

Art. 5.

Nel numero delle spedizioni dell'atto di Parlamento da inviarsi come sopra, ve ne dovrà essere una per il Tribunale Supremo, e una per ciascheduno de' tribunali delle giurisdizioni, sottoscritte per l'autenticità dal segretario di Stato.

Art. 6.

Fra le ore ventiquattro dalla rimessa dell'atto di Parlamento, il Tribunale Supremo, e quelli delle giurisdizioni saranno tenuti di farlo leggere, pubblicare ed affigere, e di ordinare la trascrizione sui registri.

Art. 7.

I Podestà delle pievi e le municipalità faranno pubblicare fra le ore ventiquattro dopo la recezione l'atto di Parlamento a loro inviato, trascrivere sui registri il titolo, ne custodiranno alla Cancelleria un' esemplare ; saranno inoltre tenuti di fare ripetere la lettura alla porta della chiesa parrocchiale, il primo giorno festivo che succederà la recezione.

Art. 8.

Gli atti del Parlamento saranno obbligatori per tutto il Regno quindici giorni dopo la data della sanzione, ammeno che non sia stato diversamente determinato dalla legge.

È stato in seguito proceduto alla terza lettura del progetto di decreto concernente il reddito e la vendita del sale.

Discussi separatamente tutti gli articoli di detto progetto, ed intesa l'opinione di vari membri :

La Camera di Parlamento lo ha definitivamente arrestato, come segue, per essere presentato alla sanzione reale.

Decreto della Camera di Parlamento di Corsica, che ordina la vendita esclusiva del sale a due soldi la libbra peso di marca, ed a profitto del pubblico, che regola il metodo di detta vendita, e prefigge certe pene contro i contravventori, letto nelle sessioni de' 28 febbraio, 7 e 9 marzo, ed arrestato nella detta sessione del 9 marzo.

Considerando che la vendita esclusiva del sale è uno dei mezzi più efficaci per procurare una parte dei fondi necessari alle spese pubbliche ;

Che questo genere d'imposizione si ripartisce naturalmente

in proporzione della consumazione degli altri generi, e della comodità dei consumatori,

Che in questo numero, e per tale oggetto sono compresi non solo tutti gli abitanti di questo Regno, ma ancora gli stranieri, che vi soggiornano, o vi arrivano di passeggio: Piaccia perciò all' Ecc^{ma} Maestà del Re, col consenso della Camera di Parlamento riunita nella presente sessione, e per autorità della medesima, statuire, e sia statuito ciò che segue.

Articolo Primo.

Il sale farà una parte del reddito pubblico.

Art. 2.

Il sale sarà venduto a conto del pubblico a soldi due moneta corrente la libbra peso di marca.

Art. 3.

Nei luoghi marittimi di Bastia, Macinaggio, San Fiorenzo, Algajola, Isolarossa, Calvi, Cargese, Ajaccio, Propriano, Bonifacio, Portovecchio, Corte, Prunete, San Pellegrino e Casamotta, scalo di Calzerello, littorale di Fiumorbo, saranno stabiliti magazzeni e depositi pubblici, per la comodità dei compratori, ove si venderà il sale al prezzo fissato di sopra, ma nel magazzeno di Corte, attese le spese di trasporto sarà venduto a soldi due e mezzo, e nel magazzeno del littorale di Fiumorbo a soldi due tre danari la libbra.

Art. 4.

Il servizio de' magazzeni di Bastia e di Ajaccio si farà dal Direttore della Dogana, da un controllore e da un rigattiere che farà ancora le veci del pesatore: Quello poi degli altri magazzeni dal Direttore e preposti alle Dogane, e da un rigattiere; li sudditi impiegati a questa parte d'amministrazione saranno nominati dal Re.

Art. 5.

Il Direttore della Dogana avrà la direzione del magazzeno, e ne custodirà i denari; sarà tenuto di ricevere il sale dai provveditori fissati dal Re, di far loro ricevuta della quantità che gli sarà consegnata, di tenere i conti della ricetta, della spesa e dell'approvvisionamento del suo magazzeno secondo gli stati e le regole che gli saranno spedite e prescritte dal Re. Terrà aperto il magazzeno due volte la settimana, e si venderà all'ingrosso il sale; avrà l'ispezione sopra il controllore e sopra il rigattiere, e sarà il suddetto contabile verso del Re; dovrà dare una sicurtà di sei mila lire.

Art. 6.

Il controllore sarà specialmente incaricato di visitare le botteghe del rigattiere dove si rivenderà il sale per verificare lo stato dei pesi, bilancie, come pure la qualità del sale che vi si troverà; assisterà il direttore in tutte le sue operazioni; terrà i registri della vendita del sale; sarà tenuto di dare una sicurtà di lire tre mila.

Art. 7.

Il rigattiere pesatore sarà presente allo sbarco de' caricamenti del sale, che i Provveditori apporteranno, e ne peserà la quantità. Nei giorni che si terrà aperto il magazzeno, dovrà assistere alla vendita; sarà obbligato ancora di vendere a minuto il sale, e di tenere la sua bottega quotidianamente aperta eziandio il giorno di festa, e di mantenerla sufficientemente provvista e di versare nella cassa del direttore o preposti il valore del sale nella quantità che gli sarà stata consegnata; darà una sicurtà di mille e cinquecento lire.

Art. 8.

Gli appuntamenti dei controllori di Bastia e di Ajaccio saranno di lire 700, e quelli dei rigattieri di 500 all'anno.

Gli appuntamenti dei rigattieri in tutti gli altri magazzeni saranno di lire 200 all' anno. Sarà parimente nella fissazione degli onorari ai direttori e preposti delle Dogane, preso in considerazione il servizio, che i detti direttori e preposti sono tenuti di prestare a quella parte d'amministrazione.

Art. 9.

È proibito a tutti i capitani, padroni di bastimenti e marinari ed ogni altra persona di qualunque qualità e condizione essa sia, d'introdurre in Corsica per alcun uso, eziandio per la propria consumazione alcuna quantità di sale, sotto pena di confisca del bastimento, e di un'ammenda che non sarà minore di 500 franchi; e potrà essere portata per la prima volta sino a 5.000 secondo l'esigenza dei casi; in caso poi di recidiva potranno essere condannati anche a due anni di detenzione.

Art. 10.

Qualunque persona che avrà nel suo magazzeno, case o botteghe qualsivoglia quantità di sale destinata per commercio o per vendersi, sarà tenuta fra ventiquattro ore farne dichiarazione esatta avanti il Podestà della pieve; ed alla municipalità, sotto pena di confisca ed ammenda di 25 lire, che potrà essere portata sino a 100.

Art. 11.

Il Podestà della pieve, ed in caso di malattia gli ufficiali municipali, ricevuta la dichiarazione del proprietario del sale, inviteranno il Direttore della Dogana, ed assieme si trasporteranno nel luogo, ove il sale è depositato, lo faranno pesare avanti il padrone, ed in seguito trasportare nei magazzeni pubblici, se ve ne esistono, ovvero in luogo sicuro che prenderanno a locazione e ne faranno la consegna al Direttore.

Art. 12.

Il Podestà della pieve, ed in caso di malattia gli ufficiali municipali, e il Direttore della Dogana redigeranno un processo verbale nel quale sarà espresso il peso e la quantità del sale, che avranno ricevuto dal proprietario che avranno fatto trasportare a conto del pubblico nei luoghi indicati ; se troveranno nel sale misture di materie estranee, lo metteranno sotto sequestro ; una copia del processo verbale sarà data al padrone del sale, ed un' altra ne sarà spedita al Re.

Art. 13.

Il sale sarà pagato ai padroni a ragione di quaranta soldi il cantaro, peso di marca nei luoghi marittimi, e nell' interiore soldi cinquanta.

Art. 14.

Il Direttore della Dogana farà ricevuta al Podestà della pieve, o agli ufficiali municipali della quantità di sale, che gli sarà stata consegnata.

Art. 15.

Il sale consegnato dal podestà della pieve o dagli ufficiali municipali al Direttore, sarà a carico del medesimo, e ne sarà risponsabile appresso del Re della quantità e peso che sarà descritto nel processo verbale, come del prezzo che ne deve risultare dalla vendita secondo la tariffa sopra fissata.

Art. 16.

Il Re ordinerà che siano provveduti di sale i differenti magazzeni del Regno.

Art. 17.

Immediatamente dopo l'arrivo di un carico del sale spedito dal provveditore, il Direttore assistito dal controllore e dal pesatore, richiederà il podestà della pieve di trasportarsi al porto per essere presente allo scarico, ed in seguito alla collocazione, che ne sarà fatta in una sola massa per quanto sia possibile nel magazzeno. Il podestà della pieve assistito da un segretario che sceglierà, formerà del tutto processo verbale, che sarà sottoscritto da lui, dal Direttore, dal controllore, dal pesatore e dal provveditore, o suo incaricato nei suoi conti.

Art. 18.

Il detto processo verbale conterrà l'enumerazione della quantità di cantari di sale, che saranno stati pesati, e collocati, la dichiarazione della purezza e secchezza, e ne sarà data copia al provveditore per metterlo in grado a domandare il suo pagamento, ed altra ne sarà spedita al Re.

Art. 19.

Si farà uso per pesare il sale, nel riceverlo, delle bilancie e pesi che sono in ciascuno dei magazzeni. Il Direttore della Dogana, ed il podestà della pieve invigileranno acciocché ciascuna pesata sia fatta esattamente.

Art. 20.

Nel caso che il Direttore trovasse che il sale da porsi in magazzeno fosse di una umidità straordinaria, ne sarà messa una quantità in una cassa ben chiusa, la quale sarà sigillata col sigillo della Dogana, di quello del podestà della pieve e del provveditore, e poi pesata sarà posta sopra la massa per essere di bel nuovo pesata in presenza del podestà della pieve, quando la massa sarà messa in vendita. Sarà fatta menzione di questa operazione nel processo verbale.

Art. 21.

Il sale nei magazzeni essendo soggetto a diminuzione di peso, sarà bonificato al direttore nel rendimento di conti un quattro per cento di sale.

Art. 22.

È proibito a tutti i ricevitori e pesatori l'uso di tutto altro peso che di quello di marca; il Re ordinerà che siano somministrati i pesi uniformi per tutti i magazzeni del Regno ad ogni direttore.

Art. 23.

È parimente proibito ad ogni ricevitore e pesatore sotto pena di destituzione, e di un'emenda di mille lire, di fare alcun traffico di pesci o di carne salata, o di aver interesse nel contratto che i provveditori passeranno col Re.

Art. 24.

È proibito sotto le medesime pene ai controllori, direttori, rigattieri, d'introdurre nel sale materie estranee, di vendere a falso peso, e di esporre in vendita alcuna specie di sale fuori di quella dei pubblici magazzeni.

Art. 25.

Tutte le contestazioni e doglianze, che potrebbero arrivare sopra le pesate del sale, o sopra la cattiva qualità, o quantità, o mistura di materie estranee fra i provveditori e i direttori, saranno portati avanti il podestà della pieve, il quale sarà obbligato d'inscrivere in un processo verbale le osservazioni del Direttore, controllore e rigattiere, ed inoltre quelle del provveditore ; ne darà copia alle parti, ed altra ne spedirà col suo avviso al Re, e in seguito ordinerà che il sale sia messo nel magazzeno in un luogo separato ove rimarrà sino alla decisione del Re.

Art. 26.

Le altre contestazioni e doglianze, che arriveranno fra i compratori e rigattieri, controllori e direttori saranno egualmente giudicate dal podestà della pieve sommariamente e senza spese, il quale potrà pronunciare l'emenda contro il pesatore a falso peso. La sua sentenza sarà eseguita per provigione salvo il ricorso al Re.

Art. 27.

In ogni magazzeno di sale sarà tenuto un registro numerato e contrassegnato dal segretario di Stato, in cui si dovranno notare senza alcuna interruzione tutte le vendite di sale, che saranno fatte giornalmente, e sarà nel detto registro arrestata e sottoscritta qualunque vendita giornaliera dal direttore, controllore, preposto e rigattiere. Il Direttore sarà obbligato in ogni mese di spedire al Re un conto esatto ed estratto dal registro della vendita del sale e di versarne nella cassa al Tesoriere il prodotto.

Art. 28.

Il Direttore o i preposti veglieranno ad impedire i contrabandi del sale; avranno a tal effetto diritto di fare visite domiciliari assistiti da un uffiziale municipale, e sopra la di lui requisizione, chiedere la forza pubblica per arrestare sul salto il contrabando e i contrabandieri, come pure per far rispettare l'esercizio delle loro funzioni.

Art. 29.

I contrabandi saranno giudicati dal podestà della pieve per ciò che riguarda l'emenda stabilita dalla legge; ma i casi che portano detenzione o pena afflittiva, saranno rimessi al giudizio del tribunale competente.

Il Signor Presidente ha sciolta la sessione alle ore 2 dopo il mezzo giorno, e rinviata a dimani alle ore 10 della mattina.

GIAFFERRI, *Presidente.*
MUSELLI.

Sessione del 10 Marzo 1795.

(Alle ore dieci della mattina).

I membri della Camera riuniti, la sessione è stata aperta colla lettura del processo verbale della precedente, la di cui redazione è stata approvata.

Un membro del comitato di legislazione ha presentato un progetto di decreto per la soppressione delle amministrazioni dei distretti, a tenore della determinazione della Camera del 3 del corrente mese.

Fatta la lettura di detto progetto, la Camera dichiara che vi è urgenza, ne rinvia la seconda lettura e la discussione alla sessione di dimani per essere definitivamente arrestato.

Un membro dell'istesso comitato, incaricato dalla Camera nella sessione di ieri di presentare un progetto di decreto per l'attribuzione al Re di far arrestare tutte e qualsivogliano persone sospette di tradimento, o d'intelligenza coi nemici, per assicurare sempre più la pubblica salvezza,

Avendo fatta lettura del progetto suddetto, la di cui urgenza fu dichiarata nella precedente sessione, la Camera ne ha rinviata la seconda lettura alla sessione di dimani per essere definitivamente arrestato.

Un membro dell'istesso comitato incaricato di un progetto di decreto per fissare il numero della Rappresentanza Nazionale della pieve di Calvi, avendone fatta lettura,

La Camera ha rinviato alla sessione di dimani l'esame di detto progetto per essere definitivamente arrestati gli articoli.

È stata rinnuovata la seconda lettura di vari articoli del progetto di decreto concernente la creazione, elezione e giurisdizione degli uffiziali municipali.

La Camera, dopo le osservazioni di vari membri, ha adottati diversi articoli del detto progetto, ed ha tramandata la continuazione della lettura degli altri articoli alla prima sessione.

Il Signor Presidente tesoriere generale del Regno ha richiesto un congedo di giorni otto per trasportarsi a Corte per affari di pubblico servizio.

La Camera gli ha accordato il congedo richiesto.

Il Signor Presidente ha sciolta la sessione alle ore due dopo il mezzo giorno, e l'ha rinviata a dimani undici del corrente alle ore dieci della mattina.

GIAFFERRI, *Presidente*.
MUSELLI.

Sessione dell' 11 Marzo 1795.

Li Membri della Camera riuniti, la sessione è stata aperta colla lettura del processo verbale della precedente, la di cui redazione è stata approvata.

L'ordine del giorno ha richiamata la seconda lettura del progetto di decreto sull'attribuzione conferita al Re di far arrestare qualsivogliano persone sospette di tradimento, o d'intelligenza coi nemici, di cui è stata dichiarata l'urgenza.

Esaminati e discussi separatamente gli articoli del suddetto progetto,

La Camera li ha unanimemente e definitivamente arrestati nei termini proposti dal comitato di legislazione come segue :

Decreto per autorizzare il Re a poter far arrestare le persone sospette di tradimento, o d'intelligenza coi nemici, letto alla sessione del 10 marzo 1795.

Considerando che nelle presenti circostanze di guerra, è necessario di prendere tutte le misure che possano assicurare lo stato contro i disegni di qualunque che trattenesse alcuna corrispondenza coi nemici esterni, e si rendesse sospetto per una condotta contraria ai doveri, che ogni suddito fedele e buon cittadino deve osservare verso il Re e la Patria : Piaccia perciò all'Eccellentissima Maestà del Re col consenso della Camera di Parlamento, riunita in questa presente sessione, e per autorità della medesima, statuire e sia statuito ciò che segue :

Articolo Primo.

Il Re potrà fare arrestare tutte le persone sospette di tradimento e d'intelligenza coi nemici.

Art. 2.

Le persone arrestate rimarranno in istato di detenzione, e saranno denunziate ai tribunali secondo l'esigenza dei casi a giudizio del Re.

Art. 3.

Sarà tenuto un registro che conterrà la nota delle persone detenute, e della causa che avrà determinato l'arresto.

Art. 4.

Li tribunali non potranno ingerirsi degli arresti fatti dal Re in virtù della presente legge, ammeno che non li siano tramandati da lui.

Art. 5.

Il Re potrà espellere tutti i forastieri fuori dell' Isola, quali saranno da lui giudicati sospetti.

Art. 6.

Il Re potrà far verificare le corrispondenze sospette, e visitare i bastimenti che ne potrebbero essere portatori.

Art. 7.

L'effetto della presente legge avrà luogo fino al giorno quindici dopo l'apertura della seconda unione della Camera di Parlamento.

Art. 8.

La presente legge sarà esecutoria dal giorno della sanzione.

Un membro dell'istesso comitato ha rinnuovato la seconda lettura del progetto di decreto concernente la soppressione delle amministrazioni dei distretti e rendimento dei loro conti.

La Camera, dopo aver dichiarato l'urgenza nella precedente sua sessione, esaminati e discussi separatamente gli articoli del detto progetto gli ha definitivamente arrestati nei termini proposti dal suo comitato di legislazione nella maniera seguente:

Decreto della Camera di Parlamento del Regno di Corsica, che sopprime le amministrazioni dei distretti, prescrive la rimessa delle scritture e il rendimento dei loro conti.

Considerando che le numerose e dispendiose amministrazioni dei distretti non possono nè debbono più sussistere nel semplice ed economico governo coerente alla Costituzione di questo Regno: Piaccia perciò all'Eccellentissima Maestà del Re col consenso della Camera di Parlamento riunita in questa presente sessione, e per autorità della medesima, statuire, e sia statuito come segue:

Articolo Primo.

Tutte le amministrazioni di distretto sono soppresse.

Art. 2.

Continueranno nondimeno ad esercitare le funzioni attribuite loro dalla legge sino al primo del prossimo mese di aprile.

Art. 3.

In questo termine faranno la raccolta di tutte le scritture e fogli esistenti nei loro scagni, egualmente che di tutti gli effetti e mobili; ne faranno un doppio inventario per essere verificato dal presidente ed arrestato dal Re, ai detti tribunali, ed a coloro che ne riempiono egualmente le funzioni, e le due copie sottoscritte, una rimarrà alle amministrazioni per il loro discarico, e l'altra presso i detti tribunali.

Art. 4.

La rimessa di dette scritture, effetti e verificazioni d'inventario avrà luogo nel detto giorno primo aprile e giorni successivi, se le operazioni lo richiederanno.

Art. 5.

Le dette amministrazioni di distretto nel giorno in cui cesseranno le loro funzioni presenteranno al presidente ed avvocato del Re un conto dettagliato di tutte le rispettive loro gestioni, con tutti i documenti giustificativi, in appoggio delle quali ne sarà fatto doppio inventario che sarà sottoscritto, tanto dai membri del tribunale, che dai detti amministratori.

Art. 6.

Il presidente ed avvocato del Re, dopo di avere segnate tutte le scritture, le dirigeranno unitamente ad una copia d'inventario al Re, l'altra copia rimarrà depositata nella cancelleria della giurisdizione.

Art. 7.

Gli scritti, effetti e mobili ritrovati negli scagni delle amministrazioni rimarranno sotto la custodia dei cancellieri delle giurisdizioni sino a che un atto di Parlamento stabilisca il modo della conservazione di tutti quegli scritti, che hanno rapporto agl'interessi nazionali, ed altri oggetti di amministrazione pubblica.

Art. 8.

Il presente decreto sarà obbligatorio dal giorno della sanzione.

L'istesso membro del comitato di legislazione ha rinnuovata la seconda lettura del progetto di decreto, che attribuisce alla pieve di Calvi la rappresentazione di due membri della Camera di Parlamento.

Gli articoli di detto progetto esaminati e discussi la Camera li ha arrestati definitivamente in conformità del progetto del suo comitato di legislazione nei termini seguenti:

Decreto della Camera di Parlamento che continua alla città di Calvi il titolo di pieve, e gli accorda in questa qualità il diritto di avere due rappresentanti alla Camera di Parlamento.

Considerando che la interdizione pronunciata dall'Assemblea costituente contro la città di Calvi fu motivata sopra di cause che non solamente più non esistono, ma che sono riconosciute indipendenti dalla volontà, dalla forza e dal patriottismo dei suoi abitanti: Piaccia perciò all'Eccellentissima Maestà del Re, col consenso della Camera di Parlamento riunita in questa presente sessione, e per autorità della medesima, statuire e sia statuito come segue:

Articolo Primo

La città di Calvi continuerà ad essere considerata per pieve, come per lo passato.

Art. 2.

I suoi rappresentanti alla Camera di Parlamento saranno in conseguenza due come lo sono in tutte le altre pievi del Regno.

Art. 3.

L'assemblea di detta pieve di Calvi per la nomina dei due suoi rappresentanti sarà [convocata] per ordine del Re, che sarà pregato di nominare un podestà per presiederla, e l'elezione sarà fatta secondo le forme determinate dalla legge.

È stata continuata la lettura dei restanti articoli del progetto concernente la creazione, elezione e giurisdizione degli ufficiali municipali. La Camera, aperta la discussione, ed inteso il parere di vari membri, che hanno proposto degli emendamenti ed aggiunzioni ha rinviata la terza lettura di detto progetto alla sessione di venerdì prossimo tredeci del corrente, per esserne definitivamente arrestati gli articoli.

Un membro del comitato di verificazione ha proposto alla Camera di riconoscere il Signor Giovanpaolo Roccaserra per legittimo rappresentante per la pieve di Portovecchio, giurisdizione della Rocca, giacchè il Signor Rocco Quenza, che aveva formato opposizione contro la di lui nomina vi ha desistito.

La Camera, in conformità del parere del suo comitato, dichiara che il detto Signor Giovanpaolo Roccaserra è il rappresentante legale della pieve di Portovecchio.

È stato fatto rapporto delle opposizioni fatte contro la nomina del Signor Giulio Francesco Nobili e del Signor Giulio Francesco Fratinelli, membri alla Camera di Parlamento per la pieve di Nonza.

La Camera di Parlamento, adottando l'avviso del suo comitato di verificazione, dichiara che i Signori Giulio Francesco Nobili e Giulio Francesco Fratinelli sono i rappresentanti legali per la pieve di Nonza.

Un altro membro dell'istesso comitato di verificazione ha fatto rapporto delle osservazioni state formate da alcuni abitanti di Luri e Cagnano, i quali non essendo comparsi all'assemblea della pieve hanno opposto la nullità per essere stata quella convocata nella chiesa di Santa Maria delle Grazie.

Il rapportatore ha osservato che il podestà della pieve, per maggiormente assicurarsi del luogo della tenuta dell'assemblea della pieve di Luri, si diresse con una lettera al consiglio di Stato perchè gli fosse indicato, e ne ottenne la risposta per la convocazione nella chiesa suddetta.

L'assemblea generale dunque essendo stata tenuta nel luogo stabilito dalla suprema autorità, il comitato è stato di avviso di riguardare i Signori Giuseppe Antonio Mattei e Paolo Mattei, candidati di quel'a pieve, come legittimi rappresentanti della medesima.

La Camera, adottando il parere del suo comitato di verificazione, dichiara che i Signori Giuseppe Antonio Mattei e Paolo Mattei sono candidati legalmente eletti della Camera di Parlamento per la pieve di Luri.

Un membro dell'istesso comitato ha esposto che il Signor Giovan Francesco Fabiani, opponente contro la nomina del Signor Antonio Parodi, l'uno dei candidati per la pieve di Olmi, giurisdizione di Balagna, ha nominato il suo esperto per l'estimazione dei beni dichiarati nella nota dell'opposto, ma che questi non si cura di nominare il suo, sotto pretesto che non consta dal deposito di lire cinquanta, che deve fare alla Cancelleria della giurisdizione; che il Signor Fabiani desiderando di sostenere l'eccezione del non possesso, allegato contro il Signor Parodi, e di accelerare la decisione della Camera, offre di depositare questa somma nelle mani di quella persona, che piacerà alla Camera di designare.

Il rapportatore ha proposto di autorizzare il Signor Fabiani a depositare i franchi cinquanta in mano del segretario della Camera fino a che non giustifichi di aver fatto un eguale deposito nella cancelleria della giurisdizione di Balagna; ordinare al Signor Parodi di nominare fra ore ventiquattro il suo perito, ed in difetto l'estimazione dei suoi beni sarà fatta da quello stato già nominato dall'opponente.

La Camera, in conformità del parere del suo comitato, autorizza il Signor Giovan Francesco Fabiani a depositare in mano del segretario del Parlamento i franchi cinquanta prescritti dal regolamento per essere da esso ritirati dopo la giustificazione di un eguale deposito nella cancelleria della giurisdizione di Balagna, ordina al Signor Parodi di nominare fra ore ventiquattro il suo esperto, ed in difetto, l'estimazione dei beni da esso indicati sarà eseguita da quello stato nominato dal Signor Fabiani, opponente.

L'istesso membro del comitato di verificazione ha osservato che era stata formata opposizione contro la nomina del Signor Giulio Mariotti, parlamentario della pieve di Marana giurisdizione del Nebbio, ma che il Signor Luigi, opponente, non avendo giustificato le sue eccezioni nel termine prescritto dal regolamento, doveva essere da quella decaduto, e quindi il Signor Mariotti riconosciuto per il rappresentante legale della pieve di Marana.

La Camera, in conformità dell'avviso del suo comitato, dichiara che il Signor Giulio Mariotti è il rappresentante legittimo della pieve di Marana.

Un membro del comitato di legislazione ha presentati alla Camera i titoli e le considerazioni da apporsi ai decreti da essa definitivamente arrestati per essere sottomessi alla anzione reale.

Questi decreti riguardano la promulgazione degli atti di Parlamento, la creazione di una commissione straordinaria, l reddito e la vendita del sale e l'attribuzione al Re di arrestare le persone sospette di tradimenti, o d'intelligenza coi nemici.

Questi titoli e considerazioni, letti e discussi, la Camera li ha adottati, ed ha arrestato che tutti i decreti, che saranno presentati alla sanzione del Re nelle forme prescritte dai suoi regolamenti porteranno il titolo della legge, la considerazione da cui sono stati provocati, e la preghiera a Sua Maestà per la sua sanzione nei termini seguenti : « Piaccia perciò all'Eccellentissima Maestà del Re, col consenso della

Camera di Parlamento riunita in questa presente sessione, e per autorità della medesima, statuire, e sia statuito come segue :

» Articolo Primo, etc., etc. »

Dopo di che il Signor Presidente ha sciolta la sessione alle ore due dopo il mezzogiorno, e l'ha rinviata a domani alle ore dieci della mattina.

Giafferri, Presidente.
Muselli.

Sessione del 12 Marzo 1795.

(Alle ore dieci di mattina).

I membri della Camera riuniti, la sessione è stata aperta colla lettura del processo verbale della precedente, la di cui redazione è stata approvata.

Un membro del comitato delle finanze ha presentato un progetto di decreto sopra i diritti di entrata e di sortita di tutti i generi nell'Isola.

La Camera ha dichiarato che vi è luogo a deliberare, ordina l'impressione del detto progetto per essere fatta al più presto la seconda lettura, sopra la quale sarà aperta la discussione di ciascun articolo conformemente alle disposizioni del di lei regolamento dei venti dello scorso febbraio.

Un membro ha fatto sentire la necessità di occuparsi di un decreto provvisorio per la cattura dei beni dei traditori, e per porli in affitto.

La proposizione è stata inviata al comitato delle finanze per presentare al più presto un progetto di decreto ad oggetto di assicurare questa parte dei redditi pubblici.

Un membro del comitato di verificazione ha fatto il rapporto della opposizione del non possesso stata formata contro il Signor Anton Francesco Luigi Carlotti, l'uno dei candidati della pieve di Venaco, giurisdizione di Corte.

Il Signor Giacobbi, opponente, dopo la nota dei beni presentata dall'opposto, non essendosi curato di apportarvi alcuna eccezione nel termine prescritto dal regolamento, il parere del comitato è che sia da quella decaduto, e per conseguenza che il detto Signor Carlotti sia riconosciuto membro legale della Camera di Parlamento.

La Camera, in conformità del parere del suo comitato, dichiara che il Signor Anton Francesco Luigi Carlotti è il rappresentante legittimo per la pieve di Venaco.

È stato fatto il rapporto dell'opposizione stata formata dal Signor Grazietti contro la nomina dei Signori Angelo Giuseppe Griscelli ed Orso Santo Bonelli, parlamentari della pieve di Castello, giurisdizione di Corte.

Il rapportatore ha osservato che la detta opposizione, proposta in termini inconchiudenti e vaghi, non è stata in alcun modo giustificata dopo la nota dei beni stata presentata dagli opposti, e quindi il comitato è stato di parere che venga confermata la nomina di parlamentari nei detti signori Griscelli e Bonelli.

La Camera, adottando il parere del suo comitato, dichiara che i Signori Angelo Giuseppe Griscelli e Orso Santo Bonelli sono i legali rappresentanti alla Camera di Parlamento per la pieve di Castello.

Un membro dell'istesso comitato ha fatto il rapporto delle questioni che si sono elevate fra i Signori Celani e Brandi, ambi in concorso per il secondo parlamentario della pieve di Bonifacio.

Il Signor Brandi, benchè avesse ottenuta la maggiorità dei suffragi, non fu proclamato dal podestà, fondato sull'opposizione di essere console di una potenza straniera, qual impiego per altro era stato prima di ora rinunciato dal detto

Signor Brandi, e lo dimostra il fatto il più evidente per essere egli stato onorato della carica di avvocato del Re presso la giurisdizione di Ajaccio.

Il Signor Celani, proclamato dal podestà, ha desistito dalla suddetta opposizione, siccome una desistenza eguale del Signor Giovan Giacomo Peretti risulta dal fatto, non essendosi il medesimo presentato per proseguire la detta eccezione.

Il comitato pertanto è stato di avviso di ammettere fra i membri della Camera di Parlamento il Signor Giovanni Brandi in luogo e piazza del Signor Celani, stato proclamato dal podestà della pieve di Bonifacio.

La Camera, in conformità del parere del suo comitato di verificazione, dichiara che il suddetto Signor Giovanni Brandi è il secondo rappresentante legale per la pieve di Bonifacio, ed all'istante il Signor Presidente avendogli deferito il giuramento costituzionale di riconoscere per sè ed in nome del popolo corso che rappresenta per suo sovrano e re Sua Maestà Giorgio III, Re della Gran Bretagna, di prestargli fede ed omaggio secondo la Costituzione e leggi, il detto Signor Brandi ha risposto : — *Lo giuro;* di qual giuramento gli è stato dato atto, ed ha preso seggio fra i membri della Camera.

È stato fatto il rapporto dell'opposizione stata formata dal Signor Antonio Tasso contro la nomina del Signor Giuseppe Maria Colonna-Bozi, l'uno dei parlamentari nominati dalla pieve di Talavo, giurisdizione di Ajaccio.

Il rapportatore ha esposto che i motivi di detta opposizione sono fondati sul non domicilio nella pieve del detto candidato, giacchè in sei anni non vi ha tenuta casa aperta, ed invece è stato domiciliato sempre in Ajaccio, ove ha beni e famiglia ;

Che nell'anno mille sette cento novanta tre occupò in quella città la carica municipale, ed in qualità di deputato di quel popolo intervenne alla generale assemblea stata convocata in Corte ; che finalmente da diversi atti pubblici risulta che il detto Signor Colonna, quantunque originario di Guitera, comunità della pieve di Talavo, ha conservato il suo domicilio nella detta città di Ajaccio.

A tutte le suddette eccezioni ha risposto il Signor Colonna-Bozi che, non contrastandogli il possesso dei beni nella pieve suddetta, è una prova certa che può godere del diritto del domicilio, e della cittadinanza ; che nella comunità di Guitera egli ha avuto la sua origine, egualmente che tutti i suoi antenati ;

Che più volte nell'antico governo francese è stato nelle generali assemblee il rappresentante della pieve suddetta, e che a maggior contesa nell'anno mille sette cento ottanta sette fece una dichiarazione formale di voler conservare il suo domicilio in detta comunità, da cui se fosse escluso, sarebbe privo di ogni diritto di cittadinanza, giacchè in seguito di questa dichiarazione non potrebbe godere di quella di Ajaccio ove si è sempre astenuto di votare nelle assemblee comunali;

Che se nel corso della rivoluzione, senza aspirare alla carica municipale di quella città ed assente dall'assemblea, fu onorato di quella piazza, l'accettazione era comandata dall'imperio delle circostanze, giacchè ogni buon cittadino dovea concorrere al servizio della sua patria.

Il rapportatore, dopo l'esposizione delle ragioni reciprocamente prodotte dal competitore, osservando l'avviso del comitato, ha creduto che il Signor Colonna-Bozi, non avendo un domicilio di fatto nella pieve di Talavo, non potesse legalmente essere eletto per membro della Camera di Parlamento, e quindi il Signor Antonio Tasso, come quello che ha riportati dopo del primo le voci dell'assemblea, sia riconosciuto per il secondo rappresentante della pieve suddetta.

La Camera di Parlamento, inteso il detto rapporto, le parti in persona, l'opinione di vari membri, la questione chiusa e messa alle voci, e il Signor Presidente avendo dichiarato dubbia la decisione, è stato proceduto all'appello nominale, il di cui risultato ha prodotto voci trenta in favore del Signor Colonna-Bozi, e trenta in favore del Signor Tasso date dai membri presenti, e non avendo votato quelli che sono in contestazioni, e qualcuno che essendo sopraggiunto nella sala durante la discussione non ha voluto prendervi parte.

Sulle osservazioni di un membro, che, elevata la questione, la Camera non era completa,

Il Presidente ha rinviata alla sessione di dimani la promulgazione del vero rappresentante della pieve di Talavo, ed ha sciolta la sessione alle ore due dopo il mezzogiorno.

GIAFFERRI, *Presidente*.
MUSELLI.

Sessione del 13 Marzo 1795.

(*Alle ore dieci della mattina*).

I membri della Camera riuniti, la sessione è stata aperta per la lettura del processo verbale della precedente, la di cui relazione è stata approvata.

È stata riproposta la questione sopra il risultato dell'appello nominale della sessione di ieri per la proclamazione del parlamentario della pieve di Talavo.

Il Signor Tasso ha presentata una memoria in cui ha preteso che la Camera non avendo difinitivamente decisa ieri la questione fra esso ed il Signor Colonna-Bozi, la supplicava a voler in questa sessione rendere una finale decisione.

La discussione aperta, se vi era o no luogo a deliberare sulla memoria del petizionario, e la prova per la seduta e levata dei membri della Camera essendo stata dubbia, si è proceduto all'appello nominale, e voci trenta sette sono state per la negativa contro vent'otto.

La Camera in conseguenza ha dichiarato che non vi è luogo a deliberare sopra la memoria e dimanda del Signor Antonio Tasso, dichiara che il secondo e legittimo rappresentante alla Camera di Parlamento per la pieve di Talavo [è] il Signor Giuseppe Maria Colonna-Bozi, di già stato proclamato dal podestà.

Sulla mozione di un membro, la Camera ha deliberato che tutti e ciascuno dei suoi membri dovranno individualmente e con chiarezza dare la loro voce all'appello nominale per l'affermativa o negativa sopra tutte le materie e questioni, che saranno discusse.

Un membro del comitato di verificazione ha fatto il rapporto dell'opposizione stata formata contro del Signor Don Giacomo Peretti, eletto membro alla Camera di Parlamento della pieve di Carbini, giurisdizione della Rocca.

Il rapportatore ha osservato che il Signor Giovan Battista Peretti, opponente, aveva allegato il non possesso dei beni del candidato, che l'opposto avendo presentata la nota dei suoi beni in conformità del regolamento della Camera, e non essendo punto contradetto, il comitato è stato di avviso di riconoscere il detto Signor Don Giacomo Peretti per eletto legalmente parlamentario della pieve suddetta.

La Camera, in conformità del parere del comitato di verificazione, senza arrestarsi all'opposizione del Signor Giovan Battista Peretti, dichiara che il Signor Don Giacomo Peretti è il rappresentante legittimo alla Camera di Parlamento per la pieve di Carbini.

Un membro ha proposto di nominare una deputazione per presentare alla sanzione reale i decreti fin ora resi, e definitivamente arrestati dalla Camera.

La mozione adottata, il Signor Presidente ha nominati i Signori Balestrino, Battesti, Belgodere, Bernardini, Bertolacci e Bonaldi, per comporre la detta deputazione e presentarsi a Sua Eccellenza il Vice-Re nella giornata di domani, sessione tenente, per implorare la sanzione reale dei seguenti decreti :

1º La promulgazione degli atti di Parlamento.

2º Per la creazione di una o più commissioni straordinarie.

3º Per il reddito e la vendita del sale.

4º Per l'attribuzione al Re di arrestare i cospiratori e le persone sospette d'intelligenza coi nemici.

5º Per la soppressione delle amministrazioni dei distretti.

6º Finalmente per la rappresentazione nazionale accordata alla pieve di Calvi.

È stata continuata la terza lettura degli articoli del progetto di decreto concernente la creazione, elezione e giurisdizione della municipalità.

La Camera, dopo la discussione e l'avviso di vari membri, avendo definitivamente arrestata una parte del detto progetto di decreto, che sarà intieramente trascritto dopo la discussione ed approvazione di tutti gli articoli, ha rinviata la lettura dei restanti alla sessione di dimani.

Il Signor Presidente ha sciolta la sessione aggiornandola a domani alle ore dieci della mattina.

GIAFFERRI, *Presidente*.
MUSELLI.

Sessione del 14 Marzo 1795.

(*Alle ore dieci della mattina*).

I membri della Camera riuniti, la sessione è stata aperta colla lettura del processo verbale della precedente, la di cui redazione è stata approvata.

La deputazione nominata nella sessione di ieri avendo riempiuta la sua commissione con aver presentato alla sanzione reale i sei decreti stati definitivamente arrestati dalla Camera, ha detto che S. E. il Vice-Re si proponeva di occuparsi dell'esame al più presto ed avrebbe fatto sentire alla Camera le sue intenzioni.

Un membro ha detto che il popolo corso colla solenne inaugurazione del busto del Signor Generale De Paoli ha riempiuto un dovere comandato dalla riconoscenza, e reso un tributo di amore, di venerazione e di stima, giustamente dovuto alle egregie virtù del vindice della tirannia, e del fondatore della libertà della sua patria ;

Che sarebbe cosa degna della nazione di dare a un Eroe che l'ha in tempo più difficile governata non senza ammirazione dell'Europa intiera una nuova marca della sua gratitudine, con pregarlo di formasi una compagnia da pagarsi a spese della nazione, e scegliere quei soggetti che crederà di sua confidenza; che questa compagnia rimarrà all'assoluta sua disposizione, e che il presidente della Camera sarà incaricato d'inviare al Signor Generale De Paoli copia della determinazione della Camera, testificandogli i sentimenti di rispetto e di attaccamento de' rappresentanti del popolo Corso.

Questa mozione applaudita all'unanimità dalla Camera, è stata rinviata al comitato di legislazione per presentare al più presto un progetto di decreto, da cui venga conciliato il decoro e la dignità della Camera col nuovo omaggio da tributarsi all'illustre personaggio, che ha acquistati tanti e così preziosi diritti all'eterna riconoscenza della patria.

Un membro ha detto che la Costituzione avendo prescritto che la bandiera corsa sarà unita colle armi del Re, secondo la forma che sarà comandata da Sua Maestà, non sono fin qui note le di lei intenzioni;

Che la stagione si avvicina, in cui i Corsari barbareschi, i quali fin qui non hanno voluto riconoscere la bandiera nazionale, potrebbero inondare il Mediterraneo e quindi interrompere ed inquietare il commercio dell'Isola ; che per prevedere e riparare qualunque inconveniente, si potrebbe incaricare il comitato di legislazione di prendere un progetto di decreto sopra la bandiera provvisoria che potrebbe adottarsi, e le misure a prendersi perchè fosse rispettata dalle potenze africane.

Questa proposizione gradita dalla Camera è stata rinviata al comitato di legislazione per formare al più presto un progetto di decreto a quella relativo.

Il Signor Angelo Giuseppe Griscelli, membro della Camera di Parlamento per la pieve di Castello, ha richiesto un congedo per trasportarsi nella comunità del Pietroso ove si è manifestata una malattia contagiosa, per prestare agl'infermi quei soccorsi che la sua medica professione potrà suggerirgli, essendo egli stato indicato da S. E. il Vice-Re, che si è degnato di provvedere di soccorsi e di medicamenti a quella comunità.

La Camera ha accordato al Signor Griscelli il congedo richiesto.

Sopra di un'eguale dimanda del Signor Agostino Grimaldi, parlamentario per la pieve di Caccia, richiedente un congedo per indisposizione di sua salute,

La Camera gli ha accordato un congedo di venti giorni.

Il Signore Orso Santo Bonelli, membro della Camera di Parlamento per la pieve di Castello, ha richiesto un'eguale congedo per oggetto d'indisposizione.

La Camera gli ha accordato un congedo di venti giorni.

È stata fatta lettura di una memoria della municipalità di Evisa, nella quale espone lo stato turbulento e pericoloso di quel comune e richiede dalla Camera il ristabilimento della tranquillità, e le misure per assicurare la vita de' cittadini.

La detta memoria è stata rinviata al governo per esservi provveduto con quella attività e vigilanza che lo caratterizzano.

Il Signor Paolo Maria Lucciardi, curato di Murato, ha richiesto il rilascio dei beni ecclesiastici addetti alla sua parrochia, unico mezzo per ottenere una tenuta congrua per il suo sostentamento.

La Camera ha rinviata la memoria del petizionario al suo comitato ecclesiastico.

È stata fatta lettura di una memoria del Signor Carlo Simone Massimi, curato di S. Gavino, in cui richiede di essere reintegrato nelle sue prime funzioni della cura parrochiale di detto comune, essendo quelle supplite illegalmente dal sacerdote Giovanni Pinelli, sul pretesto che il petizionario avea prestato il giuramento prescritto dalla Costituzione francese.

La detta memoria è stata egualmente rinviata al comitato ecclesiastico per esaminarla e farne rapporto.

La Signora Angela Francesca Mondoville, moglie Bocherot, richiede una decisione della Camera perchè sia riconosciuto il valore degli assegnati nell'epoca in cui la legge prescriveva che avessero un' intiero corso in quest' isola.

La petizione è stata rinviata all'esame ed al rapporto de' comitati di legislazione e di finanze.

Il rapportatore del progetto di decreto concernente la creazione, elezione e giurisdizione delle municipalità, ha continuato la terza lettura di più articoli di detto progetto. Essendone stati arrestati alcuni, la discussione è stata aperta sopra l'appello dalle sentenze municipali.

Vari oratori hanno proposto delle questioni, se le sentenze municipali dovevano essere soggette all'appello per tutte le partite di loro competenza; se era bene di attribuire la giurisdizione dell'appello ai podestà delle pievi, almeno sino ad una certa somma, o se era più espediente che gli appelli fossero direttamente portati nanti i tribunali delle giurisdizioni.

La materia lungamente discussa, la Camera, senza arrestarsi in questa parte alle disposizioni contenute nel progetto di regolamento stato presentato dal suo comitato di legislazione, ha definitivamente arrestato che le sentenze municipali saranno appellabili ; che i podestà delle pievi saranno giudici di appello fino alla somma di franchi venticinque, e che per la somma al di sopra l'appello sarà portato nanti i tribunali delle giurisdizioni che si pronuncieranno definitivamente. A tale effetto saranno dal rapportatore ridotti gli articoli per far parte del decreto suddetto, la di cui restante lettura sarà continuata alla sessione di lunedì sedici del corrente, alle ore dieci della mattina, a cui la Camera si è aggiornata, e la sessione è stata sciolta.

Giafferri, Presidente.
Muselli.

Sessione del 16 Marzo 1795.

(Alle ore dieci della mattina).

I membri della Camera riuniti, è stata aperta la sessione per la lettura del processo verbale di quella di sabbato quattordici corrente, e la redazione della parte che annuncia che le sentenze municipali saranno appellabili ha dato luogo ad una nuova discussione.

Vari membri hanno preteso che la Camera non avea punto manifestate le sue intenzioni per attribuire alle municipalità una giurisdizione senz'appello.

La questione lungamente dibattuta e discussa, è stata proposta in questi termini : Le municipalità giudicheranno, o no, senza appello, per una certa somma, che sarà fissata a giudizio della Camera ?

Messa alle voci, la Camera ha deciso che sarà attribuito alle municipalità, il diritto di giudicare senz'appello per una certa determinata somma, che verrà fissata.

Il progetto del comitato di legislazione, che rendeva inappellabili le cause non eccedenti tranchi dieci, è stato messo alle voci, ed è stato ricusato dalla maggiorità.

Vari membri hanno proposto di portare l'inappellabilità di dette sentenze fino a franchi sei, altri a cinque, alcuni a quattro e finalmente altri a tre franchi.

La Camera per arrestare difinitivamente quest' articolo, e per non lasciare alcun dubbio sopra la decisione a rendersi, ha determinato che si sarebbe proceduto all' appello nominale.

Questo eseguito, voci quaranta quattro si sono dichiarate per attribuire alle municipalità il diritto di giudicare senz' appello fino alla somma di franchi tre ; voci trentanove hanno estesa questa giurisdizione a franchi sei, e finalmente un' altra a franchi quattro.

Dopo il resultato del suddetto appello nominale, il Signor Presidente ha dichiarato che la Camera aveva deciso che le sentenze delle municipalità saranno inappellabili sino alla concorrenza di franchi tre, e questa decisione formerà un' articolo del decreto concernente la creazione e giurisdizione degli uffiziali municipali del Regno. La continuazione per la terza lettura dei restanti articoli del suddetto progetto è stata rinviata alla sessione di dimani per essere discussi e definitivamente arrestati.

Il Signor Gio. Francesco Confortini, uno dei membri alla Camera di Parlamento per la pieve di Lota, giurisdizione di Bastia, avendo richiesto un congedo per oggetto d' indisposizione di sua salute, la Camera glielo ha accordato per giorni quindici.

Il Signor Presidente ha sciolta la sessione e l' ha rinviata a domani alle ore dieci della mattina,

GIAFFERRI, *Presidente.*
MUSELLI.

Sessione del 17 Marzo 1795.

(*Alle ore dieci della mattina*).

I membri della Camera riuniti, la sessione è stata aperta per la lettura del processo verbale della precedente, la di cui redazione è stata approvata.

I Reverendi Serviti, che sono in questa città hanno richiesto in una loro memoria la restituzione di tutti gli effetti del Convento di S. Giuseppe, ed il rilascio di tutti i beni appartenenti alla detta chiesa.

La memoria è stata rinviata al comitato incaricato degli affari ecclesiastici per esaminarne i fatti, e farne rapporto, quando saranno trattati gli oggetti di tutti gli altri conventi del Regno.

È stata fatta lettura di una petizione delle famiglie Canazzi, Balisoni, Pianelli e Pajanacci, tutti di Olmeta, le quali implorano l'esecuzione della giustizia contro il partito Galloni, e suoi aderenti.

La Camera ha rinviata la memoria al governo per provvedervi con tutti quei mezzi propri della sua vigilanza e della sua saggezza.

Il Signor Anton Battista Guasco, della città di Bastia, ha esposto, che lo stagno di Chiurlino fu affittato dal governo provvisorio per la somma di franchi 5.300 annuali in grave pregiudicio della cassa pubblica; che il detto Signor Guasco ne offre lire 7.500 per anno, ammeno che la Camera non giudichi di rinnovare un altro affitto, che non potrà essere che vantaggioso alla cassa della nazione.

La Camera ha rinviata la memoria del Signor Guasco al comitato di finanze per farvi le sue riflessioni e rapporto, ad oggetto di statuirvi come apparterrà.

Il Signor Angelo Matteo Marcantoni, membro alla Camera di Parlamento per la pieve di Alesani, ha richiesto un congedo per curarsi dalle indisposizioni di sua salute.

La Camera gli ha accordato quello di quindici giorni.

È stata fatta un' eguale dimanda dal Signor Giuseppe Maria Renucci, membro della Camera di Parlamento per la pieve di Vallerustie.

La Camera gli ha accordato un congedo di giorni quindici.

Il rapportatore del comitato di legislazione ha continuata la terza lettura dei restanti articoli del [progetto di decreto concernente la creazione, elezione e giurisdizione degli uffiziali municipali, e quelli discussi, dopo di aver intesa l'opinione di vari membri, ed apportate sopra diversi articoli delle aggiunzioni e correzioni, sono stati definitivamente adottati ed arrestati dalla Camera, ed il decreto per essere sottoposto alla sanzione reale è concepito nei termini seguenti :

Decreto della Camera di Parlamento del Regno di Corsica per l'organizzazione delle municipalità arrestato definitivamente dopo tre letture, nella sessione del 17 marzo 1795.

Considerando che, la Costituzione avendo prescritta la creazione delle municipalità del Regno, si deve a queste attribuire delle funzioni determinate ed una giurisdizione per assicurare la polizia, i diritti e gl'interessi delle comunità e dei cittadini:
— Piaccia però all' Eccellentissima Maestà del Re, col consenso della Camera di Parlamento riunita in questa presente sessione, e per autorità della medesima, statuire e sia statuito come segue :

TITOLO PRIMO.

Della polizia e qualità degli Uffiziali municipali.

Articolo Primo.

Tutte le municipalità del Regno al presente esistenti sono soppresse; gli uffiziali municipali attualmente in esercizio ne continueranno le funzioni in sino a che siano stati rimpiazzati.

Art. 2.

In ogni comunità vi sarà una municipalità composta di un podestà, due padri del Comune e un procuratore della comunità.

Art. 3.

Vi sarà un consiglio municipale composto di quattro soggetti.

Art. 4.

Nei luoghi al di sopra di due mila anime vi saranno anche due censori da nominarsi dalla municipalità, unitamente al consiglio, quali saranno cambiati ogni due mesi.

Art. 5.

Tutti i cittadini di venticinque anni finiti, residenti nella comunità e possedenti beni fondi, dopo un anno potranno concorrere all'elezione del corpo municipale.

Art. 6.

I figli di famiglia di padre possedente potranno concorrere all'elezione degli uffiziali municipali.

ART. 7.

I detti figli di famiglia di padre possedente potranno anche esser eletti alle cariche municipali; purchè siano stati precedentemente emancipati.

ART. 8.

I voti saranno dati ad alta voce.

ART. 9.

Le municipalità saranno cambiate ogni due anni.

ART. 10.

Le assemblee per l'elezione delle municipalità avranno luogo nella prima domenica del mese di maggio.

ART. 11.

Tutte le elezioni si faranno alla pluralità relativa de' suffragi, ed in caso di eguaglianza di voti, il maggiore di età sarà preferito.

ART. 12.

Gli uffiziali municipali saranno scelti fra i più distinti della comunità, di una probità riconosciuta, contro dei quali non esista alcun giudizio che pronunzi cattura o pena afflittiva, o infamante, e che sappiano leggere e scrivere.

ART. 13.

Il podestà avrà trent'anni compiti; i due padri del Comune, ed il procuratore della comunità avranno venti cinque anni finiti.

Art. 14.

Per essere nominato podestà bisogna aver esercitato, almeno per un anno, le funzioni municipali, o di consigliere.

Art. 15.

I cittadini si riuniranno in una sola assemblea, e nel luogo solito, sotto la presidenza di un decano, che sappia scrivere, il quale sceglierà un segretario.

Art. 16.

Immediatamente dopo che il decano e il segretario avranno preso piazza, si presterà da tutta l'Assemblea il giuramento prescritto dalla Costituzione.

Art. 17.

Il segretario farà l'appello nominale di tutti i cittadini che hanno il diritto di suffragio; si presenteranno successivamente allo scagno, e nomineranno nel tempo stesso otto persone, distinguendo il podestà, i due padri del Comune, il procuratore della comunità, e quattro membri del Consiglio.

Art. 18.

Il presidente decano e il segretario noteranno con esattezza i voti, e fattone lo spoglio in presenza dell'Assemblea, il presidente decano proclamerà quelli che avranno riportato la pluralità dei suffragi.

Art. 19.

Lo scagno sarà accessibile a tutti i votanti.

Art. 20.

Tutte le operazioni saranno finite nella stessa sessione, e l'Assemblea non si potrà sciogliere prima della proclamazione degli eletti.

Art. 21.

Il presidente decano sarà giudice di tutte le contestazioni che si eleveranno circa il diritto di votazione ; i giudizi saranno scritti nel processo verbale ed eseguiti provvisoriamente, non ostante qualunque opposizione.

Art. 22.

Tutte le opposizioni che potranno essere fatte contro la persona dell'eletto o dell'elettore, e circa la forma dell'elezione, saranno ricevute e inserite con brevità e decenza nel processo verbale, dopo però che le operazioni per la votazione saranno adempiute.

Art. 23.

Il presidente decano è incaricato del mantenimento dell'ordine nell'Assemblea, e prenderà tutte le misure che crederà necessarie per farvi regnare la pace, la libertà e la sicurezza interna ed esterna.

Art. 24.

Qualunque si presenterà con armi all'Assemblea sarà scacciato per ordine del decano, e privato del diritto di votare per quella elezione ; il decano ne farà menzione nel processo verbale.

Art. 25.

Sarà inoltre condannato all'emenda di due cento lire, da pronunziarsi dai tribunali, ai quali il processo verbale del decano sarà immediatamente trasmesso, salve le altre pene prescritte dalla legge.

Art. 26.

L'emenda sarà versata metà alla cassa pubblica, el' altra metà a quella della comunità.

Art. 27.

I consiglieri di Stato, i giudici e l'avvocato del Re del Tribunale Supremo, i presidenti ed avvocati del Re delle giurisdizioni, i podestà delle pievi, i militari, gl'impiegati alle imposizioni indirette o al servizio di potenze estere, non potranno essere nel tempo stesso membri dei corpi municipali. I preti non potranno essere eletti alle cariche municipali.

Art. 28.

I parenti tanto di consanguineità, che di affinità sino al grado di cugino germano inclusivamente, non potranno esser eletti, nè restare uffiziali municipali insieme.

Art. 29.

Se due parenti nel grado enunziato nel precedente articolo si trovano eletti, quello che avrà avuto meno suffragi sarà rimpiazzato da quello che dopo di esso avrà per l'istessa carica ottenuto più voti.

Art. 30.

Dopo la proclamazione degli eletti, i cittadini non potranno più rimanere riuniti, ma il presidente sarà tenuto di sciogliere l'Assemblea.

Art. 31.

In caso di morte, dimissione, o inabilità legale del Podestà, il primo padre del Comune ne farà le funzioni sino alla nuova elezione, e colui che nel processo verbale avrà ottenuto per la carica di padre del Comune, dopo i proclamati, la maggiorità dei suffragi, eserciterà le funzioni del secondo padre del Comune, che diverrà in questo caso il primo; lo stesso sarà praticato col medesimo ordine per i padri del Comune, per il procuratore della comunità e per il consiglio.

Art. 32.

Nessun cittadino potrà ricusarsi di accettare le cariche municipali.

Art. 33.

I settuagenari, e quelli che dopo di aver per due anni adempiuto le funzioni municipali fossero stati rieletti, potranno ricusarsi.

Art. 34.

Il Re quando creda che il bene pubblico lo esiga, potrà destituire per motivi la municipalità o parte di essa; in tal caso fra quindici giorni ordinerà la convocazione della comunità per procedere all'elezione di tutta la municipalità, o di quei membri che saranno stati destituiti.

Art. 35.

Negli affari importanti, de' quali sarà fatta menzione in appresso, il corpo municipale, e il consiglio dovranno riunirsi, e non faranno allora che un solo corpo, il di cui capo sarà sempre il podestà, o quello che farà le sue funzioni.

Art. 36.

I consiglieri saranno scelti fra le persone più assennate della comunità, di una riputazione intatta, che sappiano leggere e scrivere, e maggiori di anni venticinque.

Art. 37.

Gli eletti, qualunque siano le opposizioni, entreranno immediatamente in esercizio, e presteranno in presenza dell'Assemblea, se sono presenti, se no nelle mani del presidente, il seguente giuramento: — Io giuro di bene e fedelmente esercitare la carica commessami per il miglior servizio del Re e della comunità.

Art. 38.

Il processo verbale dell'elezione sarà immediatamente trascritto sul registro della comunità, e sottoscritto dal presidente, segretario e nuovi uffiziali municipali, e consiglieri presenti all'Assemblea.

Art. 39.

Copia del detto processo verbale sarà dal presidente fra otto giorni spedita al Re.

Art. 40.

Le contestazioni per le formalità e qualità richieste dalla presente legge circa gli eletti e gli elettori, saranno decise definitivamente dal Re sulle memorie sommarie delle parti.

Art. 41.

Gli uffiziali municipali e consiglieri potranno essere rieletti.

Art. 42.

Vi sarà in ogni comunità un cancelliere, uomo di probità e buona fama, e dell'età di venticinque anni finiti, il quale sarà nominato dagli uffiziali municipali e consiglio, sull'avviso del procuratore della comunità, e presterà nanti la municipalità il giuramento di fedelmente esercitare il suo uffizio e di osservare il segreto.

Art. 43.

Il cancelliere potrà essere rimosso da una determinazione dello stesso corpo che lo ha eletto.

Art. 44.

Sarà parimente fatta scelta di un usciere per ogni comunità, che abbia compiti venticinque anni, il quale presterà nelle mani del podestà giuramento di adempire con fedeltà ed esattezza i doveri del suo impiego; per la sua elezione egualmente che per la rimozione sarà praticato quanto si è detto dei cancellieri.

Art. 45.

Le elezioni per acclamazione sono proibite.

Art. 46.

Il procuratore della comunità sarà inteso in tutti gli affari; non avrà però voce deliberativa.

Art. 47.

Le comunità non potranno mai riunirsi in Assemblea senza il permesso del Re, se non nei casi determinati dalla legge.

Art. 48.

Il primo padre del comune sarà il cassiere della comunità.

TITOLO II.

Attribuzioni, funzioni e giurisdizione degli Uffiziali municipali.

Articolo Primo.

Gli uffiziali municipali saranno incaricati d'amministrare bene i redditi comunali, regolare col Consiglio e soddisfare a quelle spese locali, che devono essere pagate coi denari comunali, dirigere e fare eseguire i pubblici travagli che sono a carica della comunità, e far riparare le strade e fontane comunali, vegliare scrupulosamente al rispetto nelle chiese, e procedere contro qualunque persona che vi cagionasse scandalo, assicurare il riposo pubblico e dei particolari, e invigilare alla pulizia della loro comunità e territorio; invigilare a tutto ciò che può interessare la purità e salubrità dell'aria, far la tassa dei viveri, come pane, carne e pesce, e vegliare ai pesi e misure.

Art. 2.

Gli uffiziali municipali giudicheranno negli affari puramente personali, comprese le pigioni di case ed affitti di altri beni fondi, gratuitamente e senza spesa, sino alla somma di lire tre senza appello, e sino alla somma di cinquanta con appello. Giudicheranno pure senza appello sino alla somma di tre lire per fatti di abusi campestri, e sino a qualunque somma per lo stesso oggetto con appello.

Art. 3.

Saranno pure giudici competenti dello sfrattamento delle case appigionate, quando però il citato non sollevi alcuna contestazione riguardante la proprietà o possesso delle case.

Art. 4.

I podestà e i due padri del Comune dovranno sempre concorrere al giudizio, siasi che giudichino con appello, o senza appello, e in caso di parentela al 2º grado inclusivamente, tanto di consanguineità, che di affinità, o altro impedimento, saranno suppliti dai consiglieri, secondo l'ordine della loro elezione.

Il procuratore della comunità darà le sue conclusioni, e ne sarà fatta menzione nella sentenza.

TITOLO III.
Della forma di giudicare.

Articolo Primo.

Le citazioni saranno date verbalmente dall'usciere della comunità; potranno farsi il giorno avanti la tenuta dell'udienza.

Art. 2.

L'usciere all'udienza farà la dichiarazione delle persone, che avrà citate indicando il giorno, e se personalmente o alla famiglia; il cancelliere ne terrà registro.

Art. 3.

La municipalità fisserà un giorno almeno di ogni settimana per la tenuta delle sue udienze per gli affari civili, e lo renderà pubblico alla comunità.

Art. 4.

Le parti saranno intese personalmente, o per mezzo di persone da esse incaricate.

Art. 5.

I testimoni potranno essere intesi all'udienza, o fare le loro dichiarazioni di propria mano, o avanti un cancelliere, o notaro, e la procedura sarà la più semplice e la meno dispendiosa.

Art. 6.

Le parti potranno dare ai testimoni e alle loro deposizioni, e ad ogni altro genere di prova quelle eccezioni che giudicheranno, salvo alla municipalità di averci quel riguardo che crederà di ragione.

Art. 7.

Nel caso che la parte citata non comparisse alla scadenza della citazione, la causa sarà deferita alla prima udienza, alla quale sarà definitivamente pronunziato non comparendo il citato; questa deferta dovrà essere significata al Re tre giorni avanti l'udienza.

Art. 8.

Le cause portate nanti gli uffiziali municipali dovranno essere istruite e terminate nel termine di un mese, a contare dal giorno della detta citazione.

Art. 9.

Se nel termine espresso nel precedente articolo la causa non è stata decisa, l'attore pagherà le spese al citato.

Art. 10.

Gli uffiziali municipali saranno tenuti di fare tutte le possibili loro diligenze per decidere nel detto termine le cause portate nanti il loro tribunale, e potranno anche essere presi a partito in caso di denegata giustizia.

Art. 11.

Nei casi sottomessi alla giurisdizione municipale qualunque potrà essere citato, siasi nanti la municipalità del loro domicilio, siasi nanti quella nel di cui territorio avrà contratta l'obligazione, o commesso il danno.

Art. 12.

Nel caso che il reo sia citato a comparire nanti una municipalità diversa da quella del suo domicilio, la citazione porterà il termine di otto giorni, qualunque sia la distanza, a contare dopo quello della significazione, e l'usciere ne farà la sua relazione nanti il cancelliere della municipalità ove la citazione sarà stata fatta.

Art. 13.

Tutte le sentenze definitive conterranno sommariamente la domanda dell'attore, la risposta del citato, il dispositivo della sentenza, e le persone che hanno reso il giudizio, le quali dovranno essere segnate sul registro ad ogni udienza, e prima che dal cancelliere ne possa essere data copia; sarà pure fatta menzione della presenza, o non presenza delle parti.

Art. 14.

Il cancelliere dovrà dar comunicazione alle parti litiganti siasi del giudizio, che degli atti che rispettivamente saranno stati fatti.

Art. 15.

Le sentenze non avranno bisogno di essere significate quando le parti o persone da esse incaricate saranno state presenti ; se le parti non saranno presenti, prima dell'esecuzione saranno significate.

Art. 16.

I giudici delle giurisdizioni non potranno giudicare alcuna causa personale, al disotto di cinquanta franchi, e per abusi campestri, qualunque siasi la somma, se non per appello dalle sentenze rese dagli uffiziali municipali.

Art. 17.

Tutti gli appelli dalle sentenze municipali al di sopra di tre franchi sono sospensivi.

TITOLO IV.

Degli appelli.

Articolo Primo.

Le sentenze degli uffiziali municipali non sono appellabili per la somma di tre lire e al disotto.

Art. 2.

Per la somma al di sopra di tre lire, fino a venticinque inclusivamente gli appelli saranno portati al podestà della pieve fra gli otto giorni a contare da quello in cui la sentenza sarà resa, se le parti erano presenti, o da quello della significazione se erano assenti.

Art. 3.

Per la somma al di sopra di venticinque lire, gli appelli saranno portati direttamente nanti il tribunale delle giurisdizioni fra quindici giorni nel modo come sopra.

Art. 4.

Se il giudizio del podestà della pieve si troverà conforme a quello degli uffiziali municipali, sarà eseguito senza che vi possa esser luogo ad altro appello; in caso di non conformità potrà essere di nuovo appellato fra gli otto giorni, a contare dall'epoca come sopra, al tribunale della giurisdizione.

Art. 5.

I termini enunciati ne' precedenti articoli saranno di rigore, e la mancanza porterà la perenzione e deserzione degli appelli.

Art. 6.

Veruno potrà appellarsi siasi al podestà della pieve, o al tribunale della giurisdizione, se prima non avrà deposto nelle mani del cancelliere della municipalità, che ha resa la sentenza, lire tre per le sentenze appellabili al podestà, e sei per quelle portate nanti il tribunale della giurisdizione, che perderà nel caso che la sentenza sia confermata, e saranno applicabili alla cassa nazionale; nel caso poi che il giudizio sia rivocato, gli saranno rimessi senza spesa, siccome senza spesa sarà ricevuto il deposito.

Art. 7.

Le cause d'appello dalle sentenze degli uffiziali municipali saranno decise sommariamente all'udienza, siasi dal podestà della pieve, o dal tribunale della giurisdizione, e nel più corto termine, che non potrà mai eccedere quello di venti giorni per quelle portate nanti i podestà delle pievi, e di un mese per quelle devolute al tribunale della giurisdizione.

Art. 8.

Le parti potranno reclamare i loro danni e interessi contro il podestà della pieve nanti il tribunale della giurisdizione, e contro i giudizi del tribunale della giurisdizione nanti il tribunale supremo, quando per loro negligenza non sia stato deciso ne' termini portati nel precedente articolo.

Art. 9.

I podestà delle pievi in caso di assenza, malattia, parentela sino al terzo grado inclusivamente, o altro legittimo impedimento, saranno rimpiazzati dal podestà della pieve più vicina alla comunità ove il giudizio municipale sarà stato reso.

TITOLO V.
Spese comunali e rendimento di conti.

Articolo Primo.

I conti saranno dati dal corpo municipale ai loro successori ed al nuovo consiglio fra gli otto giorni che seguiranno quello del loro cambiamento, e nel caso che fossero stati tutti rieletti, li faranno passare al Re, che li esaminerà e arresterà definitivamente.

Art. 2.

Nel detto termine rimetteranno tutti gli scritti, registri, sigilli e ogni altro, siccome pure il danaro che potrà essere in cassa, per cui sarà fatto discarico sul registro.

Art. 3.

Niun pagamento potrà essere ordinato al cassiere, se non è stato deliberato dal corpo municipale.

Art. 4

Non sarà abbonata al cassiere alcuna spesa se non è stata deliberata come sopra, e non presenta un mandato segnato da tutti gli uffiziali municipali, o almeno dalla maggiorità, e contrasegnato dal cancelliere.

Art. 5.

I nuovi uffiziali municipali col consiglio esamineranno i conti prodotti dai loro predecessori; vi faranno nel termine di quindici giorni le loro osservazioni e depositeranno il tutto alla cancelleria municipale. Ogni cittadino potrà prenderne comunicazione, e farvi tutte quelle osservazioni, che crederà utili per la comunità.

Art. 6.

Una copia di detti conti con tutte le osservazioni sarà inviata nel mese al Re per essere definitivamente approvati, se vi è luogo.

Art. 7.

In caso di non approvazione dei loro conti, gli uffiziali municipali saranno solidalmente tenuti alla restituzione delle somme malamente impiegate, per tutte le vie di giustizia, e potranno essere anche criminalmente perseguitati in caso di malversazione, o frode.

Art. 8.

Ogni cittadino potrà sottoscrivere e presentare al tribunale della giurisdizione contro i municipali la denunzia dei delitti di amministrazione di cui pretenderà che si siano resi colpevoli, quale dovrà decidere nelle somme prescritte dalla legge.

Art. 9.

Gli uffiziali municipali, in caso di liti attive, o passive, e spese straordinarie, dovranno prendere col consiglio una determinazione che per altro non potrà esser eseguita senza essere precedentemente approvata dal Re, al quale saranno tenuti di farla passare.

Art. 10.

Il Consiglio municipale determinerà le spese ordinarie della comunità; il processo verbale sarà spedito al Re per essere approvato.

Art. 11.

In caso di tassa di spese locali e straordinarie della comunità, la municipalità col consiglio dovranno deliberare, e la loro determinazione sarà inviata al Re per essere confirmata se vi sarà luogo.

TITOLO VI.

Dei Censori.

Articolo Primo.

I censori non faranno mai parte della municipalità che per l'aumento del numero del consiglio, di cui saranno membri.

Art. 2.

Le loro funzioni sono limitate alla semplice pulizia, concertandosi nullameno col corpo principale per tutto ciò che avrà relazione alla medesima.

TITOLO VII.

Della Pulizia correzionale.

Articolo Primo.

Gli uffiziali municipali, a titolo di polizia correzionale, potranno condannare ad un'emenda, che non potrà mai eccedere la somma di dodici lire, e una prigionia che non potrà essere al di là di tre giorni, oltre i danni, e interessi delle parti.

Art. 2.

Le emende saranno applicabili metà alla comunità, e metà alla cassa nazionale, per la di cui repetizione le parti condannate vi saranno costrette anche per cattura.

Art. 3.

Le contravvenzioni in materia di pulizia saranno perseguitate ad istanza del procuratore della comunità, d'uffizio, o dalla parte lesa.

Art. 4.

L'appello sarà portato al podestà della pieve, se la condanna eccede tre franchi; nel caso che la sentenza sia confermata, sortirà il suo pieno effetto; se poi non fosse confermata, sarà portata al presidente della giurisdizione; in caso di condanna di prigionia, l'appello sarà sospensivo di diritto,

Art. 5.

I termini per questi appelli saranno gl'istessi che quelli portati negli articoli 2, 3 et 4 del titolo IV.

Art. 6.

In caso di resistenza all'esecuzione dei giudizi municipali, sono autorizzati a richiedere la forza pubblica.

Art. 7.

I cancellieri municipali, terranno un registro separato, nel quale noteranno tutte le emende, che saranno state pagate, facendo menzione delle sentenze che le hanno pronunziate.

Art. 8.

Gli uffiziali municipali e il procuratore del comune saranno personalmente risponsevoli del ritardo nel pagamento delle emende.

Art. 9.

Ogni tre mesi saranno tenuti di far passare al tesoriere della giurisdizione la metà delle emende, e spediranno nell'istesso tempo al Re lo stato nominativo delle persone condannate e delle somme, indicando anche la data della sentenza.

Art. 10.

Faranno pure passare al tesoriere della giurisdizione l'importare delle emende pronunziate per fatto di abusi campestri, i depositi fatti nelle loro mani per appelli di sentenze degli uffiziali municipali nel caso che siano state confermate.

Sull'osservazione di un membro, che ha proposto alla Camera un breve aggiornamento per dare comodo ai due comitati di travagliare ai progetti di decreti i più essenziali,

La Camera si è aggiornata a sabbato prossimo venturo del mese corrente, alle ore dieci della mattina, e il Signor Presidente ha sciolta la sessione.

GIAFFERRI, Presidente.
MUSELLI.

Sessione del 21 Marzo 1795.

(Alle ore dieci di mattina).

I membri della Camera riuniti, la sessione è stata aperta colla lettura del processo verbale di quella del diecisette, e la redazione è stata approvata.

Uno dei membri ha osservato che la Camera va di giorno in giorno diminuendo dei soggetti che la compongono; che alcuni per cause indispensabili hanno alla verità ottenuto dei congedi; ma questi essendo spirati dovrebbero farsi un dovere di occupare quel posto d'onore e di confidenza, a cui sono stati chiamati dalla voce del popolo; che ve ne sono degli altri i quali non sono mai comparsi nel seno della Camera sotto il pretesto d'indisposizione vera o imaginaria, quantunque siano intimati dal Presidente a rendersi al loro posto.

L'oratore dopo aver fatto sentire la convenienza, per il decoro della Camera istessa, di essere per quanto sia possibile, completa, ha proposto di formare un comitato per verificare i membri assenti, le cause delle assenze e farne rapporto per esservi statuito come apparterrà.

La Camera, adottando la mozione dell'oratore, ha deliberata la formazione di un comitato, e la scelta essendo stata deferita al suo Presidente, sono stati da esso nominati i Signori Colonna-Bozi, Gafforj, Sabiani e Pasqualini, i quali restano incaricati di verificare tutti i membri presenti, coloro che si trovano assenti per congedo, e finalmente quelli, i quali intimati dal Presidente a rendersi al loro posto non sono fin qui comparsi alla Camera dopo la loro elezione ; che il detto comitato ne farà un pronto rapporto alla Camera per prendere quelle determinazioni, che saranno le più proprie ad assicurare la presenza de' suoi membri.

Un membro ha esposto che in alcune pievi del Regno vi sono stati disgraziatamente dei notari, i quali hanno trascurato, e forse maliziosamente, di portare i loro atti al controllo per essere registrati e insinuati in conformità della legge ; che le parti contraenti essendo state nella maggior buona fede, non sembrerebbe giusto che dovessero rimaner la vittima della collusione o della frode di un funzionario prevaricatore.

Ha proposto perciò d'autorizzare gli eredi dei notari che possono essere defunti a poter controllar tutti gli atti mancanti della detta formalità a spese delle parti interessate per maggiore cautela, e prendere in avvenire le più scrupolose misure per assicurare la legalità degli atti pubblici.

La Camera ha rinviata la mozione dell'oratore al suo comitato di legislazione per apportarvi quell'esame di cui si rende suscettibile, e presentare un progetto di decreto a ciò relativo.

Un membro ha osservato che converrebbe di estendere la giurisdizione degli ufficiali municipali per giudicare sopra le pigioni di case ed affitti di altri beni fondi, fino alla somma della quale il decreto li ha dichiarati competenti ;

Che si potrebbe al di più renderli giudici dello sfrattamento delle case appigionate quando il citato non contesti la proprietà, o possesso della casa.

La Camera adottando questa proposizione ha deliberato che al titolo II, articolo 2, ove si dice che gli ufficiali municipali giudicheranno negli affari puramente personali vi saranno aggiunte le seguenti espressioni : — Comprese le pigioni di case e affitti di altri beni fondi ; e l'articolo 3 del detto titolo porterà la disposizione qui appresso : — Saranno pure giudici competenti dello sfrattamento delle case appigionate, quando però il citato non sollevi alcuna contestazione riguardante la proprietà, o possesso delle case.

Mediante queste nuove disposizioni il decreto concernente la municipalità del Regno trovandosi completamente formato, e definitivamente arrestato, una deputazione composta dei Signori Brandi, Casanova, Canioni e Carlotti, rimane incaricata di presentarlo a S. E. il Vice-Re per implorare la sanzione di Sua Maestà.

Gli ufficiali della giandarmeria reale, membri della Camera, si sono riuniti per dimandare un breve congedo ad oggetto di rendersi a Corte ove questo corpo militare deve essere organizzato.

La Camera ha loro accordato un congedo di giorni dieci.

Il rapportatore del progetto di decreto sopra i diritti di entrata e di sortita ha fatto lettura a nome del comitato di finanze, di una tariffa concernente l'estimazione di tutti i generi sopra de' quali dovranno pagarsi i diritti alle Dogane tanto per l'importazione, che per l'esportazione dall'Isola.

La Camera, intesa la lettura di detta tariffa, ha dichiarato che vi è luogo a deliberare, ne ha ordinato l'impressione per essere esaminata e discussa nelle forme ordinarie, unitamente al progetto di decreto sopra i diritti di entrata e di sortita.

Un membro del comitato di legislazione, dopo di avere in un discorso pieno di energia espresse le cure e le sollecitudini dei comitati pel travaglio di un progetto di decreto concernente i ministri del Vangelo Santo e Sacro, in cui tutti i Corsi, malgrado gli errori ne' quali erano stati strascinati dall'osservanza coattiva della legislazione francese, avevano in ogni tempo trovati i mezzi di consolazione col conservare intatta ed illibata la religione de' loro padri, ha fatto lettura del detto progetto, nel quale tutte le materie ecclesiastiche si trovano disposte col miglior ordine.

La Camera avendo fatto conoscere con degli applausi la più viva soddisfazione per i travagli de' suoi comitati, diretti alla conservazione di una vera e pura religione e al maggior trionfo della santa fede, dichiara all'unanimità che vi è luogo a deliberare, determina che il detto progetto di decreto, unitamente al rapporto che lo ha preceduto, sarà stampato colla più possibile celerità, per essere discusso ed ammesso nelle forme ordinarie.

Un altro membro dell'istesso comitato ha fatto lettura di un progetto di congrua da fissare a tutti i curati delle parrocchie del Regno.

La Camera, dopo aver dichiarato che vi era luogo a deliberare, ed ordinato l'impressione, rinvia il detto progetto all'esame e discussione, unitamente a quello del Clero.

Dopo di che il Signor Presidente ha sciolta la sessione, e la Camera si è aggiornata a lunedì prossimo ventitre del corrente alle ore dieci della mattina.

GIAFFERRI, *Presidente*.
MUSELLI.

Sessione del 23 Marzo 1795.

(Alle ore dieci della mattina).

I membri della Camera riuniti, la sessione è stata aperta con la lettura del processo verbale di quella di sabbato 21 del corrente, la di cui redazione è stata approvata.

Il rapportatore del decreto definitivamente arrestato, concernente l'elezione e giurisdizione degli uffiziali municipali, ha presentato a nome del comitato di legislazione un progetto di tariffa per i cancellieri ed uscieri delle municipalità.

La Camera, dopo la lettura e la discussione sopra ciascun articolo di detto progetto, e l'avviso di vari membri, lo ha definitivamente adottato ed arrestato ne' termini proposti dal suo comitato di legislazione, e la detta tariffa farà parte e seguito del decreto sopra le municipalità, il quale nella giornata sarà presentato alla sanzione reale, ed è concepita come segue:

Tariffa per i Cancellieri e Uscieri delle Municipalita' del Regno.

Per i Cancellieri.

Per la copia di tutti gli atti ordinari di citazione, non compresa la carta	3 s.
Per le sentenze interlocutorie, compresa la spedizione	5 s.
Per le sentenze definitive, compresa la spedizione	6 s.
Per l'esame sommario di ogni testimonio	4 s.
Per la spedizione	4 s.
Per il ricevimento di ogni rapporto di abusi campestri	2 s.

Questa somma sarà pagata dal proprietario nel momento, se esso fa il rapporto; se poi lo fa il guardiano, il cancelliere avrà il diritto di ripeterla dal proprietario danneggiato, senza alcuna formalità.

Per il ricevimento d'ogni estimo, o perizia	4 s.

Per gli Uscieri.

Per ogni citazione	3 s.
Per le citazioni fatte fuori del paese, e nel territorio, due soldi di più a miglio, compresa l'andata e il ritorno	2 s.

Per la significazione di ogni sentenza. . . . . 3 s.
Più due soldi per miglio, come sopra, nel caso che debba far questa significazione fuori della communità 2 s.
Per ogni esecuzione . . . . 10 s.
Più due soldi per miglio per quella a farsi fuori del paese 2 s.

È stato fatto il rapporto di una memoria dei Signori Angelo, prete, Gian Tommaso, e consoci, tutti Rinaldi, della comunità di Croce, pieve di Orezza, in cui espongono, che avendo secondo la legge fatto ricorso al tribunale di cassazione, esistente in Parigi, contro una sentenza resa in grado di appello dal tribunale di Cervione li 22 novembre 1772, fra i petizionari da una parte, ed Agostino Orso Pietri e sorelle Orsini dall'altra, non possono profittare del benefizio della cassazione dopo che la Corsica ha scosso il duro giogo della sedicente repubblica francese;

Che nondimeno i petizionari, sotto li 25 giugno 1793, per assicurare i loro diritti, presentarono una memoria al Consiglio generale dell'antico governo provvisorio, il quale con una sua determinazione diede loro atto della protesta di non esser corso, nè correr loro il termine prefisso dalla legge;

Che in questo stato di cose si sono diretti al Consiglio di Stato perchè gli piacesse d'indicare un tribunale nel Regno, nanti di cui potessero portare il loro ricorso in cassazione, e la loro memoria è stata rinviata al Parlamento per esservi provveduto mediante una legge.

Il rapportatore è stato di parere di tramandare la memoria dei petizionari al comitato di legislazione per occuparsi di un progetto di decreto tendente ad assicurare i diritti di quei litiganti, i quali portati avevano i loro ricorsi nanti l'antico tribunale di cassazione stabilito dalla legge francese.

La Camera, inteso il detto rapporto ha rinviata la memoria de' Signori fratelli Rinaldi al suo comitato di legislazione, per occuparsi di un progetto di decreto sulla maniera di rimpiazzare un tribunale nell' Isola, rivestito dell'istessa autorità, che la legge avea conferita al tribunale di cassazione in Francia.

Un membro dell'istesso comitato di legislazione ha fatto lettura di un progetto di decreto col titolo di codice militare. La Camera, intesa la lettura di tutti gli articoli, ha decretato l'urgenza e dichiarato che vi era luogo a deliberare; in conseguenza il detto progetto sarà impresso e discusso alla seconda lettura per essere definitivamente arrestato nelle forme ordinarie.

Il Signor Domenico Franzini, membro della Camera per la pieve d'Ampugnani, avendo richiesto un congedo per affari interessanti di sua famiglia,

La Camera gli ha accordato quello di giorni quindici.

Un' eguale domanda è stata fatta dal Signor Giovanni Peretti, parlamentario per la pieve di Viggiano.

La Camera, in considerazione della lontananza della giurisdizione della Rocca, gli ha deliberato un congedo di un mese.

È stata fatta lettura di una memoria dei rappresentanti della città di Bonifacio, tendente ad ottenere un tribunale, come vi era stabilito nell'antico governo dei Re francesi.

Un' eguale domanda è stata formata da parte degli abitanti del Capo Corso, giacchè la lontananza dal seggio ove trovansi attualmente fissati i tribunali, rende incomodi, malagevoli e troppo dispendiosi i viaggi de' giustiziabili.

La Camera ha rinviate le due dimande di Bonifacio e del Capo Corso all'esame del comitato di legislazione, per fare rapporto.

La sessione è stata sciolta alle ore due, ed aggiornata a dimani ventiquattro corrente, alle ore dieci della mattina.

GIAFFERRI, *Presidente.*
MUSELLI.

Sessione del 24 Marzo 1795.
(Alle ore dieci della mattina).

I membri della Camera riuniti, la sessione è stata aperta colla lettura del processo verbale di quella di ieri, la di cui redazione è stata approvata.

La deputazione nominata per presentare a S. E. il Vice-Re il decreto concernente le municipalità del Regno ha reso parte alla Camera di averlo presentato dopo sciolta la sessione di ieri; [che S. E. si sarebbe] occupato al più presto dell'esame ed avrebbe fatto conoscere le intenzioni di Sua Maestà alla Camera.

Un membro del comitato per la verificazione dei membri presenti ha fatto il rapporto di tutti coloro che si trovavano assenti tanto per congedi stati deliberati dalla Camera, quanto di alcuni che si trovano indisposti, e di quattro altri che non sono ancora comparsi in Bastia dopo la loro elezione.

La Camera, dopo l'avviso del comitato e qualche discussione apportata da vari membri, ha aggiornata la questione a giorni otto.

Gli uscieri della sala hanno annunziato un messaggio del Re.

Essendo stato introdotto, e pervenuto allo scagno del presidente, ha fatto lettura, e deposto un foglio scritto nei termini seguenti.

« A Nome del Re
» Per parte del Vice-Re del Regno di Corsica sottoscritto
» Gilbert Elliot.

» È con la più grande soddisfazione che noi comunichiamo alla Camera di Parlamento le informazioni che ci sono state tramandate dal Vice Ammiraglio Hotham, comandante la flotta di Sua Maestà nel Mediterraneo, circa il combattimento seguito il giorno 14 del corrente contro la squadra francese uscita da Tolone.

» Il Vice-Ammiraglio comandante la flotta del Re, informato della crociera del nemico mentre trovavasi a Livorno, si mise alla vela la mattina dei 9 corrente, e non potè raggiungerlo che in quella del 13.

» I Francesi hanno costantemente tentato di evitare il combattimento, ma furono forzati a riceverlo il giorno 14; la loro flotta è stata dispersa e messa in fuga; due vasceli, il *Ça-Ira* di 80 cannoni, ed uno di 74, il *Censore*, sono caduti nelle mani del vincitore.

» Secondo tutte le relazioni sembra che il nemico avesse preparata una spedizione importante a Tolone, ed aspettasse l'esito della crociera per uscire coi trasporti e colle truppe affine di eseguire l'impresa; e per quanto si possa prestar fede alle di lui minaccie medesime, vi è motivo di credere che i suoi sforzi erano diretti contro quest'Isola.

» Noi ci persuadiamo però che, anche qualora questo disegno sia stato, la vittoria rapportata dalla flotta del Re, lo ha reso inseguibile, e la Camera di Parlamento riconoscerà sempre più quanto la protezione delle armi di Sua Maestà contribuisca alla sicurezza di questo Regno, e come questa sicurezza medesima oggidì sia uno dei principali frutti della vittoria ottenuta.

» Siamo anche convinti che questo felice avvenimento fortificherà sempre più i sentimenti di lealtà e di riconoscenza verso il Re, e di confidenza nella potente intervenzione delle sue armi, accresciute nuovamente in questa parte dal rinforzo di due vasceli, uno a tre ponti e l'altro di 74 cannoni, recentemente arrivati; non di meno devesi continuare la pubblica vigilanza contro un nemico capace di una temeraria intrapresa, e noi siamo estremamente soddisfatti nel poter annunziare alla Camera la continuazione della costante ed ottima disposizione dello spirito pubblico dimostrato in questa circostanza, e sopra del quale, non meno che sopra tutti gli altri soccorsi, consistono principalmente la difesa e la sicurezza di questa nazione.

» La Camera di Parlamento vorrà nel tempo stesso riguardare questa vittoria come un segno della divina Provvidenza, che ha sostenuto il valore e gli sforzi della flotta del Re, e riconoscere in questo felice successo un motivo di devoto ringraziamento.

» Per ordine di S. E. sottoscritto : Pozzo-di-Borgo. »

La Camera avendo inteso coi più vivi trasporti di gioia tutto ciò che è stato annunziato dal messaggio del Re, si è riservata alla sua prima sessione di manifestare al rappresentante di sua Maestà i più rispettosi ringraziamenti per la compiacenza che ha avuta di comunicarle l'esito felice del combattimento e della vittoria riportata sopra la flotta nemica, e nel tempo stesso testimoniare al Re la più alta riconoscenza del popolo Corso per la paterna vigilanza che si degna d'impiegare colla forza vittoriosa delle sue armate per la difesa di questo Regno : Che saranno egualmente in detta sessione votati dei ringraziamenti ai Signori ammiraglio Hood, ai due generali Dundas e Stuart, colonnello Villette, e vice-ammiraglio Hotham, i quali hanno saputo col loro coraggio e valore rendere in ogni azione trionfanti le armi del Re, e liberare quest'Isola dalla presenza ed invasione del comune nemico.

Un membro del comitato di verificazione ha fatto il rapporto dell'opposizione stata formata contro la nomina dei due parlamentari della pieve di Rogna, giurisdizione di Corte.

Il podestà non avendo potuto intimare le operazioni dell'assemblea nel giorno indicato dalla legge, dovette differirle al giorno 31 di dicembre prossimo passato, ed il processo verbale perfezionato, furono da esso proclamati i Signori Carlo Filippo Marchioni e Giulio Antonio Casanova.

Il rapportatore ha osservato che i Signori. . . . . . .
Paoli di Altiani e Cremona formarono opposizione contro la detta nomina per non aver alcuni votanti il diritto di suffragio;

Che a questa eccezione si riunisce la contradizione che si trova in due spedizioni del suddetto processo verbale, dalle quali non si può conoscere il numero preciso delle voci, giacchè, sia errore di calcolo, sia per lo sbaglio del copista, queste si vedono portate al di sopra del numero de' votanti medesimi;

Che in questa contrarietà il comitato di verificazione è stato di avviso che il Signor Marchioni, come quello che ha riportata la pluralità assoluta dei suffragi, e sopra di cui non sono dirette le opposizioni, sia riconosciuto per uno de' rappresentanti della pieve di Rogna, e che sia convocata una nuova assemblea di detta pieve per la nomina del suo secondo parlamentario.

La Camera, inteso il detto rapporto, e l'opinione di vari membri, ha dichiarato che il detto Signor Marchioni, in conformità dell'avviso del comitato di verificazione, è legalmente eletto per uno dei rappresentanti della pieve di Rogna; che prima di far diritto sulle opposizioni formate dai Signori Paoli contro la nomina del Signor Casanova, saranno nel termine di otto giorni intesi il podestà Franceschi, ed il segretario dell'assemblea alla barra della Camera, sopra le contradizioni esistenti nelle due spedizioni del processo verbale, per, dopo gli schiarimenti che i medesimi potranno somministrare, esservi statuito come sarà di ragione.

Un membro del comitato delle finanze ha fatto lettura di un progetto di decreto concernente il controllo, e l'isinuazione degli atti.

La Camera ha dichiarato che vi era luogo a deliberare sopra i due progetti, che saranno in conseguenza stampati per esserne rinviata la seconda e terza lettura, ed in seguito discussi ed arrestati nelle forme ordinarie.

Il rapportatore del progetto di decreto concernente i diritti di entrata e di sortita, ha fatta la seconda lettura dei primi articoli del detto progetto, sopra de' quali si è aperta la discussione, e la Camera ne ha rinviata la continuazione alla sessione di giovedì venti sei del mese corrente a cui si è aggiornata.

Il Signor Presidente ha sciolta la sessione alle ore due dopo mezzo giorno.

GIAFFERRI, *Presidente.*
MUSELLI.

Sessione del 26 Marzo 1795.

(*Alle ore dieci della mattina*).

I membri della Camera riuniti, la sessione è stata aperta colla lettura del processo verbale della sessione del ventiquattro, e la redazione è stata approvata.

Un membro ha osservato che i Signori Saint-Clair e colonello Moore, avendo nella guerra contro i repubblicani dimostrato in quest'Isola un coraggio degno dei duci più valorosi, sarebbe un atto della riconoscenza della nazione di votar loro dei ringraziamenti.

La Camera ha rinviata la mozione al comitato di legislazione per presentare un progetto di deliberazione, colla quale venga conciliato il decreto della Camera stessa coi sentimenti di riconoscenza e di gratitudine, che il popolo Corso nutrirà in ogni tempo per quei duci, i quali a maggior gloria di Sua Maestà hanno combattuto e vinti i nemici nell'Isola.

È stata fatta lettura di una memoria di Giuseppe Maria Poletti, della Verdese di Orezza, in cui espone che avendo due sue mule in servizio del Re e della patria all'assedio di Calvi, e quelle essendo state abbandonate alla custodia della truppa, furono prese dai repubblicani, portate in Calvi e macellate; ha richiesto perciò di esserne rimborsato del prezzo sopra i beni dei repubblicani stati confiscati a profitto della nazione.

La Camera ha rinviata al governo la memoria del petizionario per esservi statuito come di ragione.

I professori del collegio di Ajaccio rappresentano con una loro petizione di essere impagati dei loro appuntamenti dal 1º gennajo 1791 che solevano percepire sopra il prodotto dei beni dell'antico Economato, i quali presentemente sono goduti da persone che poco si curano di pagarne gli affitti; richiedono perciò dalla giustizia della Camera di essere rimborsati dei loro onorari, giacchè le scuole sono state continuamente aperte, malgrado i tempi critici della rivoluzione, e si lusingano di avere incontrato la pubblica soddisfazione.

La Camera ha tramandata al comitato di finanze la petizione dei professori del collegio di Ajaccio per esaminarla, e farne rapporto.

È stata continuata la seconda lettura del progetto del decreto sopra i diritti di entrata e di sortita, e dopo la discussione, e l'avviso di vari membri, sono stati arrestati diversi articoli, che saranno trascritti dopo che la Camera li avrà definitivamente adottati.

Un membro ha proposto di stabilire la carica d'un controllore ambulante per visitare tutte le dogane del Regno, verificare i loro registri ed assicurare maggiormente con quella vigilanza che si richiede questa parte così essenziale dei redditi pubblici.

La Camera ha rinviata la proposizione all'esame del comitato delle finanze per esaminare se convenga lo stabilimento di un controllore ambulante, quali potranno essere le di lui funzioni, e farne rapporto, per essere il progetto esaminato e discusso, e poscia arrestato nelle forme ordinarie, se vi sarà luogo.

La sessione è stata sciolta alle ore due dopo mezzo giorno, ed aggiornata a domani alle ore nove della mattina.

GIAFFERRI, *Presidente*.
MUSELLI.

Sessione del 27 Marzo 1795.
(Alle ore nove della mattina).

I membri della Camera riuniti, la sessione è stata aperta colla lettura del processo verbale di quella di ieri, la di cui redazione è stata approvata.

È stata fatta lettura di una memoria di Gio : Michele Santucci, il quale offre di provvedere quella quantità di alberi di pino per servire nelle fortificazioni ed altri attrezzi per cannoni, secondo le condizioni alle quali si era obbligato per un contratto passato coll'Ispettore generale delle fortificazioni sotto il dominio francese.

La Camera ha rinviata al governo la memoria del petizionario per statuirvi come apparterrà.

Il Signor Matteo Canioni, parlamentario per la pieve di Giussani, ha richiesto un congedo per affari urgenti di sua famiglia; la Camera glielo ha accordato per giorni venti.

Un'egual petizione è stata portata dal Signor Durabile Maria Colonna Ceccaldi, membro della Camera per la pieve di Sevidentro.

La Camera, attesa la lontananza del luogo, gli ha accordato un congedo per un mese.

Il Signor Ludovico Santo Gaffajoli, uno dei rappresentanti per la pieve di Serra, avendo esposto che due persone della di lui famiglia si trovano attaccate di una malattia pericolosa, la di lui presenza si rende di un'assoluta necessità per il sollievo degl'infermi.

La Camera ha accordato al Signor Gaffajoli un congedo di giorni quindici.

Sopra di un' eguale domanda stata fatta dal Signor Giulio Antonio Casanova, membro alla Camera per la pieve di Rogna,

La Camera ha deliberato un congedo fino e compreso il martedì dopo la domenica della Resurrezione.

Un membro del comitato di verificazione ha esposto che in seguito dell'opposizione del non possesso stata formata contro del Signor Parodi, essendosi dai periti, nominati dalle parti, proceduto all'estimazione dei di lui beni, non hanno questi potuto convenire sul loro valore ; che a tenore del regolamento della Camera essa deve procedere alla nomina di un terzo esperto di ufficio ; che il comitato, dopo le informazioni che ha prese sulla qualità di soggetti giusti ed imparziali, propone alla Camera Signori Francesco . . . . dell'Isola Rossa, per estimatore delle case, e Francesco Maria Carli per estimare i beni di campagna.

La Camera, inerendo alla proposizione del suo comitato di verificazione, ha nominato e nomina i detti Signori Francesco e Carli terzi periti, il primo per estimare le case, e il secondo per l'estimazione de' beni campestri, i quali nel termine di otto giorni, in compagnia di quelli nominati dal Signor Parodi, opposto, e dal Signor Fabiani, opponente, saranno tenuti di procedere all'estimazione definitiva dei beni del detto Signor Parodi, in conformità della precedente determinazione della Camera, per, dopo il detto stimo fatto e rapportato, esservi statuito come di ragione.

Un membro ha detto che, avvicinandosi la settimana santa, sarebbe bene che la Camera si aggiornasse per quel tempo che crederà più proprio per adempiere i sacri doveri della Religione, della quale sono animati tutti e ciascuno de' suoi membri.

L'oratore ha proposto che, l'aggiornamento abbia principio

il giorno di lunedì prossimo, fino e compreso il martedì dopo la domenica di Pasqua.

La Camera ha dichiarato che il di lei aggiornamento non eccederà sette giorni, e questo sarà stabilito nelle sue successive sessioni.

Un membro del comitato di finanze ha fatto lettura di un progetto per l'organizzazione degli scagni della Camera.

Sull' osservazione di un membro, che il detto progetto non era stato comunicato al comitato di legislazione,

La Camera lo ha rinviato al medesimo per apportarvi quelle riflessioni, delle quali può essere suscettibile, per poi presentare il detto progetto, col parere dei due comitati, ed essere in seguito discusso ed arrestato nelle forme ordinarie.

È stata continuata la seconda lettura dei restanti articoli del progetto di decreto concernente i diritti di entrata e di sortita, unitamente alla tariffa dei prezzi dell'estimazione delle mercanzie, che vi sarà annessa.

La Camera dopo delle leggiere aggiunzioni e correzioni ha adottati gli articoli proposti dal suo comitato, salva nondimeno la finale discussione alla terza lettura, dopo della quale il progetto di decreto sarà definitivamente arrestato e trascritto sopra i registri della sessione.

L'istesso membro del comitato delle finanze ha fatta la seconda lettura del progetto di decreto sopra la carta bollata.

La Camera, dopo averne discussi separatamente gli articoli, li ha adottati con qualche correzione e ne ha rimessa ad altra sessione l'ultima lettura, dopo della quale il decreto sarà definitivamente arrestato.

Il Signor Presidente ha sciolta la sessione alle ore due dopo mezzo giorno e l'ha aggiornata a domani vent'otto del corrente alle ore nove della mattina.

GIAFFERRI, *Presidente Decano*.
MUSELLI.

Sessione del 28 Marzo 1795.
(*Alle ore nove della mattina*).

I membri della Camera riuniti, la sessione è stata aperta colla lettura del processo verbale di quella di ieri, la di cui redazione è stata approvata.

Il Signor Parodi, membro alla Camera di Parlamento per la pieve di Olmi, giurisdizione di Balagna, ha esposto che secondo la determinazione di ieri si deve procedere dai terzi periti nominati dalla Camera fra otto giorni alla definitiva estimazione de' suoi beni stati contestati dal Signor Fabiani, opponente; che desirando esso di trovarsi presente a questa operazione per la maggiore conservazione de' suoi diritti, ha richiesto a tal' effetto un piccolo congedo.

La Camera ha deliberato al detto Signor Parodi un congedo di otto giorni.

Un membro del comitato di finanze ha fatto la seconda lettura del progetto di tariffa dei prezzi stabiliti per l'estimazione delle mercanzie, alle quali dovranno tenersi i rispettivi estimatori impiegati nelle Dogane del Regno.

La Camera, dopo aver adottati diversi articoli di detta tariffa, ha rinviata la continuazione della lettura alla prima sessione.

L'istesso membro del comitato delle finanze ha fatto la terza ed ultima lettura del progetto di decreto sopra la carta bollata.

La Camera, dopo la discussione di ciascun articolo e l'avviso di vari membri, ha definitivamente arrestato il decreto per essere presentato alla sanzione del Re, nei termini seguenti:

Decreto della Camera di Parlamento del Regno di Corsica sopra la carta bollata arrestato definitivamente dopo tre letture, nella sessione de' 28 Marzo 1795.

Considerando che, per maggiormente assicurare la legalità degli atti pubblici e privati nel Regno di Corsica, si rende necessario di conservare la carta bollata con una nuova forma e fissazione del prezzo analogo alla diversa qualità di detta carta : — Piaccia però all'Eccellentissima Maestà del Re, col consenso della Camera di Parlamento riunita in questa presente sessione, e per autorità della medesima, statuire, e sia statuito come segue :

Articolo Primo.

Vi sarà nel Regno la carta bollata, la di cui forma sarà annessa alla presente legge.

Art. 2.

La carta in-foglio con un bollo sarà venduta a soldi due il foglio; in-quarto ad un bollo un soldo e mezzo; a due bolli soldi due, e la carta in-quarto a quattro bolli sarà venduta a tre soldi il foglio.

Art. 3.

La carta bollata attualmente in uso è soppressa. Gl'incaricati dal Re daranno in carta col nuovo bollo l'equivalente dell'antica carta bollata alle persone che si presenteranno al loro scagno per cambiarla.

Art. 4.

I controllori delle giurisdizioni saranno incaricati di vendere la carta bollata, i quali potranno delegare altre persone;

ma eglino saranno sempre i responsabili verso del Governo del montante della carta bollata, che sarà loro spedita; renderanno conto del risultato della vendita alla fine d'ogni mese, e ne verseranno la somma al tesoriere della giurisdizione.

Art. 5.

Tutti gli atti civili e spedizioni saranno scritti in carta bollata.

Art. 6.

Tutti gli atti delle cause avanti la municipalità che eccedono tre lire, e che sono appellabili, saranno in carta bollata.

Art. 7.

Tutti i registri degli ufficiali municipali, dei podestà delle pievi e tribunali delle giurisdizioni, e supremo, della percezione dei diritti di entrata e sortita, della vendita del sale, dei controlli, d'insinuazione, dei tesorieri saranno in carta bollata.

Art. 8.

Tutti gli atti dei notari saranno scritti in carta bollata di un foglio come pure le loro spedizioni, sotto pena di nullità degli atti, danni, spese ed interessi delle parti, ed altre pene, che saranno determinate dalla legge.

Art. 9.

I registri dei matrimoni, battesimi, sepolture, e qualunque estratto saranno in carta bollata.

Art. 10.

I libri maestri che diconsi di fibbia dei mercanti non avranno alcuna fede in giustizia se non sono in carta bollata.

Art. 11.

Le emende fissate nella presente legge saranno pronunciate dal Re.

Art. 12.

Chiunque sarà convinto di aver contrafatto o falsificato la carta bollata, il suo delitto sarà giudicato dai tribunali competenti.

Un membro del comitato di legislazione ha fatto la seconda lettura del progetto di decreto del codice militare, di cui la Camera dichiarò l'urgenza nella sua sessione de' ventitre del mese corrente.
La discussione aperta sopra ciascheduno degli articoli del suddetto progetto, ed inteso l'avviso di vari membri,
La Camera adottando gli articoli proposti dal suo comitato di legislazione ha definitivamente decretato come segue:

Decreto della Camera di Parlamento del Regno di Corsica per il miglior governo delle truppe Corse di Sua Maestà, e per punire gli ammutinamenti e la diserzione.

Considerando essere sommamente espediente che alcune leggi siano stabilite per il miglior governo delle truppe Corse di Sua Maestà, e considerando che veruno può essere pregiudicato nella vita e corpo, o assoggettato ad alcun altro genere di pena in questo Regno da una Corte marziale, se non in virtù di un giudizio de' suoi pari, e secondo le leggi stabilite in questo Regno : ed essendo d'altronde necessario per mantenere le dette truppe nel dovere, che sia osservata un' esatta disciplina, e che i soldati i quali ammutineranno, o commetteranno alcuna sedizione o diserteranno in servizio di Sua Maestà siano puniti con esemplare e pronto castigo: — Piaccia perciò all' Eccellentissima Maestà del Re, per e col consenso della sua Camera di Parlamento, ed in virtù dell'autorità della medesima, ordinare ciò che segue :

SEZIONE PRIMA.

Articolo Primo.

Qualunque persona che sia stata ingaggiata come soldato da qualche uffiziale o sargente, sarà condotta, quattro giorni circa dopo il suo ingaggio, nanti la municipalità, o altro magistrato il più vicino della pieve, o della giurisdizione, e nanti di questo sarà in libertà di dichiarare il suo dissenso a tale ingaggio, restituendo però il danaro che avrà ricevuto ed inoltre franchi dodici per le spese, che si presumono fatte a suo riguardo ; sarà in tal caso discaricata e posta in libertà in presenza del magistrato ; ma se ricusa o trascura nell'intervallo di ventiquattro ore di rimettere il denaro ricevuto sarà considerata allora come valevolmente e di suo consenso ingaggiata.

Art. 2.

Se tale persona poi dichiara di essersi ingaggiata volontariamente, il magistrato sarà tenuto di darne certificato in cui designerà il suo nome, la sua età ed il luogo della nascita, se è conosciuto : certificherà inoltre che le condizioni ed il piano dello stabilimento gli sono stati letti, e che ha prestato il giuramento seguente :

« Io N. giuro di essere fedele e di prestare ubbidienza a Sua Maestà Giorgio III, di difendere onestamente e fedelmente la Sua Persona, Corona e Dignità contro tutti i suoi nemici ed opponenti qualsivogliano, e giuro di osservare e di ubbidire agli ordini di Sua Maestà, a quegli del Vice-Re, e ai generali ed uffiziali propostimi da Sua Maestà.

Art. 3.

Se alcuno ricusa di prestare il detto giuramento, l'uffiziale di cui avrà ricevuto il denaro, potrà ritenerlo ed imprigionarlo sino a che l'abbia prestato.

Art. 4.

Se alcuno avrà ricevuto il denaro dell'ingaggio da qualche uffiziale o altra persona impiegata a tal oggetto, e si nasconderà, o ricuserà di presentarsi al magistrato per dichiarare la sua volontà, sarà riguardato come valevolmente ingaggiato, e sarà proceduto contro di esso come se avesse prestato il giuramento suddetto.

SEZIONE II.

Articolo Primo.

Tutti gli uffiziali, bassi uffiziali e soldati che saranno convinti di essere disertati verso il nemico, saranno puniti di morte, ma se sono riconosciuti colpevoli d'una semplice diserzione, subiranno la pena di morte o altro minor castigo, ad arbitrio di una general Corte marziale, o di quella del battaglione.

Art. 2.

Ogni basso uffiziale e soldato che senza la permissione in iscritto dell'uffiziale comandante del battaglione, si assenterà dalla sua compagnia o distaccamento, ove può essere comandato, per più di ventiquattr'ore, sarà riputato come disertore, e punito come tale : la paga d'ogni soldato assente per un intervallo di più di ventiquattr'ore, deve essere contata a carico del pagatore delle truppe di Sua Maestà in Corsica.

Art. 3.

Verun basso uffiziale o soldato potrà arruolarsi in alcun altro battaglione o compagnia senza avere un discarico regolare dal battaglione o corpo in cui avrà servito, sotto pena di essere considerato come disertore e punito come tale.

Art. 4.

I magistrati possono concedere il permesso di ricercare i disertori, sia nelle case de' particolari che saranno loro indicate, sia in tutte quelle di una città, o paese designato, secondo l'esigenza dei casi ; ma verun uffiziale o basso uffiziale potrà mai entrare per forza, o aprire con violenza una casa senza il detto permesso ; ed in caso di contravenzione, saranno condannati ad un' emenda di 100 franchi.

Art. 5.

Chiunque nasconderà, o terrà segreto un disertore delle truppe di Sua Maestà, sia Corso, Inglese, o altro, conoscendolo tale, e ne sarà convinto nanti il podestà maggiore della pieve, il tribunale della giurisdizione, e il tribunale supremo, sarà condannato ad un' emenda di cento franchi da applicarsi metà a profitto di Sua Maestà, e metà a favore de' denunziatori.

Art. 6.

Qualunque uffiziale, basso uffiziale, soldato che sarà convinto da una general Corte marziale di avere consigliato, o persuaso qualche altro uffiziale o soldato, sia Corso, sia Inglese o altro, a disertare dal servizio di Sua Maestà, subirà quella pena che sarà determinata dalla sentenza della Corte marziale. Ogni altra persona, che non fosse al servizio militare, se verrà accusata di tale delitto, sarà giudicata da un tribunale di giustizia e condannata, in caso di convinzione, ad un'emenda non eccedente 250 franchi, nè minore di 100, ed anche ad essere imprigionata per un intervallo di tempo non eccedente sei mesi, nè meno di tre, sino a che l'emenda sia intieramente pagata.

SEZIONE III.

Articolo Primo.

Qualunque uffiziale, basso uffiziale o soldato che comincierà, cagionerà, ecciterà o prenderà parte a qualche sedizione o ribellione che accadesse nel battaglione, compagnia, o corpo a cui egli appartiene, o in alcun altro battaglione, distaccamento, posto, o guardia, sotto qualsivoglia pretesto, sarà, in caso di convinzione, condannato alla pena di morte, o ad altro minor castigo, che sarà giudicato conveniente da una Corte marziale.

Art. 2.

Qualunque uffiziale, basso uffiziale o soldato, che trovandosi presente ad una sedizione o ribellione, non farà uso di tutti i suoi sforzi per opporvisi, o che conoscendo essersi meditata o risoluta detta ribellione, non ne darà subito parte al suo comandante, subirà la pena di morte, o altro minor castigo ad arbitrio della Corte marziale.

Art. 3

Qualunque uffiziale, basso uffiziale, o soldato, il quale percuoterà il suo superiore, tirerà, o farà sembiante di tirare o levare qualche arma contro di lui o praticherà alcun'altra violenza nell'esercizio delle sue funzioni, ovvero ricuserà di ubbidire a qualche comando legittimo del detto superiore, subirà la pena di morte, o altro minor castigo che sarà giudicato conveniente da una Corte marziale.

SEZIONE IV.

Articolo Primo.

Qualunque uffiziale, commissario, o provveditore dei viveri, il quale sarà convinto di aver venduto senza un ordine convenevole, o di essersi appropriato le provvigioni pubbliche, come foraggio, armi, vestiti, munizioni, o altri guarnimenti militari, ovvero avrà sofferto sia volontariamente, sia per negligenza, che gli oggetti sopra mentovati siano stati danneggiati, o perduti, ovvero avrà ricevuto alcuno dei medesimi, sapendo che era stato rubato, sarà punito nel modo che segue, cioè:

Se è un uffiziale, provveditore, o commissario, sarà cassato o licenziato dal servizio di Sua Maestà, ed imprigionato finchè il danno sarà intieramente risarcito. Se è un basso uffiziale, o soldato, oltre il risarcimento del danno, sarà condannato a tal castigo corporale, che determinerà la sentenza di una Corte marziale.

E se sarà provato che le armi o provvigioni sono state vendute, appropriate, o ricevute coll'intenzione di mandarle al nemico, o di destinarle al suo uso, il delinquente, sia uffiziale, provveditore, commissario, o soldato, subirà la pena di morte, o altro minor castigo giudicato conveniente da una Corte marziale.

Art. 2.

Ogni basso uffiziale o soldato che sarà da una Corte marziale convinto di avere venduto, perduto, o lasciato rubare le sue armi, vestiti o guarnimenti, o di avere guastato le sue munizioni, subirà ogni settimana una ritenuta sufficiente per la riparazione del danno a giudizio della Corte marziale, purchè però non ecceda la terza parte della sua paga, ed inoltre sarà condannato a tal altro castigo che stimerà convenevole la detta Corte.

Art. 3.

Se un uffiziale verrà convinto di essersi appropriata qualche somma di denaro consegnatogli per la paga de' soldati sottoposti al suo comando, o per altro oggetto militare, sarà cassato e dichiarato incapace di occupare nell'avvenire alcun impiego militare, o civile; se poi un tale delitto verrà commesso da un basso uffiziale, questo sarà degradato, e come semplice soldato sottoposto ad una ritenuta non eccedente la terza parte della sua paga sino all'intiero rimborso del danaro, ed inoltre subirà tal altro castigo, che stimerà convenevole la Corte marziale.

Art. 4.

Qualunque persona tratterrà, comprerà, o riceverà da qualche soldato o disertore, sia Corso, Inglese, o altro al servizio di Sua Maestà, sotto qualsivoglia pretesto, armi, vestiti, berrette o altre forniture appartenenti al Re, ovvero degli articoli appartenenti agli stessi soldati, e da loro pagati, mediante la ritenuta sulla loro paga, o farà ritingere i detti vestiti, sarà condannata, per ciaschedun delitto da un tribunale di giustizia ad un'emenda di cinquanta franchi, di cui la metà sarà a profitto del denunziatore, ed il rimanente, dell'uffiziale, a cui appartienne tal soldato; e nel caso che il delinquente, otto giorni dopo la sentenza, non paghi l'emenda suddetta sarà imprigionato per tre mesi, o in altro modo castigato ad arbitrio del tribunale.

SEZIONE V.

Articolo Primo.

Qualunque sentinella in servizio davanti il nemico, la quale sarà trovata dormendo al suo posto, o che lo avrà abbandonato senza essere stata rilevata, sarà punita di morte, se ne rimane convinta; ma se non è davanti il nemico, subirà tal altro castigo giudicato conveniente da una general Corte marziale o da quella del battaglione.

Art. 2.

Qualunque uffiziale in servizio, che sarà ritrovato ubriaco al suo posto, sarà, in caso di convinzione, cassato da una Corte marziale; se un basso uffiziale commetterà la stessa mancanza, subirà quel castigo corporale, che sarà giudicato conveniente dalla detta Corte, sia generale, o del battaglione.

Art. 3.

Qualunque uffiziale, basso uffiziale, o soldato, il quale ritrovandosi in servizio al campo, o in una guarnigione assediata, forzerà una avanguardia, e ne sarà convinto da una Corte marziale, sarà punito di morte.

Art. 4.

Qualunque persona appartenente alle dette truppe, ed in servizio nei luoghi sopra mentovati, la quale manifesterà il *Santo*, ossia il *motto d'ordine*, ad una persona non destinata a riceverlo, ovvero lo darà diverso da quello che ha ricevuto, subirà la pena di morte, o altro minor castigo giudicato convenevole da una Corte marziale.

Art. 5.

Qualunque persona in servizio nei luoghi sopra mentovati, la quale, sia collo scaricare armi da fuoco, sia collo sguainare la spada, col battere il tamburo, o per qualsivoglia altro mezzo cagionerà falso allarme nel campo, guarnigione, o quartiere, subirà la pena di morte, o altro castigo giudicato convenevole da una Corte marziale.

Art. 6.

Qualunque persona, la quale ritrovandosi in servizio nei detti luoghi, abbandonerà le sue armi e munizioni, subirà la pena di morte, o altro castigo ad arbitrio della Corte marziale.

Art. 7.

Qualunque uffiziale, o basso uffiziale, sarà convinto da una general Corte marziale, di tenere corrispondenza col nemico, di essere direttamente o indirettamente d'intelligenza con esso, di fornirgli denaro, viveri e munizioni, ovvero di accoglierlo e proteggerlo, subirà la pena di morte o altro castigo ad arbitrio della detta Corte.

Art. 8.

Qualunque basso uffiziale o soldato, il quale si comporterà vilmente in faccia al nemico, o abbandonerà con vergogna il posto commesso alla sua guardia, o lascierà la sua divisione per andare in cerca del bottino, ovvero si occuperà a metter fuoco alle case, o a distruggere in altro modo la proprietà, subirà la pena di morte, o altro castigo giudicato convenevole da una general Corte marziale.

Art. 9.

Qualunque uffiziale, basso uffiziale, o soldato che costringerà il governatore o comandante di qualche guarnigione, fortezza, posto o guardia, ad abbandonarla al nemico, ovvero parlerà o farà uso di altri mezzi per indurre il detto comandante a comportarsi male in faccia al nemico, o ad abbandonare con vergogna qualche guarnigione, fortezza, o posto commesso alla sua cura, o affidato alla sua difesa, subirà la pena di morte, o altro castigo giudicato convenevole da una general Corte marziale.

SEZIONE VI.

Articolo Primo.

Qualunque uffiziale, basso uffiziale, o soldato il quale sarà accusato di delitto capitale, di aver impiegata violenza e fatta ingiuria contro la persona o le proprietà di alcun suddito di Sua Maestà, sarà giudicato e punito secondo le leggi comuni di questo Regno: il comandante ed uffiziale di ciascun reggimento, compagnia, o distaccamento a cui appartiene l'accusato, saranno tenuti impiegare tutti i loro sforzi per rimetterlo al Magistrato, siccome ancora di aiutare ed assistere i tribunali ad effetto di arrestare tali delinquenti; gli uffiziali riconosciuti colpevoli dei delitti sopra menzionati, saranno inoltre cassati da una Corte marziale; allorchè simili delitti saranno commessi contro un uffiziale, o soldato inglese, l'accusato non dovrà essere rimesso al Magistrato ordinario di giustizia, ma sarà giudicato e punito da una Corte marziale, in virtù, e secondo il regolamento del presente atto.

SEZIONE VII.

Articolo Primo.

Tutte le Corti marziali saranno stabilite e fissate da Sua Eccellenza il Vice-Re, o dal comandante in capite in virtù di un ordine del Vice-Re.

Art. 2.

Ogni Corte marziale generale non potrà essere composta meno di tredici uffiziali, metà inglesi e metà Corsi. L'uffiziale superiore ne sarà il presidente; questi però non potrà essere di grado inferiore a quello d'uffiziale di campo, ed in mancanza, a quello di capitano. Tosto che una Corte marziale generale sarà costituita, se qualche membro di essa non potrà intervenirvi per causa di malattia, o altro impedimento, la Corte marziale composta di modo che il numero dei membri presenti sia secondo le limitazioni di questo atto, potrà tuttavia procedere al giudizio, sia che la maggiorità si trovi Inglese, o Corsa.

Art. 3.

L'avvocato del Re, o la persona deputata da lui, ed approvata dal Vice-Re, per agire in sua vece, perseguiterà a nome di Sua Maestà tutti i delitti sottoposti al giudizio delle Corti marziali, dovrà prestare e far prestare ad ogni membro di dette corti i susseguenti giuramenti:

« Io N. giuro di amministrare debitamente la giustizia secondo i regolamenti emanati per la miglior disciplina delle truppe corse da Sua Maestà, senza favore, parzialità o affezione, e nei casi non previsti dai detti regolamenti secondo la mia coscienza, ed il costume di guerra nei simili casi. Giuro inoltre di non divulgare la sentenza della Corte finchè non sia stata approvata da Sua Maestà, o da qualche persona da essa debitamente autorizzata ; nè di pubblicare, o manifestare sotto alcun pretesto, ed in qualsivoglia tempo il voto o l'opinione di qualche membro particolare della Corte, ammeno che non ne sia legalmente richiesto come testimonio da un tribunale di giustizia. »

Amministrato il detto giuramento ai membri respettivi, il Presidente della Corte presterà a mani dell'avvocato del Re e del suo sostituto il presente giuramento : « Io N. giuro di non manifestare sotto qualsivoglia pretesto ed in qualunque tempo il voto, o l'opinione di alcun membro particolare della Corte, ammeno che non ne sia legalmente richiesto come testimonio da un tribunale di giustizia. »

Art. 4.

L'avvocato del Re, o il suo sostituto, potrà far citare per testimoni avanti una general Corte marziale, sia Inglese, o Corsa, sei nativi Corsi che non sono militari ; se alcuno di questi, dopo essere stato regolarmente citato, non comparirà nanti la detta Corte, sarà condannato ad un'emenda a profitto del Re, non eccedente franchi 200, nè minore di 50, e non facendone il pagamento nello spazio di giorni quindici, sarà imprigionato per un intervallo di tempo non eccedente sei mesi.

Art. 5.

Tutti i membri assistenti alla Corte marziale devono comportarsi con decenza ; il più giovine sarà il primo a dare il suo voto.

Art. 6.

I testimoni nanti la Corte marziale, saranno esaminati con giuramento.

Art. 7.

Una Corte marziale composta di tredici membri non potrà pronunziare la sentenza di morte contro un accusato, senza che vi concorra il voto di nove membri presenti almeno. Se la Corte marziale sarà composta d'un numero maggiore di tredici uffiziali, la detta sentenza di morte non potrà essere pronunziata senza il consenso de' voti dei due terzi de' membri presenti.

Art. 8.

Non sarà istruita alcuna procedura, o pronunziato alcun giudizio, se non dalle sei ore della mattina sino alle tre dopo mezzo giorno, eccettuati i casi che richiedono un esempio immediato. Veruna sentenza di una general Corte marziale potrà essere eseguita prima che ne sia stato fatto il rapporto al Vice-Re, e la sentenza approvata da lui.

Art. 9.

Nessun uffiziale di campo potrà essere giudicato da persona di grado inferiore a quello di capitano.

Art. 10.

Il comandante di ciascun battaglione, corpo, o distaccamento, potrà tenere una Corte marziale particolare, la quale prenderà conoscenza delle dispute, o materie criminali che si presenteranno, e potrà infliggere per le offese leggiere qualche corporale castigo ; ma nessuna sentenza potrà essere eseguita finchè non sia confermata dal Comandante della guarnigione, o distaccamento, che non sia membro della Corte marziale.

Art. 11.

Veruna Corte marziale di battaglione o di altra specie può essere composta di un numero minore di cinque uffiziali, nè il presidente può essere di grado inferiore a quello di capitano, eccettuati i casi di grande urgenza ; il giudizio deve essere pronunziato alla maggiorità dei voti, incominciando dal più giovine.

Art. 12.

Ciascun governatore o comandante di una guarnigione, e ciascun uffiziale comandante di qualche fortezza, castello, o altro posto ove i corpi di truppe sotto il suo comando consistono in distaccamento di reggimenti diversi, quando lo stimi utile al buon servizio di Sua Maestà, potrà radunare delle Corti marziali composte di uffiziali dei corpi distinti ; tali Corti avranno i medesimi poteri, e procederanno nello stesso modo che le Corti marziali dei battaglioni ; ma la loro sentenza non potrà essere eseguita, finchè non sia stata approvata dal Governatore, o uffiziale comandante.

Art. 13.

Nessun uffiziale può essere cassato e licenziato dal servizio se non per ordine di Sua Maestà, o di Sua Eccellenza il Vice-Re, o in virtù di sentenza di una general Corte, ma i bassi uffiziali possono essere cassati o per ordine del colonnello, o per sentenza di una Corte marziale di battaglione, ridotti allo stato di sentinelle private.

Art. 14.

Nessuna persona, qualunque siasi, deve far uso nanti la Corte marziale in funzione, di parole minaccevoli, segni o gesti atti a cagionare qualche disordine o rissa, o in altro modo disturbare la procedura, sotto pena di essere castigato a discrezione dalla detta Corte marziale.

Art. 15.

Affinchè i colpevoli siano più facilmente sottoposti alla giustizia, ogni militare accusato di delitto, se è uffiziale sarà posto in arresto dal suo comandante, se è basso uffiziale o soldato, sarà imprigionato finchè non sia stato giudicato da una Corte marziale o legittimamente scarcerato da un' autorità competente.

Art. 16.

Un uffiziale in arresto il quale sortirà fuori prima di essere posto in libertà da colui che ve lo avrà messo, o da altro superiore, sarà, in caso di convinzione, cassato da una Corte marziale.

Art 17.

Nessun uffiziale o soldato posto in arresto o in prigione, dovrà starvi più di otto giorni, ammeno che la natura del suo delitto non necessiti un più lungo intervallo, sia per intracciarne le prove, sia perchè la Corte marziale non possa convenevolmente radunarsi in quel tempo.

SEZIONE VIII.

Articolo Primo.

Il maggior di ciascun battaglione è, in virtù del suo uffizio, risponsevole delle proprietà di ciascun uffiziale, che venga ad essere ucciso, o morire *ab intostato*. Egli è perciò tenuto di fare arrestare tutti gli effetti e proprietà a quello appartenenti, e di rimetterli al più prossimo de' suoi parenti, se ne ha in Corsica; e non ne avendo, i suoi effetti devono essere venduti dieci giorni circa dopo la sua morte, ed il prezzo con il denaro che sarà dovuto al defunto, devono essere depositati nelle mani del segretario del dipartimento militare, o altra persona designata a tale oggetto, per essere poi rimessi al primo clamore legale.

SEZIONE IX.

Articolo Primo.

Sua Maestà può formare dei regolamenti militari per la miglior disciplina delle sue truppe corse, e per mezzo di questi può ordinare quei castighi che crederà necessari contro i delitti, disordini, o negligenze di cui si rendessero colpevoli gli uffiziali e soldati, in pregiudizio del buon ordine, abbenchè non siano specificati nel presente atto; ed affine di sottoporre alla giustizia i contravventori ai detti regolamenti, Sua Maestà erigerà e costituirà delle Corti marziali con il potere di sentire i colpevoli, istruire le procedure, ed infliggere le pene stabilite.

Art. 2.

Nessun castigo però stabilito dai detti regolamenti militari potrà estendersi alla pena di morte, eccetto per i delitti soggetti a questa pena, in virtù del presente atto, e secondo le leggi comuni adottate in questo Regno.

Art. 3.

Nessun articolo dei detti regolamenti militari potrà prescrivere che non si proceda contro un uffiziale o soldato secondo il corso ordinario della legge, eccetto nei casi di offese commesse contro un soldato o uffiziale inglese, le quali devono essere giudicate solamente dalle Corti marziali costituite secondo le regole del presente atto.

Art. 4.

Nessun accusato convinto, nanti il magistrato civile, di qualche delitto capitale, violenza o altra offesa potrà essere castigato da una Corte marziale per lo stesso delitto, altrimente che per mezzo di cassazione.

Art. 5.

I comandanti delle truppe, e i commissari di Sua Maestà per approvvisionamento delle medesime, potranno richiedere e forzare le mule ed altre bestie da soma nei casi necessari al servizio dell'armata, mediante però una giusta indennità ai proprietari.

Art. 6.

Non sarà lecito ad alcuno di portare o vendere nei campi vino, acquavita, o altra bevanda forte, o commestibile di alcun genere: potranno i comandanti distruggere i detti liquori e commestibili, e trattenere in arresto per otto giorni le persone che le avrebbero portate o esposte in vendita senza la loro permissione. Nei tempi di guerra i comandanti militari potranno proibire, anche nelle guarnigioni, che sia venduto vino, acquavita, o altro liquore forte, senza il loro permesso ai soldati, sotto pena di un'emenda di cinquanta lire, che potrà anche portarsi sino a cento, da pronunciarsi però dai tribunali competenti.

Art. 7.

Allorquando le truppe corse si troveranno fuori di questo Regno, saranno soggette alle regole di disciplina e leggi militari comuni alle altre truppe inglesi di Sua Maestà, e giudicate dalle Corti marziali, composte indistintamente d'Inglesi o Corsi.

In seguito il Sig. presidente ha nominata la deputazione prescritta dal regolamento della Camera, e composta dei Sig. Ciavaldini, Antonsanto Colonna, Colonna d'Istria, per presentare a Sua Eccellenza il Vice-Re i due decreti stati resi dalla Camera nella presente sessione, ad oggetto d'implorare la sanzione di Sua Maestà.

La sessione è stata sciolta alle ore due e rinviata a lunedì trenta del mese corrente, alle ore nove della mattina.

Sessione del 30 Marzo 1795.

(Alle ore nove di mattina).

I membri della Camera riuniti, la sessione è stata aperta colla lettura del processo verbale della sessione del 28 corrente, la di cui redazione è stata approvata.

Un membro del comitato di legislazione ha fatto lettura di un progetto d'indirizzo di ringraziamento a S. E. il Vice-Re, stato deliberato dalla Camera nella sua sessione del 24 corrente in seguito del messaggio che si compiacque spedire per annunziare la vittoria riportata dalla flotta del Re. Questo progetto avendo incontrata l'unanime approvazione di tutti i membri, è stato adottato dalla Camera nei termini seguenti :

« Eccellenza,

» La Camera di Parlamento ringrazia Vostra Eccellenza del messaggio per cui si è degnata comunicarle la vittoria riportata dalla flotta di Sua Maestà sotto il comando del vice-ammiraglio Hotham.

» La Camera nel mentre che ammira la bravura della marina del Re in un così segnalato avvenimento, riconosce tutta l'importanza del medesimo, e quanto questo e l'arrivo dei nuovi rinforzi contribuiscano ad assicurare la Corsica dai tentativi del nemico. Tutti i sudditi di Sua Maestà in questo Regno riconoscono l'efficacia della protezione delle armi del Re, e la loro confidenza e lealtà non possono che aumentarsi giornalmente per i benefizi che ne ricavano.

» La Camera si riunisce a Vostra Eccellenza nel pensare che la vigilanza pubblica deve crescere a misura della temerità del nemico, e confida che il popolo si mostrerà in tutte le occasioni pronto a difendere se medesimo, e ad impiegarsi in tutto ciò che richiederà il servizio di Sua Maestà.

» La divina provvidenza seconderà gli sforzi dei giusti contro gli usurpatori, e la Camera di Parlamento riconosce quanto questa abbia sempre assistito le armi del Re per doverla benedire e ringraziare. »

La deputazione nominata nella sessione del 28 per presentare alla sanzione reale i due decreti del codice militare e della carta bollata, sarà egualmente incaricata di presentare il detto indirizzo a S E. il Vice-Re.

Ed all'istante la detta deputazione, avendo riempiuta la sua commissione, è rientrata nella sala; ha detto che il Vice-Re ringrazia la Camera di Parlamento del di lei indirizzo; che egli è convinto della sincerità del di lei sentimento, e l'assicura del suo vivo e continuo interesse per il pubblico bene; che esaminerà al più presto i due decreti che gli sono stati presentati, e farà conoscere le intenzioni del Re.

Un membro ha osservato che la flotta di Sua Maestà ritrovandosi nel golfo di S. Fiorenzo, dovrebbe la Camera eseguire la sua determinazione del 26 di questo mese, per mezzo della quale furono votati dei ringraziamenti al vice-ammiraglio Hotham per la segnalata vittoria riportata contro dei nemici nel giorno 14 del corrente; ha proposto in conseguenza d'incaricare il Presidente della Camera a scrivere una lettera al detto Sig. Ammiraglio, nella quale vengano espressi i sentimenti di felicitazione e di ringraziamento verso di esso e la squadra di Sua Maestà, i quali hanno saputo col loro coraggio e valore trionfare sulla flotta nemica, e metterla in fuga colla totale sua dispersione.

Questa mozione gradita all'unanimità, ed il progetto di lettera presentato, è stato dalla Camera adottato ne' termini seguenti :

« Bastia, 30 Marzo 1795.

» Eccellenza,

» La Camera di Parlamento di Corsica mi ha incaricato di comunicare a Vostra Eccellenza l'atto di ringraziamento da essa votato per la vittoria riportata dalla flotta del Re sotto il di lei comando.

» Io mi trovo sommamente onorato nel dover partecipare a V. E. l'espressione de' sentimenti della Camera in venerazione dell'alto merito e gloria conseguiti da V. E. in questa importante occasione, e da tutti gli ufficiali che hanno la fortuna di essere sotto i di lei ordini, ed in riconoscenza del sommo beneficio che ne ricavano tutti i fedeli sudditi di Sua Maestà in questo Regno.

» Ho l'onore di essere con la più alta stima e rispetto,

» Di V. E. ecc. »

È stata fatta lettura di una lettera del Signor Generale de Paoli alla quale era annessa una memoria degli abitanti del distrutto villaggio di Cardo, che riclamano qualche sollievo alle loro grandi perdite, e qualche soccorso dal governo per riparare le loro case incendiate dal furore de' repubblicani durante l'ultima guerra.

Un membro ha proposto di tramandare al comitato di finanze la petizione degli abitanti di Cardo per presentare un progetto di decreto, con cui si possa venire al soccorso di quella comunità, e del villaggio di Farinole, il quale ha sofferto uguali disgrazie, e di tutte quelle famiglie, i di cui padri, figli o fratelli hanno perduta la vita combattendo valorosamente contro i nemici.

La Camera, inerendo a questa mozione, ha incaricato il suo comitato di finanze di presentarle un progetto di decreto per venir al soccorso di quei bravi cittadini, che sono stati la vittima del furore nemico per seguitare il partito e le insegne della patria.

Il Sig. Carlo d'Angeli, podestà di Nonza nel Capocorso, ha presentato una petizione perchè venga in quello scalo conservato lo scagno della Dogana, ivi stabilito, giacchè sei comunità, tutte aderenti, forniscono almeno cinquanta bastimenti al commercio della costa e dello straniero.

La Camera, intesa la lettura di detta memoria, l'ha tramandata al suo comitato di finanze per esaminarla, e farne rapporto.

È stata fatta lettura di una petizione degli abitanti di Orneto, Carbonaccia e Velone, della pieve di Tavagna, giurisdizione di Aleria, colla quale richiedono la separazione dalla comunità di Fiuminale, di cui fanno parte.

La Camera ha rinviata la memoria dei petizionari all'esame e rapporto del suo comitato di legislazione.

Un membro ha proposto alla Camera di assicurare la presenza de' suoi membri alle sessioni per mezzo di un regolamento, che con qualche penalità discreta tolga gli abusi dei congedi, e fissi la rientrata dopo gli aggiornamenti.

L'Oratore ha fatta lettura di un progetto che, esaminato e discusso, è stato adottato ne' seguenti termini.

Articolo Primo.

Tutti i membri della Camera di Parlamento, che hanno ottenuto congedi, e non si renderanno spirata l'epoca del congedo, saranno condannati a cento lire di emenda.

Art. 2.

Tutti quelli che non si renderanno all'epoca della spirazione dell'aggiornamento fissato dalla Camera, saranno condannati a cinquanta lire di emenda.

Art. 3.

La determinazione della Camera del nove marzo, per cui i membri che si assentano senza congedo sono condannati a duecento lire di emenda, sarà eseguita secondo la sua forma e tenore.

Art. 4.

Tutte le suddette emende saranno applicabili alla riparazione della sala di Parlamento.

Art. 5.

Il presidente è incaricato della notificazione ed esecuzione del presente regolamento.

La sessione è stata sciolta alle ore due dopo mezzo giorno, ed aggiornata alli trent'uno del corrente, alle ore nove della mattina.

Giafferri, *Presidente.*
Muselli.

Sessione del 31 Marzo 1795.

(Alle ore nove della mattina).

I membri della Camera riuniti, la sessione è stata aperta colla lettura del processo verbale di quella di ieri, la di cui redazione è stata approvata.

Un membro ha detto che da qualche anno quest'Isola è rimasta priva delle funzioni episcopali prescritte dalla Santa Cattolica Chiesa nella corrente settimana.

Che fra i vescovi delle diocesi del Regno, si trova presentemente in Bastia Monsignor Guasco, vescovo di Sagona, il quale potrebbe essere invitato a fare tutte quelle funzioni inerenti al sacro carattere vescovile.

La Camera, penetrata da tutti i sentimenti di religione comuni al popolo Corso vedrà sempre con un'estrema soddisfazione che il prelato di Sagona faccia tutte quelle funzioni che il di lui zelo saprà suggerirgli tanto per il bene spirituale della sua diocesi che di tutte le altre di questo Regno ; e quindi è passata all'ordine del giorno.

Il Signor Presidente ha annunciato che nella sessione di quest'oggi S. E. il Vice-Re si renderà nella Camera per manifestare le intenzioni di Sua Maestà sopra i nuovi decreti stati presentati alla sanzione reale.

È stata quindi nominata una deputazione di dodici membri per rendersi al palazzo di Sua Eccellenza ed accompagnarla nella sala della Camera.

Poco dopo il Vice-Re comparso nella sala, e seduto sotto il Trono, il segretario di Stato avendo nelle mani i nove decreti stati presentati alla sanzione reale, che sono :

1° Il decreto per la promulgazione degli atti di Parlamento.

2º Per la creazione di una o più commissioni straordinarie.

3º Per l'attribuzione al Re di arrestare le persone sospette di tradimento e d'intelligenza coi nemici.

4º Sopra la vendita del sale.

5º Il decreto per la soppressione delle amministrazioni dei distretti.

6º Sopra la rappresentazione nazionale attribuita alla pieve di Calvi.

7º Sopra la formazione e la giurisdizione delle municipalità.

8º Decreto del Codice militare delle truppe Corse di Sua Maestà.

9º Finalmente il decreto sopra la carta bollata.

E ciascuno dei detti decreti rimessi al segretario della Camera, che ha fatta separatamente lettura dei titoli, Sua Eccellenza il Vice-Re ha pronunciato dopo la lettura di ciascun titolo — *Il Re approva.*

Dopo di che i nove suddetti decreti così sanzionati da Sua Maestà sono stati dal segretario di Stato consegnati al Presidente della Camera, muniti della sottoscrizione del prelodato Sig. Vice-Re, e del detto segretario di Stato, per rimanere depositati nella segreteria del Parlamento, e formare le leggi del Regno in conformità della Costituzione.

È stata riproposta la questione aggiornata alla sessione di quest'oggi sopra l'emenda pronunciata dall'articolo 4º del titolo IV della Costituzione contro i membri della Camera eletti, e non comparenti, ed i quali dopo di essere stati intimati dal Presidente non sono comparsi, nè hanno addotta legittima scusa. Fra questi si trovano il Sig. Suzzarelli, membro alla Camera per la pieve di Bonifacio, ed il Sig. Aiqui, per la pieve di Ornano.

Posta separatamente la questione, se il Sig. Suzzarelli era, o no, incorso nella suddetta emenda, e messa alle voci,

La Camera ha dichiarato alla quasi unanimità che il detto

Sig. Antonio Maria Suzzarelli, non comparente e non avendo allegato legittima scusa dopo l'intimazione del Presidente, è incorso nell'emenda di lire duecento pronunciata dalla Costituzione.

Proposta in seguito la questione se il Sig. Aurelio Aiqui, membro alla Camera per la pieve di Ornano, intimato e non comparente, era incorso nella detta emenda di lire duecento,

La Camera dichiara all'unanimità che il detto Sig. Aiqui, non comparente nè allegante legittima scusa dopo l'intimazione statagli fatta dal Presidente della Camera, è incorso nell'emenda di lire duecento pronunciata dell'art. 4 del titolo IV della Costituzione del Regno.

Il Presidente rimane incaricato di far notificare copia della presente determinazione ai detti Sig. Suzzarelli e Aiqui.

Il rapportatore del progetto di decreto concernente il controllo ed insinuazione degli atti ha fatta la seconda lettura di diversi articoli di detto progetto; e dopo la discussione e l'avviso di vari membri, ne sono stati arrestati alcuni, salvo l'esame definitivo alla terza lettura, dopo della quale sarà trascritto il decreto.

Dopo di che la Camera, in seguito della sua determinazione del ventisette del mese spirante, per la quale è stato deliberato un'aggiornamento di sette giorni, si è aggiornata a mercoledì prossimo, otto dell'entrante mese di aprile, alle ore dieci della mattina.

GIAFFERRI, Presidente.
MUSELLI.

Sessione dell' 8 Aprile 1795.

(Alle ore dieci della mattina).

I membri della Camera riuniti, la sessione è stata aperta colla lettura del processo verbale di quella del 31 dello scorso mese di marzo la di cui redazione è stata approvata.

Il segretario ha fatta lettura di un processo verbale della comparizione del Sig. Antonio Maria Suzzarelli, membro alla Camera di Parlamento per la pieve di Bonifacio, regolato il primo del corrente mese di aprile, da cui risulta che per li tempi burrascosi di mare, e per un'invito fattogli dal comandante e municipalità della città di Bonifacio, di sospendere la sua partenza ad oggetto di concertare i mezzi di difesa di quella piazza, all'annuncio della flotta nemica nei mari del Capocorso, egli prima di ora non ha potuto rendersi nel seno della Camera, di cui si onora di essere membro.

Diversi oratori, in vista dei detti motivi, hanno proposto di ritirare la determinazione del trent'uno marzo, con cui fu dichiarato che il detto Signor Antonio Maria Suzzarelli era incorso nell'emenda di lire duecento pronunciata dall'articolo 4° del titolo IV° della Costituzione.

La Camera, visto il certificato della municipalità di Bonifacio del 7 marzo prossimo passato, da cui risulta che il Sig. Snzzarelli non ha ricevuta la lettera d'intimazione del Presidente della Camera che nel giorno 6 di detto mese;

Vista una lettera direttagli dal comandante ed uffiziali municipali di Bonifacio dei 15 dell'istesso mese, nella quale annunciando al detto Sig. Suzzarelli l'arrivo della flotta repubblicana nei mari del Capocorso, lo invitano a sospendere la di lui partenza ad oggetto di concertare i mezzi per la difesa e sicurezza della piazza di Bonifacio;

Ha ritirato e ritira la sua determinazione presa nella sessione del trent'uno marzo prossimo passato, per la quale fu dichiarato che il detto Sig. Suzzarelli era incorso nell'emenda di duecento lire, come membro della Camera intimato e non comparente.

Dopo di che il Sig. Presidente avendo deferito al Sig. Suzzarelli il giuramento di riconoscere per sè e per il popolo corso che rappresenta per suo sovrano e Re Sua Maestà Giorgio III, Re della Gran Bretagna, di prestargli fede ed omaggio secondo la Costituzione e leggi, e il detto Sig. Suzzarelli avendo risposto — *Lo giuro* — gli è stato dato atto del giuramento, e ha preso seggio fra i membri della Camera.

I Signori Ornano, maggiore, Giacomoni Pietri e Ceccaldi, uffiziali del battaglione Quenza, hanno esposto con una lettera scritta da Corte al Presidente della Camera, in data del 5 corrente, che gli affari della contabilità ed organizzazione del battaglione non gli permettono ancora di rendersi nel seno della Camera, il che eseguiranno subito che sarà loro possibile.

La Camera ha prorogato per altri dieci giorni il congedo stato accordato ai detti uffiziali del battaglione Quenza.

È stata fatta lettura delle risposte state dirette al Presidente in seguito dell' invito fatto ai membri assenti di rendersi nel seno della Camera, ed i Sig. Agostino Grimaldi, Marchioni e Santini, giustificando i motivi delle loro indisposizioni personali,

La Camera ha prorogato loro il congedo fino al ristabilimento della loro salute.

I poveri della città di Bonifacio, riclamano i prodotti dei beni dell'ospedale di Santa Croce, il rilascio dei quali fu ordinato per una determinazione del governo provvisorio.

La Camera ha rinviato la memoria dei petizionari al governo per provvedervi come di ragione.

È stata fatta lettura di una memoria del Sig. Innocenzo Antonetti, ricevitore nella dogana di S. Fiorenzo, nella quale asserendo d'essere stato calunniato, adduce delle ragioni per giustificarsi.

La Camera è passata all'ordine del giorno.

Un membro del comitato di finanze ha fatta lettura di un progetto di decreto concernente le persone e i beni de' traditori ed emigrati.

La Camera ha dichiarato che vi era luogo a deliberare ; che il progetto sarà impresso per essere discusso ed arrestato nelle forme ordinarie.

Il rapportatore del progetto di decreto per il controllo ed insinuazione degli atti ne ha fatta la terza lettura.

La Camera dopo aver arrestati diversi articoli di detto progetto, ne ha rinviata la continuazione alla sessione di dimani per essere definitivamente arrestato e trascritto sopra i registri.

Il Sig Presidente ha sciolta la sessione alle ore due dopo mezzo giorno, e rinviata a domani alle ore dieci della mattina.

Giafferri, Presidente.
Muselli.

Sessione del 9 Aprile 1795.

(Alle ore dieci della mattina).

I membri della Camera riuniti, la sessione è stata aperta colla lettura del processo verbale di quella di ieri, la di cui redazione è stata approvata.

Sull'osservazione di vari membri, la Camera ha deliberato che l'apertura delle due sessioni comincierà alle ore dieci precise della mattina, e che non saranno sciolte prima delle ore due dopo il mezzo giorno; che la riunione de' suoi comitati rimane fissata alle ore cinque della sera nei luoghi soliti delle loro assemblee.

Il Sig. Presidente ha presentato un certificato da cui risulta che il Sig. Luporsi, membro della Camera per la pieve di Alesani, si trova continuamente indisposto, motivo per cui non può rendersi nel suo seno.

La Camera, riconoscendo il legittimo impedimento del detto Sig. Luporsi, ha prorogato il di lui congedo fino a che la di lui salute potrà permettergli il suo ritorno in Bastia.

È stata fatta lettura di una memoria della nominata Giovanna Maria di Olmeto, colla quale riclama l'umanità e la commiserazione della Camera per venire al soccorso de' di lei figli rimasti pupilli per la morte del marito ucciso dai repubblicani al campo Anglo-Corso, vicino a Bastia.

La Camera ha rinviata la memoria della petizionaria al suo comitato di finanze per essere presa in considerazione al progetto dei soccorsi da accordarsi alle famiglie di quei valorosi patriotti, che sono morti in guerra combattendo contro il nemico.

È stata fatta la terza lettura del progetto di decreto concernente il controllo ed insinuazione degli atti.

La Camera, dopo di averne discussi separatamente tutti gli articoli e l'opinione di vari membri, ha definitivamente arrestato il decreto per essere presentato alla sanzione reale nei termini seguenti :

Decreto della Camera di Parlamento del Regno di Corsica per il controllo ed insinuazione degli atti, definitivamente arrestato dopo tre letture nella sessione dei 9 aprile 1795.

Considerando che dopo di aver decretato l'uso della carta bollata per la legalità degli atti pubblici e privati, è ugualmente essenziale di provvedere alla maggior conservazione e sicurezza di quelli mediante il controllo ed insinuazione : — Piaccia perciò all' Eccellentissima Maestà del Re, col consenso della Camera di Parlamento riunita in questa presente sessione, e per autorità della medesima, statuire e sia statuito come segue :

Articolo Primo.

Tutti gli atti pubblici saranno controllati fra quindici giorni.

Art. 2.

Il controllo conterrà un estratto sommario della natura e delle clausole principali dell' atto.

Art. 3.

I testamenti, codicilli ed ogni altra disposizione di ultima volontà saranno controllati, ed inoltre insinuati per intiero quindici giorni dopo l'apertura.

Art. 4.

Tutte le donazioni e gli altri atti di traslazione di dominio saranno controllati ed insinuati per intiero.

Art. 5.

Gli atti di traslazione di dominio del semovente, e quelli che non specificheranno una somma determinata non saranno soggetti all'insinuazione.

Art. 6.

I contratti dotali però di qualsivoglia natura essi siano, saranno controllati ed insinuati per intiero.

Art. 7.

L'insinuazione conterrà la trascrizione dell'atto di parola in parola in un registro a ciò destinato, ed ogni atto pagherà per diritto d'insinuazione, oltre quello del controllo, soldi ventiquattro.

Art. 8.

Tutti gli atti privati dovranno essere controllati prima di essere presentati in giustizia.

Art. 9.

Gli atti di paese forastiere, le lettere di cambio, i biglietti ad ordine fra i mercanti e negozianti saranno controllati allorchè si dovranno protestare e presentare in giustizia.

Art. 10.

Gli atti pubblici di notaro, gli atti privati, gli atti di paese forastiere, le lettere di cambio, i biglietti ad ordine che non eccederanno la somma di lire trecento pagheranno per diritto di controllo soldi dodici; quelli da trecento fino a seicento, e da seicento sino a qualunque somma, due soldi di più per ogni cento lire.

Art. 11.

Tutti i testamenti, codicilli, e qualunque altra disposizione di ultima volontà pagheranno per diritto di controllo e d'insinuazione tre lire.

Art. 12.

Le significazioni delle sentenze definitive saranno controllate nel termine di tre giorni, non compreso quello della significazione, e pagheranno soldi dodici; lo saranno egualmente nel detto termine quelle degli atti giudiziari, e pagheranno soldi sei.

Art. 13.

Le significazioni degli atti di semplice istruzione e di forma di processo, che non saranno fatte direttamente alle parti, quelle degli atti giudiziari e sentenze delle municipalità saranno esenti dal controllo.

Art. 14.

I notari, cancellieri ed uscieri, e le altre persone autorizzate dalla legge a fare ed a significare gli atti pubblici, sono tenute di controllare ed insinuare i loro atti sotto pena, in caso di contravvenzione, di un'emmenda di cento lire, che potrà portarsi sino a mille secondo l'esigenza dei casi, dei danni, ed interessi delle parti lese, e della destituzione dal loro impiego.

Art. 15.

Gli atti pubblici però che non saranno controllati nel termine prefisso dalla legge, non saranno considerati in giustizia che come atti privati, ed avranno solamente l'effetto, che la legge dà alle scritture private fra le parti. Le significazioni degli atti giudiziari non controllati nel termine, sono nulle.

Art. 16.

I testamenti, codicilli, e qualunque altra disposizione di ultima volontà, benchè non controllati, ed insinuati fra il termine di quindici giorni da quello dell'apertura, non saranno viziati di nullità, e le disposizioni in essi contenute avranno il suo effetto; dovranno però essere controllati ed insinuati al momento in cui si metteranno ad esecuzione.

Art. 17.

Gli atti privati, lettere di cambio, biglietti ad ordine estratti dai libri de' mercanti, se saranno presentati in giustizia senza essere controllati, non avranno nessuna esecuzione sino a che non siano controllati.

Art. 18.

Vi sarà uno scagno di controllo in ogni luogo ove attualmente trovasi stabilito; il Re però potrà stabilirne dei nuovi nelle pievi quando lo crederà necessario.

Art. 19.

Ogni atto soggetto al controllo ed insinuazione dovrà essere controllato ed insinuato allo scagno della giurisdizione in cui è passato.

Art. 20.

Saranno distribuiti dal Re a ciaschedun controllore due registri in carta bollata, cioè, il primo sarà intitolato: — Registro di controllo, e il secondo: — Registro d'insinuazione.

Art. 21.

Il controllore dovrà alla fine di ogni giorno dopo il registramento sottoscrivere i detti registri, e ciò anche nel caso che in quel giorno non avesse registrato alcun atto, sotto pena di un'emenda di lire cento.

Art. 22.

Subito che ogni registro sarà riempito ed ultimato, si dovrà dal controllore presentare al cancelliere della giurisdizione nel termine di otto giorni, e sarà fatto in prezenza dell'avvocato del Re un processo verbale della presentazione di detto registro, quale resterà depositato alla cancelleria della giurisdizione.

Art. 23.

Nel caso di morte, di dimissione, o di destituzione del controllore, il podestà della pieve sarà tenuto di portarsi allo scagno per porre i sigilli ai registri ed agli atti che si troveranno non essere controllati ed insinuati, per essere in seguito rimessi a colui che dovrà succedere all'antico controllore.

Art. 24.

È proibito al controllore di registrare alcun atto in cui vi siano cancellature, cambiamenti e postille non approvate dalle parti contraenti, notaro e testimoni, sotto pena di lire trecento.

Art. 25.

Il controllore farà menzione al basso del registramento dell'atto medesimo e della somma che avrà percepito.

Art. 26.

Il controllore non potrà dar comunicazione nè alcun estratto dei registri senza un ordine in iscritto del presidente della giurisdizione; nel caso di detto ordine, esigerà per l'estratto di ogni atto per sua indennità soldi dodici, oltre il prezzo della carta bollata; dovrà però farne menzione al basso dell'estratto.

Art. 27.

Alla fine di ogni mese il controllore verserà a mani del tesoriere la somma che avrà esatto dei diritti di controllo e d'insinuazione.

Art. 28.

Il Re fisserà per emolumenti ai controllori un diritto di ritenuta sopra il reddito, che ciascun controllore presenterà, purchè non ecceda la somma del venticinque per cento.

Il rapportatore del comitato di finanze ha continuata la seconda lettura dei differenti articoli della tariffa de' prezzi stabiliti per l'estimazione delle mercanzie, alle quali dovranno tenersi i rispettivi impiegati alle dogane del Regno ; e dopo l'esame e la discussione apportata a ciascun articolo, ne sono stati arrestati alcuni, e la continuazione della lettura è stata diferita al primo giorno.

Il Signor Presidente ha sciolta la sessione alle ore due dopo mezzo giorno, e l'ha rinviata a domani dieci del corrente, alle ore dieci della mattina.

GIAFFERRI, *Presidente*.
MUSELLI.

Sessione del 10 Aprile 1795.

(*Alle ore dieci della mattina*).

I membri della Camera riuniti, la sessione è stata aperta colla lettura del processo verbale di quella di ieri, la di cui redazione è stata approvata.

Il Signor Presidente ha comunicata alla Camera la risposta che ha ricevuta del Signor Vice-Ammiraglio Hotham, in data di ieri, e questa tradotta in lingua italiana è concepita ne' seguenti termini :

A bordo della « Britania », nella rada della Mortella,
li 9 Aprile 1795.

« Signore,

» Sua Eccellenza il Vice-Re mi ha rimesso l'atto di ringraziamento passato dal Parlamento nel Regno di Corsica.

» Se qualche cosa può accrescere il piacere che sento di aver contribuito al successo delle armi di Sua Maestà, egli è l'onorevole suffragio di codesto rispettabile corpo de' suoi nuovi sudditi sulla condotta dei bravi uffiziali ed altri sotto i miei ordini, de' quali la solita bravura nelle generali occasioni, può essere solamente uguagliata dallo zelo che essi dimostrano per la difesa e la sicurezza della Corsica.

» Permettetemi di aver l'onore, Signore, di rendervi i miei ringraziamenti, e quelli della flotta per le distinte testimonianze dell'approvazione del Parlamento. Quando la tranquillità e la felicità della Corsica sono il risultato dei nostri servizi, questi servizi ci riescono tanto grati nell'esecuzione, quanto lusinghevoli nel riflettervi.

» La maniera civile, Signore, colla quale mi avete trasmessi i sentimenti della Camera, richiede la mia particolare riconoscenza, e non mancherò di comunicare alla flotta l'onorabile atto del Parlamento, e le graziose vostre espressioni in tale occasione.

» Ho l'onore di essere, Signore,
» Vostro ubbidiente e umile servitore,
» Sottoscritto: HOTHAM. »

Sulla mozione di un membro, la Camera ha determinato all'unanimità che il di lei ringraziamento al Sig. Vice-Ammiraglio Hotham, comandante la flotta di Sua Maestà nel Mediterraneo, agli uffiziali di detta flotta, ed a tutta la gente di mare sotto i di lui ordini, per la vittoria riportata contro i Francesi il giorno 14 del mese di marzo, e la risposta del Vice-Ammiraglio alla lettera del Presidente della Camera, saranno rese pubbliche col mezzo della stampa, ed inviate in tutte le comunità del Regno.

Il Sig. Gio: Paolo Susini, membro della Camera per la pieve di Sartene, giurisdizione della Rocca, assente fin ora per causa di malattia, essendosi presentato nella sala, il Presidente gli ha deferito il giuramento di riconoscere per sè e per il popolo Corso che rappresenta, per suo Sovrano e Re Sua Maestà Giorgio III, Re della Gran Bretagna, di prestargli fede ed omaggio secondo la Costituzione e leggi della Corsica, e di mantenere la detta Costituzione e leggi; ed avendo il detto Signor Susini risposto — *Lo giuro* — gli è stato dato atto del suo giuramento, ed ha preso seggio fra i membri della Camera.

Un membro ha esposto che il Sig. Simone Alessandrini, membro alla Camera per la pieve di Canari, si trova indisposto da molti giorni in Bastia, e richiede un congedo per rendersi nel seno della sua famiglia, e procurarsi dall'aria nativa il suo ristabilimento.

La Camera ha accordato al Signor Alessandrini un congedo di un mese.

Il Signor Antonio Martinetti, membro alla Camera per la pieve di Coasina, avendo richiesto un congedo per affari interessanti di sua famiglia, la Camera gli ha accordato quello di giorni quindici.

Un'eguale dimanda è stata fatta dal Signor Simone Paoli, rappresentante per la pieve di Cruzini, giurisdizione di Vico; la Camera, attesa la lontananza del luogo, ha deliberato al detto Signor Paoli il congedo di un mese.

È stata fatta lettura di una memoria degli abitanti del villaggio di Farinole, i quali riclamano dall'umanità e dalla munificenza della Camera dei soccorsi per sollevarli dalle perdite, devastazioni ed incendi che hanno sofferto dai Repubblicani.

La Camera ha tramandata la memoria de' petizionari al suo comitato di finanze per essere presa in considerazione nel progetto di decreto, di cui è stato incaricato, per venire al soccorso delle famiglie patriotte che hanno sofferti degli infortuni nell'ultima guerra.

Una consimile dimanda è stata fatta dalla nominata Giulia Maria, vedova di Felice Rosoli di Olmeta, ed è stata egualmente rinviata al comitato di finanze.

Il rapportatore ha continuata la seconda lettura de' restanti articoli della tariffa dei prezzi stabiliti per l'estimazione delle mercanzie che perverranno nelle Dogane dell'isola.

Dopo la discussione di ciascun oggetto portato in detta tariffa, la Camera li ha adottati, rinviandone la terza lettura al primo giorno per essere definitivamente formato il decreto e trascritto sui registri.

Un membro ha proposto lo stabilimento di un assessore presso ciascun tribunale del Regno, giacchè un solo giudice, trovandosi assente, ammalato o ricusato, indurrebbe bene spesso i giustiziabili nella dura necessità di ricorrere ai tribunali più vicini; che questo stabilimento non è punto nuovo in Corsica, giacchè fu adottato dall'antico governo francese, che ne conobbe tutto il vantaggio, e per una pronta giustizia e per la comodità del popolo.

La Camera ha tramandata la proposizione all'esame del suo comitato di legislazione per formarne un progetto di decreto.

La sessione è stata sciolta alle ore due dopo mezzo giorno, e rinviata a domani alle ore dieci della mattina.

GIAFFERRI, *Presidente*.
MUSELLI.

Sessione dell' 11 Aprile 1795.

(Alle ore dieci della mattina).

I membri della Camera riuniti, la sessione è stata aperta colla lettura del processo verbale di quella di ieri, la di cui redazione è stata approvata.

Un membro del comitato di legislazione, a cui fu dato l'incarico di presentare un progetto di decreto sopra la bandiera che converrebbe provvisoriamente adottare fino a che Sua Maestà non si degni di determinare la forma, ha presentato un indirizzo a Sua Eccellenza il Vice-Re per pregarlo di autorizzare i sudditi Corsi di Sua Maestà a poter inalberare a bordo de' loro bastimenti la bandiera inglese.

Fatta lettura di questo progetto d'indirizzo, la Camera lo ha unanimemente adottato nei termini proposti dal detto suo comitato, che sono i seguenti :

« Eccellenza,

» La Costituzione della Corsica prescrive una bandiera particolare a questa nazione in quella forma che sarà determinata dal Re. Sua Maestà non avendo ancora presa alcuna misura per dare la forma a questa bandiera, la navigazione della Corsica trovasi esposta a molti pericoli anche per parte di alcuna delle potenze neutre, e specialmente delle Reggenze Barbaresche. Un oggetto di così grande importanza, da cui dipendono moltissimo la sicurezza e gl'interessi dei sudditi Corsi di Sua Maestà, ha fissato l'attenzione della Camera di Parlamento. Il più efficace rimedio, fintanto che Sua Maestà habbia determinato la bandiera Corsa a termini della Costituzione, è sembrato alla Camera di adottare la bandiera inglese, ed autorizzare i sudditi Corsi di Sua Maestà a poterla inalberare a bordo de' loro vascelli, ed essere in conseguenza riconosciuti o ricevuti con quella.

» La Camera prega Vostra Eccellenza di prendere in considerazione quest'oggetto, e darli tutta quella estensione che lo zelo e l'amore di Vostra Eccellenza per la prosperità di questa nazione possono suggerirle. »

Il rapportatore del progetto di decreto sopra i diritti di entrata e di sortita ha fatto la terza lettura di alcuni articoli che la Camera ha definitivamente arrestati per essere trascritti su i registri dopo la totale discussione dei restanti articoli del progetto suddetto, la lettura dei quali è stata tramandata al primo giorno.

Il Signor Presidente ha sciolta la sessione (1) alle ore due dopo mezzo giorno, ed è stata rinviata a lunedi tredici del corrente alle ore dieci della mattina.

GIAFFERRI, *Presidente*.
MUSELLI.

Sessione del 13 Aprile 1795.

(Alle ore dieci della mattina).

I membri della Camera riuniti, la sessione è stata aperta colla lettura del processo verbale di quella di sabbato undici del corrente mese, la di cui redazione è stata approvata.

È stata fatta lettura di una petizione dei pescatori della città di Bastia colla quale riclamano una totale esenzione dei diritti di esportazione sopra qualunque sorte di pesci salati, e quando non piaccia alla Camera di accordare simile esecuzione, vengano almeno moderati i diritti stati regolati nell'ultima sessione ad un dieci per cento.

La Camera, intesa la detta memoria ed il parere di vari membri, è passata all'ordine del giorno.

Il rapportatore del comitato delle finanze ha continuata la terza lettura dei restanti articoli del progetto di decreto concernente i diritti di entrata e di sortita da percepirsi dalle Dogane del Regno; questi essendo stati separatamente discussi unitamente alla tariffa dei prezzi stabiliti per l'estimazione delle mercanzie, dopo le osservazioni ed il parere di vari membri :

---

(1) Ici se termine le manuscrit L. 336, à la fin duquel on lit cette mention : *Déposé dans les archives le 24 Ventose an 5e*, J. MARCHI, *Archiviste ;* — GIAFFERRI, *président ;* MUSELLI.

Le manuscrit L. 337 commence à ces mots : Alle ore due dopo mezzo giorno etc.

La Camera ha definitivamente arrestato il decreto per essere presentato alla sanzione reale nei termini seguenti :

Decreto della Camera di Parlamento del Regno di Corsica sopra i diritti di entrata e sortita letto nelle sessioni de' 21, 25 e 27 marzo, e definitivamente arrestato nella sessione dei tredici aprile 1795.

Considerando che una parte del reddito pubblico da percepirsi sopra la consumazione delle derrate forastiere e di lusso, o sopra il beneficio dei commercianti locali coi forastieri è sempre la più leggiera per il popolo, come la più adattata a mantenere la bilancia del commercio :

Piaccia perciò all'Eccellentissima Maestà del Re col consenso della Camera di Parlamento riunita in questa presente sessione, e per autorità della medesima, statuire, e sia statuito ciò che segue :

TITOLO PRIMO.

Dei Dritti di entrata e di sortita ; degli scagni di dogana ove si percepiranno, e degl'impiegati al servizio di questa parte d'amministrazione pubblica.

Articolo Primo.

Li diritti di entrata e di sortita si esigeranno sopra delle derrate, effetti e mercanzie in conformità della tariffa annessa alla presente legge.

Art. 2.

Le derrate, effetti, e mercanzie saranno valutate secondo lo stato del prezzo stabilito e descritto in una tariffa annessa parimente alla presente legge.

Art. 3.

Li diritti di entrata e di sortita si esigeranno nei porti e spiaggie di Bastia, San Pellegrino, Prunete, Padolella, Portovecchio, Bonifacio, Propriano, Calvi, Algajola, Isola Rossa, San Fiorenzo, Macinaggio.

Art. 4.

Li diritti di sortita saranno esatti in detti porti e spiaggie, ed inoltre in quelli di Foce di Golo, Aleria, Golfo di Vallinco, Tizzano, Golfo di Sagona, e Golfo di Porto.

Art. 5.

Alcuno sbarco ed imbarco di derrate e mercanzie non potrà esser fatto altrove che in detti porti, se non si è preso dal Direttore o proposto della dogana il permesso di sbarcare ed imbarcare, sotto pena di confisca delle mercanzie, e di un'emenda, che potrà esser portata sino a mille lire secondo l'esigenza dei casi.

Art. 6.

Gl'impiegati allo scagno di Bastia saranno di un Direttore, d'un controllore, un'estimatore, un commesso, un brigadiere e nove guardie.

In quello di Ajaccio, di un Direttore, un controllore, un estimatore, un brigadiere e sei guardie.

In quello di San Fiorenzo, di un Direttore e di tre guardie.

In quello dell'Isola Rossa, di un Direttore, un controllore e due guardie.

In quello di Calvi, di un Direttore, un controllore e due guardie.

In quello di Bonifacio, di un Direttore, un controllore e tre guardie.

In quello di Macinaggio, di un Direttore, un controllore e quattro guardie.

In quello di Propriano, di un proposto e tre guardie.

In quello di Portovecchio, di un proposto e due guardie.

In quello delle Prunete, Padolella, Aleria e Fiumorbo, di un proposto e di quattro guardie.

In quello dell'Algajola, di un proposto e di una guardia.

In quello di San Pellegrino, di un proposto e due guardie.

Tutti gli impiegati alla percezione dei diritti di entrata e di sortita saranno nominati dal Re e dovranno avere venticinque anni finiti e dare una sicurtà, la di cui somma sarà stabilita dal Re, avuto riguardo al prodotto della dogana.

Nessun direttore o altro impiegato alle dogane potrà avere nel suo distretto bastimenti che siano in commercio, o botteghe aperte, e se sarà riconosciuto che possa aver parte a qualche negozio, sarà subito destituito dal suo impiego, e condannato a quelle pene che il caso esigerà.

Art. 7.

Gli onorari di ciascuno degl'impiegati alla percezione dei diritti di entrata e di sortita sono fissati, avuto riguardo alla proporzione dei travagli nella tassa qui appresso descritta.

Direttori, Bastia e Ajaccio, comprese le spese di
 scagno . . . . 800 fr.
 Controllori. . . . . 900 »
 Estimatori . . . . 800 »
 Commessi . . . . 800 »
 Macinaggio . . . . 1000 »
 San Fiorenzo . . . . 900 »
 Isola Rossa . . . . 1000 »
 Direttori, Calvi e Bonifacio. . . . . . 1000 »
 Controllori dei suddetti scagni. . . . . 600 »

Proposti degli altri luoghi . . . . 600 »
I brigadieri di ogni scagno . . . . 400 »
Le guardie di ogni scagno . . . . 360 »

ART. 8.

Il Re potrà stabilire provvisoriamente sino a tanto che la Camera riunita sia, altri proposti e guardie non indicate nella legge in quei luoghi ove la necessità di assicurare la percezione dei diritti lo richieda.

TITOLO II.

Delle Esecuzioni e Proibizioni.

ARTICOLO PRIMO.

Le biade, farine, legumi, paste, riso, bovi, vacche, montoni, tori, giovenchi, vitelli, becchi, porci vivi, volatili, alberi fruttiferi, polvere, piombo, palle, pallini, libri, soda e vena di ferro, calima, porcellana e tutti i materiali destinati alle fabbriche provenienti da qualunque luogo anche straniero saranno esenti dai diritti di entrata.

ART. 2.

Tutte le mercanzie provenienti dalla Gran Bretagna direttamente, o per conto dei sudditi di Sua Maestà con bandiera Inglese o Corsa, saranno esenti dai diritti di entrata.

ART. 3.

Tutte le mercanzie, effetti e derrate provenienti dalla Gran Bretagna destinate per lo straniero saranno esenti dai diritti di sortita.

Art. 4.

Tutti gli effetti e derrate di qualsivoglia natura destinati per li bisogni delle truppe e per l'approvvisionamento militare a conto dei reggimenti e del Re saranno esenti dai diritti di entrata. Gli impiegati militari a ciò incaricati saranno tenuti di presentare i detti effetti allo scagno della dogana, unitamente al permesso del Re che ne ordinerà l'introduzione senza pagamento dei diritti.

Art. 5.

Goderanno della medesima esenzione tutti gli effetti e derrate che saranno destinate per il servizio della flotta, o di qualunque vascello di guerra, formalità prescritte nell'articolo precedente.

Art. 6.

I direttori e proposti delle dogane saranno tenuti di trascrivere nei registri a ciò destinati la qualità e quantità degli effetti introdotti nel servizio militare e di marina.

Art. 7.

L'olio, vini, sete, ... ed ogni altra produzione del territorio del Regno che si asporteranno per la Gran Bretagna, non pagheranno i diritti di sortita.

Art. 8.

Tutte le produzioni, effetti e derrate, e mercanzie provenienti dallo straniere e destinate per la Gran Bretagna con bandiera nazionale inglese, saranno esenti dai diritti di sortita.

Art. 9.

Il Re potrà proibire l'esportazione delle biade e legumi e castagne secondo la necessità e l'esigenza dei casi.

Art. 10.

Le mercanzie che saranno prese in mare dai vascelli del Re, o da altri bastimenti armati in corso con bandiera inglese o nazionale, non saranno soggetti ad alcuni diritti di entrata e di sortita, quando si vorranno asportare allo straniere; pagheranno però i diritti di entrata, subito che vorranno vendere ed introdurre nel Regno.

Art. 11.

L'asportazione dei legnami da costruzione provenienti da boschi e foreste del Regno è proibita, all'eccezione se saranno destinati per li porti della Gran Bretagna, per servizio della flotta e degli arsenali del Re. La destinazione sara certificata dai commissari di Sua Maestà, incaricati di vegliare ai suoi arsenali stabiliti nel Regno, con permesso speciale del Vice-Re.

Art. 12.

La medesima proibizione avrà luogo per le canape filate o non filate, per la pece e catrame, e per la mina di ferro.

Art. 13.

L'introduzione del sale, fuori di quello che i provveditori stabiliti dal Re spediranno nei differenti magazzini del Regno, è proibita.

Art. 14.

Tutte le mercanzie proibite all'entrata e sortita del Regno saranno confiscate al momento del loro sbarco od imbarco, come pure i bastimenti sopra i quali saranno caricate; i capitani dei bastimenti però saranno condannati all'emenda di cinque cento lire.

Art. 15.

Saranno reputate nel caso del precedente articolo quelle mercanzie proibite, che i proposti e guardie di Dogana avranno trovato caricarsi a bordo a qualsivoglia bastimento, o pure mettersi a terra in qualunque porto o spiaggia del Regno.

Art. 16.

Le disposizioni dei due articoli precedenti saranno ancora eseguite, riguardo alle mercanzie che si trasportano da un porto all'altro del Regno, quando non saranno accompagnate da un acquisto a cauzione.

Art. 17.

Le mercanzie, effetti e derrate proibite all'entrata e sortita del Regno, che saranno dichiarate dal manifesto per transito colla propria denominazione, saranno rinviate per la loro destinazione, e non si potranno far introdurre nel Regno.

TITOLO III.

Dell'entrata e sortita delle mercanzie, delle dichiarazioni, manifesti, visite e piombi.

Articolo Primo.

Li capitani e padroni di bastimenti siasi con bandiera nazionale inglese, o straniera, che abborderanno in un porto o spiaggia di mare con destinazione per un altro porto del Regno, saranno tenuti sei ore dopo il loro arrivo fare allo scagno della Dogana una dichiarazione sommaria contenente il numero delle casse, balle, ballotti, effetti, derrate e botti, presentare le polize di carico, indicare il porto della loro destinazione ulteriore, e prendere un certificato del Direttore della Dogana sotto pena di cinquanta lire d'emenda.

Art. 2.

Li detti capitani, padroni di bastimenti resi al porto della loro destinazione saranno tenuti sotto pena di mille lire di rimettere allo scagno della Dogana, sei ore dopo il loro arrivo, il manifesto, o siasi dichiarazione del loro caricamento dettagliato per ballotti, botti, casse, numeri, marche, peso, quantità e qualità. Il manifesto o sia dichiarazione sarà da loro sottoscritto, rimarrà allo scagno, e sarà trascritto sopra il registro dei manifesti, e nel caso che non sapessero scrivere, ne sarà fatta menzione sopra il registro. Non sarà in seguito permesso di aggiungere o diminuire al detto manifesto sotto pretesto di omissione o altrimenti.

Art. 3.

Li mercanti o loro commissionari che vorranno estrarre le mercanzie dalla Dogana arrivate sopra il bastimento, saranno tenuti di fare una dichiarazione o manifesto del numero, quantità, qualità e valore delle mercanzie. La dichiarazione sarà da essi sottoscritta, e se non sapranno scrivere, da persona da essi incaricata.

Art. 4.

Li marinari e passeggieri di un bastimento saranno tenuti di dichiarare al capitano o padrone del bastimento gli effetti, mercanzie e derrate che eglino avranno fatto caricare affinchè i detti capitani o padroni possano comprenderle nel loro manifesto, sotto pena contro quelli che non avranno fatto la dichiarazione, della confisca dei loro effetti, derrate e mercanzie non dichiarate, e di un'emenda di cento lire.

Art. 5.

Li mercanti, negozianti e loro fattori, capitani di bastimenti, che vorranno far sortire per mare, per un regno straniero, mercanzie, effetti e derrate, ne daranno una dichiarazione al preposto dello scagno più vicino al luogo dove si deve fare l'imbarco nella forma sopra prescritta.

Art. 6.

Le dichiarazioni ossiano manifesti saranno fatti in carta bollata, conterranno la qualità, il peso, la misura, il numero delle mercanzie che dovranno pagare diritti tanto di entrata che di sortita, annuncieranno egualmente il luogo del caricamento, quello della destinazione, il nome della persona a cui sono indirizzate.

Art. 7.

In caso di falsità nelle dichiarazioni, sia in quella della sortita o vero in quella dell'introduzione, le derrate, effetti, e mercanzie che saranno riconosciute non essere state dichiarate, o non esserlo state nella qualità e quantità realmente esistenti, saranno confiscate, e li dichiaranti condannati ad un'emenda che [non] potrà essere maggiore di cinque cento lire.

Art. 8.

Non si potranno nè caricare nè scaricare alcune mercanzie, derrate e effetti senza il congedo o la permissione in iscritto dei Direttori e proposti agli scagni della Dogana, o in loro presenza o dei loro commessi, sotto pena di confisca e di cinque cento lire d'emenda, fuori del caso d'urgente necessità, relativo alla sicurezza dei bastimenti. Li bastimenti si faranno scaricare a giro secondo la data del loro arrivo e della loro dichiarazione. Li commessi nominati per assistere allo sbarco ed imbarco, saranno tenuti di trasportarsi sul luogo.

È proibito sotto le medesime pene alli capitani e padroni di bastimenti di tirare a terra senza il permesso del Direttore, e di partire senza l'acquisto del pagamento dei dritti, o altre spedizioni che li giustifichino.

Art. 9.

Immediatamente all'arrivo del bastimento in un porto del Regno, il Direttore vi potrà stabilire una o più guardie di Dogana, che veglierà ad impedire lo sbarco delle mercanzie. I capitani che corromperanno la guardia con doni o promesse incorreranno la pena della confisca del loro bastimento, e la guardia sarà perseguitata straordinariamente e condannata dai tribunali secondo la pena fissata dalla legge.

Art. 10.

Il Direttore o proposto della Dogana potrà ordinare lo sbarco di effetti, mercanzie e derrate al momento che più gli converrà, ed il loro trasporto nella Dogana. Il trasporto delle mercanzie alla Dogana sarà a carico dei proprietari.

Art. 11.

Fatto lo sbarco, il Direttore spedirà un commesso sopra il bastimento; visiterà se tutte le mercanzie saranno state sbarcate; nel caso che il capitano o padrone avessero nascosto qualche mercanzia soggetta ai diritti, saranno condannati ad un'emenda di trecento lire, ed alla perdita della mercanzia.

Art. 12.

Alcun capitano o padrone, il di cui bastimento sarà carico di mercanzie, effetti e derrate ad essere consumate o vendute nel porto ove sarà arrivato e da lui manifestate come tali, non potrà sotto pena d'emenda rifiutare di sbarcare all'ordine del Direttore o del proposto, se gli sbarchi sono praticabili.

Art. 13.

Le mercanzie, derrate ed effetti suscettibili per la loro natura, o per loro volume, di esser posti in Dogana, vi saranno deposti a misura degli sbarchi, e vi dimoreranno sino a che vi siano visitati, ed abbiano soddisfatti i diritti sotto pena di confisca e d'emenda. Le mercanzie di un troppo grande volume per esser poste in Dogana, dovranno, sotto le stesse pene, essere deposte o portate nella Dogana, e sotto gli occhi degl'impiegati ove rimarranno fin dopo la visita ed il pagamento dei diritti.

Art. 14.

I Direttori e proposti sono autorizzati a fare quelle visite che giudicheranno necessarie, tutte le volte che il bisogno del servizio lo esigerà presso i mercanti a sequestrare le mercanzie introdotte in frode dei diritti, facendosi però assistere da un ufficiale municipale, che sarà presente alle visite e sottoscriverà cogl'impiegati i processi verbali.

Art. 15.

Dopo fatte le dichiarazioni e senza che possano essere mutate, le mercanzie saranno visitate, pesate, numerate e valutate, e ne saranno esatti i diritti sopra l'estimo fissato nella tariffa annessa alla presente legge. Quanto poi alle mercanzie non valutate nella tariffa, i mercanti ne presenteranno il valore, e se sarà troppo tenue, il Direttore avrà la facoltà di ometterlo ; e se il mercante non volesse acquetarsi all'estimo, il Direttore potrà prendere le mercanzie per conto del Re sul piede del valore stato dichiarato dai mercanti, pagando loro il dieci per cento al di più del valore dichiarato.

Art. 16.

Tutte le mercanzie suscettibili di essere marcate con cera o piombo, lo saranno gratuitamente nel luogo ove saranno sbarcate, e questo al momento del pagamento dei diritti, ed avanti di esser resi ai loro proprietari.

Art. 17.

Le mercanzie da orefici e gioiellieri saranno anche esse gratuitamente marcate con un punzone proporzionato ai loro rispettivi volumi ed alla loro delicatezza ; il quale non servirà che per giustificare il pagamento dei diritti di entrata.

Art. 18.

Saranno consegnati in ciascuna dogana le funi, i punzoni, sigilli e martelli di differente grossezza, proporzionati alla natura ed alla forza delle mercanzie, alle quali dovranno eglino servire; i loro impronti saranno stabiliti dal Re.

Art. 19.

Ogni mercanzia suscettibile di esser piombata e marcata, la quale sarà trovata senza piombo nè marca, sarà riputata come introdotta in frode dei diritti, e come tale confiscata, ed i contraventori condannati inoltre in un'emenda di lire mille.

TITOLO IV.

Delle spedizioni condizionate ossia degli acchiti a cauzione.

Articolo Primo.

Le mercanzie spedite da un porto all'altro del Regno sopra bandiera nazionale o inglese, non saranno soggette ad alcun diritto di entrata e di sortita. Ne sarà egualmente delle mercanzie che non potranno essere trasportate direttamente per terra da un luogo all'altro, ma saranno sottoposte alla formalità appresso indicata.

Art. 2.

Le mercanzie soggette ai diritti saranno dichiarate verificate e spedite per acchiti a cauzione. Questi acchiti conterranno la commissione di rapportare, nel termine che sarà fissato secondo la distanza dei luoghi, un certificato dell'arrivo e dello sbarco della mercanzia o derrate allo scagno dei diritti e di emenda. Li padroni, capitani e li spedizionari daranno una sicurtà solvibile, la quale si obbligherà solidariamente con essi al rapporto del certificato di discarico.

Art. 3.

Le mercanzie esenti dai diritti di sortita saranno spedite con semplici passaporti, sottoscritti dalli proposti alla verificazione del caricamento.

Art. 4.

Le mercanzie soggettte ai diritti di entrata sbarcate in un luogo di Dogana, ma destinate per i marcanti di un'altra città o luogo del Regno, saranno visitate, verificate ed estimate, piombate, se ne sono suscettibili, nello scagno della Dogana ove sono state sbarcate. I commissionari del mercante daranno sicurtà o faranno sommissione di fare sbarcare le suddette mercanzie allo scagno di Dogana della loro destinazione, per essere percepiti i diritti di entrata e di rapportarne allo scagno della Dogana ove sono state imbarcate, il certificato del Direttore di quella ove sono state sbarcate, come pure la percezione dei diritti. Se li spedizionari preferissero di consegnarne il montante dei diritti, li registri delle dichiarazioni l'enuncieranno, come pure li acchiti a cauzione e ricevuta delle somme consegnate.

Art. 5.

Se sono mercanzie spedite per uno dei porti del Regno, e per la di cui natura ne è proibita l'estrazione per lo straniero, la loro destinazione ne sarà assicurata con acchito a cauzione. Gli spedizionari e le loro sicurtà si obbligheranno e solidariamente nelle loro sommissioni a pagare il valore delle dette mercanzie, con un'emenda di cinque cento lire, nel caso in cui non si riportassero allo scagno della partenza, nel termine fissato, gli acchiti a cauzione validamente discaricati; a tal effetto l'estimazione delle mercanzie sarà enunziata nelle sommissioni.

Art. 6.

I padroni e capitani dei bastimenti saranno tenuti di presentare le mercanzie, derrate o effetti allo scagno di Dogana della loro destinazione nella medesima qualità e quantità descritta negli acchiti a cauzione dei quali ne saranno portatori. Quest'acchito non potrà essere discaricato dal Direttore o proposto della Dogana, se non dopo che le mercanzie saranno state sbarcate e verificate; niente sarà pagato per li certificati di discarico, quali dovranno essere scritti al dorso degli acchiti, e segnati dal Direttore o proposto, o da un'altro commesso o guardia.

Art. 7.

Se le mercanzie menzionate nell'acchito a cauzione si trovassero differenti nella specie o quantità, saranno confiscate, e la confisca sarà pronunziata contro li conduttori con un' emenda di cinque cento lire, salvo il ricorso contro li spedizionari.

Art. 8.

Saranno pagati venti soldi per ciascun degli acchiti a cauzione che saranno deliberati per Inghilterra; il prezzo di quelli che saranno forniti per il trasporto di un porto all' altro, rimane fissato a dieci soldi.

Art. 9.

Gli acchiti a cauzione di un porto all'altro del Regno, saranno discaricati dai Direttori o deputati commessi alle Dogane. Quelli per la Gran Bretagna saranno discaricati dalle persone che vi saranno nominate residenti nei differenti porti.

Art. 10.

Quando non si tratterà che del trasporto da un porto all'altro del Regno di oggetti tali che il più forte diritto di sortita non eccederebbe tre lire, invece di acchiti a cauzione saranno semplicemente deliberati i semplici certificati del luogo dell'imbarco, per li quali non sarà esatto che il prezzo della carta bollata.

TITOLO V.

Dei rilasci forzati e dei naufragi.

Articolo Primo.

I capitani e padroni di bastimenti che saranno forzati di rilasciare per tempesta di mare o perseguitati dai nemici o per altri casi fortuiti, [saranno] tenuti fra le venti quattr'ore del loro arrivo in un porto, di giustificare con un rapporto le cause del loro rilascio, di conformarsi a ciò che è prescritto negli articoli precedenti, concernenti i manifesti e dichiarazioni, sotto le pene ivi stabilite.

Art. 2.

Se i bastimenti in rilascio avranno bisogno di riparazioni che esigano lo sbarco delle mercanzie, non saranno soggetti ad alcun diritto, se non nel caso in cui il capitano o padrone o commissari saranno obbligati di vendere una parte del loro caricamento. Negli altri casi le mercanzie saranno messe in deposito, a spese de' capitani e padroni dei bastimenti, sino alla loro partenza. Li detti capitani e padroni di bastimenti potranno scaricare le loro mercanzie a bordo di un altro bastimento, dopo aver preso il permesso dai Direttori e proposti della dogana, e dopo averne dichiarato la quantità e qualità che vorranno così imbarcare.

Art. 3.

Le mercanzie essendo a bordo dei bastimenti, il rilascio dei quali sarà validamente giustificato, saranno, dopo il manifesto e dichiarazione, discaricate e messe nei magazzini sotto le chiavi del proposto della Dogana, a spese dei capitani e padroni dei bastimenti, sino al momento della loro partenza. In mancanza di dichiarazione fra venti quattr'ore, le dette mercanzie saranno prese e confiscate.

Art. 4.

Li proposti alla Dogana potranno stabilire sopra i bastimenti di rilascio una guardia.

Art. 5.

Li proposti alla Dogana e i commessi si trasporteranno senza dilazione sopra i luoghi ove sono accaduti i naufragi e preverranno nell'istesso tempo gli ufficiali incaricati. Le mercanzie che saranno salvate saranno messe in deposito, e si guarderanno dai proposti di concerto con quelli che saranno commessi dai detti ufficiali.

Art. 6.

Dopo lo scaricamento totale del bastimento naufragato ed il deposito provvisorio delle mercanzie salvate nel luogo più vicino del naufragio, le suddette mercanzie saranno condotte agli scagni della Dogana più vicini. I proposti o commessi alla Dogana assisteranno alla riconoscenza ed alla descrizione degli effetti salvati e seguiranno questi atti che saranno redatti dagli ufficiali competenti, e da' quali sarà data loro spedizione colla tassa delle spese fatte per salvare le dette mercanzie.

Art. 7.

Se tutto o parte delle mercanzie fossero nel caso di essere bonificate per essere bagnate o per aver sofferto qualche danno avanti o dopo che saranno introdotte nei magazzini, le operazioni necessarie non potranno farsi che in presenza dei proposti della Dogana, i quali saranno tenuti di assistere alla prima requisizione che loro ne sarà fatta, e dopo l'operazione, le mercanzie saranno ristabilite nei suddetti magazzini.

Art. 8.

Allorchè le mercanzie dovranno essere vendute, l'ufficiale che sarà incaricato di farne la vendita farà significare ai proposti della Dogana il giorno della vendita, colla fissazione di un termine sufficiente, affinchè eglino possino assistervi, il tutto sotto pena al detto incaricato ufficiale di essere responsabile dei diritti da percepirsi sopra la totalità delle mercanzie. Li proposti della dogana assisteranno alla detta vendita, invigileranno acciocchè li aggiudicatari delle mercanzie osservino le formalità prescritte dalla presente legge, riguardo alla dichiarazione, visite, piombi e pagamenti di diritti, acchiti a cauzione per l'imbarco di un porto all'altro del Regno.

Art. 9.

Le mercanzie dannificate saranno valutate dai proposti della Dogana a prezzo minore di quello che è fissato nella tariffa.

Art. 10.

Coloro che saranno trovati dai proposti della Dogana per aver preso mercanzie naufragate e per averle rapite senza permesso, saranno da loro arrestati e condotti alla casa di arresto. Li proposti o commessi rimetteranno nel giorno il processo al podestà della pieve, e le mercanzie saranno rimesse in un deposito per esser statuito sopra le proprietà di quelli che le dimanderanno. Le spese non potranno essere a carico della Dogana.

TITOLO VI.
Delle mercanzie e altri effetti che restano nella Dogana dichiarati per transito.

Articolo Primo.

Le balle, bauli, botti e le mercanzie che saranno state dichiarate per transito, e deposte negli scagni della Dogana, saranno scritte sopra un registro a ciò destinato colle marche, numeri, indirizzi, e ciaschedun articolo del registro sarà sottoscritto dal Direttore e controllore degli scagni di Dogana.

Art. 2.

Le dette balle, bauli, mercanzie e botti che non saranno riclamate da alcun proprietario e che saranno rimaste nei magazzini della dogana per lo spazio di un anno, saranno vendute riempiendo le formalità qui appresso prescritte.

Art. 3.

I Direttori o proposti, spirato che sarà il termine di un anno, domanderà al Re l'ordine di essere autorizzato alla vendita. Il Re fisserà le persone che dovranno assistere alla detta vendita, le quali si trasporteranno allo scagno per essere presenti all'apertura delle balle, bauli, ballotti, botti e casse, e faranno inventario degli effetti in essa contenuti. Se si trovano scritti, ne sarà redatto uno stato sommario, e li detti scritti saranno depositati alla cancelleria del tribunale per essere rimessi senza spesa a coloro che ne giustificheranno la proprietà. Il Direttore della Dogana renderà informati di questo deposito le persone alle quali apparterranno i detti scritti.

Art. 4.

L'inventario sarà affisso alla porta dello scagno, e negli altri luoghi accostumati, con dichiarazione che, se fra un mese non sopraviene alcun riclamo, sarà proceduto alla vendita, ed il giorno nel quale dovrà esser fatta, sarà annunciato con nuovi affissi.

Art. 5.

Il giorno indicato dagli affissi, gli effetti saranno venduti al più offerente in presenza del Direttore e del controllore coll'obbligo di pagarne i diritti se sono dovuti, e con quello del rinvio allo straniero, se le mercanzie sono proibite. Il prezzo della vendita sarà rimesso al tesoriere della giurisdizione appresso del quale resterà per lo spazio di un anno, per essere rimesso in questo tempo ai postulanti che giustificheranno la proprietà, previa la deduzione delle spese. Saranno i detti postulanti tenuti di pagare un diritto di guardia o di deposito per il tempo in cui le mercanzie saranno state depositate nelle dogane, il quale diritto sarà di due per cento sopra il valore di tutte le mercanzie. Se poi nel termine di due anni non si presenta alcun postulante, il prodotto della vendita degli effetti sarà versato nel tesoro pubblico.

Art. 6.

Nel caso che le mercanzie depositate fossero riclamate dai proprietari, i commissari pagheranno i diritti d'entrata, e quando le dette mercanzie si esportassero dal Regno, e che siano dichiarate per transito, il Direttore della Dogana tratterrà un due e mezzo per cento sopra il valore delle dette mercanzie per diritto di deposito.

TITOLO VII.

Delle manprese e processi verbali.

Articolo Primo.

Le manprese delle mercanzie per frode o contravenzione saranno verificate con processi verbali nei quali i proposti e guardie della Dogana annuncieranno la loro qualità, i luoghi e le circostanze e i motivi della manpresa.

Art. 2.

Intimeranno quelli ai quali la manpresa è stata fatta, di assistere alla descrizione delle mercanzie ed alla redazione del processo verbale; nel caso di rifiuto ne sarà in esso fatta menzione, e questa menzione supplirà alla loro presenza.

Art. 3.

Se la manpresa è fatta nello scagno, i proposti procederanno subito alla descrizione delle mercanzie designandone la qualità, peso, e misura, e ne faranno menzione nel processo verbale.

Art. 4.

Allorchè vi sarà luogo di confiscare in una casa o bottega conformemente all'articolo 14 del titolo III della presente legge, sarà parimente fatta nel processo verbale la descrizione delle mercanzie, le quali si trasporteranno nella Dogana.

Art. 5.

Riguardo alle manprese fatte sopra i bastimenti in mare, li processi verbali saranno redatti sopra li medesimi bastimenti; essi conterranno una descrizione sommaria del numero di balle, ballotti, casse e botti, marche e numeri, e saranno in seguito trasportati allo scagno ove ne sarà fatta descrizione in dettaglio.

Art. 6.

Se le parti fanno alcuna opposizione acciocchè il processo verbale sia redatto nella casa, bottega o sopra il bastimento, questo atto sarà fatto allo scagno della Dogana.

Art. 7.

Le mercanzie manprese sopra la costa o in campagna saranno trasportate allo scagno più vicino, ed ivi si farà il processo verbale.

Art. 8.

Nel caso che il motivo della manpresa fosse appoggiato alla falsità, all'alterazione della spedizione, li proposti e le guardie della Dogana tratterranno presso loro la spedizione ed intimeranno li padroni e li mercanti a sottoscriversi, e se si rifiutano, ne sarà fatta menzione nel processo verbale, il quale dovrà specificare il genere di falsità e di alterazione, che le spedizioni presentano. Le spedizioni saranno annesse al processo verbale dopo essere state sottoscritte e cifrate *ne varietur*.

Art. 9.

Se la parte assiste alla redazione del processo verbale, gliene sarà fatto lettura, e sarà intimata di sottoscriverlo ; in caso di rifiuto o di dichiarazione di non saper scrivere, ne sarà fatta menzione nel processo verbale, di cui gli sarà di subito data copia. Il medesimo atto conterrà la citazione a comparire avanti la persona, che sarà nominata dal Re per giudicare i contrabbandi.

Art. 10.

Le mercanzie soggette a perire o ad essere dannificate, come pure i bastimenti e battelli, potranno essere resi ai mercanti e padroni dei bastimenti, mediante una sicurtà solvibile del valore, o dopo che il prezzo ne sarà consegnato secondo l'estimazione fatta. In conseguenza, l'offerta della rimessa secondo le suddette condizioni sarà descritta nei processi verbali, ed in caso di rifiuto sarà proceduto alla diligenza del Direttore alla vendita per incanto; le offerte, o rimesse non potranno aver luogo per quelli oggetti, l'introduzione dei quali è proibita.

Art. 11.

Li processi verbali redatti dai preposti delle dogane dovranno essere scritti sopra carta bollata e sottoposti alla formalità del controllo dopo la significazione.

Art. 12.

Li processi verbali segnati e redatti dai preposti delle dogane, e per essi confirmati veri, basteranno per le prove di frode e di contravvenzione.

Art. 13.

La copia di tutti i processi verbali che si faranno dai Direttori e preposti della Dogana sarà spedita al Re.

TITOLO VIII.
Dei Tribunali.

Articolo Primo.

Tutte le contestazioni che potranno accadere sopra la percezione dei diritti di entrata e di sortita, e sopra li contrabbandi saranno sommariamente giudicati dal Re e dalle persone a ciò espressamente da esso delegate.

Art. 2.

La pena infamante non potrà essere pronunciata che dai tribunali competenti.

Art. 3.

Gli impiegati allo scagno delle dogane del Regno non potranno esser citati avanti i tribunali ordinari per tutto ciò che riguarda l'esecuzione delle loro funzioni.

TITOLO IX.

Dei Giudizi e della loro esecuzione.

Articolo Primo.

La confisca delle mercanzie manprese potrà essere pronunziata contro i padroni e capitani di bastimenti, senza che il Direttore della Dogana sia tenuto di mettere in causa i proprietari, salvo se i medesimi intervenissero o fossero chiamati dai padroni e capitani ad essere presenti a tutto ciò che sarà statuito di diritto sopra la loro intervenzione.

Art. 2.

Gli oggetti presi in frode o contravvenzione non potranno essere rivendicati dai proprietari, nè tampoco il loro valore domandato da qualsivoglia creditore medesimamente privilegiato, salvo il suo ricorso contro l'autore del contrabbando.

Art. 3.

I giudizi che ordineranno la confisca, la condanna del pagamento dei diritti delle multe e delle spese che la direzione della Dogana sarà stata obligata di fare, saranno eseguiti anche con cattura, la quale avrà anche luogo contro le sicurtà.

Art. 4.

I giudizi che ordineranno la confisca delle mercanzie prese in contrabbando sopra i particolari non conosciuti, e per essi abbandonate, saranno eseguiti un mese dopo; questo termine passato, non vi sarà più luogo ad alcuna altra azione.

TITOLO X.
Della polizzia generale delle dogane.

Articolo Primo.

I Direttori e preposti alle dogane saranno tenuti di mettere sopra la porta del loro scagno in luogo apparente l'iscrizione di queste parole: « Scagno dei diritti di entrata e di sortita delle Dogane del Regno. » Saranno obbligati di tenere nelle dogane le tariffe dei diritti, le differenti leggi rese per loro esecuzione a vista di quelli che vorranno prenderne conoscenza.

Art. 2.

Lo scagno della Dogana sarà aperto nell'inverno dalle nove ore di mattina sino al mezzo giorno, e dalle due di sera sino alle quattro; nell'estate, primavera ed autunno dalle otto di mattina sino a mezzo giorno, e dalle due di sera, sino alle cinque.

Art. 3.

I Direttori e preposti alle Dogane potranno mettere a bordo a tutti i bastimenti che approderanno ai porti e spiagge del Regno una o più guardie. Dovranno i capitani e padroni dei detti bastimenti ricevere le dette guardie, aprirgli le camere e armari dei bastimenti, all'effetto di farvi le visite necessarie, sotto pena di cinque cento lire d'emenda s'eglino si rifiutano; le dette guardie, in caso di rifiuto, potranno dimandare l'assistenza di un ufficiale municipale, ed in sua presenza aprire le dette camere e armari e drizzare processo verbale a spese dei capitani e padroni. Se le guardie sospettano che le casse e bauli e botti contengano mercanzie proibite o non dichiarate, saranno subito aperte e visitate a bordo.

Art. 4.

I caricamenti e scaricamenti dei bastimenti non potranno farsi che nei porti e luoghi vicini agli scagni dei diritti di entrata e di sortita, salvo in caso di forza maggiore mediante un permesso del Direttore della Dogana.

Art. 5.

Gl'impiegati agli scagni delle Dogane, come pure le guardie, dovranno far trascrivere le commissioni che avranno ottenuto dal Re alla cancelleria della giurisdizione e prestare il giuramento avanti il presidente del tribunale, di bene e fedelmente esercitare le funzioni commessegli.

Art. 6.

È proibito a qualunque persona d'ingiuriare o di maltrattare li detti impiegati o guardie e di molestarli nell'esercizio delle loro funzioni, sotto pena di cinquecento lire d'emenda, e sotto quelle altre pene, secondo la natura del delitto, che saranno stabilite dalla legge.

Art. 7.

Le guardie delle dogane potranno far citazioni ed ogni altro atto di giustizia, come gli uscieri, per ciò che riguarda solamente la percezione dei diritti.

Art. 8.

Le guardie delle dogane che saranno in esercizio porteranno una fascia apparente, sopra della quale vi sarà l'arma del Regno.

Art. 9.

Qualunque Direttore, preposto, o guardia destituta dal suo impiego, o colui il quale ne avrà ottenuta dal Re la dimissione, consegnerà immediatamente allo scagno della Dogana i registri ed altri effetti che aveva in deposito.

Art. 10.

In ogni scagno di Dogana saranno spediti dal Re i registri numerati e cifrati dal Segretario di Stato nei quali si noterà esattamente tutto ciò che ha rapporto a questa parte di pubblica amministrazione.

Il primo sarà intitolato: Registro dei manifesti d'importazione e d'esportazione. In esso si descriveranno tutti i manifesti e dichiarazioni dei padroni, capitani, come pure le polizze di carico di tutte le balle, botti, ballotti, casse, numeri, ecc.

I manifesti, dichiarazioni e polizze di carico, e le fatture essendo dai padroni e mercanti fatte in carta bollata in fogli volanti, saranno conservate secondo la loro data, e messe in un fogliazzo a parte.

Il secondo registro sarà intitolato: Delle fatture dei mercanti. In questo registro saranno trascritti e notati di parola in parola, la quantità, il peso di tutte le mercanzie che apparterranno al mercante o suo commissionario, od a qualsivoglia proprietario, ancorchè la mercanzia fosse per suo uso proprio, e non per vendersi.

Il terzo registro sarà intitolato: Registro d'estimazione e di percezione dei diritti di entrata e di sortita.

In questo registro, in una colonna si noteranno la quantità dettagliata per pezzo e misura, o la quantità ed il peso delle mercanzie; nella seconda il nome del proprietario al quale appartengono; nella terza quello del bastimento sopra del quale sono state imbarcate o sbarcate; nella quarta il valore che sarà fissato dall'estimatore, controllore, dettagliatamente ad ogni pezzo di mercanzia, o al suo peso; nella quinta ed ultima colonna, la tassa o siasi valore del diritto di Dogana.

Il quarto registro sarà intitolato: Registro dei naufragi. In esso si descriveranno tutte le mercanzie, attrezzi dei bastimenti salvati o depositati, i processi verbali, le vendite delle mercanzie per subasta, il prezzo che ne è risultato, ed il deposito delle somme a mani del tesoriere.

Il quinto registro sarà intitolato: Registro di dichiarazioni per transito. In esso si descriveranno tutti i manifesti per transito, il deposito delle mercanzie, la destinazione del luogo, la loro vendita, se dopo un anno non sono state riclamate dal padrone, il montante del diritto di deposito che la presente legge ha stabilito.

Il sesto registro sarà intitolato: Registro.... (1) In esso si descriveranno tutti i rapporti, denunzie delle guardie, le manprese delle mercanzie, i processi verbali, i loro giudizi, condanne ed emende.

Il settimo registro sarà intitolato: Registro d'acchiti a cauzione e di discarico. In esso saranno trascritti tutti gli acchiti a cauzione, le rimesse, ed i loro discarichi. Tutto il contenuto in detti registri sarà sottoscritto giornalmente da tutti gl'impiegati allo scagno di Dogana e dal brigadiere e guardie se sapranno scrivere; le somme vi saranno scritte in lettere senza abbreviazione o cifra, le quali però si porteranno nell'ultima colonna in cifra fuori della linea. Non vi sarà alcuna laguna o intervallo in detti registri.

ART. 11.

Oltre dei suddetti registri principali dovranno ancora avere mani correnti, ossiano giornali, in ciascuno dei quali in ogni

---

(1) Le mot a été laissé en blanc.

giorno si descriveranno gli stessi oggetti, come nei registri principali separatamente uno dall'altro, e giornalmente saranno portate sopra i registri. I giornali saranno in carta semplice, parafati e numerati dal Direttore o preposto della Dogana, e li preposti alla percezione dei diritti saranno tenuti di dare quitanze e ricevute a tutti li padroni, capitani, e mercanti, del pagamento dei diritti delle loro mercanzie in carta bollata.

Art. 12.

Li diritti saranno pagati in contanti ed in moneta effettiva, e le mercanzie non potranno essere ritirate che dopo il pagamento dei detti diritti.

È proibito ad ogni ricevitore di fare alcuni crediti sopra i diritti d'entrata e di sortita.

Art. 13.

I direttori e preposti alle dogane potranno perseguitare i contrabbandi in ogni luogo, e farne ricerca nelle case situate in qualunque spiaggia marittima e case di campagna vicine, assistiti da un ufficiale municipale del luogo.

Art. 14.

Il Direttore di Dogana verserà alla fine di ogni mese nella cassa del tesoriere il montante del prodotto della percezione dei diritti.

Art. 15.

I brigadieri di Dogana dovranno saper leggere e scrivere.

Art. 16.

Il controllore custodirà i registri della Dogana, vi trascriverà sopra quanto è prescritto e farà le funzioni di estimatore negli scagni, ove questo non è stabilito.

Art. 17.

Il pesatore misurerà, peserà tutte le mercanzie e terrà un giornale a parte del numero delle pezze misurate, e della quantità dei pesi.

Art. 18.

L'estimatore valuterà secondo la tariffa annessa alla presente legge tutte le mercanzie, e terrà un giornale dei suoi estimi.

Art. 19,

Il Direttore avrà la sopraintendenza dello scagno, sottoscriverà tutti gli atti, permessi, acchiti, e veglierà all'esecuzione della presente legge.

Art. 20.

Il Direttore potrà per negligenza o per mancanza destituire i brigadieri e guardie; sarà però tenuto d'indicarne i motivi in un processo verbale, e spedirne copia al Re.

Tariffa dei diritti di esportazione

QUANTITA' DELLE DERRATE, EFFETTI E MERCANZIE	Diritti da pagarsi sopra bandiera	
	Nazionale	Forestiera
Vino ed aceto.	5 per cento	10 per cento
Olio.	10 »	20 »
L'esportazione dei grani, orzi, legumi e castagne, quando non sarà proibita.	5 »	10 »
Cuoi, pelli fresche, che non hanno ricevuto alcuna concia.	20 »	20 »
Pesce salato, fresco, fritto e marinato e ostriche.	10 »	20 »
Legna da abbruciare, busso e tavole, doghe, doghette, fondi da botti.	25 »	25 »
La cera e sego.	30 »	30 »
Tutte le mercanzie non comprese nella presente tariffa pagheranno.	5 »	5 »

Tariffa delle derrate, effetti e mercanzie (1).

	Diritti da pagarsi sopra qualunque bandiera.
Salami e formaggi,	7 per cento.
Acciughe,	20 »
Pannine e drappi di lana,	10 »
Materie di oro e di argento lavorato ed altre materie ad uso d'orefici gioiellieri,	25 »
Capre vive,	20 »
Scarpe nuove e vecchie,	7 1/2 »
Vestiti da uomo e da donna e tutti gli altri oggetti relativi al commercio dei rigattieri, ossia rappezzini stranieri introdotti colle precauzioni che saranno prese dai deputati di sanità,	50 »
Sapone,	10 »
Vini forestieri e liquori,	20 »
Caffè, cioccolata, cannella, spezie, pepe, noci moscate e garofani,	10 »
Drogherie per medicine,	10 »
Zuccaro,	10 »
Tabacco e carte da giuoco,	30 »
Drappi di seta,	15 »
Tutti gli altri effetti, tele, mercanzie che non sono espressi di sopra,	10 »

---

(1) Nous ne garantissons pas que les noms des diverses marchandises énoncées dans les tarifs qu'on va lire soient tous parfaitement exacts. Le copiste, ou peut-être même le Secrétaire du Parlement Anglo-Corse, a dû écrire, sans en comprendre le sens, beaucoup de noms qui sont plus ou moins estropiés dans le registre. Le nombre de ceux qui n'ont pu être rétablis ici d'une manière certaine sera d'ailleurs peu considérable.

Tariffa dei prezzi stabiliti per l'estimazione delle mercanzie ai quali dovranno tenersi i rispettivi impiegati nelle dogane del Regno.

A.

Amoeri in seta doppi, due lire il palmo.
Detti semplici, una lira e quattro soldi il palmo.
Amand, quaranta cinque lire la pezza.
Amido, quattro soldi la libbra.
Allume, tre soldi la libbra.
Acciaro, quattro soldi la libbra.
Amandorle con scorza, tre soldi la libbra.
Dette senza scorza, sei soldi la libbra.
Acciughe salate, tre lire il rubbo.
Aringhe affumate, sessanta lire la botte.
Acquavita, cinquanta lire il cantaro.
Aranci, due lire il cento.
Agli, quattro lire il migliaro.
Aranci semplici, quattro soldi la libbra.
Argento fino lavorato, ottanta lire la libbra.
Idem aguglino lavorato, cinquanta lire la libbra.

B.

Baracani d'Inghilterra, sessanta lire la pezza.
Detti di Francia di ogni colore, settanta cinque lire la pezza.
Barini di Genova trenta lire la pezza.
Bambagine ordinarie, venti lire la pezza.
Dette turchine, trenta lire la pezza.
Dette fini, sessanta lire la pezza.
Bordati di Livorno, dieci soldi il braccio.
Bretagnini di Genova, otto lire e dieci soldi la pezza.
Detti di Francia, due lire l'auna.

Berrette di Napoli, sei lire la dozzina.
Dette comuni, quattro lire e dieci soldi la dozzina.
Berrette di panno, dieci lire la dozzina.
Bajetta, tre lire la verga.
Basino di Francia, due lire l'auna.
Berrettini di cotone, sei lire la dozzina.
Detti doppi, dodeci lire la dozzina.
Detti B° terzo, venti lire la dozzina.
Bicchieri, sei lire il cento.
Bordati rigati, trenta soldi l'auna.
Detti in seta, venti lire la pezza.
Brillantini, due lire l'auna.
Borgonsoni, tre lire l'auna.
Borse da capelli, ventiquattro soldi l'una.
Basini rigati delle Indie alti palmi tre e un quarto, tre lire la verga.
Baccalari, sedici lire il cantaro.

C.

Cavigliere di filosella, sei lire la grossa.
Cordelle di filo, cinque lire la grossa.
Calze di seta da uomo, da cinque sino a sei lire il paro.
Dette da donna, quattro lire il paro.
Dette di cotone rigate fini, trenta lire la dozzina.
Dette ordinarie, quindici lire la dozzina.
Dette d'Inghilterra fini, quaranta lire la dozzina.
Dette di filo ordinario, nove lire la dozzina.
Dette fini, venti lire la dozzina.
Dette a tre fili, ventidue lire la dozzina.
Dette bigie di canapa d'Inghilterra, dodeci lire la dozzina.
Dette colorate di lino, dieci lire la dozzina.
Dette da donna di cotone, sei lire la dozzina.
Dette di Savona da uomo, quindici lire la dozzina.

Dette da donna, otto lire la dozzina.
Dette di stame fine da uomo, ventiquattro lire la dozzina.
Dette ordinarie, dodeci lire la dozzina.
Dette da donna, otto lire la dozzina.
Dette di filosella da uomo, ventiquattro lire la dozzina.
Dette da donna, dodeci lire la dozzina.
Dette da Sagovia per donne, diciotto lire la dozzina.
Dette da uomo, trenta lire la dozzina.
Dette di pelo delle Indie, trenta sei lire la dozzina.
Dette di Roma, di lana, diciotto lire la dozzina.
Calissi, trenta lire la pezza.
Castorini assortiti, quattro lire l'auna.
Casimirra d'Inghilterra, dieci lire l'auna.
Detta di Francia, otto lire la dozzina.
Corde da strumenti, tre lire il cento.
Calze di seta del Gangio, cento lire la dozzina.
Dette di Nimes, settanta lire la dozzina.
Coperte di lana di Capagno, sei lire l'una.
Dette dell'albergo, quattro lire e dieci soldi l'una.
Coperte di Roma rosse e gialle, ventiquattro soldi la libbra.
Dette bianche, dieci lire l'una.
Dette coltroni, quindici, diciotto e ventiquattro l'una, secondo la qualità.
Dette di Bergamo, ventiquattro soldi la libbra.
Dette di Majorca, otto lire l'una.
Cotone filato di Genova, trenta soldi la libbra.
Cappelli ordinarii, ventiquattro lire la dozzina.
Detti di Genova, secondo la qualità, ventiquattro e trenta sei lire la dozzina.
Detti mezzo castoro, ventidue lire la dozzina.
Detti in pelo, sessanta lire la dozzina.
Camelotti comuni di Clanda, cinquanta lire la pezza.
Detti scarlatti cento cinquanta lire la pezza.
Detti d'Inghilterra comuni, venendo dall'Italia, quaranta lire la pezza.

Detti fini, ottanta lire la pezza.
Cilamandre strette d'Inghilterra, ventiquattro lire la pezza.
Dette più fini, trenta sei lire la pezza.
Dette di Francia, due lire l'auna.
Cordoni di filosella, quattro lire la libbra.
Detti di seta di ogni sorta, venti lire la libbra.
Cuoja di Francia, sessanta lire il cantaro.
Cuoja d'Islanda, venti soldi la libbra.
Cuoja Rosse, cinquanta lire il cento.
Dette di Genova, quaranta lire il cento.
Cuoja pelose di Egitto, otto lire l'una.
Cioccolata, una lira e quattro soldi la libbra.
Detta di Francia forte, cinquanta soldi la libbra.
Caffè della Martinica, sedici soldi la libbra.
Detto di Levante, una lira e quattro soldi la libbra.
Cotoni filati, dodici soldi la libbra.
Detti fini, venti soldi la libbra.
Calamà fino, quindici soldi il palmo.
Detto ordinario, dieci soldi il palmo.
Candele di sego di Francia, dieci soldi la libbra.
Dette di Livorno, otto soldi la libbra.
Canapette, sei soldi il braccio.
Canapa, sessanta lire la balla.
China, sei lire la libbra.
Cassia, due lire la libbra.
Cannella, sedici lire la libbra.
Camicie vecchie, dodeci lire la dozzina.
Calzoni lunghi di tela o bordato, quaranta soldi l'uno.
Canavaccia di Livorno, otto soldi il braccio.
Cuoja di Tunisi, trenta lire il cantaro.
Cuoja nostrali, diciotto lire il cantaro.
Cera rossa di Spagna, tre lire la libbra.
Carta da scrivere, tre lire la risma.
Detta da stampa, cinque lire la risma.

Detta alla reale, otto lire la risma.
Detta di Genova, quattro lire la risma.
Detta di Toscana, quattro lire la risma.
Carte da giuoco di ogni sorta, sei lire la grossa.
Carta colorita di ogni sorta per tapezzerie, due lire il pezzo.
Cera bianca lavorata, una lira e dieci soldi la libbra.
Cera gialla, una lira la libbra.
Confettura nera, una lira la libbra.
Detta bianca, quindici soldi la libbra.

D.

Damasco di Genova, due lire il palmo.
Detto di Lucca, una lira e dieci soldi il palmo.
Droghetti d'Inghilterra, una lira la verga.
Durante in colore, trenta lire la pezza.
Detti di Genova, trenta lire la pezza.
Detti fini, sedici soldi il palmo.

F.

Formaggio di Sardegna fino, venti lire il cantaro.
Detto Gallura, sedeci lire il cantaro.
Detto di Costiera, ventiquattro lire il cantaro.
Detto della riviera di Genova, trenta lire il cantaro.
Detto di Griviera, sessanta lire il cantaro.
Detto di montagna, venti lire il cantaro.
Detto di Roma, quaranta lire il cantaro.
Detto di Olanda, cinquanta lire il cantaro.
Detto di Parma o Piacentino, ottanta lire il cantaro.
Filosella di filo ordinaria, trenta lire la pezza.
Detta fine, sei lire la pezza.
Felpa fine colorita, tre lire il palmo.
Felponi, ventiquattro soldi il palmo.
Felpe di Napoli, sedici soldi il palmo.

Felpe d'Inghilterra, sessanta, settanta, fino a novanta lire la pezza, secondo la qualità.
Frustani d'Italia, cinque soldi il palmo.
Filo d'Inghilterra bianco fino, dodeci lire la libbra.
Detto colorito da cucire, otto soldi la dozzina.
Detto bianchetto da calzolaj, quattro lire la libbra.
Filo di ferro grosso, trenta sei lire il cantaro.
Detto di ottone, cinquanta lire il cantaro.
Ferro, dodeci lire il cantaro.
Detto vecchio, sei lire il cantaro.
Ferro bianco o siano lame, trenta lire il cento.
Flanelle d'Inghilterra, tre lire l'auna.
Dette colorite, due lire l'auna.
Fazzoletti di cotone, dieci lire la dozzina.
Detti fioriti comuni, otto lire la dozzina.
Detti di filo di Livorno, quattro lire la dozzina.
Fazzoletti di filosella fini, dieciotto lire la dozzina.
Detti ordinari, dodeci lire la dozzina.
Detti di Milano, trenta sei lire la dozzina.
Detti di seta, dodeci, diciotto, ventiquattro, secondo la qualità.
Fiaschi di vetro, sei lire il cento.
Fichi di Sicilia, dieci lire il cantaro.
Feccia di botte, otto lire il cantaro.
Favetta, otto soldi la libbra.

G.

Grisette in cotone e in seta, trenta soldi la verga.
Garza, ventiquattro soldi l'auna.
Garofani, tre lire la libbra.
Gallone in oro, dodeci lire l'oncia,
Detto in argento, lire sei l'oncia.
Ghinee dell'Indie ordinarie, trenta lire la pezza.
Dette fini, sessanta lire la pezza.
Grasso di porco, ventiquattro lire il cento.

I.

Indiane di Germania di palmi settanta cinque la pezza, ventiquattro lire.
Dette fini, trenta sei lire la pezza.
Dette di Francia, quaranta lire la pezza.
Dette Amand, diecinove lire la pezza.
Dette San Joseph, cinque lire la pezza.
Dette di mezza qualità, dodeci lire la pezza.
Dette mozze fini larghe, sedeci lire la pezza.
Dette calamà fini, trenta lire la pezza.
Dette mozze, diciotto lire la pezza.
Imiti qualunque, cinque lire la pezza.

L.

Lendinina, ventiquattro lire la pezza.
Lanuta bianca, ventiquattro lire la pezza.
Londrina di ogni sorta, due lire e dieci soldi la verga.
Lane di Livorno, nove soldi la libbra.
Lama di ferro, sei lire il rubbo.
Lardo con ossa, trenta lire il cantaro.
Detto senz'ossa, venti lire il cantaro.
Lino, quattro lire la pezza.
Lampadi di vetro, sei soldi la dozzina.
Liquori di ogni sorta, quaranta soldi la bottiglia, e venti soldi la mezza bottiglia nera.

M.

Mollettoni bianchi, trenta sei lire la pezza.
Mollettone di Francia, quaranta soldi l'auna.
Manforti scarlatti, due lire l'auna.
Detti più verdi e neri, venti sei lire la pezza.

Mortari di pietra, sei lire la dozzina.
Mostarda, dodici soldi la libbra.
Musciame, trenta lire il cento.
Materasse con pelo, nove lire l'una.
Dette con lana, venti lire l'una.
Mollettone di cotone, vent'otto soldi l'auna.
Detto di seta, tre lire l'auna.
Mussolina ricamata, ottanta lire la pezza di sedici aune.
Mussolina fine unita, cinquanta lire la pezza.
Dette comuni, venticinque lire la pezza.
Dette rigate, cinquanta lire la pezza.
Dette ordinarie, venticinque lire la pezza

N.

Noci moscate, dodici lire la libbra.
Nanchine, sei lire la pezza.
Dette a bordure, dodici lire la pezza.
Dette della costa d'Inghilterra, alte, diciotto lire la pezza.
Nanchine a palmo, quaranta soldi la verga.

O.

Ottone in foglio, venti soldi la libbra.
Olio di lino, dodeci lire il cento.
Orologi d'oro, cento lire l'uno.
Detti d'argento, cinquanta lire l'uno.
Detti similoro, trenta lire l'uno.

P.

Panni Bristol, tre lire e dieci soldi la verga.
Panni Nord, tre lire la verga.
Detti mezzo fine, due lire il palmo.

Detti fini, quattro lire il palmo.
Detti d'Elbeuf, diciotto lire l'auna.
Detti Sedan, trenta lire l'auna.
Detti Acquisgrana, alti, sedici lire l'auna.
Carcassoni, dieci lire l'auna.
Detti montagna, undici lire l'auna.
Detti comuni, ventiquattro lire la pezza.
Detti fini d'Inghilterra, quaranta lire l'auna.
Acquisgrane comuni, nove lire l'auna.
Detto di Segovia, tre lire l'auna.
Detto di Segovia di Spagna,.... lire il braccio.
Detto di Roma, cinque lire la canna.
Detto di Roma vero, sei lire la canna.
Detto di Napoli Scarfagno, cento lire la pezza.
Pelone d'Inghilterra, due lire il braccio.
Detto di Francia, quattro lire il braccio.
Detto di Firenze, tre lire il braccio.
Peluzzi, cinquanta lire la pezza.
Pelle del diavolo in seta, sei lire il braccio.
Pelle del diavolo in cotone, quaranta soldi la verga.
Pelli di Germania, dieci lire l'una.
Pelli di montone, nove lire la dozzina.
Dette piccole, quattro lire la dozzina.
Polvere di Cipro, sei soldi la libbra.
Detta alla marescialle, sedici soldi la libbra.
Pepe sodo in grana, venti soldi la libbra.
Perpetuelle, ventidue lire la pezza.
Pasta di mandorle, cinque soldi la libbra.
Pasta di Genova, sei lire il rubbo.
Pasta di Napoli, quindici lire il cantaro.
Paracqua di seta, sedici lire l'uno.
Detti di tela, quattro lire l'uno.
Detti ordinari, due lire e dieci soldi l'uno.
Pomate liquide, trenta soldi la libbra.

Dette in bastone, dodici in diciotto il cento, secondo la qualità.
Pelo di capra, sei lire la libbra.
Pelle di vacca, sessanta lire il cantaro.
Dette nere, cento venti lire il cantaro.
Patom... (?), quaranta soldi l'uno.

R.

Rattine d'Inghilterra fini, tre lire la verga.
Rattine di Napoli, quattro lire la canna.
Dette di Francia, novanta lire la pezza.
Dette di Germania, due lire la verga.
Reversino, trenta lire la pezza.
Rabarbaro, sei lire la libbra.
Rattafia, quaranta soldi la bottiglia.
Rosia rossa, quindici soldi la libbra.
Rum, sei lire il gallone e trenta soldi la bottiglia.
Refuté, trenta soldi l'auna.

S.

Saie scarlatte, quaranta lire la pezza.
Dette di Genova di cento quattro palmi, cinquanta lire la pezza.
Dette imperiali, cinquanta lire la pezza.
Saie tinte di cento quindici palmi, nove soldi il palmo.
Dette mamburghe, cinquanta lire la pezza.
Saie d'involtura, trenta lire la pezza.
Saie d'emendas, trenta soldi l'auna.
Saia alla Rochiella, cinquanta lire la pezza.
Stoffa di Genova, due lire il palmo.
Detta di Lione, nove lire l'auna.
Stame d'Inghilterra, trenta lire la pezza.
Detto alla Rochiella, cinquanta lire la pezza.
Scottini, quaranta lire la pezza.

Saia chiolom, quaranta lire la pezza.
Salonicchi, nove lire la pezza.
Siline, tre lire l'auna.
Seta in filo, dodici lire la libbra.
Seta cruda, dodici lire la libbra.
Sapone dell'ovo, sedici lire il cento.
Detto fino di Genova, quattordici lire il cento.
Detto marmorato, trenta e trenta sei, secondo la qualità.
Detto braino di Marsiglia, trenta due lire il cento.
Sena, cinque soldi la libbra.
Senopito, sei lire il cento.
Scarmuccio, tre lire il cantaro.
Scarpe, trenta soldi il paro.
Salacche, trenta lire la botte.
Stoccafisso, sei lire il cantaro.

T.

Traversini, trenta soldi l'uno.
Tela di stoppa di Toscana, dieci lire la pezza.
Tela San Gian bianca, trenta soldi l'auna.
Tela di Fiandra, tre lire l'auna.
Detta di Roanne, quaranta soldi l'auna.
Detta di Troyes, cinquanta soldi l'auna.
Detta di Chiavari, due lire la canna.
Tele varalle, dodici lire la pezza, e ventiquattro lire la coppia.
Tele cavalline fini, trenta due lire la pezza.
Tela di Tiglio, otto soldi il braccio.
Tela di montagna, sei lire la pezza.
Tela d'Olmo, dieci lire la pezza.
Tela di Prato, dieci soldi il braccio.
Tela con colla semplice, sei soldi il braccio.
Detta doppia, diciotto lire la pezza.
Taburetti, dieci lire la pezza.

Tele battiste, quattro lire e dieci soldi la pezza.
Tele Royal, tre lire l'auna.
Tele di Laval, trenta soldi l'auna.
Tele bigie, ventiquattro soldi l'auna.
Tele di cotone, venti soldi l'auna.
Taffetà di Lione, quattro lire l'auna.
Detto di Firenze, trenta soldi il braccio.
Detto di Lucca, trenta soldi il braccio.
Detti doppi, due lire il braccio.
Tabacco del Brasil, otto soldi la libbra.
Detto in foglia della Regina, cinque soldi la libbra.
Detto Salonicco, e Giordino, otto soldi la libbra.
Detto Sanvincenzo, otto soldi la libbra.
Detto d'Olanda, dieci soldi la libbra.
Terra gialla, sei lire il cento.
Tonno in olio, sessanta lire il barile.
Detto salato, venti lire il barile.
Tralicci ordinari, otto lire la pezza.
Detti fini, dodici lire la pezza.

V.

Vetricolo, trenta soldi la libbra.
Vetullo in seta, tre lire il palmo.
Detto in cotone, quaranta soldi la verga.
Vilesi larghi, trenta lire la pezza.
Veli di quaranta aune, tre lire l'auna.
Vitelli, una lira la libbra.
Vino muscato comune, venti soldi la bottiglia.
Detto di Borgogna, quaranta soldi la bottiglia.
Detto di Cipro, venti soldi la bottiglia.
Vino di Gra..., due lire la bottiglia.
Vino di Linguadoca, trenta soldi la bottiglia.
Vino della Coteroti, cinquanta soldi la bottiglia.

Vino Pórtoporto, trenta soldi la bottiglia.
Vino nero proveniente dallo straniero, dieci lire il barile toscano di libbre cento venti.

Z.

Zuccaro in pane, venti soldi la libbra.
Detto fino, quindici soldi la libbra.
Detto ordinario, sei soldi la libbra.
Detto mascavato, quattro soldi la libbra.
Zenobiti, sei lire il cento.
Zenzaro, otto lire il cento.

Sortita di comestibile ed altro per il continente.

Castagne, otto lire e sei soldi lo staro.
Lupini, quattro lire lo staro.
Fave, sei lire lo staro.
Orzo, sei lire lo staro.
Granone, sei lire lo staro.
Ceci, dieci lire lo staro.
Fagiuoli, dodici lire lo staro.
Grano, dodici lire lo staro.
Olio, venti lire per cento libbre.
Acciughe salate, tre lire il rubbo.
Tavole di castagno, sei lire la canna.
Dette di noce, dieci lire la canna.
Dette di pino, tre lire la dozzina.
Squarelle, otto lire la dozzina.
Pelli caprine, dieci lire la dozzina.
Dette di montone, sei lire la dozzina.
Dette di agnello, due lire la dozzina.
Cuoi in peso, trenta libbre il cantaro.
Cera gialla, venti soldi la libbra.

Miele, quattro soldi la libbra.
Vino di cottura, quattordici lire il barile di Livorno.
Vino comune, otto lire il barile.
Ferro corso, proibita l'estrazione.

Si attribuisce l'autorità al Re di diminuire la presente tassa.

Un membro del comitato di verificazione ha osservato alla Camera che il podestà della pieve di Rogna ed il segretario che aveva assistito all'assemblea per la nomina dei due parlamentari essendo comparsi nanti il suddetto comitato, hanno fatto le loro dichiarazioni rendendo ragione della diversità che resultava dalla spedizione dei due processi verbali;

Che avendo essi in questo mezzo riempiuti gli ordini della Camera, si potevano congedare, onde il podestà specialmente si rendesse al suo posto per esercitare le funzioni del suo ministero che si credono molto essenziali nelle attuali circostanze.

Sulle osservazioni di vari membri, la Camera ha deliberato che il podestà della pieve di Rogna, egualmente che il segretario dell'assemblea, saranno nuovamente intesi dal comitato di verificazione alla presenza dei Signori Casanova e Paoli che sono in contestazione per la seconda carica di parlamentario della pieve suddetta, i quali potranno fare tutte quelle osservazioni che crederanno opportune sopra i diritti e dichiarazioni dei detti podestà e segretario; che il detto comitato di verificazione formerà di tutto processo verbale colla più possibile verificazione dei fatti per quindi rapportarlo alla Camera, e col suo avviso esservi statuito come apparterrà.

La sessione è stata sciolta alle ore due dopo mezzo giorno e rinviata a dimani alle ore dieci della mattina.

GIAFFERRI, *Presidente*.
MUSELLI.

Sessione del 14 Aprile 1795.

(Alle ore dieci della mattina).

I membri della Camera riuniti, la sessione è stata aperta colla lettura del processo verbale di quella di ieri, la di cui redazione è stata approvata.

Gli ufficiali municipali della comunità di Furiani hanno rappresentato che i beni della chiesa essendo stati affittati in seguito di una determinazione del direttorio di Nebbio, sono questi soggetti all'invasione dei bestiami, ed il curato resta privo del credito dei detti beni, e di qualunque soccorso per poter decentemente sussistere.

Richiedono perciò qualche provvedimento per venire al soccorso del ministro dell'altare.

La Camera, intesa la memoria dei petizionari, l'ha rinviata all'esame del suo comitato ecclesiastico per farne rapporto.

Un membro ha fatto la mozione perchè siano accordati dei soccorsi alle comunità di Lota e di Ville, che hanno sofferto degl'incendi di botti e di cantine e dei danni notabili nelle loro vigne causatigli dai repubblicani.

La Camera ha tramandato la sua mozione al suo comitato di finanze per esser presa in considerazione nella formazione del progetto di decreto concernente i soccorsi che potranno essere accordati alle comunità e famiglie, che hanno sofferto delle perdite nell'ultima guerra.

Il rapportatore del comitato di legislazione ha fatta la seconda lettura del progetto di decreto concernente i traditori ed emigrati.

Dopo l'esame e la discussione apportata sopra di ciascun articolo, sono stati arrestati e la tersa lettura è stata rinviata al primo giorno per esserne dopo l'ultima discussione definitivamente adottato il decreto e trascritto sopra i registri.

La municipalità di Bastia ha rappresentato con una petizione alla Camera che non è possibile di poter supplire alle di lei spese locali e di urgenza, senza la percezione di quei diritti che facevano la parte più essenziale dei redditi comunali.

Ha richiesto perciò che piaccia alla Camera di autorizzarne la continuazione.

La Camera ha tramandato la memoria degli ufficiali municipali di Bastia al suo comitato di finanze per esaminare i fatti e farne rapporto.

Un membro del comitato di verificazione ha fatto il rapporto delle contestazioni vertenti fra il Signor Antonio Parodi ed il Signor Fabiani per la carica di secondo parlamentario della pieve di Olmi, giurisdizione di Balagna.

Il rapportatore ha osservato che il detto Signor Parodi, essendo stato proclamato dal podestà della pieve, ha preso fin qui seggio fra i membri della Camera;

Che in seguito della opposizione contro esso formata del non possesso dei beni, presentò la sua nota a tenore del regolamento; che quella essendo stata contradetta dal Sig. Fabiani, opponente, fu proceduto alla nomina dei periti, i quali essendo stati discordi sull'estimazione dei beni, provocarono la determinazione della Camera, con cui furono nominati due terzi periti per procedere in compagnia di quelli eletti dalle parti all'estimo definitivo; che questa perizia avendo avuto luogo, risulta che il detto Signor Parodi non possiede in beni fondi che la somma di franchi cinque mila e sei cento quaranta; e perciò il comitato è stato di avviso di non ammetterlo come legale rappresentante alla Camera di Parlamento, e che invece il suddetto Signor Fabiani, come quello che ha riportati più voti dopo del Signor Parodi, debba essere il secondo legittimo rappresentante parlamentario della pieve di Olmi.

La Camera, inteso il detto rapporto, visto l'articolo terzo del titolo secondo della Costituzione, ha dichiarato che il Signor Parodi, non possedendo secondo l'estimazione degli esperti la somma di lire sei mila in beni fondi volute dalla Costituzione, sarà rimpiazzato dal Signor Fabiani, il quale dopo di esso ha ottenuto più voti, e la Camera lo riconosce per legale rappresentante della pieve d'Olmi. Ed all' istante il Presidente avendo deferito al detto Sig. Fabiani il giuramento di riconoscere per sè, e per il popolo Corso che rappresenta, per suo sovrano e re Sua Maestà Giorgio III, Re della Gran Bretagna, di prestargli fede ed omaggio secondo la Costituzione e leggi della Corsica, e di mantenere la detta Costituzione e leggi, il detto Sig. Fabiani ha risposto: *Lo giuro*; di qual giuramento gli è stato dato atto ed ha preso seggio fra i membri della Camera.

La sessione è stata sciolta alle ore due dopo mezzo giorno e rinviata a dimani alle ore dieci della mattina.

GIAFFERRI, *Presidente*.
MUSELLI.

Sessione del 15 Aprile 1795.

(*Alle ore dieci della mattina*).

I membri della Camera riuniti, la sessione è stata aperta colla lettura del processo verbale di quella di ieri, la di cui redazione è stata approvata.

Un membro del comitato di legislazione a cui fu rinviata la petizione degli abitanti del Poggio di Bicchisà per essere separato dalla comunità di Pietreto, pieve d'Istria, di cui fa parte, ha presentato un progetto di decreto, con cui il paese di Bicchisà viene distratto da quello di Pietreto per formare una comunità distinta e separata.

La Camera, intesa la lettura di detto progetto, ha dichiarato che vi era luogo a deliberare per essere discusso ed arrestato nelle forme ordinarie.

L'istesso membro del comitato di legislazione ha presentato un progetto di decreto per la creazione di un assessore presso ciascun tribunale del Regno.

Dopo la lettura, la Camera ha dichiarato che vi è luogo a deliberare per essere in seguito aperta la discussione ed arrestato nelle forme ordinarie.

Sull'osservazione di vari membri, la terza lettura del progetto concernente i traditori ed emigrati è stata rinviata alla sessione di venerdì prossimo, diecisette del corrente, per essere definitivamente arrestato.

Un membro del comitato di finanze ha letto un progetto di decreto concernente i fanciulli esposti.

La Camera, dopo intesa la lettura, ha dichiarato che vi era luogo a deliberare, che il progetto sarà impresso per essere discusso ed arrestato nelle forme solite.

Un membro dell'istesso comitato ha fatto lettura di un progetto sopra l'amministrazione delle poste del Regno.

La Camera, dopo di averne intesa la lettura, ha dichiarato che vi era luogo a deliberare, ed ordinata l'impressione per essere sottoposta all'esame e discussione prima di essere arrestato.

Un altro membro dell'istesso comitato ha presentato un progetto formato dal Sig. Giovan Paolo Roccaserra per lo stabilimento di una salina in Portovecchio, con le clausole e considerazioni, alle quali si sottomette l'impresario.

La Camera, intesa la lettura di detto progetto, ha dichiarato che vi è luogo a deliberare, e ne ha ordinato l'impressione per essere discussi ed arrestati gli articoli.

Un membro ha osservato che la Camera nella sua sessione degli 11 corrente adottò un'indirizzo al Re, tendente ad autorizzare i bastimenti corsi a poter inalberare sul loro bordo la bandiera inglese, fino a che Sua Maestà non si degni di spiegare le sue intenzioni sulla forma della bandiera che sarà adottata per la Corsica ;

Che sarebbe bene di presentare per mezzo di una deputazione questo indirizzo a Sua Eccellenza il Vice-Re unitamente al decreto concernente il controllo ed insinuazione degli atti definitivamente arrestato dalla Camera nella sua sessione del nove corrente per implorare la sauzione reale.

La mozione adottata, è stata nominata la deputazione composta dei Signori Graziani, Leca, Guglielmi e Leoni, i quali nella giornata si renderanno da Sua Eccellenza il Vice-Re, per presentare il suddetto indirizzo, ed il decreto di sopra enunciato, e rendere in seguito conto alla Camera della loro missione.

La sessione è stata sciolta ad un' ora dopo mezzo giorno, e rinviata a dimani alle ore dieci della mattina.

GIAFFERRI, *Presidente.*
MUSELLI.

Sessione del 16 Aprile 1795.
(*Alle ore dieci della mattina*).

I membri della Camera riuniti, la sessione è stata aperta colla lettura della precedente redazione del processo verbale, la di cui redazione è stata approvata.

La deputazione nominata nella precedente sessione per presentare a Sua Eccellenza il Vice-Re l'indirizzo della Camera sopra la bandiera che converrebbe provisoriamente adottare ed il decreto per il controllo ed insinuazione degli atti, rendendo conto della sua missione, ha depositato sopra lo scagno la risposta di Sua Eccellenza al suddetto indirizzo, e che rapporto al decreto, se ne sarebbe occupato per far conoscere fra breve le intenzioni di Sua Maestà. Dopo la lettura della suddetta risposta, la quale ha eccitati i più vivi trasporti dell' alta riconoscenza della Camera verso di Sua Eccellenza il Vice-Re,

È stato unanimemente deliberato che tanto l'indirizzo della Camera che la risposta del prelodato Vice-Re concepita in seguenti termini :

« Signori,

» Sono sommamente soddisfatto nel riconoscere le replicate prove dello zelo e diligenza della Camera di Parlamento nel provvedere a tutti i mezzi che possono procurare il bene dei sudditi del Re.

» L'oggetto dell' indirizzo della Camera è egualmente degno dell' attenzione del governo, ed io annuncio con compiacenza alla Camera che mi reputo sufficientemente autorizzato per accordare ai sudditi di Sua Maestà il paviglione inglese, e farli proteggere e ricevere sotto tale bandiera fino a che il Re abbia determinata quella prescritta dalla Costituzione.

» Desidero che questo segno sia un nuovo mezzo per rendere sempre più fermi e indissolubili i legami di amicizia e di politica che uniscono le nostre nazioni. »

Saranno impressi perchè il popolo conosca le benefiche intenzioni di Sua Maestà per tutto ciò che può concorrere alla felicità di questo suo Regno.

Il Sig. Pietro Giudicelli, membro alla Camera per la pieve di Giussani, giurisdizione di Balagna, ha rappresentato che nella sua qualità di amministratore di quel direttorio, si trova obbligato in forza della legge a rendere il conto della commune gestione, e quindi ha richiesto un congedo congruo per eseguire da suo canto questo dovere.

La Camera ha accordato al suddetto Signor Giudicelli un congedo di giorni quindici.

Il rapportatore del comitato di legislazione ha fatta la seconda lettura del progetto di decreto per creare una municipalità nel Poggio di Bicchisà, col titolo di comunità.

La Camera, dopo averlo discusso, lo ha arrestato rinviandone al primo giorno la terza lettura per essere definitivamente decretato.

L'istesso membro del comitato di legislazione ha fatto lettura di un progetto di decreto per separare la comunità di Fiuminale da Orneto, Carbonaccia e Velone, di cui la prima fa parte.

La Camera, inteso il detto progetto, ha dichiarato che vi era luogo a deliberare, e la discussione è stata rinviata alle successive letture.

L'istesso membro ha presentato un progetto di decreto concernente la procedura criminale.

Dopo la lettura di tutti gli articoli dei quali è composto e la dichiarazione che vi era luogo a deliberare, la Camera ne ha ordinato l'impressione per essere discusso ed arrestato nelle forme ordinarie.

Il Sig. Ferrandi ha rappresentato che Sua Eccellenza il Vice-Re avendolo nominato per uno dei membri della commissione straordinaria per passare nel di là dei Monti, non può riempiere la carica di onore e di confidenza della quale è stato decorato senza un congedo della Camera; essa lo ha accordato al detto Sig. Ferrandi per tutto quel tempo in cui sarà impiegato per la detta commissione.

Un membro ha fatta la mozione perchè vengano prese le misure sopra il corso di differenti monete, le quali essendo per la loro vetustà senza veruna impronta non hanno un valore certo, e sono pregiudicevoli al giornaliero commercio.

La Camera ha rinviata la mozione al suo comitato di finanze per occuparsi di un progetto di decreto relativo al corso ed il valore di tutte le monete straniere in questo Regno.

La sessione è stata sciolta alle ore dieci della mattina.

GIAFFERRI, *Presidente*.
MUSELLI.

Sessione del 17 Aprile 1795.

(*Alle ore dieci della mattina*).

I membri della Camera riuniti, la sessione è stata aperta colla lettura del processo verbale di quella di ieri, la di cui redazione è stata approvata.

Il Sig. Pietro Saliceti, membro alla Camera per la pieve di Oletta, essendo stato onorato da Sua Eccellenza il Vice-Re della commissione di riunire le milizie del Nebbio per comunicar loro dei piani di difesa, ha richiesto un congedo per eseguire gli ordini dei quali è stato incaricato.

La Camera ha accordato al Sig. Saliceti un congedo per tutto quel tempo che il di lui servizio potrà richiedere.

È stata fatta la terza lettura del progetto di decreto concernente la creazione della comunità di Bicchisà, che faceva parte di quella del Pietreto, della pieve d'Istria.

La Camera lo ha definitivamente arrestato nei termini proposti dal suo comitato di legislazione per esser presentato alla sanzione reale nei termini seguenti :

Decreto della Camera di Parlamento del Regno di Corsica che distrae dalla comunità del Pietreto il paese di Bicchisà e vi crea una municipalità, letto nelle sessioni de' 15 e 16, e definitivamente arrestato li 17 del corrente.

Considerando che il paese di Bicchisà, pieve d'Istria, giurisdizione della Rocca, per la sua popolazione e località deve reputarsi come una delle comunità del Regno per godere dei diritti e privilegi a quelle inerenti : — Piaccia perciò all'Eccellentissima Maestà del Re, col consenso della Camera riunita in questa presente sessione, ed in virtù dell'autorità della medesima, ordinare ciò che segue :

Articolo Primo.

Vi sarà nel paese di Bicchisà una municipalità separata da quella della comunità del Pietreto, colla quale era riunito, all'effetto di che Bicchisano viene distratto e segregato dalla detta comunità.

Art. 2.

La giurisdizione territoriale per abusi campestri continuerà ad esercitarsi dalla municipalità del Pietreto, ouis a che non venga diversamente ordinato da una legge.

Art. 3.

Il presente decreto sarà eseguito dal giorno della sanzione.

L'istesso rapportatore del comitato di legislazione ha fatto la seconda lettura del progetto di decreto, che ristabilisce una municipalità nel villaggio di Fiuminale e le accorda la continuazione della sua antica giurisdizione.

La Camera, intesa la lettura di detto progetto, lo ha arrestato nei termini coi quali è espresso, e ne ha rinviata la terza lettura al primo giorno per essere definitivamente discusso ed arrestato.

È stata fatta la seconda lettura del progetto di decreto concernente la creazione di un assessore in ciascun tribunale delle giurisdizioni del Regno.

La Camera lo ha adottato salvo la discussione alla terza lettura dopo della quale sarà definitivamente arrestato il decreto ed iscritto sopra i registri.

Un membro del comitato di finanze ha fatto lettura di un progetto di decreto sopra i boschi e foreste del Regno.

La Camera, dopo di avere inteso tutti gli articoli di detto progetto, ha dichiarato che vi era luogo a deliberare e ne ha ordinata l'impressione per essere discusso ed ordinato nelle forme ordinarie.

Il rapportatore del progetto concernente i traditori ed emigrati ne ha fatta la terza lettura, e dopo la discussione stata apportata a ciascun articolo, e l'avviso di vari membri, la Camera ha definitivamente arrestato nei termini seguenti il suddetto decreto per essere presentato alla sanzione del Re.

Decreto della Camera di Parlamento del Regno di Corsica sopra i traditori ed emigrati, letto nelle sessioni degli 8 e 14 e definitivamente arrestato nella sessione dei 17 aprile 1795.

Considerando che per la tranquillità e la sicurezza del Regno, è necessario d'impedire l'introduzione dei traditori Corsi che si sono ritirati colla Francia, od hanno preso le armi per essa, e di punirli con quelle pene che possono convenire giustamente alla natura del loro delitto;

Considerando essere conveniente che quei Corsi, i quali per causa della rivoluzione si erano emigrati, e che sono rientrati in virtù del permesso del Re, o che rientreranno secondo il favore della presente legge, siano reintegrati nel possesso dei beni sequestrati avanti la translazione di questo Regno sotto il dominio di Sua Maestà: — Piaccia però all'Eccellentissima Maestà del Re, con il consenso della Camera del Parlamento riunita in questa presente sessione ed in virtù dell'autorità della medesima, ordinare ciò che segue:

Articolo Primo.

I beni di tutti quelli che in virtù delle capitulazioni passate fra gli ammiragli e i generali di Sua Maestà e i comandanti

delle piazze di Corsica liberata dai nemici, si sono ritirati i
Francia, ed hanno in seguito prese le armi per la Francia
e accettato impieghi da essa, sono confiscati.

Art. 2.

I beni di quelli che in virtù delle dette capitulazioni son
passati in Francia, e dopo aver riprese le armi per essa, s
sono ritirati in paesi neutrali, sono confiscati.

Art. 3.

Nei casi non prescritti dai precedenti articoli, le condi
zioni delle dette capitulazioni saranno esattamente osservate

Art. 4.

I beni che esistevano fuori delle città liberate, e che s
trovavano avanti l'epoca delle dette capitulazioni sequestrat
per ordine del Governo provvisorio, ed amministrati a conto
pubblico, sono confiscati.

Art. 5.

I beni di quelli i quali, dopo di essere stati al servizio dei
nemici, si trovano attualmente in Corsica e sono stati tollerati
dal governo, vivono pacificamente e liberamente, saranno
mallevati dal sequestro ordinato contro di loro.

Art. 6.

I beni di tutti coloro che, essendo compresi nelle dette
capitulazioni, si trovano volontariamente in Francia, o in
paese neutrale al servizio della Francia, sono confiscati.

Art. 7.

I beni di tutti quelli che dopo il primo giugno 1793 sono morti in Corsica al servizio della Francia, sono confiscati, esclusi nondimeno quelli morti di malattia durante i termini ad essi accordati per rientrare.

Art 8.

I beni di tutti quelli che, essendo in stato di portare le armi, hanno avuto ordine dal governo di ritirarsi in paese neutrale, e si sono ritirati in Francia, o si sono evasi dal Regno senza permesso e sono passati in Francia, sono confiscati, siasi che continuino a rimanervi o che si siano ritirati in appresso in paese neutrale, esclusi quelli che sono compresi nelle due capitulazioni, e non sono nei casi espressi dagli articoli 1º e 2º.

Art. 9.

Tutte le persone descritte nei precedenti articoli sono dichiarate esuli a perpetuità; qualunque rientrerà sarà punito di morte.

Art. 10.

I beni di tutti quelli che dal primo giugno 1793 senza il permesso del governo, si sono evasi dal Regno anche per andare in paese neutrale, sono confiscati.

Art. 11.

Tutte le persone descritte nel precedente articolo che si troveranno senza un permesso del Re, saranno condannati a due anni di detenzione.

Art. 12.

Tutti quelli i quali avranno azioni sopra i detti beni, o si pretenderanno creditori sopra le persone descritte nel presente decreto, saranno tenuti di presentare le loro domande in giustizia intimando gli ordini che ne avranno ricevuti dal Re.

Art. 13.

Tutti gli individui Corsi, che dopo il primo novembre 1789, si sono rititirati in paese neutrale, e sono stati riguardati come emigrati in virtù degli atti delle passate amministrazioni, sono autorizzati a rientrare fra il termine di due mesi, domandandone permesso al Re. In questo intervallo, o nel caso che non rientrassero nel termine indicato, i loro beni saranno e continueranno a rimanere sequestrati ed essi considerati nel caso degli articoli 10 ed 11 del presente decreto.

Art. 14.

Il detto termine di due mesi concorrerà a coloro che giustificheranno essere al servizio di potenze amiche e in attività.

Art. 15.

Quelli dei detti emigrati che sono rientrati o rientreranno in virtù del permesso del Re, o giustificheranno di essere al servizio di potenze amiche, saranno ammesse al possesso dei loro beni

Art. 16.

Non sarà ricevuta alcuna domanda in indennità, siasi per frutti percepiti, deteriorazioni seguite, o mobili venduti per ordine del pubblico ; i mobili però non venduti o esistenti in deposito saranno loro restituiti.

Art. 17.

Tutti gli affitti di detti beni fatti a nome del pubblico cesseranno di aver effetto. Gli affittuari però saranno mantenuti nei diritti che loro competono come coloni, sopra i frutti pendenti, siasi per la coltura delle vigne, e terreni o dei preparativi fatti, e ciò secondo l'uso locale, o secondo la legge.

Art. 18.

Qualunque Corso siasi, che sia compreso nei precedenti articoli, o non, e che trovasi fuori del Regno, quale rientrerà con nemici, o inviato da loro, sarà punito di morte.

Art. 19.

I beni di tutti quelli che in avvenire si ritireranno in Francia saranno confiscati ed essi esuli a perpetuità, e rientrando saranno puniti di morte.

Art. 20.

I figli di quelli i quali sono compresi nel presente decreto avranno sopra i beni confiscati o sequestrati, se sono maschi, quello che loro sarebbe dovuto a titolo di legittima, e se sono femmine, una dote congrua, computando anche il numero dei figli, che trovansi fuori del Regno, per fissare la porzione che dovrà essere loro accordata.

Il presente decreto sarà eseguito dal giorno della sanzione.

La sessione è stata sciolta alle ore due dopo mezzo giorno e rinviata a dimani alle ore dieci della mattina,

GIAFFERRI, *presidente.*
MUSELLI,

Sessione del 18 Aprile 1795.

(Alle ore dieci della mattina).

I membri della Camera riuniti, la sessione è stata aperta colla lettura del processo verbale di quella di ieri la di cui redazione è stata approvata.

Il Sig. Nunziano (Ponziano?) Antonsanti, segretario dell'amministrazione dell'antico distretto di Ampugnani, ha richiesto un congedo per poter prestare la sua assistenza ai conti da rendersi in conformità della legge.

La Camera ha deliberato al detto Signor Antonsanti un congedo di otto giorni.

È stato rappresentato per parte del Sig. Giulio Mariotti, membro alla Camera per la pieve di Marana, che avendo la di lui madre in uno stato agonizzante, i doveri di figlio lo richiamavano per prestarle gli ultimi uffizi, quando piaccia alla Camera di accordargli un congedo piccolo.

La Camera ha accordato al Signor Mariotti quello di giorni otto.

Un membro del comitato ha osservato che il Sig. Ferrandi, a cui dalla Camera è stato accordato un congedo come l'uno dei membri nominato dal Re per comporre la commissione straordinaria, fu eletto da parte dei petizionari della giurisdizione di Aleria fra i membri che compongono i due comitati di verificazione e di finanze ;

Che sarebbe bene di non privare quella giurisdizione di un soggetto per riempiere queste due cariche.

All'istante i membri alla Camera per la pieve d'Aleria essendosi riuniti hanno proposto il Sig. Nicolai per sostituire nei detti due comitati, il suddetto Sig. Ferrandi, e la Camera ne ha approvata la nomina.

Un eguale osservazione è stata fatta per rimpiazzare il Sig. Franzini assente, che faceva parte dei due comitati suddetti, ed i membri della giurisdizione di Ampugnani avendo proposto per il comitato di verificazione il Sig. Gian Pietri, e per quello di finanze il Sig. Renucci, fino al ritorno del detto Sig. Franzini,

La Camera ne ha gradita la nomina invitandoli a far parte de'suoi comitati di verificazione e di finanze.

Da parte della municipalità di Muro è stata fatta una petizione, perchè sia stabilita una vicaria alla chiesa di Sant'Antonio de' Poggiali per poter più facilmente prestare i soccorsi spirituali al popolo.

La Camera ha rinviata la memoria suddetta al suo comitato ecclesiastico per farne rapporto.

Il Sig. Giovanni Stefanopoli ha rappresentato che, essendo stato concesso alla di lui famiglia in enfiteusi perpetua un bene domaniale situato nel territorio di Ajaccio, domanda di essere reintegrato nel possesso di detti beni.

La Camera ha rinviata la memoria del petizionario al suo comitato di finanze per farne rapporto.

È stata fatta la terza lettura del progetto di decreto per la creazione di una municipalità nel paese di Fiuminale, distraendolo dalla comunità di Orneto, Carbonaccia e Velone, di cui faceva parte.

La Camera lo ha definitivamente arrestato come segue, per essere sottoposto alla sanzione del Re.

Decreto della Camera di Parlamento del Regno di Corsica che ristabilisce una municipalità nel paese di Fiuminale, e le accorda la continuazione della sua antica giurisdizione, letto nelle sessioni de' 16 e 17, e definitivamente arrestato li 18 corrente.

Considerando che il paese di Fiuminale godeva dagli antichi di un comune con un territorio indipendente dalla comunità di Orneto, Velone e Carbonaccia, della quale attualmente faceva parte, e che niente è più giusto di conservarlo nei primi diritti da esso riclamati: — Piaccia perciò all'Eccellentissima Maestà del Re, col consenso della Camera riunita in questa presente sessione ed in virtù dell'autorità della medesima, ordinare ciò che segue:

Articolo Primo.

Nel paese di Fiuminale, altre volte segregato dalla comunità di Orneto, Carbonaccia e Velone, sarà ristabilita una municipalità separata da quella della comunità di Orneto, Velone e Carbonaccia, e riprenderà tutti i suoi diritti, tanto per la giurisdizione quanto per il territorio, come li aveva per lo passato.

Art. 2.

Il presente decreto sarà esecutorio dal giorno dalla sanzione.

L'istesso membro del comitato di legislazione ha fatta la terza lettura del progetto di decreto per la creazione di un assessore in ciascun tribunale delle giurisdizioni del Regno.

La Camera, dopo le considerazioni che lo hanno provocato, lo ha definitivamente arrestato nei termini seguenti per essere presentato alla sanzione reale.

Decreto della Camera di Parlamento del Regno di Corsica per la creazione di un assessore per ogni giurisdizione, letto nelle sessioni de' 15 e 17, e definitivamente arrestato li 18 corr.

Considerando che un solo giudice in differenti tribunali delle giurisdizioni del Regno non potrebbe forse riempire tutte le funzioni attribuite alla sua carica, e che i casi di assenza, di malattia e di ricusa priverebbero il popolo di quella pronta amministrazione della giustizia, dalla quale dipende principalmente la felicità di questo Regno :— Piaccia però all'Eccellentissima Maestà del Re, col consenso della Camera di Parlamento riunita in questa presente sessione, ed in virtù dell'autorità della medesima, ordinare ciò che segue :

Articolo Primo.

Sarà stabilito un assessore per ciaschedun tribunale di giurisdizione da nominarsi dal Re.

Art. 2.

Le loro funzioni e appuntamenti saranno fissati dalla legge.

Un membro del comitato di legislazione ha fatta lettura di un progetto di decreto sopra gli abusi campestri.

La Camera ha dichiarato che vi è luogo a deliberare, ed ordinata l'impressione di detto progetto per essere discusso ed arrestato nella forma ordinaria.

Il rapportatore del progetto di decreto sopra i fanciulli abbandonati ne ha fatta la seconda lettura.

La Camera, intesi e discussi gli articoli, dopo delle leggiere correzioni, li ha arrestati, e ne ha rinviata la terza lettura alla prima sessione per essere definitivamente arrestato il decreto.

La sessione è stata sciolta alle ore due dopo mezzo giorno e rinviata a lunedì venti del corrente alle ore dieci della mattina.

Giafferri, *presidente*,
Muselli.

Sessione dei 20 Aprile 1795.

(*Alle ore dieci di mattina*).

I membri della Camera riuniti, la sessione è stata aperta colla lettura del processo verbale di quella di ieri, la di cui redazione è stata approvata.

Sulla rappresentanza del Sig. Tavera, membro alla Camera per la pieve di Celavo, giurisdizione di Ajaccio, tendente ad avere un congedo per indisposizione della sua salute, la Camera ha accordato quello di un mese.

Il rapportatore del progetto di decreto sopra i fanciulli abbandonati, ne ha fatta la terza ed ultima lettura.

Dopo l'esame e la discussione apportata sopra ciascun articolo, la Camera lo ha definitivamente arrestato come sopra per essere presentato alla sanzione del Re.

Decreto della Camera di Parlamento del Regno di Corsica, sopra i fanciulli abbandonati, letto nelle sessioni de' 15 e 18, e definitivamente arrestato nella sessione dei 20 aprile 1795.

Considerando che l'umanità e la giustizia prescrivono di venire al soccorso di quella classe dei cittadini che, abbandonati alla loro nascita, possono nondimeno venire utili allo Stato : — Piaccia perciò all'Eccellentissima Maestà del Re, col consenso della Camera di Paalamento riunita in questa presente sessione, ed in virtù dell'autorità della medesima, statuire ciò che segue :

Articolo Primo.

I fanciulli esposti saranno mantenuti a spese del pubblico, li maschi fino all'età di dodeci anni, le femmine sino all'età di quattordici.

Art. 2.

Qualunque siasi persona che avrà veduto un fanciullo esposto sarà tenuta avvertirne subito gli ufficiali municipali, i quali prenderanno le misure necessarie per la conservazione del fanciullo, formeranno processo verbale esatto delle circostanze in cui il fanciullo sarà stato trovato, del luogo, dell'ora e di tutti gli indizi che potranno giustificare il suo stato.

Art. 3.

Nel caso in cui un fanciullo esposto fosse trovato senza fede di battesimo, gli ufficiali municipali avranno cura di farlo battezzare dal curato del luogo, e dar copia della fede di battesimo appiè del processo verbale del ritrovamento.

Art. 4.

Gli ufficiali municipali provederanno senza alcun ritardo i fanciulli esposti di una buona nutrice.

Art. 5.

In caso che non fosse possibile di trovarla nella comunità, ne faranno noto al podestà della pieve affinchè vi provveda. In ogni caso dovranno gli ufficiali municipali mandare all'avvocato del Re della giurisdizione fra otto giorni il processo del ritrovamento, unitamente agli scritti ed altri effetti ritrovati a detti fanciulli per esser depositati alla cancelleria.

Art. 6.

Le nutrici incaricate dei fanciulli esposti riceveranno sei lire al mese per l'alimento dei fanciulli di prima età, nove lire per i fanciulli di un anno sino a quattro, e dieci lire sino all'età di dodici e quattordici anni.

Art. 7.

Indipendentemente dalle somme di sopra fissate per l'alimento di ogni fanciullo esposto, saranno pagate per ordine dell'avvocato del Re, e per una sola volta, nove lire per le fasce e pannicelli dei fanciulli di prima età. Il governo spedirà ad ognuno di quelli che hanno compita l'età di un anno un vestito in natura per anno.

Art. 8.

La pensione di ciaschedun fanciullo sarà pagata alla sua nutrice per ogni mese dal tesoriere della giurisdizione sopra un certificato del curato della parrocchia, che attesterà l'esistenza del fanciullo. Il detto certificato sarà sottoscritto dagli ufficiali municipali e verificato dall'avvocato del Re della giurisdizione; per la prima volta dovrà essere accompagnato dal processo verbale del ritrovamento.

Art. 9.

La somma di nove lire fissata nell'articolo sette per la provvista di fasce e pannicelli sarà pagata dal tesoriere alla persona caritatevole che l'avvocato del Re avrà scelto fra le signore le più notabili del luogo della sua residenza, escluse le mogli e figlie di essi avvocati del Re, e del tesoriere; la detta persona caritatevole sarà incaricata di far la compra delle forniture necessarie colla maggiore economia.

Art. 10.

Il Re potrà accordare i fanciulli dell'uno e dell'altro sesso a coloro che li richiederanno; ma in questo caso le spese del loro mantenimento cesseranno di essere a carico del pubblico.

Il rapportatore del progetto di decreto concernente l'esercizio dell'Episcopato e gli altri oggetti di disciplina e beni ecclesiastici in questo Regno, ha fatta la seconda lettura degli articoli da sottoporsi a Sua Santità, e quelli, separatamente discussi, sono stati arrestati, e la continuazione è stata tramandata al primo giorno.

Il Sig Presidente ha sciolta la sessione alle ore due e l'ha rinviata a dimani alle ore dieci della mattina.

GIAFFERRI, *presidente*.
MUSELLI.

Sessione del 21 Aprile 1795.

(*alle ore dieci della mattina*).

I membri della Camera di Parlamento riuniti, la sessione è stata aperta colla lettura del processo verbale della precedente, la di cui redazione è stata approvata.

Il Sig. Giovanmarco Ottomani, membro alla Camera per la pieve di Cursa, avendo richiesto un piccolo congedo per affari urgentissimi di sua famiglia,

La Camera glielo ha accordato per venti giorni.

Il rapportatore del progetto di decreto circa l'esercizio dell'Episcopato e altri oggetti di disciplina e beni ecclesiastici, ha continuata la seconda lettura di detto progetto, e discussi separatamente tutti gli articoli, la Camera gli ha arrestati, dopo delle correzioni ed aggiunzioni, che saranno espresse nel decreto allorchè sarà definitivamente arrestato alla terza lettura, che viene rinviata al primo giorno.

La sessione è stata sciolta alle ore due e tramandata a dimani ventidue corrente alle ore dieci della mattina.

GIAFFERRI, *presidente*.
MUSELLI.

Sessione del 22 Aprile 1795.

(alle ore dieci della mattina).

I membri della Camera riuniti, la sessione è stata aperta colla lettura del processo verbale della precedente, la di cui redazione è stata approvata.

Il Sig. Lodovico Maria Marchetti, membro alla Camera per la pieve di Moriani, ha richiesto un congedo di pochi giorni per provvedere a qualche affare urgente di sua famiglia.

La Camera glielo ha deliberato per giorni otto.

Un membro ha osservato che la brevità del tempo per l'esecuzione della legge del 31 marzo ultimo, concernente le municipalità del Regno, priverebbe una gran parte dei cittadini di concorrere all'elezione dei primi magistrati della comunità; che converrebbe di scegliere una stagione in cui tutti gli abitanti di ciascun comune possano esservi riuniti, al minor loro incomodo.

Ha proposto perciò di portare l'elezione dei corpi municipali al mese del prossimo agosto.

La Camera inteso il parere di vari membri, ed adottando all'unanimità la mozione dell'oratore ha definitavamente arrestato quanto segue :

Articolo Primo.

L'elezione delle municipalità del Regno, prescritta dalla legge del 31 marzo prossimo passato, è protratta e fissata nella terza domenica del mese di agosto prossimo, ed all'istessa epoca saranno rinnovate le successive elezioni.

Art. 2.

Gli attuali municipali eserciteranno le funzioni e la giurisdizione attribuita alle municipalità del Regno in forza della detta legge del 31 marzo.

Il presente decreto sarà immediatamente presentato alla sanzione del Re.

Il rapportatore della tariffa concernente la congrua da fissarsi a tutti i curati delle parrocchie del Regno, ne ha fatta la seconda lettura, e dopo la discussione e l'avviso di vari membri,

La Camera ha arrestato la fissazione di dette congrue sopra le parrocchie di tre giurisdizioni, rinviando l'esame e la discussione sopra delle altre al primo giorno.

La sessione è stata sciolta alle ore due dopo mezzo giorno e rinviata a dimani 23 del corrente alle ore dieci della mattina.

GIAFFERRI, *presidente*.
MUSELLI.

Sessione dei 23 Aprile 1795.
(*alle ore dieci della mattina*).

I membri della Camera riuniti, la sessione è stata aperta colla lettura del processo verbale di quella di ieri, la di cui redazione è stata approvata.

Il Sig. Presidente ha annunciato che sarebbe bene di presentare alla sanzione reale i decreti definitivamente arrestati dalla Camera nelle precedenti sue sessioni.

Nominata quindi una deputazione composta dei Signori Marchioni, Angelo Mariotti, Giuseppe Antonio, e Paolo, ambi Mattei, sono stati ad essi rimessi i seguenti decreti:

1º Il decreto sopra i diritti di entrata e sortita.

2º Il decreto, che distrae il paese di Bicchisà dalla comunità di Pietreto, di cui facea parte, e l'autorizza a nominare la sua municipalità.

3º Decreto che conferma i suoi antichi diritti al paese di Fiuminale col titolo di municipalità.

4º Il decreto per la concessione di un assessore in ciascun tribunale delle giurisdizioni del Regno.

5º Il decreto concernente i fanciulli abbandonati.

6º Finalmente il decreto che protrae l'elezione delle municipalità del Regno alla terza domenica del mese di Agosto.

E tutti i suddetti decreti sono stati rimessi alla detta deputazione per essere presentati alla sessione tenente alla Sua Eccellenza il Vice-Re, ad implorare la sanzione di Sua Maestà.

Il Sig. Gio: Nicolò Bonavita, opponente alla nomina del Sig. Luciano Grimaldi, nominato membro alla Camera per la pieve del Canale, ha presentata una memoria con cui richiede una pronta decisione sopra le contestazioni tuttavia pendenti [davanti] la Camera.

La memoria del petizionario è stata rinviata al comitato di verificazione, invitandolo a farne rapporto sul fondo.

È stata fatta lettura d'una petizione di una parte degli abitanti della comunità del Prato di Giovellina, i quali riclamano qualche provvedimento sulle inquietudini che manifestano sopra del loro curato che chiamano intruso, e che non esercita le funzioni secondo il rito e la disposizione dei sacri canoni. La Camera ha rinviata la memoria dei petizionari al governo per essere provveduto come apparterrà.

Il rapportatore della tariffa concernente la fissazione delle congrue alle parrocchie del Regno ne ha continuata la seconda lettura.

La Camera, dopo di avere inteso l'avviso e le osservazioni di vari membri ha arrestata la fissazione della congrua di ciascuna parrocchia, salva la discussione definitiva alla terza lettura, dopo della quale detta tariffa sarà adottata e trascritta sopra i registri.

Un membro ha osservato che dopo di aver proveduto ad una congrua onesta ai pastori delle anime, la Camera dovrebbe occuparsi a fissare egualmente il congruo e provvisorio trattamento ai canonici dei capitoli soppressi, e specialmente a quelli i quali all'arrivo dei vescovi delle rispettive diocesi, dovranno immediatamente riprendere l'esercizio non interrotto delle loro funzioni capitolari :

Che la Camera non ignora l'esistenza dei capitoli dove vi può essere la sede dei vescovi, e che quei ministri dell'altare meritano dalla munificenza della nazione e dalla pietà dei fedeli quell'onesto trattamento che può convenire al decoro ed alla dignità del loro stato.

Un altro membro ha osservato che quanto sembrava giusto una proporzionata indennità ai capitoli, tanto quelli che saranno soppressi, quanto i conservati, altrettanto la Camera nel momento presente non avrebbe potuto stabilirla con quella giustizia e conoscenza di causa che si richiedono ;

Che il più sicuro mezzo per provvedervi era quello d'invitare i respettivi capitoli a presentare le loro memorie al Re, con tutte le mozioni, schiarimenti e titoli all'appoggio, per essere alla prima sessione della Camera decretato sopra l'indennità che sarà giustamente dovuta, tanto ai capitoli conservati, quanto a quelli che saranno soppressi in forza della legge.

La Camera, dopo di avere inteso l'avviso di vari membri, convinta dello zelo e della pietà colla quale i capitoli hanno finora esercitate le funzioni del santuario, e che vi contitinueranno con il maggior esempio de' fedeli all'arrivo dei rispettivi vescovi delle diocesi,

Dichiara che quanto è giusto che sia loro accordata una indennità, altrettanto le attuali finanze del Regno, e le nozioni che si richiedono, non permettono di regolarla in questo momento ;

Che perciò invita i detti capitoli a presentar le loro memorie al Re, che dopo di averle prese in considerazione e comunicate alla seconda sessione della Camera di Parlamento, sarà definitivamente statuito sopra le indemnità che saranno giustamente dovute ai detti capitoli.

È stata ripresa la discussione sopra le assenze dei membri della Camera, i congedi da essi deliberati, e di coloro che continuano tuttavia lontani dal loro posto senza avere allegato motivi legittimi della loro assenza.

La Camera ha nominato il comitato composto dei Signori Balestrino, Paolo Gavini, Massei e Gio : Paolo Susini, per verificare l'assenza dei suoi membri, i congedi stati deliberati, ed i motivi di scusa che possono resultare dalle risposte dirette al Presidente, per farne rapporto al primo giorno.

È stata fatta la seconda lettura del progetto di decreto concernente lo stabilimento di una salina in Portovecchio.

La Camera, dopo di averne discussi li articoli, li ha arrestati con qualche leggiera correzione, tramandandone la definitiva discussione alla terza lettura per essere redatto il decreto e trascritto sopra dei registri.

La deputazione spedita al Sig. Vice-Re, rientrata nella sala, ha detto di avere presentato i sette decreti a Sua Eccellenza, la quale ha risposto che se ne sarebbe occupato ed avrebbe fatto conoscere al più presto alla Camera le intenzioni di Sua Maestà.

La sessione è stata sciolta alle ore due dopo mezzo giorno, e rinviata a dimani ventiquattro del corrente, alle ore dieci della mattina.

GIAFFERRI, *Presidente*.
MUSELLI.

Sessione del 24 Aprile 1795.
(*Alle ore dieci della mattina*).

I membri della Camera riuniti, la sessione è stata aperta colla lettura del processo verbale della precedente, la di cui redazione è stata approvata.

Sulla mozione fatta da un membro, la Camera vota ringraziamenti pubblici al vice-ammiraglio Lord Hood, comandante la flotta di Sua Maestà nel Mediterraneo, per la di lui cooperazione alla liberazione della Corsica dai Francesi e per la presa della città di Bastia, eseguita sotto i di lui ordini, egualmente che a tutti gli ufficiali marinari e truppe, che hanno servito sotto il di lui comando; prega il vice-ammiraglio Lord Hood di permettere e pressarsi a che sia preso il di lui ritratto per essere collocato nel luogo delle sue sessioni; incarica il suo Presidente di comunicare il presente atto all'ammiraglio Lord Hood;

Vota ringraziamenti al generale Dundas per la presa di Fornali, e di San Fiorenzo, siccome pure a tutti gli ufficiali e truppe che hanno servito sotto i di lui ordini;

Vota dei ringraziamenti al generale Stuart per la presa della città di Calvi, siccome pure a tutti gli ufficiali e truppe che hanno servito sotto il di lui comando;

Vota ringraziamenti al tenente colonnello Villettes, comandante le truppe di terra di Sua Maestà, che hanno servito e cooperato alla presa della città di Bastia, ed a tutti gli ufficiali e soldati sotto il di lui comando;

Incarica il suo Presidente di far pervenire ai generali Dundas et Stuart e tenente colonnello Villettes gli atti dei presenti ringraziamenti.

L'ordine del giorno richiamando la discussione sopra dei membri della Camera assenti, dei congedi stati loro deliberati e delle scuse legittime che possono avere allegate nelle loro risposte, un membro del comitato stato eletto per questa verificazione ha osservato che gli ufficiali del battaglione Quenza, che si trovano a Corte, hanno fatto duplicatamente sentire che gli affari di servizio li trattengono in quella città, e che subito che quelli cesseranno, si faranno un dovere di rendersi nel seno della Camera. Il motivo della continuazione dell'assenza di detto battaglione è stato giudicato legittimo.

Al momento che il rapportatore voleva procedere all'esame degli altri individuali congedi, sull' osservazione di un membro, la Camera ha aggiornato il rapporto, incaricando il detto suo comitato di procurarsi tutti gli schiarimenti e nozioni sopra le assenze dei suoi membri, per essere discusse e decise con la dovuta conoscenza di causa.

Il Signor Marc'Aurelio Bernardini, membro alla Camera per la pieve di Bozio, avendo richiesto un breve congedo per affari interessanti di sua famiglia, la Camera gli ha accordato quello di otto giorni.

I Sigg. Peraldi, Battesti, Guglielmi, ufficiali della gendarmeria reale, hanno rappresentato che l'ispettore viene di chiamarli in Corte per affari del loro servizio, e perciò si rende necessario un congedo per portarsi in quella città.

La Camera ha deliberato ai suddetti Peraldi, Battesti, e Guglielmi un congedo di otto giorni a ciascuno.

È stata fatta la seconda lettura del progetto di decreto concernente l'amministrazione delle Poste del Regno.

Dopo l'esame e la discussione apportata di ciascun articolo, dopo delle leggiere correzioni, è stato decretato, e rinviata la terza lettura al primo giorno per essere definitivamente arrestato.

La sessione è stata sciolta alle ore due dopo mezzo giorno e rinviata a dimani venticinque del corrente alle ore nove della mattina.

GIAFFERRI, Presidente.
MUSELLI.

Sessione del 25 Aprile 1795.

(Alle ore dieci della mattina).

I membri della Camera riuniti, la sessione è stata aperta colla lettura del processo verbale della precedente, la di cui redazione è stata approvata.

Il Sig. Giabico Limarola, membro alla Camera per la pieve di Murato, ha richiesto un congedo di pochi giorni per affari urgenti di sua famiglia.

La Camera gli ha accordato quello di giorni quattro.

Un'eguale rappresentanza è stata fatta da parte del Signor Vittore Graziani, parlamentario per la pieve di Pino.

La Camera, attesa la maggior lontananza del luogo, gli ha deliberato un congedo di giorni otto.

Un membro del comitato di verificazione ha fatto rapporto dell'opposizione stata formata contro la nomina dei Signori Valentini e Gio : Marco Ottomani, proclamati dal podestà di Cursa per membri alla Camera del Parlamento di quella pieve.

Il rapportatore ha osservato che il Sig. Anton Domenico Bartoli, opponente, non ha in modo alcuno giustificati i motivi delle sue eccezzioni; che dopo la nota dei beni stata prodotta dagli opposti, non ha richiesta alcuna perizia per contrastarla, ciò che prova evidentemente che esso ha riconosciuti illegittimi i mezzi della sua opposizione da quali egli ha desistito.

Ha concluso pertanto al nome del comitato che i detti Sig. Valentini ed Ottomani siano riconosciuti per legittimi rappresentanti per la pieve di Cursa.

La Camera, inteso il detto rapporto, viste le disposizioni dei precedenti suoi regolamenti, senza arrestarsi alle opposizioni del Sig. Anton Domenico Bartoli, dichiara che i Signori Francesco Valentini e Gio : Marco Ottomani sono i legittimi rappresentanti alla Camera di Parlamento per la pieve di Cursa.

Il rapportatore del progetto di articoli da sottoporsi a Sua Santità il Papa, circa l'esercizio dell'episcopato in Corsica ed altri oggetti di disciplina ecclesiastica, ed il decreto per le vendite dei beni ecclesiastici e la congrua provvisoria de' curati, ha fatta la terza lettura tanto di detti articoli, quanto del progetto di decreto a quello successivo, e della tariffa provvisoria congrua di ciascun curato delle parrocchie de Regno.

Dopo la finale discussione di ciascun oggetto separatamente, dopo di averne apportate le riflessioni degne di una materia così delicata e così interessante,

La Camera li ha definitivamente arrestati come segue per essere il tutto sottoposto alla sanzione di Sua Maestà.

Sua Santità il Papa sarà pregato di prestare il suo consenso ai seguenti articoli:

Articolo Primo.

I vescovi di Corsica rientreranno nelle loro rispettive diocesi.

Art. 2.

Il vescovo di Sagona sarà autorizzato ad esercitare la giurisdizione del suo ministero anche in quella d'Ajaccio, vacante per morte del titolare, ed il seggio sarà trasferito in Ajaccio.

Art. 3.

I capitoli delle rispettive diocesi ove sarà un vescovo sono ristabiliti.

Art. 4.

Tutte le collegiate, benefici semplici e di capitoli ove non sarà il vescovo, sono soppressi salva l'indennità alle persone attualmente provviste di tutti i benefici. Quelli che aveano i benefici a titolo di patrimonio, ne saranno mantenuti nel possesso durante la loro vita.

Art. 5.

I vescovi terranno la loro abituale residenza nel luogo della cattedrale.

Art. 6.

La suffraganeità dei vescovi di Corsica verso gli arcivescovi di Pisa e Genova è soppressa, e la parrocchia e territorio di Bonifacio saranno incorporati alla diocesi d'Ajaccio.

Art. 7.

I vescovi di Corsica, ciascuno nella propria diocesi, potranno dispensare gl'impedimenti matrimoniali al terzo e quarto grado congiuntamente o separatamente, e tutti quelli di cognazione spirituale. Gli altri casi sono direttamente riservati a Sua Santità.

Art. 8.

Vi saranno tre vescovi in Corsica, che dovranno esser Corsi o nati di padre corso.

Art. 9.

A misura che i vescovi attualmente esistenti moriranno, la loro diocesi sarà incorporata in quelle da fissarsi dal Parlamento; i capitoli saranno egualmente soppressi fino a che si reducano a tre da stabilirsi nel luogo delle cattedrali dei vescovi.

Art. 10.

Nel caso di vacanza ad un episcopato, il Re presenterà al

Papa quattro soggetti idonei, fra i quali sarà scelto da Sua Santità quello che sarà riputato il più degno.

Art. 11.

Prima della presentazione da farsi dal Re, i nomi dei candidati saranno comunicati alla Camera di Parlamento, la quale, per mezzo di un indirizzo al Re, avrà facoltà di fare le osservazioni che crederà sulla qualità de' presentati.

Art. 12.

Sua Santità è pregata di provvedere affinchè i vescovi di Corsica possano essere consacrati nel proprio Regno.

Dei Parrochi.

Art. 13.

I parrochi saranno nominati da' vescovi, secondo le forme canoniche.

Art. 14.

Avanti di entrare in esercizio, saranno tenuti di prestare il giuramento prescritto dalla Costituzione nanti la persona delegata dal Re a quest'effetto.

Art. 15.

Veruna parrocchia potrà essere creata o soppressa senza il consentimento del Parlamento; la circoscrizione delle parrocchie, e la congrua definitiva dei parrochi sarà fissata dal Parlamento, concertandosi con i vescovi dopo il loro arrivo nelle diocesi.

Art. 16.

L'uso delle bolle per la conferta delle cure e benefici, e quello dei messi pontifici, cesserà in Corsica.

Dei Monaci regolari.

Art. 17.

Gli ordini ecclesiastici regolari sono conservati in Corsica, ciascuno secondo il proprio instituto.

Art. 18.

Verun nuovo ordine potrà essere fondato o introdotto, nè alcun nuovo convento stabilito senza il consenso espresso del Parlamento.

Art. 19.

Veruno potrà essere promosso alla professione del voto solenne, se non ha ventun anno compito, nè vi potrà essere caso di dispensa.

Art. 20.

I vescovi si concerteranno con il Re per ristabilire gl'individui nei conventi, che saranno giudicati i più convenevoli; non vi potrà essere in un convento un numero minore di dodici religiosi professi; quelli istituti religiosi, dei quali non esiste in Corsica un numero d'individui superiore a dodici sono conservati, saranno però tenuti di riunirsi in uno solo convento.

ART. 21.

Tutti gli ordini regolari saranno soggetti alla giurisdizione dei vescovi in ciò che concerne la disciplina ecclesiastica, senza potersene esimere per pretesto di ubbidienza anche ai superiori dell'ordine.

Dei Preti.

ART. 22.

Dopo che l'università di Corsica sarà stabilita, veruno potrà essere promosso agli ordini sacri che non giustifichi di avere fatto il corso degli studi per tre anni in detta università, o in qualunque altra del continente, e non presenti il certificato di frequenza e diligenza in detti studi.

ART. 23.

L'atto di patrimonio dovrà essere, oltre le debite forme, certificato vero e reale dal Presidente del tribunale della giurisdizione dopo aver preso il parere dell'avvocato del Re.

Sua Maestà è pregata di prendere tutte le misure per la negoziazione dei presenti articoli con sua Santità il Papa.

Decreto che fissa le vendite dei beni ecclesiastici fatte in virtù delle leggi francesi,
Che fissa provvisoriamente la congrua dei curati, vicari, e regola la forma del pagamento,
Letto nelle sessioni del 5 e 20, e definitivamente arrestato nella sessione dei 25 aprile 1795.

Considerando che le vendite dei beni ecclesiastici fatte in virtù delle leggi francesi durante il corso della rivoluzione, tendevano a pregiudicare e distruggere le istituzioni ecclesiastiche e pie, alla conservazione e sostegno delle quali i detti beni erano destinati;

Che la giustizia e l'utile pubblico e la religione medesima esigendo il ristabilimento di dette pie istituzioni, si rende necessario di far ritornare i beni al loro antico destino;

Che per altro è giusto di non pregiudicare gl'interessi dei compratori, quali con buona fede hanno fatte le compre o affittati i detti beni: — Piaccia perciò all'Eccellentissima Maestà del Re, col consenso della Camera di Parlamento riunita in questa presente sessione statuire, e sia statuito come segue :

Articolo Primo.

I beni ecclesiastici venduti o affittati in virtù [delle leggi dell'Assemblea Costituente legislativa o Convenzione francese, rientreranno alla parrocchia, fondazioni, conventi, episcopi, capitoli, seminari, o qualunque altro uso pio, a cui erano destinati; tutte le vendite fatte rimarranno senza effetto.

Art. 2.

I capitali dei censi appartenenti ai suddetti luoghi pii pagati anche in assegnati o ai Corsi che li possedevano, o agli agenti del governo, rimarranno estinti.

Art. 3.

I benefici campestri essendo riputati soppressi, e le rendite applicate alle spese del clero, le vendite dei beni che formavano i detti benefici sono parimente annullate.

Art. 4.

I religiosi possidenti e riuniti nei conventi nel numero indicato possederanno provvisoriamente anche i beni appartenenti ai conventi non occupati per mancanza di religiosi.

Art. 5.

I beni attualmente e pacificamente posseduti dai conventi fuori dell'Isola, continueranno a essere goduti da essi.

Art. 6.

I compratori di detti beni saranno indennizzati nella maniera che segue.

Art. 7.

Il rilascio dei beni sarà fatto immediatamente, salva l'indennità; la somma che sarà bonificata ai compratori a detto titolo, frutterà il cinque per cento a favore dei medesimi, dal giorno del rilascio dei beni a quello del pagamento effettivo.

Art. 8.

I beni comprati o affittati che si troveranno sementati o preparati alla seminiera al momento della presente legge, le vigne saranno ritenuti dai compratori o affittuarii sino alla percezione dei frutti, con obbligo di pagare al proprietario originario la parte domaniale secondo l'uso, a giudizio di preti. Gli affittuarii che avranno pagati gli affitti per gli anni successivi saranno indennizzati.

Art. 9.

Tutti i compratori, affittuari dei beni ecclesiastici saranno tenuti fra tre mesi dal giorno della presente legge di presentare al Re l'atto della compra o di affitto, la ricevuta dei pagamenti fatti, siasi per il miglioramento se ve ne sono.

Art. 10.

Alla prima sessione di Parlamento, le domande presentate dai compratori o affittuari saranno comunicate alla Camera, e la liquidazione sarà determinata in virtù di una legge. La somma che sarà giustificata essere stata pagata in assegnati, siasi per le annuità che per i frutti, sarà ridotta in danaro, avuto riguardo al valore che avevano gli assegnati in Corsica al tempo in cui i pagamenti sono stati fatti.

Art. 11.

Dall'epoca della compra saranno valutati i frutti percipiti o che hanno dovuto percepirsi dal bene comprato: il valore di detti frutti sarà primieramente applicato all'estensione dei frutti del capitale impiegato per la compra e del rimanente sul capitale medesimo secondo il computo o scaletta.

Art. 12.

Il Parlamento nell'atto della liquidazione determinerà anche il modo e i mezzi per conseguire ed effettuare i pagamenti delle somme liquidate.

Della congrua provvisoria dei Parrochi.

Articolo Primo.

La congrua provvisoria dei parrochi sarà fissata secondo la nota annessa alla presente legge; sarà esente dalle spese di culto, e pagata nella forma seguente; comincerà dal 1 gennaio 1795.

Art. 2.

I beni lasciati specificamente per la manutensione delle fabbriche, e per le spese del culto delle parrocchie, saranno amministrati dai procuratori delle chiese, e dal curato, ed i redditi applicati alla manutensione e culto.

Art. 3.

Il Consiglio generale del comune, col consenso del curato, fisserà d'accordo, o per via di periti, il reddito prescritto dei beni fondi appartenenti alla parrocchia; la somma del reddito sarà imputata sulla congrua fissata.

L'istessa regola militerà anche per quelle parrocchie, i di cui beni erano posseduti a titolo di proprietà diretta da qualche monastero del continente, che è obbligato di provvedere un curato nella parrocchia per la cura delle anime.

Art. 4.

Le comunità saranno inoltre tenute di provvedere i curati della casa di abitazione; qualora vi sia una casa parrocchiale, sarà loro accordata di preferenza con il giardino attiguo, se ve ne esiste senza che possa essere imputata sulla congrua.
I parrochi che essendo del luogo, alloggiassero nella propria, non potranno dimandare indennità alcuna dalle comunità.

Art. 5.

I casuali non sono obbligatori; potranno i Consigli generali del comune col consenso dei parrochi, permettere la percezione dei detti casuali, fissarne il prezzo presuntivo ed imputarlo sopra la detta congrua.

Le obbligazioni volontarie non saranno comprese sotto il termine di casuali.

Art. 6.

La somma che sarà dovuta al parroco, siasi per la totalità della congrua, o per il supplemento qualora vi fossero beni, sarà pagata in natura.

Art. 7.

La ripartizione si farà per fuoco e del prezzo dei generi fissato fra il Consiglio del comune ed il parroco, egualmente che l'epoca del pagamento ed il genere della produzione.

Art. 8.

Una copia dell'atto passato fra il curato e il consiglio del comune rimarrà alla cancelleria; l'una sarà consegnata al parroco, e l'altra inviata al Re.

Art. 9.

L'atto non sarà eseguibile, se non è confermato dal Re.

Art. 10.

Tutte le contestazioni che insorgeranno fra i curati, e i consigli del comune sulla esecuzione della presente legge, saranno giudicate dal Re.

Art. 11.

Il processo verbale confermato dal Re sarà esecutorio senza alcun' altra forma di procedura.

Art. 12.

In quelle parrocchie nelle quali il reddito dei beni ecclesiastici eccede la congrua fissata al parroco, l'eccedente sarà applicato al pagamento dei vice-curati ove esistevano avanti il mille sette cento novanta, ed il sopra più alle spese del clero. Non potranno essere stabiliti vice-curati ove non vi erano a quell'epoca, che col consenso del vescovo, e nei casi previsti dall'articolo seguente.

Art. 13.

Le parrocchie che riconoscessero aver bisogno di un vice-curato siasi per la distanza delle abitazioni, siasi per la multiplicità degli abitanti, potranno convenire col Consiglio generale del comune per averne uno o più, e determinare i mezzi per soddisfarli. Il parroco lo eleggerà coll'approvazione del vescovo; gli emolumenti dei vice-curati saranno independenti dalla congrua.

Art. 14.

In quelle parrocchie che corrispondessero varie comunità separate, e dove fossero anche differenti municipalità non vi sarà che un parroco titulare: la congrua sarà ripartita coll'intervento di tutte le municipalità, comprese nella parrocchia, e pagati da tutti gli abitanti soggetti al parroco. I vicari che erano addetti alle comunità ove non risiedeva il parroco, e che avevano il titolo di perpetui, saranno egualmente sostentati a carica di tutte le comunità componenti la parrocchia di concerto fra il parroco e le municipalità della parrocchia, come è stato detto all'articolo dei vicari.

Art. 15.

La congrua dei vescovi di Corsica è fissata a lire dodici mila all'anno; sarà pagata secondo gli ordini del Re sulle finanze dello Stato.

Art. 16.

Le tasse stabilite dei vescovi per l'ordinazione, per la conferta de' benefici, per le visite diocesane, i diritti di spoglio e dono gratuito, il cattedratico, ed ogni altra contribuzione ecclesiastica sotto qualunque denominazione, sono soppresse.

Art. 17.

Le tariffe delle spese della cancelleria vescovile sarà fissata dalla legge.

Art. 18.

Tutte le altre contribuzioni ecclesiastiche sono abolite.

Congrua provvisionale dei Parrochi del Regno, oltre l'abitazione.

Ajaccio,	1200
Alata,	400
Appietto,	600
Santa Maria e Sicchè,	500
Pila e Canale,	700
Foricolo,	500
Urbalacone,	600
Zigliara,	500
Frasseto,	500
Grosseto,	500
Albitreccia,	400
Torgia e Cardo,	400
Campo,	200
Bocognano,	600

Tavera,	500
Carbuccia,	400
Sarola e Carcopino,	600
Valle di Mezzana,	400
Cuttoli e Corticchiato,	500
Peri,	600
Sari,	600
Arro,	700
Ambiegna,	300
Casaglione,	500
Bastelica,	800
Cauro,	600
Eccica e Suarella,	600
Ocana,	500
Tolla,	500
Corrà,	400
Azilone e Ampaza,	400
Zevaco,	500
Palneca,	400
Ciamannacce,	500
Guitera e Giovicacce,	300
Zicavo,	700
Cannelle,	300
Lopigna,	400
Sant' Andrea,	400
Calcatoggio,	600
Tavaco,	300
Ucciani,	600
Vero,	400
Guargale,	400
Cognocoli e Montinchi,	400
Quascara,	400
San Paolo e Tasso,	500
Cozzà,	500

Aleria.

Cervione,	800
Sant' Andrea,	600
San Giuliano,	500
Petricaggio,	500
Le Valli,	600
Novale,	400
Felce,	400
Linguizzetta,	600
Tox,	500
Pietra,	600
Canale,	600
Moïta,	600
Tallone,	600
Pianello,	600
Zuani,	500
Santa Reparata,	500
Santa Lucia,	500
San Giovanni,	600
San Nicolao,	600
Poggio,	600
Pero,	400
Casevecchie, vicaria,	200
Isolaccia e Taglio,	600
Taglio, vicaria,	200
Prunelli,	600
Isolaccio,	300
Solaro,	400
Ventiseri,	600
Pianello, vicaria,	200
Ornaso, vicaria,	200
Chiatra, vicaria,	200
Campi, vicaria,	200

Ortale, vicaria,	200
Perelli, vicaria,	200
Piopeta, vicaria,	200
Zalana, vicaria,	400
Ampriani, vicaria,	200
Matra, vicaria,	200
Talasani, vicaria,	200
Poggio, vicaria,	150
Al Pievano,	700
Aleria,	500

AMPUGNANI.

Rusio,	400
Cambia,	400
Loreto,	600
Venzolasca, Certosini,	600
Castellare,	500
Penta,	600
Sorbo,	500
Vescovato,	600
Porri,	500
Ocagnano,	200
San Lorenzo,	700
Porta,	600
Quercitello,	400
Poggio Marinaccio,	400
Giocatojo,	500
Casabianca,	400
Ficaja,	500
Croce,	600
Polveroso, vicaria,	200
Silvareccio,	500
Casata, vicaria,	400
Piano, vicaria,	300

Montedolmo,	400
Scata,	400
Poggio,	400
Pruno, vicaria,	200
Acquatella e Penta,	600
Ortiporio,	600
Crocicchia,	500
Campile,	600
Monte,	600
Prunelli,	400
Olmi,	400
Valle,	600
Merosaglia,	600
Vicinato,	400
Frasso,	400
Visinchi,	500
Castineta,	400
Gavignani,	600
Pastoreccia,	600
Piedicroce,	700
Monacia,	600
Carcheto,	500
Piazzole, vicaria,	400
Verdese, vicaria,	200
Carpineto, vicaria,	300
Campana, vicaria perpetua,	400
Nocario,	500

BALAGNA.

Musoleo,	400
Nesa,	400
Lunghignano,	400
Algajola,	600
Lavatoggio,	500

Catteri,	400
Avapessa,	400
Sant' Antonino,	700
Santa Reparata, Certosini,	600
Vallica,	400
Isola Rossa,	500
Monticello,	600
Corbara,	600
Vigica, vicaria,	200
Trinità d'Aregno,	400
San Quilico d'Aregno,	400
Lumio,	600
Ocè, vicaria,	250
Occhiatana,	600
Costa, vicaria,	300
Ville,	500
Speloncato,	600
Novella,	400
Palasca,	500
Olmi e Capella,	600
Pioggiola,	500
Muro,	600
Zilia,	600
Cassano,	500
Calenzana,	800
Calvi borgo,	400
Calvi città,	400
Belgodere, Olivetani,	600
Feliceto,	600
Moncale,	400
Monte Maggiore,	600

Bastia.

Parocchia di San Giovanni,	1200
Di Terra Nuova,	800

Cardo,	400
Pietrabugno,	600
San Martino di Lota,	600
Santa Maria di Lota, vicaria,	200
Brando,	500
Erbalonga, vicaria,	250
Sisco,	500
Santo Sisto di Sisco,	200
Pietracorbara,	500
Luri,	800
Centuri,	500
Ersa,	600
Morsiglia,	500
Cagnano,	600
Tomino, Certosini,	500
Meria,	500
Pino,	500
Barettali,	500
Canari,	600
Olmeta,	400
Olcani,	300
Rogliano,	600
Ogliastro,	300
Nonza,	400

CORTE.

Corte,	1000
Piedicorte,	600
Altiani,	600
Casamaccioli,	400
Erbajolo,	400
Foccicchia, vicaria,	200
Ghisoni,	600
Muracciole,	450

Pietroso,	400
Pietra Serena, vicaria perpetua,	400
Noceta,	560
Antisanti,	500
Sermano,	400
Santa Lucia,	500
Calacuccia,	600
Corscia,	500
Moltifao,	600
Asco,	600
Castifao,	600
Albertacçie,	600
Vezzani,	600
Gatti, vicaria perpetua,	600
Lozzi e Acquale,	500
Canavaggia,	400
Omessa,	600
Soveria,	200
Castirla,	200
Tralonca, vicaria,	200
Lugo di Nazza,	500
Poggio di Nazza, vicaria,	400
Bustanico, vicaria,	200
Alzida, vicaria,	200
Castellare, vicaria,	200
Piedigriggio, vicaria,	200
Popolasca, vicaria,	200
Pietra e Zitamboli, vicaria,	200
Prato,	500
Castiglione, vicaria,	200
Poggio di Venaco,	700
Serraggio di Venaco,	600
Santo Pietro, vicaria,	400
Pancheraccia,	600
Giuncaggio,	600

Calasima, vicaria,	200
Rospigliani,	200
Sant' Andrea di Bozio, vicaria,	300

NEBBIO.

Oletta,	700
Poggio d'Oletta,	500
San Fiorenzo,	500
Borgo,	600
Furiani,	600
Farinole,	500
Lucciana,	500
San Gavino,	400
Vallecalle,	400
Bigorno,	600
Campitello,	400
Lento,	600
Scolca,	400
Urtaca,	400
Lama,	600
Pietralba,	600
Pedano,	300
Patrimonio,	500
Volpajola	600
Santo Pietro,	600
Rapale,	400
Sorio,	500
Pieve,	600
Barbaggio,	700
Vignale,	400
Rutali,	400
Murato,	600
Biguglia,	600
Olmeta,	500

Rocca.

Santa Lucia,	500
Olmiccia,	400
Poggio, vicaria,	200
Altagine, vicaria,	200
Sant' Andrea,	500
Zoza, vicaria,	300
Mela, vicaria,	250
Cargiaca e Loreto,	500
Bonifacio,	800
Portovecchio,	600
Sarri, vicaria,	200
Conca, vicaria,	300
Lecci, vicaria,	200
Sartene,	800
Giuncheto,	500
Granaccia,	300
Belvedere, vicaria,	200
Biglia, vicaria,	250
Tivolaccio, vicaria,	200
Fozzano,	700
Arbellara,	500
Vicconello, vicaria,	300
Santa Maria Ficaniella, vicaria,	300
Olmeto,	800
Casalabriva,	600
Sullacherò,	600
Calvese, vicaria,	400
Petreto e Bicchisà,	600
Moca e Croce,	600
Argiusta e Moriccio,	400
Olivese,	500
Serra,	600
Sorbollano,	400

Aulene,	600
Zerubbia, vicaria,	400
Quenza,	600
Levie,	800
Zonza,	500
San Gavino,	300
Figari,	300
Carbini,	200
La Grossa,	500
La Foce,	200

VICO.

Ai due Parrochi di Vico, lire per ciascheduno.	450
Renno,	600
Letia,	500
Murzo, vicaria,	200
Arbori,	400
Coggia, due Parocchi,	800
Abrecciani, vicaria,	300
Balagna, vicaria,	300
La Piana,	500
Ota,	500
Marignano,	400
Evisa,	500
Cristinacce,	300
Guagno,	600
Poggiolo, vicaria,	300
Orto,	400
Soccia,	450
Rosario,	400
Pastricciola,	200
Salice,	400
Azzana,	300
Cargese,	400

La sessione è stata sciolta alle ore due e rinviata a dopo dimani ventisette del corrente.

Giafferri, *presidente*.
Muselli.

Sessione del 27 Aprile 1795.
(alle ore nove della mattina).

I membri della Camera riuniti, la sessione è stata aperta colla lettura del processo verbale di quella del 25 del mese corrente, la di cui redazione è stata approvata.

I Signori fratelli Figarelli di Bastia hanno rappresentato di essere creditori di una somma di pigioni della loro fabbrica, che serviva per l'innanzi al deposito dei fanciulli esposti, stata abbandonata fin dal mese di luglio 1794, e riclamano il pagamento di dette pigioni sopra il prodotto della vendita dei mobili che si ritrovavano in detta casa.

La Camera ha rinviata la memoria dei petizionari al governo per esservi fatto diritto come apparterrà. È stata fatta lettura di una memoria del Signor Antonio Pomonti, mercante in Bastia, nella quale espone che avendo da alcuni anni una quantità di sale per la saliera delle acciughe, pretendesi ora dal podestà di obbligarlo a pagare il prezzo del sale secondo la regolata fissazione; ha richiesto perciò di essere autorizzato a trattenere questo sale nella di lui casa per servirsene alla saliera del pesce, siccome lo avea destinato nelle precedenti annate.

La Camera ha rinviata la memoria del petizionario al governo per statuirvi come di ragione.

È stata fatta la terza lettura del progetto di decreto che autorizza il Sig. Paolo Roccaserra allo stabilimento di una salina in Portovecchio.

La Camera dopo averne separatamente discussi tutti gli articoli, ed intesa l'opinione di vari membri, ha definitivamente arrestato il decreto per essere sottoposto alla sanzione reale, nei seguenti termini :

Decreto della Camera di Parlamento del Regno di Corsica, che autorizza il Sig. Paolo Antonio Rocca Serra a stabilire una salina in Portovecchio, letto nelle sessioni dei 15 e 23 e definitivamente arrestato li 27 del mese di aprile 1795.

Considerando che lo stabilimento delle saline nel Regno produce il doppio effetto, quello di assicurare al popolo la quantità necessaria per la sua giornaliera consumazione di sale, e d'impedire l'esportazione del numerario nello straniero: — Piaccia perciò all'Eccellentissima Maestà del Re, col consenso della Camera di Parlamento riunita in questa presente sessione, e per autorità della medesima, sia statuito ciò che segue :

ARTICOLO PRIMO.

Il Signor Rocca Serra sarà autorizzato a stabilire una salina in Portovecchio.

ART. 2.

Sarà fatta una perizia da persone intelligenti nominate dal governo, le quali visiteranno il luogo e daranno il loro avviso, se quello sia suscettibile del progettato stabilimento.

ART. 3.

L'impresario s'obbligherà nanti il governo del successo della sua salina, e che essa produrrà un sale di buona qualità simile a quello delle altre saline d'Italia.

ART. 4.

In caso che il governo non trovasse il sale di buona qualità, l'impresario si obbligherà di demolire la suddetta salina, e riempiere lo sfossato e canali, e fare tutti gli altri travagli che gli saranno prescritti dal governo.

ART. 5.

Nel caso di demolizione, l'impresario non potrà ripetere alcuna indennità.

ART. 6.

Il prezzo del sale che dall'impresario sarà deliberato al governo, sarà medesimo di quello che si vende nelle saline di Sardegna, preso nel luogo.

ART. 7.

Il proprietario della salina sarà tenuto di provvedere tutta quella quantità di sale che sarà richiesta dal Re, il quale non potrà comprare fuori dell'Isola.

ART. 8.

Il Sig. Rocca Serra sarà risponsabile di tutti i contrabbandi che si potessero commettere. Le spese delle guardie saranno a suo carico.

Il rapportatore del comitato di legislazione ha fatta la seconda lettura del progetto di decreto concernente l'istruzione sopra le procedure criminali.

La Camera, dopo avere inteso l'avviso di vari membri, ha

addottati gli articoli con qualche leggiera correzione, rinviandone la terza lettura al primo giorno, per esserne discussi e definitivamente arrestati gli articoli, colla trascrizione del decreto sopra il registro.

La sessione è stata sciolta alle ore due dopo mezzo giorno e rinviata a dimani alle ore nove della mattina.

GIAFFERRI, *presidente*.
MUSELLI.

Sessione del 28 Aprile 1795.

(alle ore nove della mattina).

I membri della Camera riuniti, la sessione è stata aperta colla lettura del processo verbale della precedente, la di cui redazione è stata approvata.

Il Sig. Giacomo Pasqualini, membro alla Camera per la pieve di Bastia, ha richiesto un congedo per riempiere le funzioni della commissione straordinaria, nel numero della quale è stato onorato per commissione di Sua Maestà.

La Camera glielo ha deliberato per tutto quel tempo che durerà il di lui servizio.

Un membro del comitato di legislazione ha presentato alla Camera un progetto di decreto concernente le funzioni e gerarchia dei tribunali nel civile.

Dopo la lettura di detto progetto, la Camera ha dichiarato che vi era luogo a deliberare, per essere in seguito impresso, distribuito e discusso nelle forme prescritte dal suo regolamento.

Un membro del comitato delle finanze ha fatta lettura di un progetto di decreto relativo ai soccorsi da accordarsi alle comunità di Farinole e di Cardo ed a quei patriotti, o morti in guerra.

Dopo la lettura di detto progetto, la Camera ha dichiarato che vi era luogo a deliberare, ne ha ordinato l'impressione per essere in seguito discusso ed arrestato nelle forme ordinarie.

È stata fatta la seconda lettura del progetto di decreto presentato a nome del comitato di legislazione sopra i danni che si commettono nelle campagne.

La Camera, dopo di avere discussi ed arrestati diversi articoli di detto progetto, ne ha rinviata la continuazione della lettura al primo giorno.

La sessione è stata sciolta alle ore due dopo mezzo giorno. e tramandata a dimani venti nove del corrente, alle ore nove della mattina.

GIAFFERRI, *presidente*.
MUSELLI.

Sessione dei 29 Aprile 1795.

(*alle ore nove della mattina*).

I membri della Camera riuniti, la sessione è stata aperta colla lettura del processo verbale della precedente, la di cui redazione è stata approvata.

Il Sig. Giovanni Giuliani, membro alla Camera per la pieve di S. Andrea, avendo per affari urgenti di sua famiglia richiesto un congedo, la Camera glielo ha deliberato per giorni quindici.

È stata fatta lettura di una petizione del Sig. Quilico Antonio Sammarcelli, antico amministratore del Direttorio del Nebbio, per mezzo della quale riclama il pagamento di alcuni mandati, che gli è ora dovuto dalla cassa pubblica.

La domanda del petizionario è stata rinviata al Governo, per provvedervi come apparterrà.

Un membro del comitato di legislazione ha fatto lettura di un progetto di decreto per attribuire al tribunale supremo il giudizio delle cause devolute al tribunale di cassazione. La Camera ha ordinata l'impressione del progetto per essere distribuito e discusso nelle forme ordinarie.

Il rapportatore del decreto concernente gli abusi campestri, ne ha continuata la seconda lettura, ed esaminati e discussi tutti gli articoli del titolo secondo, la Camera, dopo le osservazioni di vari membri, li ha arrestati, rinviandone la continuazione al primo giorno.

La sessione è stata sciolta alle ore due e tramandata a dimani trenta del corrente, alle ore nove di mattina.

GIAFFERRI, presidente.
MUSELLI.

Sessione del 30 Aprile 1795.

(Alle ore nove della mattina).

I membri della Camera riuniti, la sessione è stata aperta colla lettura del processo verbale della precedente, la di cui redazione è stata approvata.

Vari membri hanno osservato che, per accelerare i travagli della Camera e la discussione dei decreti progettati dai comitati, sarebbe bene di tenere due sessioni almeno per qualche giorno della settimana.

La Camera, animata da quello zelo che deve ispirarle la convenienza e la necessità di decretare le leggi le più interessanti per il popolo,

Ha deliberato che nei giorni di lunedì, martedì, giovedì e sabato vi saranno le due sessioni al giorno e si apriranno alle ore cinque pomeridiane.

Il rapportatore del progetto di decreto concernente gli abusi campestri, ha continuata la seconda lettura di alcuni titoli di detto progetto, i quali, dopo la discussione e l'avviso di vari membri, sono stati arrestati e la continuazione della lettura è stata rinviata alla sessione della sera.

È stata presentata una petizione del nominato Bernardino Marinacce di Oletta, con cui riclama la manlevata di una determinazione del governo provvisorio, che sospende l'esecuzione delle sentenze state pronunciate dal tribunale di Bastia durante l'ultima guerra.

La memoria del petizionario è stata rinviata al comitato di legislazione per presentare alla Camera un progetto di decreto relativo alla sospensione delle sentenze, che fu ordinata dal governo provvisorio, rese dal tribunale di Bastia.

La sessione è stata sciolta e rinviata alle ore cinque precise.

GIAFFERRI, *Presidente*.
MUSELLI.

Sessione del 30 Aprile 1795.

(Alle ore cinque di sera).

I membri della Camera di Parlamento riuniti, il rapportatore del decreto sopra gli abusi campestri ha ripresa la lettura dei restanti titoli del suddetto progetto, e quelli separatamente discussi, dopo l'esame di ciascun articolo e le osservazioni di vari membri, sono stati arrestati con delle correzioni ed aggiunzioni che sono state opposte sopra il detto progetto, che dopo la terza ed ultima lettura, sarà definitivamente decretato e trascritto sopra dei registri, per essere presentato alla sanzione di Sua Maestà.

La sessione è stata sciolta alle ore otto e rinviata a dimani alle ore nove della mattina.

GIAFFERRI, *Presidente*.
MUSELLI.

Sessione del 1° Maggio 1795.

(*Alle ore nove della mattina*).

I membri della Camera riuniti, la sessione è stata aperta colla lettura del processo verbale della precedente, la di cui redazione è stata approvata.

Diversi membri della Camera avendo richiesti dei congedi, ha passato all'ordine del giorno.

Sopra di una rappresentenza di una gran parte degli abitanti della comunità del Petreto che riclama la remora del decreto che distrae il paese di Bicchisà da quel comune e lo dichiara per comunità, la Camera ha rinviata la petizione al suo comitato di legislazione per esaminarla e farne rapporto.

Un membro del comitato ha presentato un progetto di decreto concernente gli oggetti di navigazione e di marina.

La Camera, dopo averne intesa la lettura, ha dichiarato che vi era luogo a deliberare ed ha ordinata l'impressione del progetto, per essere distribuito, discusso ed arrestato nelle forme prescritte dai suoi regolamenti.

È stata fatta la terza lettura del progetto di decreto concernente l'istruzione sopra la procedura criminale.

La Camera, dopo avere separatamente discussi gli articoli del suddetto progetto ed avere intese le opinioni di vari membri, ha definitivamente arrestato il decreto come segue per essere presentato alla sanzione di Sua Maestà.

Decreto di Parlamento del Regno di Corsica, concernente l'istruzione sopra la procedura criminale, letto nelle sessioni del 16 e 21 aprile e definitivamente arrestato nella sessione del 1º maggio 1795.

Considerando che il decreto di accusa, benchè utile nella sua istituzione, non riempirebbe presentemente il bisogno ed il desiderio del popolo corso nella pronta punizione dei delitti, che per l'effetto della rivoluzione si sono disgraziatamente moltiplicati nel Regno, e che si puole per ora addottare una forma più semplice e tendente al medesimo fine : — Piaccia perciò all'Eccellentissima Maestà del Re, col consenso della Camera riunita in questa presente sessione, e per autorità della medesima, statuire, e sia statuito ciò che segue :

TITOLO PRIMO.
Della Polizia di sicurezza confidata ai Podestà delle pievi ed uffiziali municipali.

Articolo Primo.

Le municipalità saranno tenute, sotto la loro responsabilità individuale e comune, d'informare immediatamente i podestà delle pievi dei delitti commessi sul territorio del loro comune.

Art. 2.

Gli ufficiali municipali faranno arrestare le persone colte in flagranti delitti e denunziate dal clamore pubblico.

Art. 3.

Nel caso di un omicidio, il cadavere non potrà essere inumato prima della visita del podestà della pieve.

Art. 4.

Gli ufficiali municipali custodiranno le armi, vestiti e tutti gli altri oggetti che possono servire alla convinzione del delitto e sue circostanze, e veglieranno acciocchè le traccie del corpo del delitto non siano alterate.

Art. 5.

Il podestà della pieve darà al portatore dell'avviso della municipalità una ricevuta.

Art. 6.

Il detto podestà, immediatamente dopo l'avviso degli ufficiali municipali, e subito che avrà avuto altronde conoscenza di un delitto, si trasporterà, assistito da un chirurgo, sopra il luogo ove il delitto sarà stato commesso, farà la visita del cadavere o ferito, constaterà il corpo del delitto, annoterà tutti gli effetti ritrovati propri per servire alla convinzione, e formerà di tutto processo verbale circostanziato; il rapporto del chirurgo dovrà essere giurato, fatto in un foglio separato, e annesso al processo verbale.

Art. 7.

Il detto podestà potrà pure sentire nell'atto del processo verbale di visita gli ufficiali municipali, e i parenti, a qualunque grado, delle parti offese, o degli offensori, e i loro detti saranno scritti per servire di note, ma senza esiger da loro alcun giuramento.

Art. 8.

Il podestà della pieve riceverà e sentirà nel processo verbale le dichiarazioni del ferito, e quelle delle parti offese che farà sottoscrivere, e non sapendo o non potendo, ne farà menzione, siccome pure descriverà i nomi de' testimoni che gli saranno stati indicati, o che, dalle informazioni prese, crederà in istato di dare degli schiaramenti sul delitto commesso.

Art. 9.

Il podestà constaterà inoltre il corpo di ogni altro delitto commesso nella sua pieve, che abbia lasciato qualche traccia dopo di se, e riceverà le dichiarazioni per quei delitti che non avranno lasciato alcuna traccia.

Art. 10.

Le dette constatazioni contenute nei precedenti articoli saranno fatte in presenza di due notabili, che il podestà della pieve sceglierà sul luogo, maggiori di 25 anni, e non parenti al quarto grado delle parti.

Art. 11.

Il podestà spedirà subito in originale il processo verbale, il rapporto del chirurgo, gli strumenti ed effetti che possono servire a convizione, e qualunque altra dichiarazione fattagli, al tribunale della giurisdizione, quale formerà processo verbale della rimessa, e ne darà ricevuta al podestà della pieve.

Art. 12.

Se il podestà si trova parente sino al quarto grado inclusivamente di consanguineità delle parti offese, o dell'offensore arrestato in flagranti, o designato dal clamore pubblico, dovrà ricusarsi e tramandare subito colla sua ricusa l'avviso al podestà della pieve più vicina al luogo, ove il delitto è stato commesso.

Art. 13.

In caso di assenza o altro legittimo impedimento del podestà, gli uffìciali municipali spediranno l'avviso al podestà più vicino.

Art. 14.

Qualunque cittadino, e in particolare gli uffiziali delle milizie e comandanti di truppa assoldata, saranno tenuti alla richiesta per iscritto degli uffiziali municipali, o podestà di pieve, di dar manforte per l'arrestazione di un colpevole sorpreso nell'atto del delitto, o designato dal clamore pubblico.

TITOLO II.
Delle lamente dell'avvocato del Re, e delle parti, e delle denunzie.

Articolo Primo.

Quando l'avvocato del Re di una giurisdizione, nella quale il delitto sarà stato commesso, avrà avuto in comunicazione i processi verbali delle visite e altre scritture di questo medesimo delitto, formerà una lamenta circostanziata contro gli autori designati e non designati di un tal delitto, fautori e complici.

Art. 2.

Ogni cittadino ha il diritto di denunziare un delitto anche secreto, e al quale esso non avesse un interesse diretto.

Art. 3.

L'avvocato del Re terrà un registro, sopra del quale riceverà le denunzie che gli verranno fatte, le quali dovranno essere circostanziate e sottoscritte dai denunziatori, se sapranno scrivere, se no, ne sarà fatta menzione; nell'uno e nell'altro caso, l'avvocato del Re dovrà sottoscrivere.

Art. 4.

L'avvocato del Re sarà tenuto di dichiarare nella sua lamenta se ha un denunziatore o no, ma senza far menzione del nome, il quale non sarà conosciuto dall'accusato o dal pubblico che nel caso che sarà qui appresso determinato.

Art. 5.

Il tribunale darà atto della lamenta dell'avvocato del Re, e con una ordinanza permetterà l'informazione dei testimoni e ordinerà a ogni usciere di citare quelli che gli saranno indicati dall'avvocato del Re e dal Presidente del tribunale, o altro giudice commesso per l'istruzione.

Art. 6.

Le lamente delle parti per qualunque delitto, saranno direttamente portate al tribunale della giurisdizione, nella quale il delitto sarà stato commesso.

Art. 7.

Nel caso che uno avesse commessi in differenti giurisdizioni, diversi delitti, il tribunale che avrà il primo cominciata l'istruzione, sarà quello che dovrà conoscere: nel caso che niun tribunale avesse cominciato il processo, quello nella di cui giurisdizione l'ultimo delitto è stato commesso, sarà quello dell'istruzione.

In tutti i casi, i capi dei delitti saranno riuniti nell'istessa procedura e decisi con un sol giudizio, ma l'esame dei testimoni ricevuto in fogli diversi, cosi che la prova di ogni delitto sia separata dall'altro.

Art. 8.

La lamenta sarà sottoscritta in tutte le pagine dal querelante, o da un suo procuratore fondato, in presenza del tribunale; e nel caso che non sapesse scrivere, il tribunale ne formerà processo verbale e ne farà espressa menzione. Il mandato di procura sarà sempre annesso alla lamenta.

Art. 9.

Tutte le querele e lamente saranno subito comunicate all'avvocato del Re, quale farà per iscritto le requisizioni che crederà.

Art. 10.

Il tribunale darà atto della lamenta e ordinerà l'informazione e esame de' testimoni.

Art. 11.

Il querelante potrà, nelle ore ventiquattro, ritirare la sua lamenta, ma l'avvocato del Re potrà proseguirla, se il caso lo richiede.

Art. 12.

Nel caso che il tribunale creda che il delitto di cui si fa menzione nella lamenta non sia di natura a meritare pena afflittiva o infamante, potrà rimandar l'affare per esser deciso correzionalmente; ma tanto l'avvocato del Re, che la parte civile, se ve n'è, potranno appellarsi al tribunale supremo, se si credono lesi da un tal giudizio, perchè ne decida.

TITOLO III.

Degli aggiunti.

Articolo Primo.

Nei luoghi della residenza dei tribunali di giurisdizione, gli uffiziali municipali e consiglio nomineranno al quindici del mese di giugno di ogni anno, dodici notabili di buoni costumi, o di probità riconosciuta, maggiori di anni trenta, che sappiano leggere e scrivere, fra i quali saranno presi gli aggiunti, che devono assistere all'istruzione dei processi criminali.

Art. 2.

I detti notabili presteranno giuramento nanti il consiglio municipale di riempiere con fedeltà le loro funzioni e di osservare il segreto. L'atto della loro nomina sarà deposto fra tre giorni alla cancelleria dei tribunali.

Art. 3.

Tutti gli atti segreti dell'istruzione saranno fatti in presenza di due aggiunti; sarà fatta menzione dei loro nomi e segneranno i detti atti con il giudice.

Art. 4.

Gli aggiunti faranno al giudice le osservazioni tanto a carico che a discarico, che in loro anima e coscenza crederanno necessarie per la spiegazione dei detti dei testimoni o schiarimento dei fatti deposti.

Art. 5.

Tutte le volte che la presenza degli aggiunti sarà necessaria, i giudici lo faranno notificare agli uffiziali municipali indicandole l'ora, e gli uffiziali municipali ci si rendano, inviando al tribunale i nomi di quelli che avranno designati.

Art. 6.

Se gli aggiunti o qualcheduno di essi non si rende all'ora indicata per assistere alla procedura, il giudice ne formerà processo verbale e li condannerà a un'emenda di venti cinque franchi, al pagamento della quale i contravventori vi saranno costretti anche con cattura: il giudice in questo caso richiederà la municipalità perchè ne fornisca degli altri.

Art. 7.

Gli aggiunti parenti sino al quarto grado inclusivamente delle parti, dovranno ricusarsi.

Art. 8.

I cittadini che ricusassero di accettare la carica di aggiunto, saranno dal tribunale condannati a cinquanta franchi di emenda.

TITOLO IV.

Dell'Esame dei Testimoni.

Articolo Primo.

I testimoni saranno citati a comparire tanto ad istanza dell'avvocato del Re, che della parte civile se ve n'è, in un termine discreto e proporzionato alla distanza del luogo, e intesi separatamente dal giudice incaricato dell'istruzione in presenza de' due aggiunti e del cancelliere che scriverà le deposizioni tali quali saranno fatte dai testimoni.

Art. 2.

L'accusato potrà pure in qualunque stato di causa far sentire i testimoni che giudicherà per suo discarico e difesa, e le spese saranno sempre anticipate, sia dal querelante, sia dalla parte civile se ve n'è, salvo al tribunale a decidere sopra, delle spese, giudicando sul merito.

Art. 3.

I testimoni giureranno sopra i santi Evangeli di dire tutta la verità.

Art. 4.

I testimoni, avanti di essere esaminati, presenteranno l'ordine che avranno ricevuto, e ne sarà fatta menzione nel preambolo della loro deposizione.

Art. 5.

Saranno interpellati a dire il loro nome, cognome, patria, età, professione e dimora, e se sono parenti, alleati, domestici o servitori degli accusati, querelanti, o parti offese e in qual grado.

Art. 6.

Sarà loro letta la querela o lamenta, e presentati gli effetti e ogni altra cosa che potrà servire alla convinzione del delitto.

Art. 7.

Dopo la redazione della loro deposizione, glie ne sarà fatta lettura dal cancelliere, e il giudice dirà loro se hanno nulla da aggiungere o diminuire, e se vi persistono, e quindi sottoscriveranno col giudice, cancelliere e aggiunti, a ogni pagina, se sanno scrivere, o in caso diverso ne sarà fatta menzione.

Art. 8.

I padri e madri, figli e figlie, fratelli e sorelle, cognati e cognate, zii e zie e cugini germani, tanto di affinità che di consanguineità, sia degli accusati che delle parti querelanti e offese, non potranno essere mai citati nè intesi in qualità di testimoni. Siccome pure il marito non potrà mai essere inteso contro la moglie, nè la moglie contro il marito.

Art. 9.

Gli impuberi potranno essere intesi in testimonio, ma senza giuramento, salvo ad esser fatto quel caso che si giudicherà, avuto riguardo alle circostanze, necessità e peso delle loro deposizioni.

TITOLO V.

Dei Decreti.

Articolo Primo.

Il Tribunale, secondo la qualità dei delitti e delle prove e sulle conclusioni dell'avvocato del Re, darà ordine all'accusato di comparire per essere inteso, ordinerà che sia arrestato e condotto nanti di lui.

Art. 2.

L'avvocato del Re in ogni stato di causa potrà prendere comunicazione della procedura, e il giudice dargliela in comunicazione d'officio, per essere dall'avvocato del Re richiesto e dal tribunale ordinato quello che al caso apparterrà.

Art. 3.

Se l'accusato non si presenta nel termine fissato dal tribunale coll'ordine di comparire per essere inteso, il giudice ordinerà che sia arrestato e condotto, e se non riesce di arrestarlo, sarà contro di esso proceduto, come verrà detto sotto il titolo delle contumacie.

Art. 4.

Il tribunale potrà nel flagrante delitto, nel caso di ribellione e resistenza alla forza pubblica, nell'esecuzione degli ordini di giustizia e sul clamore pubblico, dar d'officio un ordine d'arresto.

Art. 5.

Se un testimonio si trova in manifesta contraddizione nel suo esame, il giudice potrà ordinare o che comparisca per essere inteso o che sia arrestato secondo l'esigenza dei casi.

TITOLO VI.

Degl' interrogatori.

Articolo Primo.

L'accusato citato, e con ordine di comparire per essere inteso o arrestato e condotto, sarà interrogato dal giudice sopra i gravami portati nell'istruzione, e lettura gli sarà fatta della lamenta o querela dell'avvocato del Re, o della parte civile se ve n'è in causa.

Art. 2.

Nel caso che il detto accusato fosse stato arrestato o nel flagrante delitto, o sul clamore pubblico, o in qualunque altra guisa, sarà sempre interrogato nelle ore ventiquattro, che seguiranno il suo trasporto nella casa di arresto del tribunale incaricato dell' istruzione, e subirà un secondo interrogatorio dopo che l'esame de' testimoni sarà finito ; il giudice d'istruzione però potrà interrogare tante volte l'accusato quante le giudicherà.

Art. 3.

Gl' interrogatori si faranno segretamente e saranno redatti dal giudice, e scritti dal cancelliere nei termini con i quali si sarà espresso l'accusato.

Art. 4.

Al momento degli interrogatori, saranno presentati all'accusato gli effetti, carte e tutt'altro oggetto ritrovato, e che potrà servire a convinzione.

Art. 5.

Gli accusati contro de' quali non sarà stato emanato che un simplice ordine d'arresto, potranno essere scarcerati subito dopo il loro interrogatorio, se non sopraggiungono nuovi motivi aggravanti resultanti o dalla loro confessione o dalla deposizione di nuovi testimoni.

Art. 6.

L'interrogatorio sarà letto all'accusato perchè possa aggiungere e diminuire quello che vorrà, e quindi sottoscritto da esso, dal giudice, aggiunti e cancelliere in ogni pagina, e non sapendo, ne sarà fatta menzione.

Art. 7.

Nel caso che l'accusato o qualche testimonio non intendano la lingua italiana, sarà nominato dal giudice un interprete, il quale dopo di aver prestato giuramento di riempiere con fedeltà il suo uffizio, e di osservare il segreto, spiegherà all'accusato o ai testimoni ciò che le sarà richiesto dal giudice e relaterà le loro risposte e dichiarazioni; il detto interprete segnerà gli atti ai quali avrà assistito.

TITOLO VII.

Della difesa degli accusati.

Articolo Primo.

Finito l'esame dei testimoni, e dopo che l'accusato avrà subito i necessari interrogatori, la procedura sarà pubblica, mediante un decreto del tribunale, reso sulle conclusioni dell'avvocato del Re; cesserà perciò l'assistenza degli aggiunti, e tutti gli atti dell'istruzione seguenti saranno fatti in presenza e contradittoriamente all'accusato, e al suo avvocato, o consigliere. Il detto decreto sarà significato all'accusato.

Art. 2.

L'accusato potrà far scelta di un avvocato o consigliere per assisterlo nella sua difesa, e quando non lo facesse, il tribunale ne nominerà uno d'officio, che l'accusato potrà cambiare durante il corso del processo.

Art. 3.

Tutti gli atti della procedura, eccettuato l'originale della denunzia saranno comunicati all'accusato col suo avvocato, o consigliere, tante volte quante lo richiederanno.

Art. 4.

Nè l'accusato, nè il suo avvocato o consigliere potranno interrompere il giudice, nè il testimonio durante le informazioni, o altri atti, che potessero aver luogo in loro presenza.

TITOLO VIII.
Del Giudizio del Tribunale d'Istruzione.

Articolo Primo.

Tre giorni dopo la comunicazione fatta all'accusato e al suo avvocato o consigliere degli atti del processo contro di esso istruito, il Presidente del tribunale, o in sua assenza, l'assessore che avrà fatta l'informazione, convocherà un graduato, all'effetto di assisterlo nell'esame della procedura, e nel giudizio a farsi sopra la medesima, e tre giudici dovranno intervenire a questo giudizio.

Art. 2.

Questo esame si farà a porte aperte. L'avvocato del Re, l'accusato e il suo avvocato o consigliere, vi saranno presenti.

Art. 3.

Dopo la lettura di tutta la procedura, il giudice che avrà regolata l'istruzione, farà il suo rapporto ben circostanziato per iscritto, quale sarà riunito al processo, ma senza alcun avviso.

Art. 4.

L'accusato e il suo avvocato o consigliere potranno fare al tribunale tutte quelle osservazioni che crederanno le più proprie per la loro difesa.

Art. 5.

In seguito, l'avvocato del Re sarà inteso e deporrà sullo scagno le sue conclusioni motivate sul merito del processo.

Art. 6.

L'accusato e il suo avvocato avranno la facoltà di fare quelle osservazioni che crederanno più opportune.

Art. 7.

I giudici potranno prima del giudizio, interrogare l'accusato e ne sarà fatto processo verbale nelle forme consuete.

Art. 8.

I tre giudici si ritireranno per poter opinare con maggior libertà, e così riuniti renderanno alla maggiorità delle voci il loro giudizio che conterrà la dichiarazione se l'accusa è fondata o no.

Art. 9.

Se la dichiarazione porta che l'accusa non è fondata, l'accusato sarà dichiarato innocente e posto in libertà, se si trovasse arrestato.

Art. 10.

Non sarà lecito al tribunale di prima istanza di dichiarare che l'accusa non è fondata, sotto pretesto delle intenzioni del delinquente, o altre circostanze che hanno accompagnato il delitto ; ma l'esame delle dette circostanze e intenzioni sarà tramandato al giurato e al tribunale di giudizio definitivo.

Art. 11.

Nel caso che la dichiarazione porti che l'accusa è fondata, sarà nel tempo stesso emanato decreto di cattura contro l'accusato.

Art. 12.

Questo giudizio sarà bene circostanziato, motivato sopra il risultato dell'istruzione, preceduto da un visto di tutti gli atti e trascritto sopra un registro, che non conterrà che i giudizi in materia criminale, sottoscritto da tutti i giudici e dal cancelliere.

Art. 13.

Se l'accusato fosse detenuto, gli sarà, fra le ore ventiquattro, significata una copia del detto giudizio.

Arl. 14.

Il tribunale darà gli ordini perchè il decreto di cattura pronunziato al seguito della sua dichiarazione sia posto immediatamente ad esecuzione e l'accusato arrestato in qualunque luogo, e condotto nelle carceri del tribunale supremo, ma con l'obbligo, dopo arrestato, di significargli copia del giudizio reso dal tribunale.

Art. 15.

Se l'accusato non potesse prendersi, si procederà contro di lui come sarà detto al titolo delle contumacie.

Art. 16.

Se la decisione dei giudici del tribunale d'istruzione dichiara che l'accusa è fondata e pronunzia qualche pena correzionale, sarà subito inviata al Tribunale Supremo con tutti gli atti della procedura in originale e gli effetti che potranno servire alla convinzione del delitto, siccome pure l'accusato, se è stato arrestato.

TITOLO IX.
Del Tribunale Supremo.

Articolo Primo.

Subito che il Tribunale Supremo avrà ricevuto il giudizio reso da un tribunale di giurisdizione, con tutti gli atti del processo, nominerà uno de' suoi membri per commissario rapportatore, e l'accusato, se è stato condotto al detto tribunale, sarà dal detto commissario immediatamente interrogato.

Art. 2.

In seguito la procedura sarà comunicata all'avvocato del Re, il quale, se troverà delle nullità o irregolarità nella procedura, potrà richiedere che sia annullata; se la trova in regola, domanderà che sia proceduto al giudizio.

Art. 3.

Il Tribunale Supremo, dopo il rapporto del commissario e sopra il visto della procedura, pronunzierà quello che crederà di ragione.

Art. 4.

Se il tribunale ha deciso che la procedura è nulla, ordinerà che sia rifatta, alle spese del giudice che ha fatta l'istruzione, ma da tutti altri giudici che quelli che vi hanno giudicato.

Art. 5.

Nel caso poi trovi che la procedura è in regola, ordinerà che il giurato sia riunito per procedere al giudizio definitivo.

Art. 6.

Nel caso che vi fossero de' nuovi testimoni a sentire nanti il giurato, e che a cagione di pericolo grave di malattia fossero impossibilitati a ritrovarsi nel giorno della riunione del giurato, il Tribunale Supremo potrà far ricevere dal commissario rapportatore il loro esame, salvo al giurato di averci quel riguardo che crederà di ragione.

Art. 7.

I giudici e avvocati del Re, tanto del Tribunale Supremo che delle giurisdizioni, non potranno giudicare in affari criminali, che al di sotto del quinto grado di consanguineità o affinità.

TITOLO X.

Formazione del Giurato.

Articolo Primo.

I Presidenti delle giurisdizioni, al 15 giugno di ogni anno, dopo di essersi procurate dalle municipalità e podestà delle pievi del loro rispettivo circuito le necessarie informazioni e note delle persone per esser presentate in qualità di giurati, faranno una lista, e vi inscriveranno i soggetti nella proporzione seguente, che in loro anima e coscenza crederanno i migliori, i più idonei e capaci a quest'impiego importante, cioè, Ajaccio 60, Bastia 50, Corte 45, Ampugnani 50, la Rocca 40, Balagna 40, Cervione 40, Nebbio 36, Vico 30.

Art. 2.

I giurati dovranno essere maggiori di 25 anni, domiciliati nella pieve per più di un anno, possedenti beni fondi, e che non abbiano mai subito istruzione criminale, seguita da qualche condanna.

Art. 3.

I membri della Camera di Parlamento durante i due anni del loro impiego, i giudici e avvocati del Re, e podestà delle pievi, gli ecclesiastici e i militari non potranno essere scelti per giurati; i settuagenari potranno dispensarsene.

Art. 4.

Le note e nomi dei giurati eletti in questa guisa, saranno nviati dai presidenti delle giurisdizioni al Tribunale Supremo, il quale li riunirà, e farà stampar la lista per essere inviata alle persone che la compongono, e in tutte le municipalità.

Art. 5.

Il Tribunale Supremo, tutte le volte che avrà dei processi criminali in stato da esser giudicati, farà in una udienza pubblica scrivere i nomi di tutti i giurati, li farà porre in un'urna e tirare 30 alla sorte, se l'accusato è detenuto, e 15 se è contumace.

Art. 6.

L'avvocato del Re potrà sopra i trenta giurati estratti ricusarne quattro, nel qual caso si procederà immediatamente all'estrazione del numero eguale a quelli che avrà escluso.

ART. 7.

La lista dei 30 giurati sarà dipoi presentata all'accusato, il quale, fra le ore ventiquattro, potrà ricusarne 15, senza essere obbligato a renderne ragione.

ART. 8.

Nel caso che l'accusato non facesse alcuna ricusa, o ne ricusasse un numero minore di quindici, allora si farà una seconda estrazione dei soli quindici sopra la totalità rimasta.

ART. 9.

Il diritto della ricusa dei quindici giurati sopra i trenta, sarà spartito fra tutti i complici presenti di una medesima istruzione.

ART. 10.

Il giurato di giudizio sarà composto di dodici giurati, e di tre supplementari, che sono per l'appunto i quindici sopra i trenta, di cui si è parlato negli articoli precedenti.

ART. 11.

Il giurato di giudizio non potrà giudicare che un sol processo ove vi sono accusati presenti; potrà però giudicare tutti quelli per contumacia, che fossero in stato di esser decisi.

ART. 12.

Niuno potrà esercitare le funzioni di giurato più di una volta nell'anno.

Art. 13.

Ogni parentela, o alleanza fra un giurato e un' accusato o la parte civile o querelante o offensor sino al quinto grado inclusivamente, è un motivo di diritto di ricusa del giurato, sia dalla parte del giurato, sia dalla parte dell'accusato, sia dalla parte querelante, sia da quella dell'avvocato del Re e del tribunale.

Art. 14.

Se il processo fosse fatto ad un Inglese, la metà del giurato sarà composta di persone della stessa nazione, esistente in tutto il Regno, compreso i militari maggiori di 25 anni, benchè non possidenti.

Art. 15.

Se poi il processo si facesse a un forestiere, la metà del giurato sarà pure presa fra le persone della sua nazione, maggiori di 25 anni, se tanti ne esistono nel luogo ove il tribunale fa la sua residenza, benchè non possidenti beni fondi.

Art. 16.

In questo caso, il Tribunale Supremo intimerà nelle forme solite le persone designate nei due precedenti articoli, che saranno obbligate a rendersi all'ordine del tribunale, sotto le pene prescritte dal presente decreto.

Art. 17.

Subito che l'estrazione dei nomi dei giurati per la sessione criminale, e la ricusa sarà fatta dall'accusato se è presente, i quindici che saranno intimati con lettere di avviso del Tribunale Supremo a rendersi a Corte il giorno che precederà il giudizio che loro verrà indicato, si presenteranno alla cancelleria del medesimo per prender atto della loro comparsa.

ART. 18.

Nel caso che nel giorno del giudizio mancasse uno, o più giurati, il Tribunale Supremo in presenza dell'avvocato del Re e del pubblico li farà rimpiazzare dai giurati che si troveranno sul luogo, e a questo effetto porrà i loro nomi in una urna, da dove ne farà l'estrazione.

TITOLO XI.
Sessione del giurato del Tribunale Supremo.

ARTICOLO PRIMO.

Il giurato composto di dodici giurati prenderà seggio nell' incinto dell'uditorio, e i tre supplementari saranno piazzati in detto incinto, ma separatamente.

ART. 2.

I giudici che compongono il Tribunale Supremo prenderanno seggio, come pure l'avvocato del Re, e il cancelliere.

ART. 3.

L'accusato comparirà nanti l'uditorio e avrà con sè il suo avvocato e consigliere.

ART. 4.

Il Presidente del tribunale farà prestare sui Santi Vangeli ai dodici giurati e ai tre aggiunti il giuramento di esaminare con attenzione le imputazioni e i mezzi di difesa dell'accusato, e di giudicarlo imparzialmente secondo la loro coscenza e intima convinzione

Art 5.

I testimoni che saranno stati esaminati nel corso dell'istruzione e saranno citati a comparire per il giorno del giudizio, si presenteranno al Tribunale e giurato riunito e vi presteranno di nuovo il giuramento di dire tutta la verità.

Art. 6.

Nel caso che siano pervenute all'avvocato del Re del Tribunale Supremo delle nozioni sopra il delitto commesso, potrà fare citare nanti il giurato, tanto a carico che a discarico dell'accusato, i testimoni che giudicherà.

Art. 7.

Il cancelliere in seguito farà lettura di tutti gli scritti del processo.

Art. 8.

Tutti gli effetti trovati nell'atto del delitto o posteriormente propri a servire di convinzione, saranno esposti in luogo visibile.

Art. 9.

L'avvocato del Re o la parte querelante, se ce n'è, faranno sentire i loro testimoni.

Art. 10.

Quest'esame sarà fatto a viva voce, e senza che le deposizioni siano scritte.

Art. 11.

L'accusato dopo ciascheduna deposizione potrà dire, tanto contro la persona dei testimoni, che contro la loro testimonianza, ciò che crederà utile alla sua difesa.

Art. 12.

Intesi i testimoni dell'avvocato del Re e della parte querelante, se ce n'è, l'accusato potrà far sentire i suoi, e tanto l'avvocato del Re, che la parte querelante, potranno dire sopra di essi e le loro deposizioni tutto ciò che giudicheranno necessario.

Art. 13.

I testimoni non potranno mai interpellarsi fra di essi; saranno intesi separatamente e in modo che niuno di essi possa udire la deposizione dell'altro, ammeno che dopo l'esame, l'accusato non dimandi che siano intesi in presenza gli uni degli altri.

Art. 14.

Se un giudice, un giurato, l'avvocato del Re, o la parte querelante, l'accusato o il suo avvocato avessero qualche interpello a fare, siasi all'accusato che ai testimoni, s'indirizzeranno al Presidente del Tribunale, quale lo farà o darà facoltà di farlo.

Art. 15.

Dopo che i testimoni saranno intesi compitamente, il querelante, se ve n'è, potrà domandare di fare delle osservazioni; l'accusato o il suo avvocato potranno rispondervi e l'avvocato del Re darà delle conclusioni, indicando i motivi della convinzione risultanti dall'istruzione.

Art. 16.

Il Presidente del Tribunale farà un epilogo della procedura, darà degli schiaramenti sulla natura delle prove e della difesa, farà rimarcare ai giurati le principali in favore o contro dell'accusato e quindi proporrà le diverse questioni che devono decidere.

Art. 17.

Farà lettura nanti l'uditorio delle questioni sottomesse alla decisione del giurato che rimetterà al più decano dei giurati, che si ritirerà con detti giurati nella sala destinata per la loro assemblea segreta.

Art. 18.

Le questioni saranno chiare e precise, prese dal fondo della procedura della lamenta e della difesa: esse saranno sopra l'esistenza o non esistenza del fatto; le seconde sopra l'autore del fatto, le terze sopra l'intenzione dell'autore del fatto.

Art. 19.

Le circostanze potranno necessitare talvolta la moltiplicità delle questioni, ma saranno rinchiuse, per quanto il bisogno della chiarezza lo permetterà, nell'ordine delle questioni espresse nell'articolo precedente.

Art. 20.

In questo caso, il presidente consulterà il Tribunale per determinare le altre questioni, che potrebbero essere sottoposte alla decisione del giurato.

Art. 21.

Nei delitti che conterranno delle circostanze indipendenti fra esse, come quelle in un accusato di furto, per sapere se è stato di notte commesso, con frattura, da una persona domestica, con recidiva ecc., le questioni saranno esposte separatamente, perchè i giurati possano egualmente farci una dichiarazione distinta e separata.

Art. 22.

L'avvocato del Re per l'esecuzione della legge, e l'avvocato dell'accusato per l'interesse del suo cliente, potranno suggerire altre questioni a farsi, sull'ammissione delle quali il Tribunale deciderà.

TITOLO XII.

Dell'avviso de' Giurati.

Articolo Primo.

Il giurato essendosi ritirato nella sala che gli sarà destinata, le porte chiuse, ci rimarrà senza poter comunicare con alcuno, sino a che la sua dichiarazione sia fatta.

Art. 2.

Subito che i giurati avranno fra di loro opinato e che saranno in istato di dare il loro avviso, ne preverrranno il tribunale, quale vi farà passare uno de suoi membri.

Art. 3.

Sopra lo scagno della camera de' giurati, sarà posta

un'urna che conterrà due calici, uno bianco e uno nero ; il calice bianco servirà per la decisione favorevole dell'accusato, e il nero per la contraria.

Art. 4.

Il commissario, in presenza di tutto il giurato, leggerà la prima questione, e quindi ciaschedun giurato incominciando dal decano, che sarà il capo del giurato, si presenterà allo scagno, ricercherà una palla dal commissario, e la deporrà nel calice o bianco o nero dell'urna.

Art. 5.

Questa operazione terminata, il commissario, in presenza del giurato, farà l'apertura dei due calici, le palle saranno contate separatamente e ne sarà tenuta nota.

Art. 6.

Nove voci dovranno concorrere per la decisione di un giurato convocato, quando si tratterà di condanna.

Art. 7.

Se la prima questione non ottiene le nove voci, non si potrà passare all'esame delle altre, che divengono in questo caso decise colla prima. Se poi le nove voci si ritrovano, si passerà alla seconda e terza osservando la stessa regola.

Art. 8.

Consumate le operazioni il giurato rientrerà nella sala di udienza, ove i giudici unitamente all'avvocato del Re prenderanno seggio, e l'accusato vi sarà ricondotto.

ART. 9.

Il capo de' giurati leggerà ad alta voce la dichiarazione del giurato, e la rimetterà sottoscritta da lui sopra lo scagno del Tribunale.

TITOLO XIII.
De' giudizi del Tribunale Supremo.

Articolo Primo.

Fatta la lettura della dichiarazione del giurato, l'avvocato del Re darà a viva voce delle conclusioni fondate sopra l'applicazione della legge alla dichiarazione del giurato.

ART. 2.

Le conclusioni dell'avvocato del Re porteranno egualmente sopra gli oggetti resultanti dal fatto principale e non sottomessi alla dichiarazione del giurato, come lo sono i danni ed interessi, riparazioni civili di ogni genere richieste siasi dalla parte lesa come dell'accusato.

ART. 3.

Dopo le conclusioni dell'avvocato del Re, l'accusato o il suo avvocato potranno fare le loro osservazioni, ma sopra l'applicazione della legge richiesta dalla parte pubblica.

ART. 4.

Il giudizio definitivo sarà pronunziato in seguito all'udienza dal presidente del Tribunale, alla pluralità delle voci, sopra l'avviso motivato, dato ad alta voce da ciascheduno de'cinque giudici, che sempre dovranno concorrere al giudizio, incominciando dall'ultimo.

Art. 5.

Nel caso che il Tribunale avesse a pronunziare sopra molti altri oggetti non sottomessi alla dichiarazione del giurato, potrà ritirarsi nella camera criminale, a fine di poter opinare e discutere le questioni; ma rientrerà immediatamente per pronunziare sopra tutti i capi, con un solo e medesimo giudizio, nella forma prescritta ne' due articoli precedenti.

Art. 6.

Se i giudici fossero divisi per l'applicazione della legge, allora sarà preposta la questione sopra ciascheduno degli avvisi esternati, incominciando dal più mite, e il Tribunale ne deciderà alla maggiorità delle voci.

Art. 7.

Il testo della legge sulla quale è fondato il giudizio, sarà letto al pubblico e inscrito nella sentenza.

Art. 8.

Se l'accusato è assoluto, potrà, dopo il giudizio, richiedere che il denunziatore gli sia rivelato, affine di ripetere le riparazioni, danni ed interessi, se vi è luogo.

Art. 9.

Se il Tribunale Supremo è unanimemente convinto che i giurati si sono ingannati in danno dell'accusato, potrà ordinare sulle conclusioni dell'avvocato del Re che i tre aggiunti si riuniscano ai primi dodici per fare una nuova dichiarazione ; in questo caso dovranno concorrere per la condanna undici voti.

Art. 10.

Se il detto Tribunale è pure unanime che la deposizione di un testimonio sia falsa, ne formerà processo verbale, e sulle conclusioni dell'avvocato del Re, lo farà immediatamente arrestare per essergli fatto il suo processo nanti il Tribunale della sua giurisdizione, ove sarà rimandato.

Art. 11.

Il Tribunale Supremo pronunzierà le punizioni correzionali, risultanti dai processi portati nanti di lui.

TITOLO XIV.
Dell' esecuzione dei Giudizi.

Articolo Primo.

Nelle ventiquattr'ore dopo il giudizio, ne sarà significata una copia all'accusato, e una spedizione inviata fra tre giorni al Tribunale della giurisdizione, ove il processo è stato fatto.

Art. 2.

Sarà sospesa per quindici giorni l'esecuzione del giudizio di condanna, perchè il condannato possa ricorrere al Re per la grazia.

Art. 3.

Se nel termine di quindici giorni il Re o non sospende l'esecuzione del giudizio, o non accorda la grazia, sarà eseguito.

Art. 4.

Uno de' giudici del Tribunale Supremo, se l'esecuzione del giudizio dovrà farsi, o corte, o presidente, o assessore delle giurisdizioni, se dovrà effettuarsi nelle giurisdizioni ove il delitto è stato commesso, saranno destinati per tenersi con cancelliere nelle vicinanze del luogo del giudizio per ricevere quelle dichiarazioni che il condannato prima dell'esecuzione potrebbe richiedere o fare, e del'e quali sarà regolato processo verbale per essere inviato e rimesso alla cancelleria del Tribunale Supremo, all'effetto di averci dal Tribunale quel riguardo che sarà di ragione.

TITOLO XV.

Della Tortura.

Articolo Primo.

La tortura e ogni altra specie di tormenti, tanto nel corso del giudizio che dopo la condanna, sono aboliti.

TITOLO XVI.

Dei Sordi e Muti.

Articolo Primo.

Sarà dato dal giudice d'istruzione un curatore d'officio a un accusato riconosciuto muto o sordo, quale presterà giuramento di fedelmente defenderlo, e potrà segretamente conferire con esso per istruirsi per via di segni, scritture o altrimenti, e sarà fatto menzione in tutta la procedura della sua assistenza.

Art. 2.

Il curatore sottoscriverà col sordo o muto, se sanno scrivere, tutti gli atti della procedura, e sarà ammesso a fare tutto ciò che è permesso all'accusato medesimo.

Art. 3.

Se un accusato ricusasse di rispondere dopo tre interpellazioni fatte dal giudice, gli sarà dato un termine di ore ventiquattro per riflettere, e se persiste e ricusa di rispondere, l'informazione sarà continuata senza che gli sia dato curatore, facendo però menzione in tutti gli atti, ove deve intervenire, che ha ricusato di rispondere.

TITOLO XVII.

Del delitto di falso.

Articolo Primo.

Sarà proceduto in delitto di falso, tanto principale che incidente, nella stessa guisa e forma che si usa per tutti gli altri delitti.

Art. 2.

Gli scritti attaccati di falso saranno presentati al Presidente della giurisdizione e sottoscritti da esso, dal cancelliere, dalla parte querelante e dal prevenuto, al momento della sua comparsa, *ne varietur*, del che sarà fatto atto.

Art. 3.

Queste scritture, egualmente che quelle di comparazione,

saranno esibite ai testimoni al momento del loro esame e da essi sottoscritte, se sanno scrivere.

Art. 4.

Al momento che si presenterà dal giudice all'imputato la scrittura pretesa falsa, sarà interpellato a dichiarare se conosce le sottoscrizioni o alterazioni su di cui cade l'imputazione, e sarà regolato processo verbale delle dichiarazioni e risposte.

Art. 5.

Oltre la prova testimoniale, sarà anche ammessa quella per via di titoli e verificazione per mezzo di periti da nominarsi d'officio, i quali dovranno prestare giuramento di bene riempiere il loro incarico.

Art. 6.

La perizia sarà fatta in presenza del giudice e ne sarà regolato atto.

Art. 7.

I notari, e ogn'altro depositario di pubblici documenti, saranno tenuti di rimettere alla cancelleria gli scritti sospettati falsi, in virtù di un ordine per scritto del Presidente, che servirà loro di discarico; saranno tenuti di rimettere quelle scritture che potrebbero servire di comprovazione per essere subito rinviate in depositi, dove sono state estratte, dopo il giudizio definitivo.

TITOLO XVIII.

Obblighi de' testimoni, indennità e scuse.

Articolo Primo.

I testimoni che non si rendessero nel termine prescritto della citazione nanti il Tribunale, saranno condannati ad un'emenda di 25 lire, al pagamento della quale saranno astretti anche con cattura, nè quest' emenda potrà essere rimessa e moderata dal Tribunale.

Art. 2.

In caso di recidiva, oltre l'emenda di 25 lire, saranno condannati ad un mese di prigionia e privati di voce attiva e passiva per due anni.

Art. 3.

I testimoni saranno pagati a ragione di 25 sino a 40 soldi per giorno. Il giudice tasserà con discrezione il numero delle giornate che avrà impiegate, a contare dal momento della partenza, sino a quello del ritorno; questa tassa terrà luogo di mandato, pagabile da ogni tesoriere o direttore di dogana.

Art. 4.

Quando un testimonio citato a comparire in giustizia, non potrà farlo a cagione di malattia grave, spedirà nel termine assegnatogli un certificato giurato di un professore di medicina, che dichiarerà la qualità e gli accidenti della malattia e l'impossibilità di mettersi in cammino senza pericolo di vita, e lo farà verificare dalla municipalità e parroco del luogo ove si trova.

Art. 5.

Se la scusa si è ritrovata legittima, il giudice dell'istruzione potrà portarsi sul luogo per sentirlo, o delegare in caso di legittimo impedimento, una persona al suo luogo.

Art. 6.

Lo stesso sarà praticato per un accusato o gravemente ammalato o ferito.

TITOLO XIX.
Dei doveri e scuse dei Giurati.

Articolo Primo.

Niun cittadino, sotto alcun pretesto se non per motivi che sono o potranno essere determinati dalla legge, potrà rifiutarsi alle funzioni di giurato.

Art. 2.

La sola malattia legalmente provata con fede del medico munita di giuramento e comprovata dal certificato della municipalità e curato, potrà servire di scusa nell'assenza di un giurato convocato.

Art. 3.

Qualunque giurato, fuori che nel caso sopra previsto, che non sarà comparso, verrà condannato dal Tribunale Supremo a un'emenda di 50 lire, e sarà inoltre privo di voce attiva e passiva durante due anni.

TITOLO XX.

Delle Contumacie.

Articolo Primo.

La procedura sarà istruita contro i contumaci nella forma medesima praticata per gli accusati presenti, sino alla significazione del decreto di cattura.

Art. 2.

Se l'accusato non comparisce nel termine prescritto nell'ordine, per essere inteso, o se quello per essere arrestato e condotto non puole essere eseguito, sarà fatta perquisizione della sua persona ed i suoi beni saranno inventariati.

Art. 3.

Questa perquisizione sarà fatta e proclamata a domicilio della sua residenza, se ne avrà nella giurisdizione ove si istruisce il processo, se non, alla porta del Palazzo del Tribunale, e l'usciere ne formerà atto per essere unito al processo.

Art. 4.

L'annotazione pure e inventario de' beni dell'accusato, tanto mobili che immobili, sarà fatta contemporaneamente, ma con un atto separato, e posti sotto la custodia di un parente più prossimo, quale se ne dovrà rendere risponsevole, e questo per assicurare le spese del processo, i danni e interessi delle parti e le emende che potrebbero essere pronunziate.

Art. 5.

Otto giorni dopo il detto atto di perquisizione e proclamazione, il processo sarà continuato nella forma prescritta per gli avvocati presenti, ma senza che verun consigliere o avvocato per l'accusato possa esser ricevuto per difenderlo.

Art. 6.

Le condanne di morte e quelle ove interverrà pena afflittiva o infamante, saranno eseguite nel modo che sarà stabilito dal codice penale.

Art. 7.

Tutte le altre condannazioni per contumacia saranno significate al domicilio dell'accusato, se ne ha uno nella giurisdizione ove è stato istruito il processo, e in difetto, alla porta del Palazzo del Tribunale Supremo.

Art. 8.

L'accusato contumace presentandosi nel termine di cinque anni, a contare dal giorno dell'esecuzione o significazione del giudizio, e costituendosi prigione, da quel giorno tutti gli atti del processo fatti contro di lui, compreso il giudizio, saranno annullati in virtù del presente decreto e sarà tolta l'annotazione fatta su i suoi beni, ne' quali entrerà immediatamente, previo il pagamento di tutte le spese del processo.

Art. 9.

Se qualche accusato detenuto nelle carceri fugge, sarà riguardato come contumace.

Art. 10.

La procedura e il giudizio dell'accusato contumace o preso, saranno rinnovati; unllameno le deposizioni de' testimoni stessi faranno prove contro di esso.

Art. 11.

Se dentro i cinque anni, gli accusati contumaci non si presentano o non si costituiscono, le condannazioni saranno riputate fatte in giudizio contraditorio, nè l'accusato sarà più ammesso per purgare la contumacia.

TITOLO XXI.
Delle Prigioni.

Articolo Primo.

Presso del Tribunale Supremo, o di ogni tribunale di giurisdizione, vi saranno delle prigioni per tener in luogo di sicurezza quelli contro de' quali sarà intervenuto o ordine di arresto, o decreto di cattura, o condanna che porti pena di prigionia.

Art. 2.

Le prigioni devono esser sicure, ma nel tempo stesso, saranno proprie, sane e ariose; il nutrimento bastante e buono e la paglia necessaria cambiata sovente.

Art. 3.

I giudici e gli avvocati del Re, tanto del Tribunale Supremo, che delle giurisdizioni, sono espressamente incaricati di fare a vicenda, almeno due volte la settimana, la visita delle prigioni e invigilare a che non sia trascurato quanto è prescritto nell'articolo precedente.

Art. 4.

La guardia delle prigioni sarà confidata a un uomo di probità e di costumi senza rimprovero e che sappia leggere e scrivere, maggiore di venticinque anni; avrà il nome di carceriere e presterà giuramento nanti il tribunale di esercitare con esattezza, attenzione e fedeltà il suo impiego, e di trattare con umanità quelli che saranno rimessi alla sua custodia.

Art. 5.

I carcerieri saranno obbligati di avere un registro numerato e cifrato in ciaschedun foglio dal Presidente e diviso in due colonne.

Art. 6.

In una delle dette colonne, scriverà il nome dell'arrestato e della persona che lo presenta, la data della presentazione e il decreto o giudizio in virtù del quale è stato condotto nelle carceri, il qual decreto o giudizio dovrà essergli significato; nell'altra colonna scriverà la data del rilascio e dell'ordine in virtù del quale il rilascio sarà fatto; il qual ordine dovrà pure essergli significato.

Art. 7.

Niun carceriere potrà ricevere o ritenere nelle prigioni alcun uomo se non in virtù di un ordine di arresto, o di un decreto di cattura, o giudizio di condanna, di cui è stato qui sopra parlato, sotto pena della perdita del suo impiego e di 100 lire di emenda e un mese di prigionia.

Art. 8.

È proibito ai carcerieri di permettere la comunicazione di qualsivoglia persona coi prigionieri a meno che non venga loro diversamente ordinato per iscritto dai giudici, siccome pure non permetteranno che possano ricevere o scrivere lettere.

Art. 9.

I carcerieri visiteranno spesso le prigioni; nel caso che vi sia qualche ammalato, ne faranno subito parte ai giudici, perchè possano procurargli i soccorsi e la cura necessaria dei medici e chirurghi.

Art. 10.

I carcerieri non potranno pretendere nè ricevere alcuna somma per diritto di consegna e dimora: potranno bensì esigere 24 soldi per la sortita di ogni detenuto, sia che la prigionia sia stata lunga o breve.

Art. 11.

Sarà giornalmente somministrato ai prigionieri criminali, dal carceriere, una libbra e mezzo di pane bianco, dell'acqua, e ogni otto giorni della paglia, il tutto di buona qualità.

Art. 12.

Quelli che saranno incaricati di questa fornitura, ne saranno rimborsati dalla cassa pubblica alla fine di ogni mese sugli stati verificati dal presidente o avvocato del Re e ordinati dal Re.

Art. 13.

Le donne arrestate saranno poste in carceri separate da quelle degli uomini.

Il Signor Presidente ha sciolta la sessione alle ore due dopo mezzo giorno e l'ha rinviata a dimani alle ore nove della mattina.

Giafferri, presidente.
Muselli.

Sessione del 2 Maggio 1795.

(*Alle ore nove della mattina*).

I membri della Camera riuniti, la sessione è stata aperta colla lettura del processo verbale di quella di ieri, la di cui redazione è stata approvata.

È stata fatta lettura di una memoria del Sig. Orso Giovan Paoli, opponente contro la nomina del Sig. Casanova, membro alla Camera per la pieve di Rogna, reclamando una pronta decisione sopra le sue opposizioni.

La Camera ha rinviata la memoria del petizionario al suo comitato di verificazione, invitandolo a farne rapporto il più prontamente che potrà.

Il Reverendo Felice Carlo Buonaccorsi, pievano di Santa Maria di Brando, ha rappresentato alla Camera che la vicaria di esso, stabilita nella chiesa di Sant'Erasmo del villaggio d'Erbalunga, sarebbe di troppo aggravio al popolo nelle attuali circostanze, ed ha richiesto che venga sospesa fino alla prossima circoscrizione delle parrocchie.

La Camera, visto il suo decreto del 25 dello scorso mese di

aprile, concernente la fissazione della congrua dei curati e vicari del Regno, è passata all'ordine del giorno.

Un membro del comitato delle finanze ha fatto lettura del progetto di decreto per la creazione di un controllore per visitare i scagni della dogana, quelli del controllo ed i magazzini di sale, del qual progetto fu incaricato dalla Camera.

Intesane la lettura, la Camera ha dichiarato che vi era luogo a deliberare, ha ordinato l'impressione del decreto per essere distribuito, discusso ed arrestato nelle forme ordinarie.

La Camera, dopo avere separatamente discussi tutti gli articoli ed intese le opinioni di vari membri, ha definitivamente arrestato il decreto nei termini seguenti, per essere sottoposto alla sanzione di Sua Maestà.

Decreto della Camera di Parlamento del Regno di Corsica, sopra gli abusi campestri, letto nelle sessioni dei 16 e 30 aprile e definitivamente arrestato nella sessione del 2 maggio 1795.

Considerando che la buona guardia delle campagne, la giusta riparazione dei danni che vi si commettono ed i mezzi di liberarle dalla incursione, assicurano sempre più la coltura ed il di lei incremento : — Piaccia perciò all'Eccellentissima Maestà del Re, col consenso della Camera riunita in questa presente sessione e per autorità della medesima, statuire e sia statuito come segue :

TITOLO PRIMO.
Disposizioni generali.

Articolo Primo.

Il diritto di comun pascolo fra le comunità, sopra i beni comunali, è abolito, salvo il caso in cui sia provato per mezzo di pubbliche scritture e fondato sopra una prescrizione costante e immemorabile. Le vie di fatto che possono essere state commesse durante la rivoluzione, non sono valevoli ad interrompere la prescrizione.

Art. 2.

Qualunque proprietario può chiudere di mura, fossi o siepi il suo terreno.

Art. 3.

Non può però obbligare il suo vicino a concorrere alla spesa della chiudenda, nè pregiudicar coloro che vi avessero legittima servitù di passo o altra da praticarsi a minor danno, a giudizio di periti.

Art. 4.

Sarà permesso a ciascuno di unire il suo muro, fosso o siepe a quello del vicino confinante, quando il muro, fosso o siepe saranno piantati sul termine divisorio.

Art. 5.

Il vicino che vorrà unire il suo muro, fosso o siepe al muro, fosso o siepe del suo confinante, sarà tenuto di pagare a questi la metà del prezzo della siepe, del muro o fosso a cui vorrà unire, o appoggiare il suo ; l'obbligo di pagare la metà converrà anche per qualunque approssimasse il suo muro, fosso o siepe a quello del vicino, in modo che il suo proprio bene ne rimanesse difeso.

Art. 6.

Qualunque proprietario può obbligare il suo vicino ad apporre a spese comuni, i termini divisori fra un bene e l'altro.

Art. 7.

Quando alcuno chiuda un suo terreno, nel corpo del quale ve ne sia un pezzo di un altro, goderà del pascolo di questo, ammeno che il proprietario non concorra alla spesa della chiudenda con quella proporzione che sarà determinata dai periti.

Art. 8.

In tutte le comunità del Regno, i respettivi ufficiali municipali e consiglieri, procederanno in ogni anno alla divisione del loro territorio e determineranno la parte che dovrà seminarsi nell'anno prossimo e quella che dovrà servire al pascolo; non sarà permesso alle comunità di vendere a conto del comune i pascoli dei terreni, anche appartenenti ai particolari.

Art. 9.

I proprietari dei beni compresi sotto il nome di *procojo* o confina, potranno distribuire la coltura, come meglio gli parrà.

Art. 10.

Non ostante il contenuto nei precedenti articoli, sarà lecito ai proprietari dei terreni che saranno nella parte destinata al pascolo, coltivarli e seminarli a loro talento; ed i proprietari dei terreni che saranno nella parte destinata alla seminiera, di destinarli al pascolo, purchè nell'uno e nell'altro caso sieno chiusi e posti in istato di difesa.

Art. 11.

Quando le prese destinate al pascolo diverranno nella futura divisione prese destinate alla seminiera, i beni dei particolari che si troveranno in dette prese destinate al pascolo, non potranno essere esclusi dalle prese che diventano prese di seminiera, senza il consenso dei detti particolari.

Art. 12.

Tutte le contestazioni che si eleveranno sopra l'esecuzione degli articoli 8, 9, 10, saranno giudicate dal Re sopra le memorie sommarie delle parti.

TITOLO II.
Dell'elezione dei Guardiani.

Articolo Primo.

Otto giorni dopo la pubblicazione del presente atto di Parlamento per questo anno nelle comunità, nelle quali non ve ne sono ancora nominati, si procederà in un'assemblea comunale, che sarà convocata dagli ufficiali municipali e presieduta dal Podestà, all'elezione convenevole dei guardiani.

Art. 2.

I detti guardiani entreranno subito in esercizio.

Art. 3.

In ogni anno ed all'epoca che crederanno necessaria, gli ufficiali municipali riuniranno la comunità per procedere all'elezione dei guardiani, sotto pena di rispondere dei danni.

Art. 4.

I guardiani dovranno essere scelti fra le persone di probità, atte e capaci all'impiego.

Art. 5.

Qualora sarà giudicato convenevole, e la persona nominata atta e capace all'impiego a giudizio del Re, colui che sarà eletto non potrà ricusarsi, sotto pena di cento franchi di emenda applicabile metà alla comunità, e l'altra metà alla cassa pubblica.

Art. 6.

Le persone nominate in guardiani potranno in caso di legittimi motivi sotto la loro responsabilità far esercitare le loro funzioni da un altro, previa però l'approvazione degli utficiali municipali e consiglio.

Art. 7.

Nel caso dell'articolo precedente, la sentenza che sarà pronunciata contro la persona sostituita, sarà eseguita contro del principale, senza obbligo di alcuna citazione o di altra formalità, salvo il di lui ricorso contro colui che egli avrà sostituito.

Art. 8.

In caso di morte o di sopraggiunta continuata impotenza di uno o più guardiani, gli ufficiali municipali e consiglio ne nomineranno provvisoriamente altri in luogo di quello o quelli, ed il salario sarà ripartito a misura del tempo che avranno servito, a giudizio degli ufficiali municipali e consiglio.

Art. 9.

In caso di malattia di non lunga durata, i guardiani dovranno far guardare il territorio commesso alla loro cura, da quella persona che sceglieranno da approvarsi dagli ufficiali municipali e consiglio.

Art. 10.

Oltre i guardiani comunali, ogni propretario è autorizzato a nominare prima dell'assemblea della comunità, uno o più guardiani speciali nelle forme seguenti:

1° La dimanda sarà fatta al presidente della giurisdizione che sarà tenuto di comunicarla agli ufficiali municipali, che daranno il loro parere, siasi sulla convenienza di detta nomina, che sull'idoneità delle persone.

2° Nessun guardiano particolare sarà accordato che per un bene, ove fosse necessario, attesa l'estensione o la natura della coltura di detto bene.

Art. 11.

I beni sotto la custodia dei guardiani nominati in conformità dei due precedenti articoli, non saranno gravati dalla spesa per la guardia comune, ed i guardiani generali del territorio sono discaricati dei danni che vi potrebbero seguire.

Art. 12.

I suddetti guardiani, dopo che avranno prestato giuramento nanti gli ufficiali municipali, avranno fede in giustizia nella maniera che sarà detto dai guardiani delle comunità.

TITOLO V.
Delle obbligazioni dei Guardiani.

Articolo Primo.

I guardiani prima di entrare in esercizio saranno tenuti di presentarsi nanti la loro municipalità a fare il giuramento di bene e fedelmente esercitare il loro impiego, e di vegliare con diligenza alla conservazione degli oggetti confidati alla loro custodia.

Art. 2.

Saranno tenuti di guardare le campagne commesse alla loro cura, durante il corso di tutto l'anno senza discontinuazione. Veglieranno alla conservazione dei prodotti di qualunque sorte, ed a che non venga commesso alcun guasto, danno o furto nel territorio loro confidato, e ne determineranno gli autori sotto pena di esser tenuti del proprio.

Art. 3.

Le denuncie dovranno farsi alla cancelleria municipale nel termine di due giorni, ed il cancelliere sarà tenuto di registrarle in un registro a ciò destinato, senza pretendere dai guardiani alcuna retribuzione, salvo quello che è detto nell'atto di Parlamento concernente la giurisdizione municipale.

Art. 4.

Fatta che sarà la denuncia, i guardiani saranno tenuti di avvertirne il dannificato nel termine di ore ventiquattro.

Art. 5.

Oltre il nome dell'autore del danno, oltre la qualità, pelame e quantità del bestiame che avrà cagionato danno, il nome del padrone o custode del medesimo, la specificazione del luogo dove il danno è stato commesso, e del nome del proprietario, dovranno dichiarare il giorno nel quale il furto o danno è stato commesso, e se di mattina o di sera, o pur di notte.

Art. 6.

La denuncia di un solo guardiano avrà piena fede in giustizia fino alla somma di sei franchi; la denuncia di due guardiani o di uno di essi con testimonio, avrà piena fede per qualunque somma.

Art. 7.

Quando i guasti o furti vengano commessi da militari armati o disarmati nel passaggio delle truppe da un luogo all'altro, dovranno farne la denuncia fra giorni due, ed avvertirne nello stesso termine il danniﬁcato.

Art. 8.

Nel caso di sopra espresso il danniﬁcato avrà diritto di provvedersi contro il capo del distaccamento.

Art. 9.

Quando il guasto o furto sia commesso da militari in guarnigione, i guardiani saranno tenuti non solo di farne la denuncia come sopra, ma di procurare che siano arrestati al primo portamento.

Art. 10.

Il denunciato come autore del danno potrà provvedersi contro del guardiano in giudizio di falsità. Quest'azione però non potrà ritardare la condanna del denunciato, ed il pagamento del danno e dell'emenda.

Art. 11.

I guardiani incontrando bestie a far danno, saranno tenuti

di arrestare il bestiame, se possono, ed in caso l'arrestino, avranno il premio seguente : cioè, soldi sei per ogni bue, vacca, mulo o cavallo ; soldi quattro per ogni somaro, capra, porco o troja ; e soldi due per ogni pecora, castrato o montone.

ART. 12.

Il diritto di presura sarà del doppio, se il bestiame è stato arrestato di notte.

ART. 13.

Qualunque insulterà il guardiano o guardiani, mentre arresteranno, o dopo aver arrestato bestie trovate a far danno, sarà condannato all'emenda di franchi venticinque, e ai danni ed interessi del guardiano e ad altra pena maggiore stabilita dalla legge.

ART. 14.

I guardiani non potranno dare per malfattore il proprietario del bene, nel quale è seguito il danno, nè alcuno della sua famiglia, a meno che non provino la verità della denuncia con la deposizione di un testimonio degno di fede.

TITOLO IV.

Del salario dei Guardiani.

ARTICOLO PRIMO.

Il salario dei guardiani sarà tassato dall'assemblea della comunità, che li avrà nominati, e ripartito tra i proprietari, a proporzione delle loro possessioni.

Art. 2.

Il salario potrà esser tassato in derrate o in danaro, come sarà giudicato più convenevole dalla detta assemblea, conformandosi quanto più sia possibile all'uso e comodo dei paesi ed al desiderio più comune dei contribuibili.

Art. 3.

Se il salario sarà fissato in derrate, dovrà farsene il pagamento all'epoca della raccolta delle medesime.

Art. 4.

Gli ufficiali municipali saranno tenuti di fare uno stato di tutti i contribuibili con la dimostrazione della quantità di derrate o somma a cui ciascuno sarà tassato, di farlo inscrivere sopra un registro e di farne affiggere copia alla porta della chiesa.

Art. 5.

Sarà permesso a ciascun contribuibile di prendere conoscenza di detto registro, senza che il cancelliere possa pretendere alcuna contribuzione.

Art. 6.

Colui che vorrà riclamare contro la somma alla quale è stato tassato, si provvederà per mezzo di semplice memoria nanti il podestà della pieve, il quale sarà tenuto di render giustizia sommariamente, e senza spesa.

Art. 7.

Se il giudizio del podestà conferma la tassa fatta dall'assemblea, non vi sarà luogo ad alcun appello ; nel caso contrario, l'appello sarà devoluto al tribunale della giurisdizione.

Art. 8.

Il disposto nei due articoli precedenti sarà osservato, anche nel caso che i guardiani credano di dover riclamare contro la tassa del loro salario.

Art. 9.

Nelle comunità dove il salario sarà fissato in danaro, il pagamento dovrà farsi in quattro rate di tre in tre mesi.

Art. 10.

Ciascun contribuibile otto giorni prima la spirazione dei tre mesi, sarà tenuto di consegnare al primo padre del comune, che ne farà ricevuta, la quarta parte della tangente, che dovrà pagare per l'anno intiero.

Art. 11.

In caso di ritardato pagamento, gli ufficiali municipali saranno tenuti di procurarne l'esigenza, anche per mezzo della forza pubblica; altrimenti saranno tenuti del proprio.

Art. 12.

I guardiani, in caso di negligenza dalla parte degli ufficiali municipali di esigere dai contribuibili la loro porzione in ogni trimestre, si presenteranno nanti il podestà della pieve, che sarà tenuto di render loro giustizia al più tardi nel termine di giorni otto.

Art. 13.

Nel caso in cui i guardiani non denuncino l'autore del danno, o guasto, sarà lecito al dannificato di far sequestrare presso il padre del comune, se è fissato in danaro, o presso di qualunque contribuibile, se in derrate, il salario loro dovuto, con l'obbligo però di sperimentare e far decidere le sue ragioni dagli ufficiali municipali nel termine di un mese da quello del sequestro; il qual termine passato, il sequestro sarà nullo, ed il padre del comune, o il contribuibile saranno tenuti senza alcuna formalità di giudizio di pagargli il loro salario.

TITOLO V.
Del bestiame, risarcimento di danni ed emende.

Articolo Primo.

Le emende di cui si parlerà in appresso, saranno distribuite nella maniera seguente, cioè un quarto alla comunità del territorio nel quale sarà seguito il danno, un quarto al cancelliere, un altro ai guardiani, ed un quarto alla cassa pubblica.

Art. 2.

Il procuratore della comunità sarà tenuto di fare tutte le diligenze per far condannare il denunziato al pagamento dell'emenda fra giorni trenta, da quello della denuncia.

Art. 3.

La distribuzione dell'emenda si farà in ogni trimestre in quel giorno che sarà indicato dagli ufficiali municipali.

Art. 4.

Il procuratore della comunità risponderà del proprio per

quelle emende che saranno, o hanno dovuto esser pronunciate nel corso dei tre mesi, o di cui non giustificherà di aver perseguitato il pagamento.

Art. 5.

Tutte le emende dovranno esser pagate al primo padre del comune, che dovrà farne ricevuta a chi la pagherà.

Art. 6.

Il detto padre del comune sarà tenuto d'inscrivere sopra un registro a ciò destinato tutte le emende che gli saranno pagate.

Art. 7.

Tutte le emende di cui si parla nella presente legge, saranno pagabili anche per mezzo di cattura.

Art. 8.

Nessuna capra casareccia potrà uscire nè entrare nei circondi del paese, se non sarà legata; gli ufficiali municipali indicheranno i detti circondi.

Art. 9.

Il custode della capra che sarà trovata sciolta nei circondi stati fissati, sarà condannato all'emenda di soldi venti, ogni qual volta seguirà la contravvenzione, oltre la rifazione dei danni, se ne saranno stati cagionati.

Art. 10.

Le capre non potranno in alcun tempo condursi a pascolare nei boschi e gualdi di alto fusto appartenenti ai particolari, o al pubblico, senza il consenso del proprietario, sotto pena di soldi dieci di emenda per ogni capra.

Art. 11.

In tempo di ghiande, i porci non potranno essere condotti al pascolo nei boschi e gualdi di alto fusto appartenenti ai particolari o al pubblico, senza il consenso del proprietario, sotto pena di dieci soldi d'emenda per ogni porco.

Art. 12.

I porci casarecci dovranno abitualmente tenere al collo una catena triangolare di legno di tre palmi, a meno che non siano legati, o chiusi, sotto pena di soldi venti d'emenda ogni qual volta saranno trovati liberi.

Art. 13.

I proprietari e custodi delle vaccine, muli, somari e cavalli, che saranno trovati il giorno a far danno in terreno chiuso, oltre il pagamento del danno e della presura, saranno tenuti ad un'emenda di soldi trenta per testa. la quale sarà del doppio, se la bestia vi è stata introdotta volontariamente di notte.

Art. 14.

Se il terreno è aperto ma coltivato, l'emenda sarà di soldi dieci.

Art. 15.

Quello che si è detto negli articoli precedenti riguardo alle vaccine, muli, somari e cavalli, avrà luogo egualmente per i porci: l'emenda però, se il luogo è chiuso, sarà di soldi dieci per testa, e sarà del doppio, se vi saranno introdotti volontariamente, o di notte; se il terreno sarà aperto, l'emenda sarà di soldi quattro per testa.

Art. 16.

Le capre trovate a far danno in luoghi chiusi, saranno confiscate alla diligenza del procuratore del comune e vendute al pubblico incanto a profitto, metà della comunità e l'altra metà della cassa pubblica, quando sieno state arrestate; nel caso contrario, il proprietario o custode sarà tenuto al pagamento del valore delle medesime, per il numero che sarà dichiarato dai guardiani; sarà inoltre il custode condannato in giorni otto di carcere, salva l'azione del proprietario contro i custodi o padroni.

Art. 17.

Sul risultato della vendita delle capre o sul valore delle medesime, sarà pagato il prezzo del danno, ed ai guardiani il diritto di presura; se il danno è maggiore del prezzo delle capre, il custode sarà tenuto al risarcimento del di più.

Art. 18.

Se il terreno sarà aperto, ma coltivato, il proprietario o custode saranno tenuti, oltre del pagamento del danno e della presura, ad un'emenda di soldi venti per ogni capra che sarà arrestata, o secondo il numero che sarà dichiarato dai guardiani.

Art. 19.

L'emenda sarà del doppio, se il danno è stato commesso di notte.

Art. 20.

È proibito a qualunque di condurre a pascolare le capre nella distanza di trecento passi dal coltivato, sotto pena, oltre dell'emendazione del danno se ne avranno occasionato, di soldi dieci d'emenda per ogni capra.

Art. 21.

Le terre vane, vaghe ed abbandonate, sono libere all'incursione e pascolo del bestiame.

Art. 22.

Il procuratore del comune sarà tenuto sotto la sua risponsabilità, di richiedere dalla municipalità la pronuncia dell'emenda, quando anche il dannificato non riclami contro del dannificante il suo danno.

Art. 23.

Il padrone della bestia trovata a far danno, non potrà liberarsi dal pagamento del medesimo e dall'emenda abbandonando la stessa bestia.

Art. 24.

La sola denuncia giurata del dannificato sarà bastevole per far condannare il padrone della bestia al pagamento del danno, quando non ecceda la somma di lire tre, senza pregiudizio della prova che il dannificante potrebbe fare in contrario, e sarà valevole per un danno anche maggiore, quando sia accompagnata dalla deposizione di un testimonio maggiore di ogni eccezione.

Art. 26.

Qualunque volta i guardiani avranno arrestata qualche bestia, dovranno farne la denuncia alla cancelleria municipale fra due giorni e gli ufficiali municipali la metteranno sotto la custodia di una persona da loro incaricata a quest'effetto.

Art. 27.

Quando il padrone si presenterà a domandarla, gli sarà subito restituita, pagandosi dallo stesso il diritto di presura e dando buona e valevole sicurtà di pagare quello che sarà giudicato da approvarsi dal Podestà, ed in caso d'impedimento dal primo padre del comune.

Art. 28.

La sicurtà farà la sua sommissione alla cancelleria municipale.

Art. 29.

La persona incaricata della custodia della bestia, potrà esigere l'indennità per il di lei nutrimento, durante il tempo che l'avrà mantenuta, a giudizio dei municipali.

Art. 30.

Quello che si è detto negli articoli precedenti, concernente le bestie arrestate dai guardiani, avrà luogo anche nel caso in cui siano state arrestate dal proprietario del fondo che ha sofferto il danno.

Art. 31.

Se nel termine di giorni otto, non si presenta alcuno a chieder la bestia arrestata e di cui non sia conosciuto il padrone, sarà annunciata un giorno festivo all'uscir del popolo dalla santa messa, tanto nella comunità dove è stata arrestata, che nelle due più vicine.

Art. 32.

Fatta la detta ammonizione, se dentro lo spazio di giorni quindici, alcuno non si presenta a chiederla, ne sarà fatta vendita al pubblico incanto dagli ufficiali municipali della comunità nel di cui territorio è stata trovata a far danno, e il prodotto, dedotte le spese, il prezzo del danno ed il diritto di presura e le parti dell'emenda dovuta ai guardiani, al cancelliere ed alla comunità, resterà in deposito per un anno, affine di esser rimesso al padrone, se in questo termine sarà conosciuto, e dopo questo termine apparterrà metà alla cassa della comunità e l'altra metà alla cassa nazionale.

Art. 33.

Se una o più bestie saranno trovate a far danno per due volte, senza che i guardiani abbiano potuto arrestarle, nè conoscerne il padrone, ne faranno la loro dichiarazione alla cancelleria, indicandone la qualità ed il pelame.

Art. 34.

Gli ufficiali municipali ne daranno avviso a quelli delle due comunità più vicine.

Art. 35.

Dopo la suddetta dichiarazione ed avviso, tanto gli ufficiali municipali della comunità, nel di cui territorio la bestia avrà fatto il danno, che quelli delle due comunità più vicine, ne faranno far ammonizione un giorno festivo all'uscir del popolo della santa messa, per mezzo dell'usciere che la farà per iscritto, e ne farà il rapporto alla cancelleria.

Art. 36.

Otto giorni dopo la detta ammonizione, se la bestia ritorna a far danno, potrà essere uccisa dai guardiani, previo l'ordine degli ufficiali municipali da darsi per iscritto.

Art. 37.

La carne di detta bestia, quando possa servire al nutrimento degli uomini, sarà venduta, ed il risultato, dedotto il valore del danno e soldi venti per ciascuno dei guardiani che l'hanno trovata a far danno e le porzioni delle emende come sopra, resterà in deposito alla cancelleria durante il termine di un anno per esser consegnato al padrone se si presenta, e questo passato, apparterrà metà alla cassa pubblica e l'altra metà a quella della comunità.

Art. 38.

I padroni delle galline trovate a far danno saranno tenuti al refacimento del medesimo.

Art. 39.

Colui che avrà sofferto dei danni nella campagna, sarà tenuto di provvedersi nanti la municipalità fra tre mesi dal giorno dell'estimo o della revisione. Passati i detti tre mesi, qualunque azione rimarrà prescritta e perenta.

TITOLO VI.

Dei Losieri o siano Estimatori.

Articolo Primo.

Le municipalità e consiglio di ciascuna comunità eleggeranno ogni due anni, due o più losieri, o siano estimatori, per estimare i danni; gli eletti nel primo biennio potranno essere rieletti.

Art. 2.

I detti losieri o siano estimatori, dopo la loro nomina saranno tenuti alla diligenza del procuratore del comune, di presentarsi nel giorno che loro sarà indicato, nanti la municipalità e fare il giuramento di bene e fedelmente esercitare il loro uffizio, ed il cancelliere scriverà l'atto nel registro che sarà sottoscritto dai detti losieri o siano estimatori, se sanno scrivere.

Art. 3.

Il salario dei losieri sarà di soldi dieci a ciascuno per ogni losa o sia estimo, a meno che fra i losieri e la comunità non sia convenuto diversamente.

Art. 4.

I losieri saranno tenuti di procedere all'estimo sulla semplice richiesta verbale del dannificato.

Art. 5.

L'estimo dovrà esser fatto da due losieri non interessati nè parenti delle parti, infino al terzo grado inclusivamente.

Art. 6.

Nel caso in cui i losieri o estimatori ordinari siano parenti sino al grado suddetto, o legittimamente impediti, le parti interessate potranno farne nominare altri dalla municipalità, che dovranno fare la loro perizia con giuramento.

Art. 7.

L'estimo dovrà esser fatto nel termine di giorni otto a contare da quello della denuncia; gli estimatori saranno tenuti di dichiarare le vestigia del danno.

Art. 8.

Quando i due periti siano discordi, la municipalità nominerà un terzo, e l'estimo fatto in questo caso da due che siano d'accordo, farà la prova della quantità del danno.

Art. 9.

Se tutti tre sono discordi, il terzo del resultato delle tre perizie sarà il vero valore del danno.

Art. 10.

I losieri o siano estimatori, che dovranno estimare un danno dovranno esser sempre presi fra quelli della comunità nel di cui territorio è seguito.

Art. 11.

Quando accadesse che in una comunità non si potessero avere losieri non parenti e non interessati, il dannificato potrà far fare l'estimo da due losieri della comunità più vicina, o ne farà nominare due dalla sua municipalità.

Art. 12.

Dell'estimo dei losieri non sarà ammessa alcuna revisione.

Art. 13.

Nell'estimo però delle biade ed altre produzioni potranno i losieri riservarsi, se lo giudicheranno necessario, la facoltà di rivedere in altra epoca il danno e farne altro estimo.

Art. 14.

Le dichiarazioni degli estimi dovranno farsi uanti il cancelliere della comunità, nel di cui territorio il danno è stato seguito.

Art. 15.

Il cancelliere, quantunque parente delle parti, non potrà ricusarsi, sotto pena di lire 12 di emenda, e dei danni ed interessi delle parti, di ricevere ed inscrivere sul registro le denuncie e gli estimi.

TITOLO VII.

Delle chiudende.

Articolo Primo.

Il terreno si dirà chiuso e capace ad impedire l'ingresso al bestiame, se sarà circondato di muro, fosso, siepe o piottoli a giudizio di due losieri o siano estimatori, i quali dovranno fare, subito che ne saranno richiesti dal proprietario, la riconoscenza, ed indi le loro dichiarazioni alla cancelleria,

Art. 2.

Il diritto di pascolo reciproco o non reciproco fra particolari non impedirà al proprietario del fondo di poterlo chiudere, a meno che questo diritto non risulti provato da una convenzione per iscritto o da un possesso immemorabile.

Art. 3.

In caso che detta convenzione o possessione immemorabile siano provate, potrà il proprietario del fondo liberarlo da detta servitù, pagando a colui, al quale è dovuto, quello che sarà giudicato da due pubblici estimatori da eleggersi dalle parti, ed in caso di discordia, da un terzo che sarà nominato dal presidente della giurisdizione dove il bene è situato.

Art. 4.

Quando i tre periti siano discordi, il vero valore sarà il terzo del risultato degli estimi riuniti insieme.

TITOLO VIII.
Degli incendi e debbi.

Articolo Primo.

Qualunque avrà occasionato incendio alla campagna sarà tenuto al pagamento dei danni, e ad un'emenda di venticinque fino a cento lire ; se l'avrà commesso per malizia, sarà inoltre condannato alle pene che saranno determinate dalla legge.

Art. 2.

Niuno potrà dar fuoco ad uno o più debbi o diceppi senza

averne prevenuti gli ufficiali municipali. I detti municipali indicheranno in ogni anno le epoche nelle quali si potrà dar fuoco ai debbi o diceppi.

Art. 3.

In caso che il debbio cagioni incendio che si estenda oltre il terreno debbiato o diceppato, colui che lo avrà fatto sarà tenuto a tutti i danni, e quando siano stati accesi più debbi nelle vicinanze, se non si conosce manifestamente qual'è il fuoco del debbio che ha cagionato l'incendio, i danni dovranno pagarsi da tutti gli autori di detti debbi solidariamente, salvo all'uno a provvedersi verso dell'altro e viceversa.

Art. 4.

Qualunque avrà acceso un debbio, o diceppo, senza averne prevenuti gli ufficiali municipali, avanti l'epoca da loro fissata, o in tempo che soffi vento forte, sarà tenuto, oltre dei danni che potrà aver occasionati, in lire cinquanta fino in cento di emenda, oltre le altre pene che potranno esser determinate dalla legge.

Art. 5.

Nei casi suddetti, il padre sarà tenuto per il figlio, se convive con lui, il padrone per il servo, e colui che avrà fatto il debbio per gli operai che avrà impiegati ad accenderlo, salvo il suo ricorso contro i medesimi se vi sarà luogo.

Art. 6.

Colui che avrà acceso fuoco alla distanza di cinquanta passi, da una meta di grano, orzo, segala, o legumi, o ad egual distanza di un campo sementato a grano, orzo, segala o legumi già maturi, o recisi sul campo, boschi ed alberi fruttiferi e che siano da detto fuoco danneggiati, sarà tenuto oltre del pagamento del danno ad un'emenda di lire 50 e ad altre pene determinate dalla legge in caso di malizia.

TITOLO IX.

Dell'attossicamento dell'acque.

Articolo Primo.

È proibito a qualunque persona di gettar nelle acque, tanto correnti che stagnanti, del veleno, calcina, paste, droghe, esche, erbe e radici, pregiudicevoli ai pesci, sotto pena di cento lire di emenda, pagabili in solidum, dei danni ed interessi, oltre le altre pene, che possano essere determinate dalla legge.

Art. 2.

Nella stagione in cui si sogliono macerare i lini e le canape, gli ufficiali municipali delle rispettive comunità del Regno saranno tenuti d'indicare ogni anno, il luogo, il modo ed il tempo in cui dovranno porsi a macerare.

Art. 3.

Il lino o la canapa di coloro che l'avranno posti a macerare in luogo, modo e tempo diverso da quelli indicati dagli ufficiali municipali, o prima che siano stati indicati, saranno confiscati. I proprietari inoltre saranno tenuti a tutti i danni che potranno essere accaduti.

TITOLO X.

Delle strade.

Articolo Primo.

Qualunque sarà convinto di aver occasionato danno in una strada pubblica o comunale, sarà tenuto alle spese delle riparazioni e ad un'emenda di lire dieci.

Art. 2.

In caso che il reo non sia conosciuto, le riparazioni dovranno farsi dalla comunità, nel di cui territorio esiste la strada.

Art. 3.

Qualunque usurperà o in tutto o in parte una strada pubblica o comunale, sarà condannato in lire cinquanta di emenda, ed a rimetterla nel pristino stato.

Art. 4.

Gli ufficiali municipali di ogni comunità sono tenuti di visitare ogni anno la strada delle rispettive comunità, e farne riparare i guasti sotto pena di risponder del proprio.

Art. 5.

I possessori di beni contigui alle strade pubbliche e comunali saranno tenuti d'intrattenere in buono stato i muri ed i fossi che servono a chiudere i detti loro beni o a ricevere lo scolo dell'acque, sotto pena di lire dieci di emenda.

Art. 6.

Quelli i di cui terreni sono traversati o circondati da fossi, sono tenuti di purgarli ogni anno, in maniera onde le acque abbiano libero il loro corso, e non divengano stagnanti e perniciose alla salubrità dell'aria.

Art. 7.

Gli ufficiali municipali delle rispettive comunità sono specialmente incaricati di vegliare all'esecuzione dei due precedenti articoli.

TITOLO XI.

Delle vendemmie.

Articolo Primo.

È proibito a chiunque di vendemmiare nelle vigne avanti l'epoca che sarà fissata dagli ufficiali municipali e consiglio.

Art. 2.

I contravventori saranno condannati a dieci lire di emenda.

Art. 3.

Potranno però gli ufficiali municipali autorizzare chi richiederà a vendemmiare prima dell'epoca che sarà da loro determinata.

TITOLO XII.

Dei furti e danni cagionati dagli uomini.

Articolo Primo.

Quello che ruberà qualunque siasi produzione destinata al nutrimento degli uomini o altre produzioni utili della terra conservate in campagna, sarà condannato al pagamento del danno, a tre fino a lire sei di emenda ed alla carcere, che non potrà eccedere lo spazio di giorni otto, oltre le altre pene che potranno essere pronunziate dalla legge.

Art. 2.

In caso di ricidiva, l'emenda e la carcerazione potrà essere del doppio, o pure potranno gli ufficiali municipali condannare il ladro ad essere esposto col furto sul corpo, in caso che sia stato arrestato nel momento che lo ha commesso, per due ore alla vista del popolo sulla porta della casa comune.

Art. 3.

Il furto e danneggiamento di alberi fruttiferi sarà punito colla carcerazione, che non potrà eccedere giorni otto ; sarà inoltre il ladro tenuto al danno, e ad un'emenda di tre fino a lire dieci.

Art. 4.

Niuno, senza espressa permissione del padrone, potrà far pali o legna nell'altrui macchie sotto pena di tre fino a dieci franchi di emenda.

Art. 5.

I contravventori saranno inoltre tenuti a pagare il danno.

Art. 6.

Qualunque si servirà delle bestie altrui, senza il consenso del proprietario, oltre il risarcimento de'danni ed interessi, sarà condannato ad un'emenda di lire dodici.

Art. 7.

In tutti gli altri casi non specificati nel presente titolo, quello che occasionerà danno o guasto nel bene altrui, sarà tenuto, oltre all'emendazione del danno o guasto, ad un'emenda che non potrà eccedere franchi dodici, o ad altre pene, che potranno essere stabilite dalla legge.

TITOLO XIII.
Delle malattie degli animali.

Articolo Primo.

Subito che un'armento sarà attaccato di malattia contagiosa, il custode sarà tenuto di darne avviso nel termine di ore ventiquattro, se sarà possibile, ed al più tardi fra due giorni, agli ufficiali municipali del luogo ove si trova a pascolare, sotto pena di tutti i danni ed interessi e di giorni otto fino a quindici di carcere.

Art. 2.

Gli ufficiali municipali saranno obbligati d'indicare subito un luogo separato e lontano dagli altri armenti ove quello possa pascolare ; veglieranno inoltre a che quelle bestie che moriranno siano abbruciate senza dilazione.

Art. 3.

Lo stesso avrà luogo per qualunque altra bestia attaccata di male contagioso, ed il padrone di quella, che non avvertirà gli ufficiali municipali, sarà condannato alla prigione per il tempo sopra indicato.

TITOLO XIV.
Della caccia.

Articolo Primo.

È proibito a qualunque persona di far la caccia delle pernici e fagiani dal 1° febbrajo di ogni anno fino al 1° settembre.

Art. 2.

È proibito inoltre in ogni tempo di far la caccia delle pernici con reti di qualunque sorte, di giorno e di notte.

Art. 3.

I guardiani sono incaricati di denunciare i contravventori.

Art. 4.

I contravventori saranno condannati in sei fino a lire dodici di emenda, oltre il pagamento del danno che potrebbero aver occasionato nel fondo altrui.

Art 5.

Il procurator del comune sarà tenuto di perseguitare i contravventori per il pagamento dell'emenda, sotto pena di esser tenuto del proprio.

TITOLO XV.

Articolo Primo.

In tutti i casi previsti dalla presente legge, gli ufficiali municipali saranno giudici in prima istanza.

Un membro ha proposto un progetto di decreto per mettere in istato di requisizione i marinari del Regno ad oggetto di concorrere al servizio della marina reale durante la guerra.

Questo progetto composto di due articoli è concepito nei termini seguenti:

Articolo Primo.

Tutti i marinari del Regno sono in istato di requisizione per dover servire sopra i vascelli del Re, e sotto gli ordini degli ammiragli e comandanti di Sua Maestà nel mediterraneo durante la guerra.

Art. 2.

Il Re è autorizzato d'impiegare l'autorità per costringere a servire quei marinari che ricusassero di prestarvisi volontariamente.

La Camera intesa la lettura dei detti due articoli, ha dichiarato che vi è urgenza e luogo a deliberare, ne ha rinviato l'esame e la discussione al primo giorno per essere definitivamente decretati.

L'istesso membro ha proposta l'esecuzione della determinazione del 24 aprile per mezzo della quale furono arrestati dei ringraziamenti all'ammiraglio Hood, ai generali e comandanti delle truppe di Sua Maestà, i quali col loro coraggio e valore concorsero alla difesa di questo Regno coll'espulso totale de'suoi nemici. La Camera ha incaricato il suo presidente dell'esecuzione della determinazione suddetta.

La sessione è stata sciolta alle ore due e rinviata alle cinque della sera.

Giafferri, Presidente.
Muselli.

Sessione del 2 Maggio 1795.

(Alle ore cinque della sera).

I membri della Camera riuniti, il rapportatore del progetto di decreto concernente i boschi e foreste nazionali ne ha fatta la seconda lettura.

Esaminati e discussi gli articoli, la Camera dopo le osservazioni, ne ha rinviata la terza lettura al primo giorno per essere definitivamente discusso ed arrestato il decreto.

È stata fatta la seconda lettura del progetto di decreto concernente i soccorsi da accordarsi alle comunità state incendiate durante la guerra, ed ai cittadini morti o feriti combattendo per la patria.

La Camera, dopo la discussione di detto progetto, e qualche leggera correzione statagli apportata, ne ha arrestati gli articoli ed ha rinviata la terza lettura alla prima sessione per essere definitivamente arrestato il decreto.

La sessione è stata sciolta alle ore sette, e rinviata a lunedì quattro del corrente, alle ore nove della mattina.

Giafferri, Presidente.
Muselli.

Sessione del 4 Maggio 1795.

(alle ore nove della mattina).

I membri della Camera riuniti, la sessione è stata aperta colla lettura di due processi verbali delle sessioni dei due corrente, la di cui redazione è stata approvata.

Il rapportatore del progetto di decreto che attribuisce al Tribunale Supremo il giudizio delle cause devolute al Tribunale di cassazione, ne ha fatta la seconda lettura.

La Camera, dopo la discussione di tutti gli articoli, l'ha arrestato, rinviandone la terza lettura al primo giorno in cui sarà definitivamente addottato il decreto, e trascritto sopra i registri.

È stata fatta la terza lettura del progetto di decreto concernente i soccorsi da accordarsi alle comunità state incendiate durante la guerra, ed a quei buoni cittadini morti e mutilati combattendo per la patria.

La Camera dopo avere inteso l'avviso di vari membri e discussi separatamente gli articoli di detti progetti ha definitivamente arrestato il decreto, come segue, per essere sottoposto alla sanzione di Sua Maestà.

Decreto della Camera di Parlamento del Regno di Corsica, che accorda dei soccorsi alle comunità di Farinole e di Cardo, ed a quei cittadini morti, o mutilati combattendo per la patria, letto nelle sessioni de' 28 aprile e 2 maggio, e definitivamente arrestato nella sessione del 4 maggio 1795.

Considerando che niente è più degno dell'umanità e della giustizia della nazione, che di accordare dei soccorsi a quelle comunità e cittadini che hanno sofferto degl'infortuni, combattendo per la libertà ed independenza della patria : — Piaccia perciò all'Eccellentissima Maestà del Re, col consenso della Camera di Parlamento riunita in questa presente sessione, e per autorità della medesima, statuire, e sia statuito ciò che segue :

Articolo Primo.

Saranno accordati dei soccorsi agli'abitanti delle comunità di Farinole e Cardo stati incendiati dai Francesi, allorchè opposero all'armi di questi la più valorosa resistenza.

Art. 2.

Questi soccorsi saranno presi sui beni dei traditori della patria, per quanto sia possibile, esistenti nelle due comunità più vicine alle medesime.

Art. 3.

I soccorsi per la comunità di Farinole saranno di lire ventimila, e dieci mila per quella di Cardo.

Art. 4.

Questi beni saranno designati dal Re, ed estimati secondo il costume, ed in presenza della persona che destinerà.

Art. 5.

Al basso dell'estimo, il Re farà l'omologazione, la quale terrà luogo d'abbandono in favore delle due comunità dei beni designati nell'atto di Parlamento.

Art. 6.

Il Consiglio generale della comunità farà la ripartizione di detti beni fra gli abitanti danneggiati, e di un patriottismo riconosciuto, e detta ripartizione approvata dal Re servirà loro di titolo e di proprietà assoluta.

Art. 7.

Saranno pure accordati dei soccorsi mensuali ai difensori della patria, che sopportarono mutilazione di qualche membro, o che per l'effetto delle ferite rimasero inabili a procurarsi il sostentamento col loro travaglio, e che giustificheranno di non poter vivere che con questo mezzo; questi soccorsi saranno di dieciotto lire al mese.

Art. 8.

Il governo prenderà le informazioni più precise per far conoscere alla Camera, nella seconda sessione, lo stato delle famiglie di coloro che morirono in guerra.

Il rapportatore del decreto concernente boschi e foreste nazionali ne ha fatta la terza lettura.
Apertasi la discussione sopra ciascun articolo ed inteso l'avviso di vari membri, la Camera ha definitivamente arrestato il decreto nei termini seguenti per essere presentato alla sanzione reale.

Decreto della Camera di Parlamento del Regno di Corsica sopra i boschi e foreste nazionali, letto nelle sessioni de' 17 aprile e 2 maggio, e definitivamente arrestato nella sessione del 4 maggio 1795.

Considerando che la conservazione dei boschi e foreste nazionali ha eccitata in tutti i tempi la cura e la vigilanza degli antichi governi, e che molto più si rende necessaria sotto la felice dominazione di Sua Maestà, che si è degnata di accordare lo stabilimento di un arsenale in questo Regno, ove i legnami potranno essere impiegati per la marina reale: — Piaccia perciò all'Eccellentissima Maestà del Re, col consenso della Camera di Parlamento riunita in questa presente sessione, e per autorità della medesima statuire, e sia statuito ciò che segue:

TITOLO PRIMO.
Dei Conservatori dei boschi e foreste.

Articolo Primo.

Tutti i boschi e foreste per l'avanti domaniali, sono della nazione.

Art. 2.

La disposizione del precedente articolo non lede i diritti dei particolari, chiese e comunità, che potranno sperimentare nanti i tribunali ordinari, come quelli della nazione contro i particolari, chiese e comunità.

Art. 3.

I redditi dei boschi e foreste faranno parte dei fondi pubblici.

Art. 4.

Saranno nominati dal Re due conservatori dei boschi e foreste nazionali, uno per il di quà e l'altro per il di là dei monti.

Art. 5.

Sarà consegnato a ciascuno dei due conservatori un martello sopra di cui vi sarà impressa una cifra visibile che sarà indicata dal Re, con cui saranno marcati gli alberi destinati al taglio.

Art. 6.

Gli alberi saranno marcati in sua presenza, ed egli sarà responsabile del martello e di tutte le frodi che si commettessero nella marcazione degli alberi.

Art. 7.

Nel caso che la cifra del martello fosse falsificata, l'autore sarà considerato e punito come autore di falso.

Art. 8.

In tutti gli anni, una volta almeno, sarà tenuto il conservatore di fare una visita generale a tutti i boschi e foreste nazionali commesse alla sua vigilanza, egualmente che ai boschi spettanti alle comunità, chiese e particolari.

Art. 9.

Nella sua prima visita formerà processo verbale dello stato attuale dei boschi e foreste, del loro nome, estensione, situazione, dipendenze e confini, della quantità e specie degli alberi dei quali abbondano, per quanto sarà possibile: designerà inoltre i luoghi, cantoni e quartieri dove potranno farsi dei tagli, e copia sarà inviata al Re fra giorni quindici.

Art. 10.

Tanto nelle visite annuali, come in quelle cui sarà tenuto

nel corso dell'anno, farà osservazione sugli abusi commessi, sulla deteriorazione delle pubbliche strade che servono alla facilità della tratta ed uscita di legnami, e se i tagli permessi sono stati ben fatti, e secondo le regole prescritte al taglio dei boschi e foreste: formerà del tutto processo verbale, e ne spedirà copia al Re conforme all'articolo precedente.

TITOLO II.

Delle guardie dei boschi e foreste.

Articolo Primo.

Il Re nominerà le guardie che crederà necessarie per la custodia dei boschi e foreste nazionali.

Art. 2.

Le guardie saranno tenute colle frequenti loro visite usare la maggiore attenzione, per impedire tutti gli abusi nei boschi e foreste nazionali.

Art. 3.

Saranno tenute, sotto pena di destituzione dall'impiego, di denunziare fra otto giorni alla cancelleria del podestà della pieve, tutti gli abusi, tagli, devastazioni ed incendi commessi nei boschi e foreste nazionali, che sono alla loro guardia, indicandone gli autori, complici e fautori; formeranno processo verbale, se sanno scrivere, e non sapendo scrivere, lo faranno fare dal segretario del podestà della pieve, che sarà obbligato farlo senza spesa, e fra giorni quindici ne sarà spedita copia al conservatore.

Art. 4.

Saranno tenute accompagnare il conservatore nelle visite dei boschi e foreste situate sotto la loro guardia e prestare la loro opera in tutto ciò che richiede il servizio dell'impiego, come di marcare gli alberi destinati al taglio.

TITOLO III.
Della proibizione di coltura nei boschi e foreste della nazione.

Articolo Primo.

È proibito espressamente a qualunque siasi persona di fare, permettere e favorire in qualsivoglia modo e sotto qualunque pretesto nei boschi e foreste nazionali, alcuna coltura, taglio, diceppo, e altro cambiamento tendente a distruggere, ridurre in altra maniera, deteriorare in tutto o in parte i detti boschi e foreste, sotto pena, oltre il danno, di lire 300 d'emenda.

Art. 2.

È egualmente proibito a qualunque siasi persona sotto le medesime pene, di mondare, ciottolare, troncare, sradicare, svellere o bruciare alcun albero nei boschi e foreste suddette.

Art. 3.

Non sarà lecito ad alcun particolare o comunità di fare dei tagli o diceppi o deteriorazione in qualsivoglia altro modo in boschi di alto fusto atti alla costruzione di vascelli, spettanti alle comunità, o ai particolari, senza il permesso del Re, sotto le pene prescritte dell'articolo primo.

Art. 4.

Qualunque siasi persona, i pastori particolarmente, e gli abitanti vicini sono tenuti, sotto pena di complicità, di denunziare alle guardie gli autori, fautori degli abusi e delitti commessi nei boschi e foreste, e sarà accordata al denunziatore la quarta parte dell'emenda.

Art. 5.

Le municipalità ed i podestà delle pievi sono incaricate sotto la loro risponsabilità, di denunciare i contravventori alle disposizioni dei precedenti articoli.

TITOLO IV.

Delle aggiudicazioni e tagli degli alberi nei boschi e foreste.

Articolo Primo.

Gli alberi dei boschi e foreste nazionali potranno essere venduti a profitto della nazione.

Art. 2.

La metà di ogni bosco resterà sempre in natura di selva, atta alla recisione per tutti gli eventi e bisogni.

Art. 3.

Riguardo ai boschi e foreste nazionali, o parte di essi, che saranno stati devastati dal fuoco, i conservatori presenteranno un progetto al Re sopra i travagli necessari per farci riprodurre le specie di alberi, che per l'addietro vi germogliavano.

Art. 4.

Il taglio dei piccoli alberi sarà regolato dai 25 fino ai cinquanta anni, avendo riguardo al fondo e qualità del terreno, ed alla grossezza dei medesimi.

Art. 5.

A misura che lo stato dei boschi e foreste sarà stato conosciuto e verificato capace di taglio dal conservatore, sul suo avviso, sarà formato uno stato dei tagli e consegne da farsi annualmente per l'uso e consumazione delle seghe, che converrà stabilirvi, quanto per farvi delle tavole, travi, travicelli ed altri lavori di legname.

Art. 6.

Non sarà permesso a qualunque siasi persona di tagliare e far tagliare alberi nei boschi e foreste della nazione senza una espressa permissione del Re, sotto pena di una emenda di tre cento lire fino a cinque cento, oltre la confisca del legname ed altre pene stabilite dalla legge.

Art. 7.

La permissione sarà accordata dal Re dopo aver preso l'avviso del conservatore che i boschi sono capaci di taglio e ad essere messi in commercio, attesa la loro vecchiezza, o che saranno bruciati e caduti dal vento, o in qualunque maniera ci fosse necessità di tirarne profitto.

Art. 8.

In virtù delle permissioni del Re il conservatore, dopo che saranno pubblicati gli avvisi un mese avanti in tutte le comunità della giurisdizione nella quale trovasi situato il bosco, ed in tutti i capoluoghi delle altre giurisdizioni, ne aprirà e ne terrà l'incanto al giorno indicato nella pieve dove esiste il bosco ; e gli alberi da taglio saranno deliberati al più offerente, osservando le regole degl' incanti

Art. 9.

Sarà tenuto il conservatore di fare il processo verbale in ogni aggiudicazione della quantità e qualità degli alberi deliberati, delle somme che ne risulteranno, e fra quindici giorni spedirne copia al Re dandone altra copia all'aggiudicatario.

Art. 10.

L'aggiudicatario sarà tenuto dare idonea sicurtà di pagare fra otto giorni a mani del tesoriere della giurisdizione la metà della somma, e l'altra metà nel termine di sei mesi; pagherà inoltre immediatamente il soldo a lira, e ne sarà fatta menzione nel processo verbale.

Art. 11.

Sarà accordata gratis ad ogni particolare nei boschi e foreste nazionali la quantità di legnami che gli sarà necessaria per la costruzione di case, molini, stalle ed altri edifizi coll'obbligo però di fare certificare questa sua necessità dagli ufficiali municipali del suo comune, e da un perito dell'arte.

Art. 12.

Le permissioni di taglio nei boschi e foreste nazionali non saranno accordate ai particolari dal Re che in virtù di una domanda in iscritto, che contenga la quantità e qualità degli alberi, e a qual uso detto legname debba servire.

Art. 13.

Gli ufficiali municipali del luogo in cui è situato il bosco sono autorizzati ad accordare il permesso di tagliare qualche albero che possa essere necessario all'urgente riparazione di qualche ponte, casa, mulino, o altro edifizio, drizzandone processo verbale e dandone immediatamente avviso al conservatore della divisione.

Art. 14.

Subito che un particolare avrà ottenuto dal Re la permissione di fare il taglio di alberi in qualche bosco o foresta della nazione, il conservatore sarà tenuto ad instanza di detto particolare portarsi nel più breve tempo possibile al luogo per fare la consegna degli alberi da tagliarsi che saranno marcati alla sua presenza.

Art. 15.

Nel caso che i particolari o aggiudicatari non avessero eseguito il taglio degli alberi stati loro deliberati, o venduti nel corso dell'anno, per mancanza di segatori, o altro legittimo impedimento, potranno farlo nell'anno seguente; questo però dovrà essere a conoscenza del conservatore per appurarne la verità.

Art. 16.

I conservatori saranno tenuti in tutte le loro visite a fare la massima attenzione ai boschi di alberi, i quali sono suscettibili di costruzione, e che mediante una strada o fiume possono essere condotti al mare per uso della marina reale; saranno designati e marcati, ne sarà proibito il taglio, benchè detti alberi si ritrovino chiesali, comunali o particolari.

Art. 17.

Qualora dovrà aprirsi e farsi un taglio nei boschi e foreste nazionali, i tagliatori saranno tenuti di usare tutte le precauzioni possibili, affinchè cadendo detti alberi non distruggano i piccoli che rimangono attorno, e che le recisioni siano fatte secondo tutte le regole prescritte nei tagli dei boschi.

TITOLO V.
Dei delitti commessi nei boschi e foreste della nazione.

Articolo Primo.

I tribunali delle giurisdizioni sono giudici competenti dei delitti commessi nei boschi e foreste nazionali.

Art. 2.

Sulle rappresentanze dei conservatori de'boschi e foreste, l'avvocato del Re perseguiterà ogni specie di delitto commesso nei boschi, e ne farà punire gli autori, complici e fautori, secondo la legge e l'esigenza dei casi.

Art. 3.

I conservatori sono tenuti, sotto pena di destituzione dal loro impiego, denunziare all'avvocato del Re delle rispettive giurisdizioni, gli autori, complici e fautori dei delitti commessi nei detti boschi.

Art. 4.

Nel caso che non ne conoscessero, useranno tutte le diligenze per scoprirli, e ciò non ostante denunzieranno il delitto all'avvocato del Re.

Art. 5.

Sulla diligenza dell'avvocato del Re, tutte le emende saranno depositate a mani de' tesorieri delle giurisdizioni.

È stata fatta lettura di una petizione del Signor Stefano Giralt speziale dimorante in Bastia, con cui esponendo di essere stato nominato esecutore testamentario del fu Signor Francesco Van Berguen, antico chirurgo maggiore del reggimento Brest, dopo la levata dei sigilli apposti nell'appartamento del defunto, il podestà della pieve ha messo in sequestro tutto il danaro e mobili provenienti dalla successione, e richiede che tutto gli venga restituito per renderne conto agli eredi, che si trovano in Francia.

La Camera ha rinviata la memoria del petizionario al suo comitato di legislazione per esaminarla e farne rapporto.

I due articoli del progetto di decreto per mettere in stato di requisizione tutti i marinari del Regno, di cui fu decretata l'urgenza nella sessione di sabato scorso due del corrente mese, stati riletti,

La Camera gli ha definitivamente arrestati, ed il decreto da presentarsi alla sanzione di Sua Maestà rimane adottato nei termini seguenti:

Decreto di urgenza della Camera di Parlamento del Regno di Corsica che mette in istato di requisizione tutti i marinari del Regno, letto nella sessione di sabato due del corrente, e definitivamente arrestato il quattro maggio 1795.

Considerando che lo stato di requisizione di tutti i marinari del Regno tende ad assicurare sempre più il servizio della marina reale, e la difesa della patria: — Piaccia perciò all'Eccellentissima Maestà del Re col consenso della Camera di Parlamento riunita in questa presente sessione, e per autorità della medesima, statuire e sia statuito ciò che segue :

Articolo Primo.

Tutti i marinari del Regno sono in istato di requisizione per dover servire sopra i vascelli del Re, e sotto gli ordini degli ammiragli e comandanti di Sua Maestà nel Mediterraneo, durante la guerra.

Art. 2.

Il Re è autorizzato d'impiegare l'autorità per costringere a servire quei marinari, che ricusassero di prestarvisi volontariamente.

La sessione è stata sciolta alle ore due, e rinviata a dimani alle ore nove della mattina.

Giafferri, *presidente*.
Muselli.

Sessione del 5 Maggio 1795.

(Alle ore nove della mattina).

I membri della Camera riuniti, la sessione è stata aperta colla lettura del processo verbale della precedente, la di cui redazione è stata approvata.

La municipalità del Piano ha richiesto colla sua petizione, che la congrua stata fissata in lire quattro cento al vicario di Casalta sia ridotta a sole lire due cento, come trovasi stabilita per il vicario di Piano.

La Camera ha rinviato la memoria della municipalità suddetta al suo comitato ecclesiastico per esaminarla, e farne rapporto, per esservi stabilito come apparterrà. È stata fatta lettura di una memoria del Signor Giacomo Maria Ponte di Ajaccio, con cui domanda di essere mantenuto in possesso di un'enfiteusi perpetua delle Isole dette *le Sanguinare*, accordata alla di lui famiglia da più di un secolo dal senato di Genova; giacchè il governo provvisorio ne rinviò la decisione, pendente nanti il tribunale di Ajaccio, alla Camera di Parlamento.

La Camera ha rinviata la detta petizione con tutte le scritture annessevi all'esame de'suoi comitati di legislazione e di finanze per farne rapporto.

Un membro del comitato di legislazione dopo di avere in un energico discorso sviluppati tutti gli oggetti dei delitti e delle pene a quelli proporzionate, ha fatta la lettura di un progetto di decreto del codice penale.

La Camera ha dichiarato che vi era luogo a deliberare, ha ordinata l'impressione del progetto col rapporto che lo ha preceduto per essere distribuito e discusso nelle forme prescritte dai suoi regolamenti.

È stata fatta la terza lettura del progetto di decreto, che attribuisce al Tribunale Supremo il giudizio delle cause devolute al Tribunale di Cassazione.

Dopo la discussione apportata a ciascun articolo separatamente, un membro ha proposto gli articoli addizionali per provvedere ai giudizi resi dai tribunali, che esistevano in Bastia, San Fiorenzo e Calvi dopo il 19 aprile 1793, fino alla liberazione di detta città.

La Camera dopo le osservazioni di vari membri, ha definitivamente arrestato il decreto, e gli articoli proposti che ne faranno parte per essere presentato alla sanzione di Sua Maestà nella maniera seguente:

Decreto della Camera di Parlamento del Regno di Corsica che attribuisce al Tribunale Supremo di Cassazione, e provvede sopra i giudizi resi dai tribunali esistenti nelle città di Bastia, Calvi e San Fiorenzo, dal 19 aprile 1793 fino alla loro liberazione, letto nelle sessioni dei 29 aprile e 4 maggio, e definitivamente arrestato nella sessione de' 5 maggio 1795.

Considerando che niente è più giusto che di provvedere all'indennità di quei litiganti, che secondo le antiche leggi avevano il diritto di provvedersi in cassazione, ed i quali per gli effetti della guerra e delle circostanze non hanno potuto godere il favore di quella legge;

Considerando che i giudizi resi dai tribunali esistenti in Bastia, Calvi e San Fiorenzo dopo il 19 aprile 1792 fino alla loro liberazione, procedendo da autorità illegittime e riprovate dal popolo Corso, non possono essere riguardati come validamente e legalmente pronunciati : — Piaccia perciò all'Eccellentissima Maestà del Re col consenso della Camera riunita nella presente sessione, e per autorità della medesima, statuire e sia statuito ciò che segue :

Articolo Primo.

Le cause decise dagli antichi tribunali dei distretti, e che in virtù della legge del 1º decembre 1790 erano devolute al Tribunale di cassazione, saranno decise dal Tribunale Supremo, eccettuate tutte quelle cause nelle quali il governo provvisorio ha dichiarato che non vi era luogo a cassazione.

Art. 2.

Qualunque si crederà fondato a intentare o proseguire le

cause di cassazione, formerà la sua dimanda al Tribunale Supremo, il quale esaminerà preventivamente se deve essere ammessa la richiesta, e se deve essere accordata la permissione d'intimare.

Art. 3.

Il Tribunale Supremo al numero di cinque giudici, sulle conclusioni dell'avvocato del Re, deciderà alla maggiorità delle voci, se la dimanda deve essere ammessa.

Art. 4.

Se il Tribunale rigetta la dimanda, lo sarà definitivamente, nè potrà essere più ricevuta.

Art. 5.

Se la dimanda è ammessa, il dimandante sarà ricevuto in cassazione, e autorizzato a citare chi meglio li sembrerà nel termine prefisso dal Tribunale.

Art. 6.

Le parti potranno da se stesse, o per mezzo dei loro avvocati o procuratori, arringare e difendere le loro cause.

Art. 7.

Il giudizio sarà reso pubblicamente; ma i giudici saranno liberi, prima di renderlo, di ritirarsi anche in partico'are, per raccogliere le opinioni.

Art. 8.

La sentenza di cassazione conterrà i nomi delle parti, l'oggetto della loro dimanda, il testo delle leggi sulle quali sarà fondata e il dispositivo della decisione.

Art. 9.

Il Tribunale Supremo rimane autorizzato, a termini della legge del 1º decembre 1790, di annullare qualunque istruzione di processo in cui saranno state violate le forme, e qualunque sentenza che conterrà una contravvenzione espressa al testo della legge.

Art. 10.

I termini fissati per il ricorso e continuazione al Tribunale di cassazione sono sospesi inclusivamente dal 19 aprile 1793, fino alla pubblicazione del presente decreto.

Art. 11.

Per coloro che dopo il 10 agosto 1792 avessero manifestato per un'atto espresso di volersi provvedere in cassazione, e fatta qualche incombenza giudiciale per ricorrere al Tribunale di cassazione, il termine della detta epoca del 10 agosto sarà egualmente sospeso.

Art. 12.

Non vi sarà luogo ad intentare alcun giudizio in cassazione dopo la proclamazione del Re, del mese di novembre 1794, che attribuisce al Tribunale Supremo la decisione degli appelli delle sentenze rese dai tribunali delle giurisdizioni.

Art. 13.

Nel caso in cui l'istruzione del processo sarà stata cassata, sarà ricominciata dal Tribunale della stessa giurisdizione a partire dal primo atto, in cui le forme non saranno state osservate, e da quello deciso, salvo l'appello al Tribunale Supremo.

Art. 14.

Nel caso in cui sia stato cassato il solo giudizio, l'affare sul merito sarà inviato all'audienza, e deciso contradittoriamente nelle forme ordinarie dal Tribunale Supremo.

Art. 15.

Il Tribunale Supremo non potrà ricevere dimande di cassazione contro i giudizi resi in ultima istanza degli antichi giudici di pace.

Art. 16.

Le cause in cassazione portate al Tribunale di cassazione e rimaste indecise, lo saranno dal Tribunale Supremo.

Art. 17.

I giudizi resi nella città di Bastia, Calvi e San Fiorenzo dopo il 19 aprile 1793, dai tribunali che vi esistevano in qualità di giudici di appello, fino al giorno della liberazione di dette città, sono dichiarati nulli; le parti potranno continuare i loro appelli nanti il Tribunale Supremo.

Art. 18.

Tutti i giudizi di qualunque somma, resi in prima istanza nei detti luoghi o dai detti tribunali durante l'intervallo sopra espresso saranno riputati come giudizi compromessari, se le parti dimoreranno nelle dette città, ed hanno volontariamente contestato; potranno però appellare dai detti giudizi nanti il Tribunale Supremo fra tre mesi dopo la promulgazione della presente; in caso diverso, i detti giudizi sono dichiarati nulli, e come non avvenuti.

Art. 19.

Non correrà alcuna perenzione di termine per le parti che avranno cause pendenti nanti i tribunali in dette città avanti li 19 aprile, a contare da detta epoca fino all'istituzione del tribunale provvisorio dopo la liberazione.

Art. 20.

I giudizi criminali resi dai detti tribunali sono dichiarati nulli, nè produrranno alcun effetto.

Il rapportatore del progetto di decreto sopra la gerarchia dei tribunali nel civile ne ha fatta la seconda lettura.

Dopo la discussione e l'avviso di vari membri, e qualche leggera correzione, gli articoli sono stati adottati e la terza lettura rimessa al primo giorno, in cui sarà definitivamente arrestato il decreto.

La sessione è stata sciolta alle ore due e rinviata a dimani sei corrente, alle ore nove della mattina.

GIAFFERRI, *presidente*.
MUSELLI.

Sessione dei 6 Maggio 1795.
(*Alle ore dieci di mattina*).

I membri della Camera riuniti, la sessione è stata aperta colla lettura del processo verbale della sessione precedente, la di cui redazione è stata approvata.

Il Sig. Francesco Valentini, membro alla Camera per la pieve di Cursa, avendo rinnovata la dimanda per ottenere un congedo, la Camera è passata all'ordine del giorno.

È stata fatta lettura di una petizione del Sig. Gio : Nicolò

Bonavita, tendente ad ottenere la decisione della Camera sopra le opposizioni da esso fatte contro la nomina del Signor Agostino Luciano Grimaldi, parlamentario della pieve di Caccia, e quando la Camera per i travagli interressanti de' quali è occupata non pensi di giudicare sopra le di lui opposizioni, li piaccia di differire la decisione alla seconda sua riunione. La Camera, intesa la lettura della memoria del petizionario ed esso stesso in persona, ha rinviata la decisione sopra le di lui opposizioni alla seconda sessione di Parlamento.

Un membro del comitato di legislazione, a cui fu tramandato l'esame di due petizioni della città di Bonifacio, e delle comunità di Capocorso tendenti a che in ciascuna delle sue giurisdizioni sia ristabilito un tribunale, ha proposto un progetto di determinazione, la quale è stata adottata dalla Camera nei termini seguenti:

« La Camera di Parlamento, considerando che quantunque il ristabilimento di un tribunale per ciascheduna delle dette giurisdizioni sia utile e comodo all'esercizio della giustizia per gli abitanti delle medesime, atteso che non si è ancora proceduto a stabilire tutte le imposizioni, e che in conseguenza le spese di detti tribunali potrebbero essere d'aggravio a quelle determinate per le attuali spese civili, ne rinvia il provvedimento definitivo alla seconda sessione di Parlamento.»

È stata fatta la terza lettura del progetto di decreto concernente le funzioni e la gerarchia dei tribunali nel civile.

Dopo la lettura e la discussione sopra tutti gli articoli separatamente, ed altri addizionali stati proposti dal comitato di legislazione, la Camera ha definitivamente arrestato il decreto per essere presentato alla sanzione reale come segue:

Decreto della Camera di Parlamento del Regno di Corsica, concernente le funzioni e la gerarchia dei tribunali nel civile, letto nelle sessioni dei 28 aprile e 5 maggio, e definitivamente arrestato nella sessione del 6 maggio 1795.

Considerando che una saggia e pronta amministrazione della giustizia dipende principalmente dall'attribuzione di certe determinate funzioni ai tribunali, e di una giurisdizione garantita dalla disposizione di quelle leggi analoghe alle località, usi e costumi del popolo: — Piaccia perciò all'Eccellentissima Maestà del Re col consenso della Camera di Parlamento riunita nella presente sessione, e per autorità della medesima, statuire e sia statuito come segue :

TITOLO PRIMO.

Disposizioni generali.

Articolo Primo.

Fino a che il Parlamento non abbia diversamente ordinato e nei casi non preveduti da alcun atto del medesimo, i tribunali del Regno, tanto nel giudicare che nell'istruzione delle cause civili, osserveranno il disposto dello statuto civile di Corsica, e dove questo non provvede, si uniformeranno al gius comune.

Art. 2.

Non ostante però qualunque disposizione contraria al detto statuto, tutti quegli affari nei quali si tratta di maggior somma e valore di cento lire, compresi ancora i depositi volontari, si dovranno fare o per atti di notaro o per scrittura privata sottoscritta dalle parti, e non sarà ammessa alcuna prova per testimoni contro, o al di là del contenuto di detti atti, nè sopra ciò che si allegasse essere stato detto avanti al tempo o dopo la stipulazione dei medesimi, ancorchè si trattasse di una somma o valore inferiore a cento lire.

Art. 3.

La prova testimoniale però potrà essere ammessa in quegli affari, nei quali vi sarà un cominciamento di prova per iscritto.

Art. 4.

I tribunali potranno fare quei regolamenti, che riguarderanno l'ordine delle loro sessioni e la loro interna disciplina.

Art. 5.

Potranno inoltre fare arrestare e ritenere per otto giorni in carcere quelli che turberanno le audienze, o mancheranno al rispetto loro dovuto.

Art. 6.

Nelle cause civili tutti i giudizi saranno resi pubblicamente all'udienza.

Art. 7.

I giudizi definitivi, oltre i nomi delle parti, le loro dimande e risposte ed il visto delle scritture che saranno state prodotte, conterranno in ristretto le ragioni, sulle quali i giudici si sono fondati nel pronunciarli.

Art. 8.

I giudizi saranno inscritti sopra un registro a ciò destinato, sotto pena al cancelliere di lire venti cinque di emenda, e saranno sottoscritti dai giudici che gli avranno pronunciati.

Art. 9.

Il suddetto registro sarà numerato e contrassegnato in ogni foglio dal presidente.

Art. 10.

I presidenti, assessori ed avvocati del Re delle giurisdizioni, i giudici ed avvocati del Re del Tribunale Supremo non potranno assentarsi per 15 o meno numero di giorni dal luogo della loro residenza, senza il consenso degli altri membri componenti il tribunale, e per uno spazio maggiore di tempo senza il permesso per iscritto del Re.

Art. 11.

Niuno potrà in avvenire essere eletto presidente, avvocato del Re, assessore in una delle giurisdizioni, giudice o avvocato del Re del Tribunale Supremo, se non sarà laureato nell'università del Regno, o in altra università riconosciuta.

TITOLO II.

Dei Tribunali delle giurisdizioni.

Articolo Primo.

I tribunali delle diverse giurisdizioni del Regno conosceranno in prima istanza tutte le contestazioni civili, reali, personali, miste e di commercio, tanto di terra che di mare, che si solleveranno fra gli abitanti dei loro rispettivi territori, alla riserva di quelle la di cui conoscenza è stata attribuita alle municipalità.

Art. 2.

Tutte le azioni reali o miste saranno della competenza del tribunale, nella di cui giurisdizione sarà situato il bene in controversia.

Art. 3.

Colui che sarà turbato nel possesso del suo bene potrà citare il perturbatore, tanto nanti il proprio tribunale del perturbato che nanti quello nel di cui territorio è situato il bene.

Art. 4.

In ogni altro qualunque siasi caso, l'attore sarà tenuto di seguitare il foro del Re, eccettuato quello nel quale il reo vi avesse espressamente e per iscritto renunciato.

Art. 5.

Tutti gli atti di pura e volontaria giurisdizione come sono le comprovazioni di contratti di minori e donne, le mancipazioni, elezioni di tutori e curatori parenti, deputazioni di persone legittime, approvazioni di sicurtà, aperture di testamenti, redità di minori, interdizioni di minori e prodighi, omologazione di sentenze arbitrali e simili, saranno della competenza dei tribunali delle giurisdizioni.

Art. 6.

Tutti i giudizi che saranno resi dai detti tribunali sono applicabili, salvo quello è disposto dall'atto di Parlamento concernente la giurisdizione delle municipalità.

Art. 7.

Tutti gli appelli sono sospensivi, eccettuati però quelli che saranno interposti dalle sentenze rese nei giudizi esecutivi, negli affari di commercio, di alimenti futuri, pigioni e sloggiamenti di case appigionate, affitti ed abbandono di beni affittati, riparazioni di fabbriche, salari di servitori, mercede di operai, spese e salari di procuratori, notari ed uscieri, le apposizioni e levate di sigilli, confezioni e perfezioni d'inventari, e finalmente in tutti quegli affari che richiedono celerità, e dove può esservi pericolo nel ritardo.

ART. 8.

Le suddette sentenze saranno provvisionalmente eseguite, dandosi però dal vincitore buona e valevole sicurtà di restituire e pagare quello sarà giudicato.

ART. 9.

La suddetta sicurtà non potrà approvarsi, se non dalla parte o persona legittima per essa presente o debitamente chiamata.

ART. 10.

Presso ciascun tribunale delle suddette giurisdizioni, vi sarà un cancelliere da nominarsi dal Re.

ART. 11.

Il cancelliere potrà scegliersi un commesso, del quale sarà risponsevole.

ART. 12.

Vi sarà inoltre presso ciascun dei suddetti tribunali un usciere da nominarsi dal Re ed una guardia; potranno però i tribunali medesimi nominare altri uscieri in caso di bisogno senza che questi possano pretendere altro salario, che il casuale da pagarsi da coloro che richiederanno il loro ministero, secondo la tassa, che sarà fissata dalla legge.

Art. 13.

Quando il presidente e l'assessore di una giurisdizione saranno tutti ricusati o legittimamente impediti, la giustizia sarà resa dall'avvocato del Re se si tratta di affare nel quale non debba essere inteso; nel caso contrario, sarà resa dal primo e successivi graduati non sospetti secondo l'ordine della loro ricezione.

Art. 14.

Quando tutto il tribunale sia legittimamente ricusato e non vi siano graduati non sospetti per esercitarne le funzioni, la causo sarà tramandata al tribunale più vicino, a meno che le parti non acconsentino che i procuratori siano i giudici delle loro cause.

Art. 15.

Se l'avvocato del Re è legittimamente impedito o ricusato, le sue funzioni saranno esercitate dal primo e successivi graduati non sospetti.

TITOLO III.

Delle funzioni degli assessori.

Articolo Primo.

Ciascun assessore nel tribunale per cui sarà nominato conoscerà unitamente al presidente, e solo, in caso che il presidente sia ricusato o legittimamente impedito, di tutti gli affari, la competenza dei quali è attribuita dalla legge ai tribunali delle giurisdizioni.

Art. 2.

Gli affari della mera volontaria giurisdizione sono della sola competenza del presidente, salvo il caso della giusta ricusa, o legittimo impedimento.

Art. 3.

Nel caso di giusta ricusa o legittimo impedimento del presidente, la conoscenza degli affari di cui si parla nell'articolo precedente apparterrà all'assessore, ed in di lui difetto, al primo e successivi graduati non sospetti.

Art. 4.

L'assessore assisterà col presidente a tutte le udienze, ed il presidente non potrà giudicare senza avergli richiesto il suo parere, salvo il caso di legittima ricusa.

Art. 5.

In caso di diversità di parere fra il presidente e l'assessore, il presidente avrà la voce preponderante.

Art. 6.

Ciascun assessore farà quelle istruzioni e processi criminali che gli saranno tramandati dal presidente.

Art. 7.

Tanto il presidente che l'assessore nelle istruzioni e processi criminali che faranno separatamente, potranno l'uno senza l'altro emanare gli ordini che crederanno necessari, eccettuato il mandato di arresto, che dovrà essere reso da entrambi, salva la voce preponderante al presidente nel caso di diversità di parere.

Art. 8.

Quando un tribunale per giudicare se un'accusa è fondata avrà bisogno di un assessore d'altra giurisdizione, l'assessore di quella più vicina sarà obbligato di trasportarvisi subito che ne sarà richiesto.

TITOLO IV.
Del Tribunale Supremo.

Articolo Primo.

Il Tribunale Supremo giudicherà in ultima istanza tutte le appellazioni che sono e saranno interposte in avvenire dalle sentenze dei tribunali, e da quelle delle diverse giurisdizioni.

Art. 2.

Niuna causa potrà esser portata nanti il suddetto tribunale se non se in grado d'appello, eccettuato il caso in cui una legge particolare diversamente disponga.

Art. 3.

Gli appelli dovranno essere interposti nel termine di quaranta giorni dopo la spirazione degli otto, dati dallo Statuto a deporli nanti il tribunale di prima istanza.

Art. 4.

Tutte le cause civili che erano pendenti in appello nanti l'antico Consiglio superiore e nanti gli antichi tribunali dei distretti, saranno giudicati dal Tribunale Supremo.

Art. 5.

Il suddetto tribunale, nel giudicare i detti appelli, non avrà alcun riguardo alle nullità, purchè questi siano stati deposti ed interposti nel termine della legge, che le parti siano state legittimamente citate, che abbiano avuto il termine stabilito dalle leggi a far le loro prove rispettive, e che non sia stato giudicato durante il medesimo.

Art. 6.

Negli appelli degli antichi tribunali di distretto che saranno fondati sopra di nullità pronunciate da una legge di quel tempo, il tribunale, senza aver riguardo alle dette nullità, fuorchè per quella concernente la pronuncia delle spese contro l'intimato, giudicherà sul merito se la causa è bastantemente istruita; nel caso contrario, annullando la sentenza e condannando l'intimato nelle spese, rinvierà le parti nanti il tribunale competente.

Art. 7.

Il Tribunale Supremo nel giudicare gli appelli condannerà l'appellante che soccomberà in dodici franchi di emenda.

Art. 8.

Ogni giudizio sarà reso da cinque giudici.

Art. 9.

Ogni volta che il Tribunale Supremo, per causa di assenza o altro legittimo impedimento di uno o più giudici, non sarà in numero sufficiente per giudicare, gli assenti o impediti saranno suppliti dal presidente, assessore, avvocato del Re della giurisdizione, ed in caso di ricusa o legittimo impedimento di questi, dai giudici non ricusabili.

Art. 10.

Vi saranno presso del Tribunale Supremo un primo e secondo cancelliere e due uscieri, che saranno nominati dal Re, e quattro guardie.

Art. 11.

Potrà il tribunale in caso di bisogno nominar altri uscieri senza però che possano pretendere altro salario che quello sarà loro attribuito dalla legge, da pagarsi dalle parti che avranno richiesto il loro servizio.

Art. 12.

Non potranno esser giudici nel suddetto tribunale due o più persone che siano parenti o affini fra loro fino al terzo grado inclusivamente.

TITOLO V.
Degli avvocati del Re.

Articolo Primo.

Gli avvocati del Re dovranno essere intesi in tutte le cause, nelle quali il Re, la nazione, le chiese, comunità, vedove, pupilli e minori avranno interesse.

Art. 2.

Gli avvocati del Re sono obbligati di tener la mano all'esecuzione dei giudizi che saranno resi dai rispettivi tribunali, di perseguitare quelli che oseranno opporsi per vie di fatto alla detta esecuzione, d'ingiungere agli uscieri di prestar alla richiesta delle parti il loro ministero, di richiedere dai comandanti, in caso di bisogno, la forza pubblica, e di ordinare l'apertura delle case ove dovrà farsi l'esecuzione.

Art. 3.

Gli avvocati del Re veglieranno nei respettivi loro tribunali al mantenimento della disciplina, alla regolarità del servizio, all'esecuzione delle leggi ed a che nel tempo delle udienze sia mantenuto nell'uditorio l'ordine ed il rispetto.

Art. 4.

Gli avvocati del Re sono specialmente incaricati della visita, pulizia e sicurezza delle carceri.

Art. 5.

Presso l'avvocato del Re al Tribunale Supremo vi sarà un segretario da nominarsi dal Re.

Art. 6.

Gli avvocati del Re presso le giurisdizioni saranno tenuti di formare in ogni trimestre la nota dei giudizi criminali occorsi in detto intervallo, e lo stato dei processi criminali pendenti.

Art. 7.

La detta nota sarà inviata all'avvocato del Re presso il Tribunale Supremo, il quale sarà tenuto d'inviare al Re lo stato generale di tutti i giudizi e processi e di quelli resi dal Tribunale Supremo con le sue osservazioni sulle cause del ritardo, se ve ne esiste.

ART. 8.

Gli avvocati del Re presso le giurisdizioni saranno anche tenuti d'inviare in ogni semestre uno stato di tutte le cause civili decise definitivamente nel detto intervallo all'avvocato del Re presso il Tribunale Supremo, il quale l'invierà al Re.

TITOLO VI.
Dei Procuratori.

ARTICOLO PRIMO.

I Procuratori stati ricevuti in differenti tribunali dal primo gennaro 1791 in appresso, sono soppressi.

ART. 2.

Sino a che il Parlamento non abbia diversamente determinato, coloro che vorranno essere ricevuti procuratori, dovranno presentarsi al Tribunale Supremo, ed ottenere la commissione.

ART. 3.

Il Tribunale Supremo non potrà accordare le dette commissioni a quelli i quali le domanderanno, se non dopo aver fatto loro subire un'esame sopra quelle questioni di procedura, che stimerà loro proporre, e dopo averli riconosciuti bastantemente istruiti.

TITOLO VII.

Dei Notari.

Articolo Primo.

Nel termine di tre mesi dopo la pubblicazione del presente atto di Parlamento, tutti i notari stati ricevuti dal primo gennaio 1791, dovranno presentarsi nanti al Tribunale Supremo per esser dai giudici che lo compongono esaminati.

Art. 2.

Quelli che non si presenteranno dentro il detto termine per essere esaminati, sono soppressi.

Art. 3.

Quelli che in avvenire vorranno essere ricevuti notari, dovranno presentarsi al Tribunale Supremo per esser esaminati.

Art. 4.

Dovranno inoltre presentare al Tribunale un certificato di buona vita e costumi delle loro municipalità, ed altro certificato degli ufficiali municipali della pieve o della maggior parte de' medesimi che ne giustifichi il bisogno e la necessità.

Art. 5.

Le questioni e dimande che dovranno farsi tanto ai notari di cui si parla nell'articolo primo, che a quelli che si presenteranno per esser ammessi al detto ufficio, e le loro risposte, saranno fatte per iscritto e dopositate alla cancelleria.

Art. 6.

Tanto i notari di cui si parla nell'articolo primo che tutti quelli che dimanderanno d'esserlo, non potranno ottenere la commissione, se non dopo aver data buona e valevole sicurtà di lire 4,000 da approvarsi dal Tribunale Supremo.

Art. 8 (1).

Le commissioni di notaro saranno date dal Re sul parere del Tribunale Supremo.

Art. 9.

Il Re spedirà le commissioni al Tribunale Supremo, il quale non potrà deliberarle a coloro che le avranno ottenute, se non dopo che la sicurtà si sarà obbligata, e dopo che sarà stata approvata.

Art. 10.

Tutti quei particolari che hanno presso di sè ceppi o registri di notaro saranno tenuti di rimetterli ad un notaro loro più ben visto, salvo a prender d'accordo con il medesimo quelle misure che stimeranno più convenevoli per la ripartizione dei proventi che potranno risultarne.

Art. 11.

Tutti i ceppi o registri di notaro già scritti da notari di una pieve, che si troveranno presso qualunque persona d'un'altra pieve, saranno rimessi ad un notaro della pieve dove dimoravano i notari descritti e che gli hanno scritti.

---

(1) L'article 7 manque. Il a sans doute été omis par le copiste.

Art. 12.

Se i possessori di ceppi o registri sono notari e che questi per averli abbiano o data alcuna somma o fatte altre spese, potranno ripetere una convenevole indennità da determinarsi dal tribunale della giurisdizione, quando le parti non ne convengano d'accordo; la consegna di ceppi o registri dovrà farsi in presenza del podestà della comunità dove dimora il notaro a cui si consegneranno, ed il podestà assistito dal cancelliere ne farà gratis l'inventario, copia autentica del quale sarà inviata all'avvocato del Re della giurisdizione, che la rimetterà al cancelliere per essere deposta e custodita alla cancelleria, e l'originale resterà alla cancelleria municipale.

Art. 13.

Tutti i ceppi di notari che si trovano nell'archivio di Bastia saranno restituiti ai proprietari che li dimanderanno, eccettuato il caso in cui siano stati depositati per sospetto di falsità.

Art. 14.

La domanda dovrà essere fatta al Tribunale della giurisdizione.

Art. 15.

I proprietari a cui saranno rimessi dovranno uniformarsi a quanto è disposto negli articoli precedenti.

TITOLO VIII.
Degli Arbitri.

Articolo Primo.

Tutte le persone che hanno il pieno esercizio dei loro diritti, minori e donne con i consensi voluti dalla legge, ed approvazione del giudice, potranno nominare uno o più arbitri, per decidere le loro private contestazioni.

Art. 2.

I compromessi dovranno farsi per iscritto e conterranno un termine dentro del quale gli arbitri dovranno pronunciare la loro sentenza definitiva.

Art. 3.

Quando nel compromesso non ve ne sia alcuno, il termine sarà di tre mesi, dal giorno che gli arbitri lo avranno formalmente accettato.

Art. 4.

Fatto il compromesso, non sarà lecito alle parti, se non d'accordo, di renunciare al medesimo, nè di ricusar alcuno degli arbitri se non per sopraggiunta nuova causa d'inimicizia capitale, o d'interesse personale degli arbitri stessi nelle contestazioni compromesse, o di sopraggiunta affinità in primo grado.

Art. 5.

In caso che fra le parti nasca contestazione sulla verità

della causa di ricusa, il giudizio ne apparterrà al tribunale della giurisdizione, ove il compromesso sarà fatto.

Art. 6.

Se la causa di ricusa sarà dichiarata valida, o se la parte non lo contesta, ciascuna delle parti potrà ricusarsi di continuare il compromesso.

Art. 7.

Se gli arbitri saranno discordi, e le parti non avranno nell'atto del compromesso data la facoltà agli arbitri di nominare un terzo, o non ne avranno nominato uno esse stesse, sarà nominato dal tribunale, quando le parti non ne eleggano uno d'accordo fra tre giorni, a contare da quello della notificazione dell'atto della discordia.

Art. 8.

La discordia dovrà essere dichiarata per iscritto e deposta presso quel notaro che gli arbitri avranno scelto per ricevere gli atti e pronuncie che dovranno fare, ed in difetto, presso del cancelliere della giurisdizione.

Art. 9.

L'atto della discordia sarà significato ad istanza della parte più diligente.

Art. 10.

Potranno i detti arbitri, dopo che avranno accettato il compromesso esser costretti dal tribunale della giurisdizione, anche sotto pena dell'interesse delle parti, a pronunciare la loro sentenza definitiva nel termine stabilito nel compromesso, o in quello dato dalla legge, quando nel compromesso non ne sarà dato alcuno.

Art. 11.

Non possono i detti arbitri nella sentenza che pronuncieranno, riservarsi la facoltà di variarla o migliorarla o apportarvi alcun altro cambiamento.

Art. 12.

Le sentenze che non saranno fatte per atto di pubblico notaro saranno deposte nella cancelleria della giurisdizione.

Art. 13.

Quando le parti compromittenti non abbiano diversamente convenuto, le sentenze arbitrali sono inappellabili.

Art. 14.

Nel caso in cui le parti si siano riservato il diritto di appellare, le appellazioni sono devolute al Tribunale Supremo. Per le appellazioni in questo caso, sarà osservata la stessa forma e termini che sono prescritti per gli appelli dalle sentenze delle giurisdizioni.

Art. 15.

Gli appelli saranno sospensivi, a meno che non si tratti di affari di cui si fa menzione nell'articolo 9o del titolo 2o.

TITOLO IX.

Delle ferie.

Articolo Primo.

Le ferie delle messi cominceranno dal venti giugno *inclusive*, e continueranno fino al dieci agosto pure *inclusive*.

Art. 2.

Le ferie delle vendemmie cominceranno dal venti settembre *inclusive*, e continueranno fino al primo novembre pure *inclusive*.

Art. 3.

Tutti gli altri giorni dell'anno, eccettuate le feste, e la settimana santa, sono utili.

Art. 4.

Durante le ferie però, potranno farsi sequestri, far detenere debitori sospetti, procedere contro i malfattori, movere, trattare e decidere le cause di commercio, le cause che sono della competenza delle municipalità, e tutte quelle che richiedono celerità, e dove può esservi pericolo nel ritardo a giudicio dei tribunali.

La sessione è stata sciolta alle ore due dopo mezzo giorno, e rinviata a dimani alle ore nove della mattina.

Giafferri, *presidente.*
Muselli.

Sessione del 7 Maggio 1795.

(*alle ore nove della mattina*).

1 membri della Camera riuniti, la sessione è stata aperta colla lettura del processo verbale della precedente, la di cui redazione è stata approvata.

Dopo questa lettura il rapportatore del progetto di decreto concernente le funzioni e gerarchia dei tribunali, ha letti alcuni articoli per fare seguito al suddetto decreto. Quelli, separatamente discussi e definitivamente arrestati dalla Camera, saranno rapportati secondo l'ordine della materia, nel decreto adottato dalla Camera nella sessione di ieri.

Un membro del comitato di legislazione ha fatto il rapporto della petizione della comunità del Petreto, per mezzo della quale riclama la revoca del decreto che crea in comunità il paese di Bicchisano che era riunito a quel comune.

La poca popolazione, ed il timore di qualche inconveniente sono i motivi delle riclamazioni della comunità del Petreto. Il comitato è stato di avviso che non vi sia luogo a deliberare.

La Camera di Parlamento, visto il suo decreto dello scaduto mese di aprile, dichiara che non vi è luogo a deliberare sopra la petizione della comunità del Petreto.

Sopra il rapporto della petizione della comunità di Casalta, tendente a che il suo vicario sia trattato egualmente che quello del Piano, la Camera ha dichiarato che la congrua del vicario di Casalta sussisterà nella somma fissata di lire quattro cento, e che la congrua del vicario del Piano è portata a lire tre cento, ed il detto emendamento sarà fatto nei registri, e nella spedizione del decreto da presentarsi al Re.

Un membro del comitaio delle finanze ha fatto la lettura di un progetto di decreto concernente l'imposizione sopra le case appigionate.

La Camera ha dichiarato che vi era luogo a deliberare ed ordinata l'impressione del progetto per essere discusso ed arrestato nelle forme ordinarie.

Decreto della Camera di Parlamento del Regno di Corsica, concernente l'amministrazione delle Poste, letto nelle sessioni de' 16 e 24 aprile, e definitivamente arrestato nella sessione del 7 maggio 1795.

Considerando che un esatto servizio delle Poste del Regno assicura la puntualità delle corrispondenze ed una pronta comunicazione tanto coll'interiore che colle estere nazioni: — Piaccia però all'Eccellentisima Maestà del Re, col consenso della Camera di Parlamento riunita nella presente sessione e per autorità della medesima statuire, e sia statuito come segue:

Articolo Primo.

La tassa delle lettere e pacchetti sarà pagata da tutte le persone di qualunque grado e condizione elle siano, secondo la tariffa che sarà fissata qui appresso.

Art. 2.

Le lettere per il continente saranno portate dai bastimenti a ciò destinati, i quali per quanto sarà possibile partiranno due volte la settimana.

Art. 3.

Le lettere per l'interiore del Regno saranno portate da pedoni che saranno nominati dal Re. Questi pedoni partiranno anch'essi due volte la settimana, e il Re regolerà i giorni della partenza e ritorno degli uni e degli altri.

Art. 4.

Vi saranno due pedoni per la corrispondenza colle giurisdizioni di Nebbio e Balagna, due per quella da Bastia a Corte, due da Corte a Ajaccio, due da Ajaccio a Sartene, uno da Sartene a Bonifacio, uno da Ajaccio a Vico, due da Bastia alla Porta e Cervione, e uno da Bastia a Rogliano.

Art. 5.

È proibito ai marinari de' bastimenti della corrispondenza e ai pedoni della posta di caricarsi di alcuna lettera all'indirizzo di qualunque persona, sotto pena di essere destituiti dal suo impiego, o condannati in una emenda, che non eccederà dodici lire.

Art. 6.

Le lettere dirette per il continente saranno affrancate nel luogo da dove partono, se vi è scagno, altrimente nello scagno più vicino, in difetto di che non saranno spedite.

Art. 7.

Saranno franche tutte le lettere e pacchetti che saranno indirizzati al Vice-Re, al suo consiglio e segretario di Stato, al generale delle armi, al generale Paoli, come anche quelle che saranno indirizzate ai membri della Camera.

Art. 8.

Saranno pure franche tutte le lettere e pacchetti che saranno indirizzati dai diversi Tribunali al Tribunale Supremo, o al presidente e avvocato del Re medesimo, purchè queste lettere concernano affari dipendenti dal loro impiego, che siano muniti del sigillo del Tribunale e del contrasegno del presidente o avvocato del Re. I predetti Tribunali potranno mettere sotto i loro pieghi le lettere che i tesorieri delle diverse giurisdizioni invieranno al tesoriere generale, e quelle che i Podestà maggiori delle pievi indirizzeranno al Tribunale Supremo per affari pubblici.

Art. 9.

Saranno franchi i pacchetti e lettere del Vice-Re, qualunque siano le persone, alle quali saranno indirizzate, munendole del sigillo delle sue armi e del solito contrasegno.

Art. 10.

Godranno la stessa franchigia i pacchetti e lettere del segretario di Stato, del generale delle armi e del generale Paoli, quando saranno munite del loro sigillo e contrasegno.

Art. 11.

Saranno pure franchi tutti i pacchetti e lettere che spedirà la Camera di Parlamento, quando siano contrasegnati dal segretario.

Art. 12.

Il Tribunale Supremo e avvocato del Re potranno inviare agli avvocati del Re delle giurisdizioni le sentenze, ordini ed altri documenti che il loro ministero li metterà nel caso di spedire; questi pieghi non saranno soggetti ad alcuna tassa quando siano muniti del sigillo del tribunale e del contrasegno del presidente o dell'avvocato del Re. I pacchetti e lettere del tesoriere generale saranno franchi quando siano indirizzati ai tesorieri delle giurisdizioni.

Art. 13.

Se il direttore o preposto sospetta che in alcuno dei pieghi menzionati negli articoli 8° e 12° vi siano lettere per altri particolari, potrà richiedere che siano aperti in sua presenza, ad effetto di tassar le lettere, che non devono godere della franchigia.

Art. 14.

Vi sarà in Bastia, un direttore principale, col quale dovranno corrispondere tutti gl' impiegati negli scagni subalterni.

Art. 15.

Vi sarà un direttore in Ajaccio ed uno in Corte, e dui preposti in San Fiorenzo, Calvi, Bonifacio, Sartene, Cervione, La Porta, Algajola, Vico, Isola Rossa e Rogliano.

Art. 16.

Ciascuno dei detti direttori o preposti sarà tenuto di dare fra otto giorni una sicurtà solvibile, cioè il direttore principale per la somma di cinque mila lire; quelli di Ajaccio e Corte di tre mila lire, e gli altri di due mila lire.

Art. 17.

È proibito a tutti i direttori o preposti di aprire sotto qualsisia pretesto lettere e pieghi confidati alla posta, sotto pena di prevaricazione. Tutte le lettere che i particolari avranno ricusato di ricevere, e quelle che saranno rimaste ai diversi scagni per non essere affrancate, saranno abbruciate per ordine del Re; a questo effetto, tutti i direttori e preposti dei diversi scagni saranno tenuti d'inviare ogni sei mesi i pacchetti e lettere di questa specie allo scagno principale in Bastia.

Art. 18.

È proibito di chiudere oro o argento nelle lettere che si metteranno alla posta, ma se ne farà rimessa al direttore o preposto, il quale porterà la somma sopra il registro, ne darà una ricevuta sulla lettera d'invio, e farà pervenire la somma al suo destino, sotto pena di pagare tutti i danni, spese ed interessi delle parti, in caso di contravvenzione.

Art. 19.

Quelli che vorranno far caricar lettere alla posta le rimetteranno ai direttori o preposti, i quali percepiranno anticipatamente il doppio della tassa e ne faranno menzione sopra il registro.

Art. 20.

Allorchè una lettera o pacchetto caricato alla posta non sarà pervenuto al suo destino fra quindici giorni al più tardi da quello del registramento, quello al quale sarà stata indirizzata potrà riclamarla, ed in mancanza della rimessa della lettera o pacchetto nel termine di un mese dal dì del riclamo, il direttore o preposto sarà tenuto di pagare al riclamante la somma di tre cento lire.

Art. 21.

Le lettere semplici che saranno spedite direttamente da uno scagno all'altro, saranno tassate a quattro soldi; se devono passare per altri scagni, la tassa sarà accresciuta di due soldi. Le lettere con inviluppo pagheranno un soldo di più, e per il sopra più alla ragione di dodici soldi l'oncia.

Art. 22.

Le lettere semplici che si spediranno a Livorno o che ne verranno, saranno tassate a quattro soldi se sono dirette per Bastia, a sei soldi se sono dirette a un'altro scagno, un soldo di più quelle con inviluppo, ed il soprapiù alla ragione di dodici soldi l'oncia. Le gazzette ed altri fogli periodici, i libri saranno tassati alla ragione di un soldo il foglio ; il danaro contante, alla ragione di tre per cento.

Art. 23.

I pedoni saranno pagati a ragione di quaranta lire al mese.

Art. 24.

I direttori e preposti de' diversi scagni chiuderanno ad ogni invio in un foglio il montante in danaro di tutte le lettere tassate, il montante delle franche e la ricevuta del montante di quelle che saranno state loro indirizzate coll'ultimo corriere ; e questo foglio sarà sigillato nel piego.

Art. 25.

Alla fine d'ogni trimestre invieranno al direttor principale lo stato di tutte le somme che avranno percepito, e gli faranno passare il montante.

Quest'ultimo sarà tenuto alle stesse epoche di rimettere al Re lo stato generale della ricetta e spese e versarne l'eccedente al tesoriere generale.

La sessione è stata sciolta alle ore due.

GIAFFERRI, *Presidente.*
MUSELLI.

Sessione del 8 Maggio 1795.

(alle ore nove della mattina).

I membri della Camera riuniti, la sessione è stata aperta colla lettura del processo verbale della precedente, la di cui redazione è stata approvata.

Un membro ha detto che il giubbilo universale manifestatosi in questa città ha annunciato l'arrivo del Signor Generale de Paoli, le di cui eroiche virtù sempre presenti e indelebilmente scolpite nei cuori dei Corsi eccitano in ogni tempo i sentimenti di venerazione e di riconoscenza della patria, della quale è stato il liberatore ed il padre: che la Camera dovrebbe appalesare questi stessi sentimenti per mezzo di una deputazione che si presentasse al Signor Generale de Paoli per testificargli l'amore e la stima dei rappresentanti del popolo, e la gioia di vederlo in questa città ristabilito dalle indisposizioni sofferte nel verno trascorso.

Questa mozione applaudita all'unanimità e nominata una deputazione di dodici membri, essendosi trasferita dal Signor Generale de Paoli per complimentarlo a nome della Camera di Parlamento e rientrata nella sala, ha detto che il Generale de Paoli è stato molto sensibile alle nuove marche di amore e di attaccamento appalesategli dalla Camera alla quale porge i suoi rispettosi ringraziamenti, che la di lui vita essendo stata in continuo travaglio per procurare la libertà e l'indipendenza de' suoi concittadini, non saranno risparmiati i giorni restanti della sua vecchiaia in tutte le circostanze ove si tratterà di contribuire alla felicità della sua patria, e la perdita della di lui vita medesima sarebbe il più dolce dei sacrifici, se da quella potrà dipendere la prosperità de' suoi compatriotti.

La risposta del prelodato Signor Generale ha eccitati dei nuovi applausi nella sala.

È stata fatta lettura di una petizione della municipalità di Argiusta e Moriccio, pieve d'Istria, tendente ad essere autorizzata a nominare un vicario, attesa la vecchiezza e le indisposizioni dalle quali è oppresso il proprio curato.

La Camera di Parlamento, aderendo alla petizione suddetta, autorizza la detta comunità di Argiusta e Moriccio a nominarsi un vice-curato, secondo le forme prescritte dal decreto del venticinque aprile prossimo passato e con una proporzionata congrua.

Un membro del comitato delle finanze, ha fatta la seconda lettura del progetto di decreto concernente l'amministrazione della marina. La Camera ne ha adottati gli articoli e rinviata la terza lettura al primo giorno in cui dopo l'ultima discussione sarà definitivamente arrestato il decreto.

Il rapportatore del progetto di decreto per lo stabilimento di un controllore ambulante ne ha fatta la seconda lettura. La Camera dopo qualche correzione ha tramandata la terza lettura alla prima sessione, in cui sarà reso il decreto definitivo.

È stata fatta la seconda lettura del progetto di decreto concernente la contribuzione territoriale. La Camera, dopo la discussione degli articoli e l'avviso di vari membri, gli ha adottati, e dopo la terza lettura sarà definitivamente arrestato il decreto.

La sessione è stata sciolta alle ore due, e rinviata a dimani nove del corrente, alle ore nove della mattina.

GIAFFERRI, *Presidente.*
MUSELLI.

Sessione del 9 Maggio 1795.
(*Alle ore nove della mattina*).

I membri della Camera riuniti, la sessione è stata aperta con la lettura del processo verbale della precedente, la di cui redazione è stata approvata.

La municipalità di Sari ha rappresentato colla sua petizione che il di lui curato essendo da molto tempo oppresso dalle indisposizioni e dagli anni, Monsignor Guasco, vescovo di Sagona gli nominò un coadjutore per esercitare le funzioni parrocchiali, che ha riempiute colla maggior soddisfazione del popolo senza verun emolumento; richiede perciò che piaccia alla Camera di fissargli un congruo trattamento.

La Camera dopo la lettura della detta memoria ha fissata la congrua al coadjutore della parrocchia di Sari nella somma di lire trecento cinquanta conformemente a quella stabilita dal vescovo di Sagona.

Il rapportatore del progetto di decreto concernente l'amministrazione della marina ne ha fatta la terza lettura. Dopo la discussione stata separatamente apportata sopra ciascun articolo ed inteso l'opinione di vari membri, la Camera ha definitivamente arrestato il decreto come segue, per essere presentato alla sanzione di Sua Maestà.

Decreto della Camera di Parlamento del Regno di Corsica concernente l'amministrazione della marina, letto nelle sessioni dei 1° ed 8 e definitivamente arrestato nella sessione del 10 maggio 1795.

Considerando che da una saggia e discreta amministrazione di tutti gli oggetti concernenti la marina dipende l'incremento del commercio e la facilità e sicurezza della navigazione: — Piaccia perciò all'Eccellentissima Maestà del Re, col consenso della Camera di Parlamento riunita in questa presente sessione, e per autorità della medesima statuire e sia statuito ciò che segue:

TITOLO PRIMO.
Dei differenti scagni.

Articolo Primo.

L'amministrazione della marina sarà divisa in due dipartimenti; in ogni dipartimento vi sarà un commissario di marina, che risiederanno l'uno in Bastia e l'altro in Ajaccio; le loro funzioni saranno indipendenti l'uno dall'altro, e corrisponderanno direttamente col Re.

Art. 2.

I dipartimenti saranno divisi, come segue, cioè da Calvi inclusivamente fino a Portovecchio *inclusive,* quello di Bastia; e da Portovecchio *exclusive* fino a Calvi *exclusive* quello di Ajaccio.

Art. 3.

Nei porti di San Fiorenzo, Isola Rossa, Calvi, Bonifacio vi saranno dei sindici della marina.

TITOLO II.
Delle funzioni dei commissari della marina.

Articolo Primo.

I commissari avranno l'ispedizione generale di tutti i porti dell'Isola, ciascuno nel loro dipartimento.

Art. 2.

Gli antichi registri dello scagno generale di marina saranno depositati negli archivi del governo, e ne sarà fatto inventario; i nuovi commissari e sindaci della marina dei porti rispettivi si faranno rimettere quelli dei passati commissari o sindaci dei luoghi particolari e ne faranno inventario.

Art. 3.

I commissari saranno tenuti una volta l'anno, e tutte le volte che li verrà ordinato dal Re di dare il giro nei porti del Regno sotto la loro dipendenza.

TITOLO III.
Della spedizione dei bastimenti.

Articolo Primo.

I passaporti del Re non potranno essere dati che dai due scagni principali.

Art. 2.

I passaporti per tutti i bastimenti corsi, saranno spediti dai commissari ai sindaci della marina, sulla domanda che ne sarà fatta da essi, a giustificazione di tutti i requisiti ordinati nella presente legge. In conseguenza la spedizione materiale si eseguirà nei porti rispettivi; i bastimenti però che saranno comprati dai Corsi in luoghi stranieri dovranno presentarsi nei porti di Ajaccio, Bastia, e non potranno essere spediti che nei medesimi.

Art. 3.

Verun bastimento potrà però essere spedito senza esser previamente stazato secondo le regole prescritte nella presente legge.

Art. 4.

I commissari dovranno avere detti registri : nel primo saranno registrati tutti i titoli delle proprietà sopra i bastimenti ; nel secondo i passaporti che saranno accordati ai differenti padroni, coll'ordine del numero delle date ; nel terzo, i ruoli dell'equipaggio col medesimo ordine ; nel quarto i rapporti che tutti i padroni sono obbligati di fare subito dopo il loro arrivo nel porto, osservando di segnare esattamente in margine il giorno della partenza ; nel quinto, per registrare i nomi dei padroni e capitani dei bastimenti ; nel sesto per scrivere i nomi, età e servizi di tutti i marinari e mozzi ; nel settimo per notare tutti i bastimenti che sono stati stazati, designando ad ognuno il numero delle tonnellate, ed il nome del padrone che li comanda.

Art. 5.

Se vi saranno contestazioni, queste saranno intese e decise dai commissari o sindaci, e dai procuratori della corporazione, che saranno a questo effetto eletti tutti gli anni dal corpo dei marinari, salvo il ricorso al Re.

Art. 6.

La corporazione dei marinari in ciascuno dei detti porti nomiuerà due o più procuratori della corporazione.

La detta nomina sarà fatta da tutti i marinari in un'assemblea presieduta dal commissario o sindaco della marina. Tutte le contestazioni fra i padroni, capitani o i loro equipaggi per interessi occorsi nei viaggi marittimi, saranno portate nanti i detti procuratori, o decisi sommariamente secondo le regole ed usi di mare, salvo il ricorso ai tribunali competenti.

TITOLO IV.

Dei passaporti e ruoli di equipaggio.

Articolo Primo.

I passaporti saranno dati dal Re nella forma che sarà determinata da lui.

Art. 2.

Questi dureranno per un anno e potranno durare in più lungo tempo per i viaggi di lungo corso, pagando a proporzione, e coll'espresso permesso del Re.

Art. 3.

I passaporti e ruoli d'equipaggio non possono essere deliberati che ai capitani, o padroni corsi riconosciuti dalla legge, che si presenteranno in persona.

Art. 4.

Potranno esser dati congedi ai padroni dei piccoli bastimenti scoperti che faranno il giro del littorale della Corsica; i detti congedi saranno deliberati dai commissari o sindaci indistintamente, e non potranno durare più di tre mesi.

Saranno egualmente accordati permessi ai padroni dei bastimenti di pesca, e che non impiegano i loro bastimenti ad altri oggetti.

Art. 5.

I forastieri non potranno avere nessuna parte sopra le proprietà dei bastimenti che si armeranno in Corsica, e i capitani che contravverranno a quest'articolo, saranno puniti [dalla] legge, oltre la confisca a profitto della nazione, della parte che possono avere sopra il bastimento.

Art. 6.

Potranno ottenere passaporti gli originari forestieri, che proveranno un anno di domicilio ed avranno casa aperta in Corsica colle loro famiglie, che giustificheranno anche di avere un fondo di dieci mila lire in commercio.

Art. 7.

Gli equipaggi saranno composti di Corsi; è però permesso di averne un terzo di forastieri.

TITOLO V.

Delle compre dei bastimenti nei porti forastieri.

Articolo Primo.

Verun Corso potrà fare acquisto nei porti forastieri di un bastimento se non nanti la cancelleria del console di Sua Maestà, e l'atto sarà debitamente legalizzato da lui.

Art. 2.

Il compratore non potrà condurre nei porti del Regno un bastimento comprato nei porti forastieri e senza la precedente dichiarazione allo scagno del suo dipartimento, e senza aver ottenuto un passaporto di tre mesi, il quale non potrà essere accordato senza un'idonea sicurtà di lire mille, promettendo in oltre di non abusare della bandiera di Sua Maestà, e di condurre il bastimento nel porto dentro il detto termine, e senza intraprendere altro viaggio.

TITOLO VI.

Della ricezione dei capitani e padroni.

Articolo Primo.

Qualunque marinaro non potrà fare le funzioni di capitano o padrone di un bastimento se non è stato ricevuto dal commissario o sindaco del suo dipartimento; se il bastimento eccede trenta tonnellate, dovrà necessariamente esser esaminato ed autorizzato dal commissario.

Art. 2.

Non potrà esser ricevuto capitano o padrone se non è Corso o domiciliato in Corsica, conforme all'articolo terzo e sesto del titolo quarto, se non sa leggere e scrivere, se non ha venticinque anni compiti, esibendo la fede del battesimo debitamente legalizzata, che resterà annessa al processo verbale. I padroni e capitani finora ricevuti non saranno soggetti alla condizione di saper leggere e scrivere.

Art. 3.

Prima di esser ricevuto capitano o padrone, dovrà certificare di aver navigato per cinque anni in qualità di marinaro o volontario; cioè il capitano per cinque anni, ed il padrone per due.

Art. 4.

Questi saranno pubblicamente esaminati nanti il commissario della marina da due antichi padroni nominati dal suddetto commissario, e trovati capaci ; il commissario o sindaco darà loro le lettere di ricezione dopo che saranno registrate.

Art. 5.

Le lettere di ricezione che saranno spedite conterranno l'epoca del servizio, tanto sopra i bastimenti del Re, che sopra i bastimenti mercantili, i nomi dei bastimenti e capitani dove hanno servito, la loro qualità ed il certificato della fede del battesimo ; quelli che avranno servito sopra i bastimenti del Re, il servizio gli conterà duplicato.

Art. 6.

Qualunque marinaro non potrà montare un bastimento colla qualità di padrone o capitano, e alcun proprietario non porrà sopra il suo bastimento un padrone o capitano che non sia riconosciuto, sotto pena tanto al marinaro che al proprietario che contravverrebbero, di trecento lire di emenda.

TITOLO VII.

Doveri dei capitani o padroni.

Articolo Primo.

Verun capitano potrà sortire dal porto senza che sia munito del passaporto, ruolo d'equipaggio, patente, e bolletto di sanità per i passaggieri, sotto pena di lire cento di emenda per la prima volta, ed in caso di recidiva del doppio e della destituzione.

Art. 2.

Arrivando in un porto i capitani o padroni dovranno presentarsi subito allo scagno della marina per fare il loro rapporto, depositare il passaporto e ruolo d'equipaggio sotto pena di lire cento d'emenda.

Art. 3.

Quando arriveranno in un porto forastiero, si presenteranno nanti il Console di Sua Maestà, faranno il loro rapporto, e presenteranno il passaporto e ruolo d'equipaggio per essere quest'ultimo visitato.

Art. 4.

È proibito di presentarsi nei porti forastieri e fare dei ricorsi nanti altro console che quello di sopra nominato; nel caso che non ve ne sia, ricorreranno nanti il magistrato di quel paese.

Art. 5.

I capitani non potranno imbarcare o sbarcare marinari, nè forastieri, che allo scagno del luogo dove si troveranno, e ciò sarà verificato sopra il ruolo dell'equipaggio.

Art. 6.

È proibito d'imbarcare o sbarcare mercanzie altro che nei porti a ciò destinati, e dopo aver presentati i loro manifesti, secondo sarà regolato per la sicurezza dei diritti nazionali.

Art. 7.

I padroni che lasceranno spirare il termine dei loro passaporti senza presentarli allo scagno, saranno condannati a lire mille di emenda, a meno che non ne giustifichino l'impossibilità.

Art. 8.

È proibito a tutti i capitani e padroni di alberare altra bandiera che quella che sarà stabilita da Sua Maestà in Corsica, e non potrà farne alcun abuso, sotto le pene prescritte dalle leggi concernenti le navigazioni.

Art. 9.

I capitani e padroni che discaricheranno saranno obbligati di rimettere le loro spedizioni allo scagno della marina, o al console di Sua Maestà, se si trovano in paese forastiere.

TITOLO VIII.
Dei Consolati.

Articolo Primo.

Se per la tempesta o per caggione dei nemici un capitano o padrone sarà obbligato di gettare in mare una parte delle mercanzie, di tagliare gli alberi e abbandonare le ancore, ne prenderà l'avviso dai mercanti e principali dell'equipaggio.

Art. 2.

Gli utensili del bastimento, e le cose meno necessarie e più pesanti, saranno le prime ad esser gettate in mare alla scelta del capitano o padrone, e coll'avviso dell'equipaggio.

Art. 3.

Lo scrivano noterà sopra il suo registro, ed al più presto che sarà possibile, la deliberazione presa, e descriverà per quanto potrà, le cose gettate in mare, e rotte.

Art. 4.

Al primo porto dove arriverà, il capitano o padrone farà la la sua dichiarazione nanti lo scagno del commissario, o sindaco della marina, o nanti il console nei porti forastieri.

Art. 5.

Lo stato delle perdite e danni sarà fatto alla diligenza del capitano o padrone, nel porto del discarico del bastimento, ed il danno delle mercanzie sarà stimato secondo il prezzo dello stesso luogo.

Art. 6.

La ripartizione per il pagamento delle perdite e danni sarà fatta sopra gli effetti salvati e sopra la metà del bastimento e del nolo al soldo la lira.

Art. 7.

Per giudicare della qualità degli effetti gettati in mare, le parti saranno obbligate presentare le polizze di carico, o le fatture, se ve ne sono, con il giuramento dei mercanti che hanno caricato.

Art. 8.

Se le qualità delle mercanzie fossero state alterate per le lettere di carico e che fossero di maggior valore delle dichiarazioni dei mercanti che aveano caricato, nel caso che queste fossero salve, dovranno contribuire secondo il loro giusto valore, e se sono perdute, non saranno pagate che sul piede delle fatture.

ART. 9.

Se al contrario le mercanzie fossero di una qualità meno preziosa, e che siano salve, queste contribuiranno secondo il piede della loro dichiarazione, e se sono gettate o guaste, non saranno pagate che del giusto loro valore.

ART. 10.

Le munizioni di guerra e di bocca, i noliti ed effetti di marinari non contribuiranno alle perdite; niente di meno ciò che sarà gettato sarà pagato colla contribuzione sopra tutti gli altri effetti.

ART. 11.

Gli effetti dei quali non saranno fatture, nè lettere di carico, non saranno pagati, e se sono salvi, pagheranno la contribuzione.

ART. 12.

Non potrà domandarsi la contribuzione per il pagamento degli effetti che si trovano sopra la coperta, se saranno gettate o guaste dal getto, salvo al proprietario di fare il suo ricorso contro del capitano o padrone; contribuiranno non di meno, se saranno salve.

ART. 13.

Se il getto non salverà il bastimento dal naufragio, le mercanzie salve non saranno tenute ed alcuna contribuzione.

TITOLO IX.

Dei Padroni e Marinari.

Articolo Primo.

È proibito ai capitani e padroni d'imbarcare alcun marinaro o mozzo che non sia compreso nel ruolo dell'equipaggio, sotto pena di sessanta lire di emenda per ogni marinaro o mozzo.

Art. 2.

È medesimamente proibito ai capitani o padroni di sbarcare alcun marinaro o mozzo senza far menzione nel ruolo dell'equipaggio del cambiamento, sotto pena di lire sessanta di condanna.

Art. 3.

Si proibisce ai padroni di subornare i marinari per prenderli al suo servizio, sotto pena di lire sessanta di emenda, e di otto giorni di detenzione.

Art. 4.

È proibito d'imbarcare o sbarcare alcun forastiero senza che ne sia fatta menzione nel ruolo, sotto pena di lire cento per ogni forastiere.

Art. 5.

I marinari sono tenuti di rendersi in giorni e luoghi destinati per equipaggiare, caricare e scaricare il bastimento e partire.

Art. 6.

Il marinaro ingaggiato per un viaggio non potrà abbandonare senza un congedo per iscritto, fino a che il viaggio non sia finito, ed il bastimento intieramente discaricato.

Art. 7.

Il viaggio finito, ed il bastimento scaricato nel porto del suo destino, se il padrone vorrà intraprendere un altro viaggio, il marinaro sarà libero di abbandonarlo, se non era altrimenti ingaggiato.

Art. 8.

Subito che il bastimento sarà carico, i marinari non potranno abbandonarlo senza il permesso del capitano, sotto pena di lire dieci di condanna e di punizione corporale in caso di recidiva, oltre i danni ed interessi.

Art. 9.

È proibito ai marinari di prendere del pane, vino ed altri commestibili senza il permesso del capitano o padrone, sotto pena di dieci lire di emenda, da ritenersi dal capitano, o di più gran pena, secondo l'esigenza dei casi.

Art. 10.

I marinari che faranno maliziosamente gettare e perdere le provvisioni da bocca, per fare acqua al bastimento, eccitare sedizione o rompere il viaggio e battere il capitano o padrone colle armi alla mano, saranno puniti di morte.

TITOLO X.

Dei Salari dei Marinari.

Articolo Primo.

Le convenzioni fra i capitani o padroni e l'equipaggio saranno redatte per iscritto, altrimenti i marinari saranno creduti col loro giuramento.

Art. 2.

I marinari non potranno caricare alcuna mercanzia sopra il bastimento, senza pagare il nolo, a meno che non sia convenuto diversamente fra il capitano o padrone e l'equipaggio.

Art. 3.

Se il viaggio è rotto per parte del capitano o padrone o proprietari avanti la partenza del bastimento, i marinari saranno pagati delle giornate impiegate a caricare il bastimento, e del quarto del loro nolo. Se la rottura arriva dopo il viaggio cominciato, i marinari noleggiati al viaggio saranno pagati per il tempo che hanno servito, e di tutto ciò che sarà necessario per ritornare al luogo della partenza del bastimento, e gli uni e gli altri saranno pagati del loro nutrimento sino all'istesso luogo.

Art. 4.

Nel caso d'interdizione di commercio a causa di guerra o pirati, avanti di cominciare il viaggio, non saranno pagati che delle giornate impiegate a caricare il bastimento; se nel corso del viaggio, saranno pagati a proporzione.

Art. 5.

I marinari o altre persone dell'equipaggio che navigheranno a profitto, non possono pretendere nè giornate, nè indennità, se il viaggio è rotto o ritardato per forza maggiore; se ciò arriva per parte dei proprietari o del capitano o padrone, questi dovranno essere indennizzati.

Art. 6.

Nel caso della perdita intiera del bastimento e mercanzie, i marinari non potranno pretendere i loro salari; non saranno però obbligati di restituire ciò che loro sarà stato anticipato, purchè non ecceda ciò che poteva esser dovuto fino a quel giorno.

Art. 7.

Se il bastimento sarà naufragato, ed incapace di più navigare, i marinari saranno pagati sul nolo, che sarà pagato dal proprietario della mercanzia salvata, ed in proporzione, deduzione fatta delle spese fatte fino al giorno del naufragio.

Art. 8.

Se il capitano congederà un marinaro senza causa legittima avanti che il viaggio sia principiato, sarà tenuto pagarli il terzo del suo salario, o il terzo della parte che avrebbe potuto guadagnare, ed il tutto se il viaggio sarà cominciato, con tutte le spese del suo ritorno.

Art. 9.

Il marinaro che resterà ferito per il servizio del bastimento, o che caderà ammalato nel corso del viaggio, sarà pagato dei suoi salari, e medicato a spese del bastimento.

Art. 10.

Se un marinaro resterà ferito in terra, e se sarà sceso dal bastimento senza congedo, non sarà medicato a spese del bastimento e potrà esser licenziato senza avere altro diritto che i suoi salari a proporzione del tempo che avrà servito.

Art. 11.

Gli eredi del marinaro ingaggiato a mese che morirà nel viaggio non potranno pretendere i salari che fino al giorno della sua morte.

Art. 12.

La metà dei salari del marinaro ingaggiato al viaggio sarà dovuta se muore nell'andare, ed il tutto se muore nel ritorno; se navigava al profitto, la sua parte intiera sarà acquistata dagli eredi, se il viaggio era incominciato.

Art. 13.

I salari del marinaro ucciso per difendere il bastimento saranno intieramente pagati agli eredi, come se egli avesse servito in tutto il viaggio.

Art. 14.

Il bastimento e i noli saranno specialmente ipotecati ai salari dei marinari.

Art. 15.

I salari dei marinari non contribuiranno per nessuna avaria, che nel caso del riscatto del bastimento, a meno che non siano alla parte.

TITOLO XI.

Dei differenti contratti.

Articolo Primo.

Ogni contratto sarà redatto per iscritto fra i mercanti, capitano, padrone o proprietario, siasi con scrittura privata, o nanti notaro.

Art. 2.

Il capitano o padrone sarà tenuto di seguitare l'avviso del proprietario del bastimento, quando vorrà noleggiarlo nel luogo della sua dimora.

Art. 3.

Il contratto conterrà il nome e la portata del bastimento, il nome del capitano o padrone e del mercante che vorrà passare il contratto, il luogo ed il tempo del carico e discarico, il prezzo degli interessi, dei ritardi e stallie, e gli potranno aggiungere tutte le altre condizioni che saranno convenute.

Art. 4.

Il tempo del carico e discarico delle mercanzie sarà regolato secondo gli usi del luogo, se non è stato fissato nel contratto.

Art. 5.

Se il bastimento è noleggiato a mese e che il tempo non sia convenuto nel contratto, questo non comincerà che dal giorno dell'incominciamento del carico.

Art. 6.

Colui che dopo una sommazione per iscritto di sodisfare al contratto ricuserà o ritarderà di eseguirlo, sarà tenuto a tutti i danni, spese ed interessi.

Art. 7.

Se avanti la partenza del bastimento arriverà interdizione di commercio per guerra o pirateria nel paese per dove era destinato, il contratto resterà sciolto senza danni e interessi, nè per una parte, nè per l'altra, ed il mercante pagherà le spese del carico e discarico; ma se è per altro paese, la polizza di carico resterà nel suo vigore.

Art. 8.

Se i porti sono chiusi ed i bastimenti arrestati siasi per il tempo che per la forza maggiore, il contratto sussisterà nel suo intiero, ed il capitano o padrone e i mercanti saranno tenuti di aspettare, senza danni e interessi nè per una parte, nè per l'altra.

Art. 9.

Potrà niente di meno il mercante, nel tempo che è chiuso nel porto, far scaricare la sua mercanzia a sue spese, a condizione di ricaricare, o indennizare il capitano o padrone.

Art. 10.

Il capitano o padrone è obbligato di avere sopra il bordo nel suo viaggio un contratto e tutte le altre pezze giustificative del suo caricamento.

TITOLO XII.

Delle Polizze di carico.

ARTICOLO PRIMO.

Le polizze di carico saranno sottoscritte dal capitano o padrone e dallo scrivano del bastimento.

ART. 2.

Le polizze di carico conterranno la qualità, quantità e marchi delle mercanzie, il nome del caricatore e di quello al quale devono essere consegnate, i luoghi della partenza e dello scarico, il nome del capitano o padrone, e del bastimento con il prezzo del nolo.

ART. 3.

Ogni polizza di carico sarà triplicata; la prima resterà presso il caricatore, la seconda sarà indirizzata a colui al quale devono essere consegnate le mercanzie, e la terza resterà nelle mani del capitano, padrone o scrivano.

ART. 4.

Venticinque ore dopo che il bastimento sarà caricato, i mercanti saranno obbligati di presentare al capitano o padrone le lettere di carico per sottoscriverle, e di fornirgli tutte le quitanze delle loro mercanzie, sotto pena di pagare gl'interessi per il ritardo.

ART. 5.

I commissari e tutti quelli che riceveranno le mercanzie

conforme alle polizze di carico, saranno obbligati di farne ricevuta ai capitani o padroni che la dimanderanno, sotto pena di pagare tutte le spese, danni ed interessi per il loro ritardo.

Art. 6.

Nel caso di differenza fra le polizze di carico di una stessa mercanzia, quella che si troverà nelle mani del capitano o padrone farà fede, se sarà sottoscritta del carattere del mercante, o altrimenti quella del mercante sarà approvata, se sarà sottoscritta dalla mano del capitano o padrone.

TITOLO XIII.
Dei Noli.

Articolo Primo.

Il nolo di un bastimento sarà regolato in una polizza di carico, siasi che il bastimento sia noleggiato per intiero o in parte, o a viaggio, o a mese.

Art. 2.

Se un bastimento noleggiato per intiero non sarà appieno caricato dal mercante, il capitano o padrone non potrà imbarcare altre mercanzie senza il consenso del mercante, nè senza tenergli conto del nolo.

Art. 3.

Il mercante che non imbarcherà tutta la mercanzia portata nella polizza di carico, dovrà, ciò non ostante, pagare il nolo per intiero, e se caricasse di più, deve pagar per l'eccedente.

Art. 4.

Il capitano e padrone che avrà dichiarato che il suo bastimento è di una maggior portata, sarà tenuto a tutti li danni ed interessi del mercante.

Art. 5.

Se un mercante vorrà far scaricare le sue mercanzie avanti la partenza del bastimento, potrà farlo a sue spese, pagando la metà del nolo.

Art. 6.

Il capitano o padrone potrà far mettere a terra tutte le mercanzie che troverà sopra il suo bordo e che non gli sono state dichiarate, o prenderne il nolo a maggior prezzo che si pagherà per le mercanzie di una egual quantità.

Art. 7.

Il mercante che ritirerà le sue mercanzie nel corso del viaggio pagherà ciò non ostante il nolo per intiero, ammeno che questo non arrivi per causa del capitano o padrone, o del bastimento.

Art. 8.

Se il bastimento sarà arrestato nel viaggio per causa del mercante, o fosse obbligato a navigare vacante, gl'interessi del ritardo e del nolo saranno dal mercante dovuti per intiero al padrone o capitano.

Art. 9.

Il capitano o padrone sarà egualmente tenuto a tutti i

danni ed interessi del mercante, se per causa sua il bastimento fosse arrestato nel porto, o per il viaggio.

Art. 10.

Se il capitano o padrone sarà obbligato di far caricare il suo bastimento nel corso del viaggio, il caricatore sarà obbligato di aspettare o di pagare il nolo per intiero; nel caso che il bastimento non possa essere accomodato, il capitano o padrone sarà obbligato di noleggiarne subito un altro; e se non ne può trovare, sarà obbligato solamente del suo nolo, a proporzione che il viaggio era avanzato.

Art. 11.

Se il caricatore proverà che, allorchè il bastimento ha messo la vela, era incapace di navigare, il capitano perderà il nolo, e sarà risponsevole di tutti i danni ed interessi.

TITOLO XIV.
Dei Naufragi.

Articolo Primo.

Subito che sarà seguito un naufragio, il sindaco o la municipalità più vicina ne darà avviso per un espresso allo scagno del suo commissario di dipartimento, e quest'ultimo al Re.

Art. 2.

Il sindaco e municipalità sono obbligati a prestare tutti gli aiuti necessari.

Art. 3.

Il commissario o sindaco, o la municipalità in sua assenza,

saranno tenuti di presentarsi sul luogo del naufragio con un segretario per ricevere il rapporto del capitano, e fargli prestare tutta l'assistenza che crederà necessaria per la salvezza del bastimento e delle mercanzie.

Art. 4.

Il commissario o sindaco sarà obbligato di richiedere uno degli ufficiali municipali del luogo più vicino al naufragio per assisterlo in tutti gli atti.

Art. 5.

Il commissario o sindaco potrà impiegare tutte le persone che crederà necessarie per la salvezza del bastimento e mercanzie, e non saranno salariate che le persone che saranno richieste dal medesimo.

Art. 6.

Il commissario o sindaco e municipali procederanno subito ad un inventario esatto di tutte le scritture che si troveranno sopra del bordo, e di tutte le mercanzie, compreso il bastimento.

Art. 7.

Il tutto sarà trasportato in magazzini sotto la salvaguardia del Re.

Art. 8.

Il commissario o sindaco potrà richiedere dalle autorità le persone che crederà necessarie per salvare il naufragio, e denunziare i ladri.

Art. 9.

Se il bastimento è forastiero, il commissario o sindaco ne dovrà dare avviso al console della sua nazione, se ve n'è, il quale potrà incaricarsi solo della salvezza del bastimento, se n'è suscettibile.

Art. 10.

Il capitano o padrone del bastimento dovrà dichiarare se abbandona il bastimento e mercanzie, o vuole metterle in salvo a sue spese.

Art. 11.

Il commissario o sindaco veglierà principalmente per la sicurezza dei diritti degli assenti.

Art. 12.

Il commissario potrà far vendere al pubblico incanto nelle maniere solite tutti gli effetti che possono deperire, in seguito degli ordini dei tribunali delle giurisdizioni, i quali dovranno prima sentire il capitano, e il danaro resterà in deposito, dandone avviso al Re.

Art. 13.

Il bastimento ed altre mercanzie non saranno vendute che dopo un anno e un giorno, se i proprietari non reclamano.

Art. 14.

Tutte le giornate dei commissari, sindaci, municipali, guardie e giornalieri saranno prelevate dalla vendita delle mercanzie, a ragione di sei franchi per giorno al commissario, di quattro ai sindaci e municipali, di tre al segretario, e di due alle guardie e travagliatori.

TITOLO XV.
Dei Stazatori de' bastimenti.

Articolo Primo.

Vi sarà un stazatore presso ogn'uno dei due commissari.

Art. 2.

Quando un capitano o padrone o tutt'altra persona avrà fatto acquisto di un bastimento, dovrà subito presentarsi allo scagno della marina, per domandare che il suo bastimento sia stazato, e contravvenendo a quanto vien prescritto, sarà condannato ad un'emenda di cento lire; non saranno però soggetti a questa formalità i bastimenti che sono già stati stazati.

Art. 3.

La portata del bastimento sarà stimata per tonnellate, e i diritti portati nella presente legge saranno pagati in conseguenza di quest'estimo.

Art. 4.

Allorchè sarà fatta richiesta da qualche capitano o padrone di far stazare il suo bastimento, lo stazatore non potrà sotto qualunque pretesto differire questa operazione, tanto più se il bastimento è nel caso d'intraprendere un viaggio.

Art. 5.

Subito che lo stazatore avrà terminato la sua operazione, dirigerà del tutto processo verbale, designando nel medesimo il numero delle tonnellate che porta il bastimento, e una copia dello stesso sarà deposta allo scagno della marina, e l'altra rimessa al capitano o padrone del bastimento. Il processo verbale dovrà essere sottoscritto da lui e dal capitano o padrone.

Art. 6.

Non potranno gli stazatori ripetere alcuna vacazione per le giornate impiegate, se i bastimenti che debbono stazarsi si trovano nel porto della loro dimora; se poi dovranno assentarsi, gli saranno dati tre franchi al giorno.

Art. 7.

I commissari saranno obbligati di far passare alla fine di ogni mese al governo lo stato dei bastimenti stazati nel loro dipartimento, designando ad ogn'uno la portata delle tonnellate, e il padrone o capitano che lo comanda, ed il luogo della sua residenza.

TITOLO XVI.

Polizia dei porti e doveri degli impiegati a questo servizio.

Articolo Primo.

Le guardie della sanità saranno incaricate della polizia dei porti.

Art. 2.

Queste dovranno avere un registro per registrare tutti i nomi dei padroni e passaggieri che entrano e sortono del porto, designando il luogo di dove essi sono, i nomi dei bastimenti, la portata delle tonnellate, se sono carichi o vacanti, il numero dell'equipaggio, il numero dei passaggieri, e finalmente il luogo da dove essi vengono.

Art. 3.

Subito che un bastimento sarà arrivato nel porto, la guardia della sanità dovrà fare il suo rapporto per iscritto al commissario o sindaco della marina ed alla municipalità.

Art. 4.

Subito che un bastimento sarà arrivato nel porto, il capitano o padrone, dopo aver avuto l'entrata, dovrà presentarsi nanti la guardia di sanità con tutti i passaggieri per fare la sua dichiarazione; nell'istesso modo quando un bastimento uscirà dal porto, il capitano o padrone dovrà presentarsi con i passaggieri nanti la guardia di sanità, e non potrà partire senza il permesso della stessa.

Art. 5.

I capitani o padroni che saranno stati i primi a fare le loro dichiarazioni allo scagno di polizia nel porto avranno la preferenza di accostare i loro bastimenti al molo, o tirarli a terra, prendendone però avanti il permesso dalla guardia di sanità.

Art. 6.

I padroni o capitani che vorranno tenere i loro bastimenti

sull'ancore nel porto, saranno tenuti di attaccarvi gaiatello o altro segno per marcarlo, per non cagionare danno ad altri bastimenti, sotto pena di lire venticinque d'emenda, e di tutti i danni ed interessi che possono aver cagionati.

Art. 7.

È proibito a qualunque capitano o padrone di gettare la zavorra siccome di prenderne nei porti, sotto pena di cinquanta lire di emenda. È proibito egualmente a qualunque particolare di gettare delle pietre, calcinaccio, o altre immondizie nei porti, sotto l'istesse pene che sopra.

Art. 8.

Allorchè un bastimento sarà nel porto, il capitano avrà cura di lasciar a bordo un marinaro per vegliare, affinchè il suo bastimento non danneggi gli altri coi quali si trova, e per facilitare l'entrata ed uscita degli altri bastimenti.

Art. 9.

Non sarà permesso a qualunque capitano o padrone ossia mercante, di lasciare sopra lo scalo delle mercanzie o siano attrezzi di bastimenti che per sole ore ventiquattro, a meno che non ne diano dei giusti motivi, ed in questo caso s'indirizzeranno alla guardia di sanità per averne il permesso.

Art. 10.

Non sarà permesso a qualunque persona di far degli stabilimenti negli scali, come di piantarvi dei pali o stabilirvi botteghe, o farvi altro travaglio che potrebbe pregiudicare i bastimenti che approdano negli scali, sotto |pena di lire venticinque d'emenda.

Art. 11.

Non sarà permesso a qualunque persona di passare al porto con del fuoco, sotto pena di lire dieci di emenda; come pure alcun maestro calafato potrà dar la bruma ad un bastimento, senza aver prevenuto i padroni dei bastimenti che si trovano vicini, e la guardia di sanità, affinchè prendino le precauzioni necessarie per evitare qualche incendio, sotto pena di lire cinquanta di emenda, e di tutti i danni ed interessi che potrebbero cagionare.

Art. 12.

Se un bastimento che entrerà nel porto avesse bisogno di soccorso, la guardia di sanità sarà obbligata di prestargli aiuto, e di richiedere in questo caso tutti i battelli e persone che giudicherà necessarie, e qualunque rifiuterà di servire in simile circostanza, dopo che formalmente ne sarà stato richiesto, sarà condannato a lire dieci di emenda, e a otto giorni di detenzione.

TITOLO XVII.

Sopra i fondi provenienti della marina.

Articolo Primo.

I diritti della navigazione saranno percepiti dagl'impiegati al servizio della dogana, quali ne verseranno il prodotto nella cassa del tesoriere della giurisdizione alla fine di ogni mese.

TITOLO XVIII.

Delle emende portate nella presente legge.

Articolo Primo.

Tutte l'emende portate nella presente legge saranno pronunciate dai tribunali, alla richiesta dei commissari o tenenti di porto.

Art. 2.

Il montante delle dette emende sarà destinato al risarcimento dei porti e scali del Regno.

TARIFFA
dei diritti da percepirsi sopra l'ancoraggio.

Tutti i bastimenti nazionali, o inglesi, che caricheranno, o scaricheranno mercanzie nell'Isola pagheranno il diritto d'ancoraggio a ragione di . . . . » 4s »

I bastimenti di nazione forastiera che caricheranno o scaricheranno, pagheranno il diritto a ragione di . . . » 6s »

I bastimenti tanto nazionali che forestieri che approderanno di semplice rilascio e non caricheranno nè scaricheranno, pagheranno solamente la metà di questo diritto, se approderanno nei porti ove vi sono stabiliti dei commissari o sindaci.

I pescatori e battelli che anderanno sulle coste per trasportare legna o commestibile, saranno esenti da questo diritto.

TARIFFA
dei passaporti.

I padroni dei bastimenti che faranno il commercio di porto in porto nell'Isola saranno obbligati di prender un congedo che sarà accordato per tre mesi, e pagheranno per il medesimo . . . . » 10s »

I bastimenti che faranno il commercio nei paesi forestieri, prenderanno un passaporto ogni anno, e pagheranno per il medesimo il diritto a ragione di . . . . . . » 10s »

I battelli di pesca dovranno aver un permesso di pesca che li sarà accordato per un anno dal commissario o sindaco e pagheranno per il medesimo . . . . 3 lire.

TARIFFA
sopra le lettere di ricezione dei capitani e padroni.

Le lettere dei padroni per i piccoli bastimenti che faranno il commercio nell'Isola, si pagheranno. . . . . 6 lire.

Le lettere dei capitani o padroni che faranno il commercio fuori dell'Isola si pagheranno . . . . 12 lire.

Le suddette lettere saranno registrate gratis, comprese le loro spedizioni. Tutti i diritti di rapporti di visite, e di registramento di passaporti sono aboliti.

La sessione è stata sciolta alle ore due e rinviata a lunedì undici del corrente, alle ore nove della mattina.

GIAFFERRI, *presidente.*
MUSELLI.

Sessione degli 11 Maggio 1795.

(Alle ore nove della mattina).

I membri della Camera riuniti, la sessione è stata aperta colla lettura del processo verbale di quella di sabato scorso nove del corrente, la di cui redazione è stata approvata.

L'arciprete curato della parrocchia di Gavignano, pieve di Rostino, ha rappresentato che ha in deposito libbre diecisette di cera, procedenti da cinque funerali occorsi dopo il mese di agosto dell'anno prossimo passato, e sono in contestazione con coloro che l'hanno fornito per il mortorio.

Ha richiesto dalla Camera che detti avanzi di cera gli vengano aggiudicati, giacchè dopo l'anno mille sette cento novanta fino a questo giorno ha servito la sua parrocchia senz'aver ritirato per più di tre anni alcun emolumento.

La Camera ha rinviata la memoria dell'abate Giampietri all'esame de' suoi comitati per farne rapporto.

Un membro ha proposto di aumentare la congrua fissata di lire cinque cento al curato delle Ville, pieve di Tuani in Balagna, in considerazione degli antichi suoi redditi, e della popolazione di quel comune.

La Camera, inteso il parere de' suoi membri per detta pieve, ha fissata la congrua del curato delle Ville alla somma di lire sei cento, e questa correzione sarà portata sopra i registri, e la spedizione del decreto da presentarsi alla sanzione del Re.

Il rapportatore del progetto del decreto concernente lo stabilimento di un controllore ambulante, ne ha fatta la terza lettura.

La Camera, dopo la discussione di ciaschedun articolo ed il parere di vari membri, ha definitivamente arrestato il decreto come segue, per essere sottoposto alla sanzione reale.

Decreto della Camera di Parlamento del Regno di Corsica che stabilisce un controllore ambulante per visitare gli scagni delle Dogane, dei controlli, ed i magazzini di sale del Regno e verificare i registri dei tesorieri delle giurisdizioni, letto nelle sessioni dei 2, 8 e definitivamente arrestato nella sessione degli 11 maggio 1795.

Considerando che lo stabilimento di un controllore ambulante per verificare i conti degli amministratori dei redditi pubblici tende ad assicurare la fedeltà nelle loro gestioni, e garantire i fondi destinati alle spese dello stato : — Piaccia però all'Eccellentissima Maestà del Re, col consenso della Camera di Parlamento riunita nella presente sessione, e per autorità della medesima, statuire e sia statuito ciò che segue :

Articolo Primo.

Vi sarà un controllore ambulante nominato dal Re.

Art. 2.

Il controllore dovrà fare la visita di tutti gli scagni delle Dogane del Regno, magazzini del sale e scagni di controllo, almeno due volte all'anno, e in conformità degli ordini che gli saranno dati dal Re.

Art. 3.

Le dette visite consisteranno in verificare tutti i registri delle Dogane, del controllo e magazzini di sale, in presenza dei direttori, preposti e controllori, ed i registri dei tesorieri delle giurisdizioni.

Art. 4.

Verificherà le rimesse dei prodotti, arresterà i registri, redigendo processo verbale separato per ognuna delle verificazioni, in presenza dei direttori, preposti, controllori e tesorieri, i quali dovranno sottoscriverlo, ne porrà copia al basso d'ogni registro, ed altra ne spedirà al Re.

Art. 5.

Verificherà la situazione dei magazzini di sale, la qualità del medesimo, e riceverà la dichiarazione della municipalità del luogo del magazzino sulla qualità del sale, e del peso con cui si distribuisce al pubblico.

Art. 6.

In caso che dalla verificazione risultasse malversazione, alterazione o falsità sui registri nei pesi, nelle misure e tariffe e nel sale medesimo, arresterà immediatamente i detti registri, pesi e misure, li depositerà nella cancelleria del tribunale, se si trova nel luogo, ed in difetto, a quella del podestà della pieve, facendone redigere processo verbale in sua presenza, di cui prenderà copia per trasmetterla al Re; porrà egualmente in un vaso di legno o di terra quella porzione di sale che avrà presa sulla massa del magazzino, che farà chiudere con dei cordoni, apponendovi dei sigilli all'estremità.

Art. 7.

Nei casi del precedente articolo, il controllore ambulante arresterà i registri sospettati falsi o infedeli, egualmente che i pesi e misure, sottoscriverà tutte le pagine dei registri *ne varientur,* ed apporrà un sigillo ai pesi e misure che depositerà nella cancelleria della giurisdizione ; dirigerà del tutto processo verbale, inviandone copia al Re, che potrà denunciare i . . . . . (1) tribunali competenti.

Il rapportatore del decreto su i delitti e le pene ne ha fatta la seconda lettura, egualmente che degli articoli addizionali per far seguito al detto progetto.

La Camera ne ha adottato gli articoli, rinviando la terza lettura al primo giorno, in cui, dopo la discussione del progetto medesimo, sarà definitivamente arrestato il decreto, per essere sottoposto alla sanzione del Re.

Il Signor Presidente ha fatto annunciare alla Camera un messaggio del Re.

Il Signor Pozzo-di-Borgo, presidente del Consiglio di Stato e portatore del messaggio suddetto, essendo stato introdotto, ne ha fatta la lettura nei termini seguenti :

« AL NOME DEL RE,

» Sua Eccellenza il Vice-Re Gilbert Elliot

» Ha la soddisfazione d'informare la Camera di Parlamento che Sua Maestà, continuando le di lui cure e paterna vigilanza per la sicurezza de'suoi fedeli e leali sudditi Corsi, si è degnato di ordinare un'aumentazione di forza militare in questo Regno.

» In conformità delle comunicazioni fatte alla Camera nel cominciamento della presente sessione, è stata ordinata la leva immediata di un quinto battaglione.

» Sua Maestà si è ugualmente compiaciuto di' ordinare la leva di un nuovo reggimento in Corsica, sotto gli ordini

---

(1) Lacune. Il faut sans doute suppléer ainsi : *delinquenti ai.*

del maggior Smith, ufficiale che ha già prestato in quest'Isola distinti servizi, ed ha inoltre l'intenzione di aumentare le forze britanniche in questo Regno subito che le convenienze generali del servizio lo permetteranno.

» Non ostante, ed affine di non omettere cosa alcuna che possa cooperare alla difesa della Corsica, è piacciuto a Sua Maestà di prendere le misure necessarie per impiegare al suo servizio in questo Regno alcuni Corsi di truppe estere al soldo di Sua Maestà.

» Sua Eccellenza il Vice-Re fa una tale comunicazione alla Camera con altrettanto maggior piacere, quanto che si persuade che sarà ricevuta come una nuova prova delle cure paterne di Sua Maestà per la salute e gl'interessi de' suoi sudditi Corsi, e con quei sentimenti di lealtà e di riconoscenza, che gli atti del più grazioso e benefico sovrano meriteranno sempre da un popolo libero e fedele.

» Fatto a Bastia li 11 maggio 1795.

» Per ordine di Sua Eccellenza,

» *Sottoscritto*: Pozzo-di-Borgo. »

Dopo la lettera del detto messaggio che ha eccitati tutti i sentimenti della più alta riconoscenza verso di Sua Maestà e di amore e di rispetto per il suo rappresentante in questo Regno, sono stati nominati dal Sig. Presidente quattro membri, affine di occuparsi di un progetto d'indirizzo che esprime i voti della Camera e del popolo Corso sopra tante grazie segnalate del Re.

I Signori Pozzo-di-Borgo, Panattieri, Negroni e Massei essendosi ritirati in uno scagno della sala, ed avendo poco dopo presentato l'indirizzo suddetto, è stato unanimemente adottato nei termini seguenti:

« Eccellenza,

» La Camera di Parlamento ha ricevuto con riconoscenza un messaggio per cui Vostra Eccellenza si è degnata comunicarle le provvide intenzioni di Sua Maestà per la sicurezza di questo Regno mediante la leva del quarto battaglione corso e quella di un reggimento sotto gli ordini del maggiore Smith, mediante tutte le altre misure, che Sua Maestà si propone di prendere in queste circostanze di guerra, ed annunciate col messaggio di Vostra Eccellenza.

» La Camera di Parlamento vedrà in oltre con estrema soddisfazione l'accrescimento delle truppe britanniche in quest'Isola, secondo le benefiche intenzioni di Sua Maestà; essa riceve la comunicazione di questi provvedimenti, come una nuova prova delle cure paterne di Sua Maestà per l'interesse e la salvezza dei suoi sudditi Corsi, e con la profonda riconoscenza dovuta al più grazioso e benefico soccorso. La Camera prega Vostra Eccellenza di sottoporre alla grazia ed alla Maestà del Re questi sentimenti, e quelli dell'inalterabile fedeltà della Camera e dell'intiero popolo di questo Regno, e rinnuova a Vostra Eccellenza l'espressioni sincere della più giustificata riconoscenza e rispetto per la continuata applicazione e zelo con cui la vedono occupata a promovere il bene e la sicurezza di questo Regno. »

In seguito è stata nominata una deputazione di quattro membri per presentarlo a Sua Eccellenza il Vice-Re, e questa, avendo riempiuto la sua commissione, e rientrata nella sala, ha detto che Sua Eccellenza il Vice-Re ha ricevuto con estrema soddisfazione l'indirizzo della Camera, che si farà una premura di rendere noti a Sua Maestà i sentimenti di fedeltà, e di riconoscenza della Camera di Parlamento, e di tutti i suoi sudditi Corsi in secondare le viste paterne del Re, dirette alla maggiore prosperità e sicurezza di questo Regno.

Sulla mozione di un membro, la Camera ha deliberata all'unanimità l'impressione tanto del messaggio del Re che del suo indirizzo.

È stata fatta la seconda lettura del progetto di decreto concernente l'imposizione sopra le case appigionate.

La Camera, dopo l'esame e la discussione degli articoli, gli ha adottati rinviandone la lettura al primo giorno.

Il rapportatore del progetto di decreto concernente l'imposizione sopra i fondi in commercio ne ha fatta la seconda lettura.

La Camera, dopo l'aggiunzione d'un articolo, ha adottato il progetto, salva la discussione alla terza lettura, dopo della quale sarà definitivamente arrestato il decreto.

La sessione è stata sciolta alle ore due dopo mezzo giorno, e rinviata a dimani dodici del corrente, alle ore nove della mattina.

GIAFFERRI, *presidente*.
MUSELLI.

Sessione del 12 Maggio 1795.

(*alle ore nove della mattina*).

I membri della Camera riuniti, la sessione è stata aperta colla lettura del processo verbale della precedente, la di cui redazione è stata approvata.

Un membro del comitato delle finanze ha presentato un progetto di decreto per la creazione di tesorieri nel Regno.

La Camera, dopo la lettura di detto progetto, ha dichiarato che vi è luogo a deliberare ed urgenza, e quindi dispensandone l'impressione, ha rinviata la seconda lettura al primo giorno in cui sarà definitivamente arrestato il decreto.

Il rapportatore del decreto del primo maggio concernente l'istruzione sopra la procedura criminale ha fatta lettura di due articoli addizionali per far parte del suddetto decreto.

Queste disposizioni riguardano processi fatti dagli antichi giudici di pace e dai podestà delle pievi, e che si trovano tuttora indecisi.

La Camera di Parlamento li ha adottati e definitivamente arrestati nella maniera seguente, e formeranno un titolo del seguito del decreto concernente l'istruzione sopra la procedura criminale.

ARTICOLI ADDIZIONALI

alla istruzione sopra la procedura criminale sopra processi fatti dagli antichi giudici di pace e podestà delle pievi, che si trovano tuttora indecisi.

Articolo Primo.

Le procedure fatte sin qui, siasi dagli antichi giudici di pace, che dai podestà delle pievi e non ancora decise dal Tribunale Supremo, saranno inviate ai tribunali delle rispettive giurisdizioni, egualmente che le persone detenute se ve ne sono, perchè si uniformino al disposto del titolo e del decreto della Camera di Parlamento concernente l'istruzione criminale del primo maggio corrente.

Art. 2.

Il presente decreto sarà esecutorio dal giorno della sanzione.

Il rapportatore del progetto del decreto sopra i delitti e pene ne ha fatta la terza lettura.

Dopo la discussione di tutti gli articoli separatamente, ed intesa l'opinione di vari membri, la Camera ha definitivamente arrestato il decreto nei seguenti termini, per essere presentato alla sanzione di Sua Maestà.

Decreto della Camera di Parlamento del Regno di Corsica sui delitti e pene, letto nelle sessioni dei 1, 11, e definitivamente arrestato nella sessione del 12 maggio 1795.

Considerando che le basi d'una buona legislazione consistono principalmente nell'applicazione di giuste e determinate pene, proporzionate a tutti i generi di delitti che turbano l'ordine pubblico e attentano alla vita, libertà e proprietà de' cittadini : — Piaccia perciò all'Eccellentissima Maestà del Re, col consenso della Camera riunita in questa presente sessione, e per autorità della medesima, statuire, e sia statuito come segue :

Delle Pene.

Articolo Primo.

Le pene che dovranno essere pronunciate contro gli autori de' delitti specificati nella presente legge, sono la morte, la galera, i ferri, la detenzione, l'esilio.

Art. 2.

I colpevoli dei delitti che meritano la morte saranno condannati ad avere la testa tagliata ; saranno condotti al luogo dell'esecuzione, col volto coperto. Niuna tortura accompagnerà la pena di morte.

Art. 3.

I condannati alla galera saranno esposti sopra un palco e legati ad un palo due ore al giorno per tre giorni consecutivi ; avranno sopra della testa uno scritto a grossi caratteri che designerà il loro nome e domicilio, il delitto, ed il giudizio che è stato reso. Vestiranno per tutto il tempo della pena un abito giallo, e porteranno egualmente un berretto giallo ; strascineranno ai piedi una catena ed una palla di ferro.

Art. 4.

I condannati alla pena della galera saranno impiegati in travagli forzati, a profitto del pubblico, nei luoghi che saranno indicati dal Re. Nelle ore in cui non saranno impiegati in detti travagli pubblici, saranno chiusi separatamente per quanto è possibile nelle case destinate a tal effetto, e potranno in dette ore impiegarsi in quel genere di travagli che loro aggraderanno ; la metà del guadagno che ne trarranno sarà a profitto de' poveri e spedali di carità ; l'altra metà sarà conservata per esser loro rimessa all'espirazione della pena.

Art. 5.

Questa pena non potrà in alcun caso essere a vita.

Art. 6.

I condannati alla pena dei ferri staranno esposti tre ore sopra un palco, e legati a un palo con uno scritto al di sopra della testa contenente il loro nome e domicilio il delitto, e il giudizio che è stato pronunciato ; saranno chiusi separatamente per quanto sia possibile in prigioni destinate a tal effetto con una catena al piede. Potranno occuparsi in quel genere di travagli che loro aggraderanno ; la metà del guadagno che ne trarranno sarà a profitto dei poveri e spedali di carità, la metà del restante potrà servire a migliorare la loro sussistenza, e la metà sarà conservata per essere loro restituita all'espirazione della pena. Potranno unirsi due ore al giorno per travagliare in comune, e sarà loro permesso di conferire con le persone che andranno a vederli.

Art. 7.

Questa pena non potrà mai esser a vita.

Art. 8.

I condannati alla pena della detenzione saranno chiusi separatamente per quanto è possibile in prigioni destinate a tal effetto. Prima di entrarvi saranno esposti due ore alla porta esteriore della medesima. Potranno impiegarsi in quel genere di travagli che loro aggraderanno. Il terzo del guadagno che ne trarranno sarà a profitto dei poveri e spedali di carità, un altro terzo potrà servire a migliorare la loro sussistenza, e l'altro sarà conservato per esser loro rimesso all'espirazione della pena. Potranno quattro ore al giorno riunirsi per travagliare in comune, e conferire colle persone che andranno a vederli.

Art. 9.

Questa pena non potrà esser a vita.

Art. 10.

La casa fornirà ai condannati alla pena della galera, dei ferri e della detenzione, pane e acqua e un soldo e mezzo per giorno da spendersi in ciò che più loro aggrada.

Art. 11.

I guardiani non potranno in alcun caso permettere che venga somministrato ad alcuno dei condannati in particolare, alcun genere di soccorsi di sussistenza, ma questi soccorsi, se ve ne sono, dovranno essere divisi in comune. Il pubblico provvederà ai bisogni di malattia e del vestito.

Art. 12.

I condannati all'esilio dovranno uscire dal Regno.

Art. 13.

Gli esiliati che ritornassero prima che il tempo e il termine sia spirato, saranno condannati a tanti anni di ferri, quanti mancheranno a compire la pena dell'esilio.

Art. 14.

Chiunque sarà stato condannato alla pena della galera, dei ferri o della detenzione, e sarà un'altra volta convinto di un delitto che meriti alcuna delle dette pene, subirà per un tempo doppio la pena applicata al detto delitto.

Art. 15.

Chiunque sarà stato condannato all'esilio, dopo averne subito la pena, e sarà in seguito convinto di un delitto che meriti la galera o i ferri o la detenzione, subirà per quattro anni di più la pena applicata al detto delitto; se sarà convinto di un delitto che meriti l'esilio, sarà condannato a otto anni di ferri.

Art. 16.

Se una donna si sarà resa colpevole di un delitto che sia di natura a meritar la galera, questa pena sarà convertita in quella de' ferri; le donne saranno chiuse separatamente dagli uomini condannati alla stessa pena, e non potranno mai riunirsi con essi per travagliare in comune.

Art. 17.

Se un delitto sarà stato commesso da una persona che non abbia ancora compiti i dodici anni, e se il giurato avrà dichiarato che questo delitto sia stato commesso senza discernimento, la pena non potrà essere che correzionale, e il Tribunale Supremo la pronuncierà.

Art. 18.

Allorchè un condannato alla pena della galera sarà arrivato all'età di settanta quattro anni, non potrà esser astretto ad alcun travaglio forzato.

Art. 19.

Allorchè un condannato arriverà all'età di settant'otto anni, dovrà sulla sua richiesta essergli dal Tribunale accordato la libertà, se avrà subito la pena per cinque anni.

Art. 20.

Oltre le pene suddette, i colpevoli potranno essere condannati ai danni ed interessi dove il caso lo richiederà, siccome pure alle spese della procedura.

Art. 21.

La pena della galera, dei ferri, della detenzione o dell'esilio, renderà il condannato incapace di esercitare per tutto il tempo della medesima alcun diritto civile. I di lui beni saranno amministrati da un curatore dato a tal effetto dal tribunale; su questi beni o sull'oro prodotto potranno essere dal giudice ordinati gli alimenti dei figli e moglie del condannato, e la dotazione delle figlie al momento del loro matrimonio. Il resto gli sarà puntualmente rimesso dal curatore all'espirazione della pena.

Art. 22.

I condannati alla pena della galera o dei ferri non saranno più ammessi ad esercitare alcun diritto pubblico; i condannati alla detenzione non saranno capaci di esercitare alcun diritto politico che sei anni dopo l'espirazione della pena, nel caso che in questo termine non esista contro di essi alcuna lamenta in giustizia, e in seguito di un giudizio che potrà rendere il Tribunale Supremo sulla domanda che dovrà essergliene fatta, appoggiata ai certificati della municipalità del loro domicilio e del tribunale della giurisdizione, che ne constatino la buona condotta.

Art. 23.

Se nel termine di cinque anni dopo la procedura che contro il delitto è stata incamminata, non è stato giudicato che l'accusa è fondata, quel delitto non potrà più essere perseguitato.

Art. 24.

Non potrà più essere perseguitato un delitto, eccettuato quello di falso, per cui nel termine di sei anni non vi sia stata alcuna lamenta in giustizia, seguita da un ordine o giudizio del tribunale.

Art. 25.

I condannati che non hanno subito la pena, non potranno implorare alcuna prescrizione.

Art. 26.

L'esecuzione della pena di morte, l'esposizione dei condannati alla galera, e quella dei condannati alla pena dei ferri, sarà fatta per mano dell'esecutore dell'alta giustizia.

Art. 27.

L'esecuzioni si faranno nel capo luogo della giurisdizione in cui è stato commesso il delitto.

Art. 28.

L'esecuzioni contro i contumaci condannati alla morte, alla galera ed ai ferri, si faranno per mezzo di uno scritto a grossi caratteri esposti agli occhi del pubblico sopra un palco tre ore al giorno, per tre giorni consecutivi, contenente il nome, il domicilio, il delitto del condannato e il giudizio che è stato reso. Se detti contumaci saranno stati condannati alla pena della detenzione e dell'esilio, la loro sentenza sarà stampata, e resterà affissa tre giorni nel capo luogo della giurisdizione dove il delitto è stato commesso.

Art. 29.

Niuna delle pene suddette sarà infamante per la famiglia o parenti dei condannati.

Dei delitti contro lo Stato.

Articolo Primo.

Ogni Corso che sarà convinto di aver avuto corrispondenza o maneggi per indurre una potenza straniera a commettere delle ostilità, o portar le armi contro la Corsica, o contro la Gran Bretagna, sarà punito di morte.

Art. 2.

Ogni Corso che porterà le armi contro la Corsica o contro la Gran Bretagna sarà punito di morte.

Art. 3.

Ogni Corso che leverà truppa al servizio del nemico per agire contro la Corsica o contro la Gran Bretagna, sarà punito di morte.

Art. 4.

Ogni Corso che fornirà volontariamente delle munizioni al nemico o soccorsi, sarà condannato a dodici anni di ferri.

Art. 5.

Ogni Corso che ecciterà i suoi concittadini a prender le armi contro lo Stato, o non prender le armi per la difesa di esso non ostante le requisizioni legali, sarà punito di morte.

Art. 6.

Ogni Corso che faciliterà o proteggerà lo sbarco di truppe nemiche, che ne faciliterà e seconderà con corrispondenza o maneggi l'entrata nelle città, piazze, villaggi, forti e luoghi difesi, o in qualunque maniera contribuirà con disegno ai di lui progressi sul territorio del Regno, dandoli rinsegnamenti, o avvisi, sarà punito di morte.

Art. 7.

Tutte le disposizioni portate negli articoli precedenti contro i Corsi, avranno luogo contro i forastieri che si trovassero in Corsica ricevuti con buona fede, e sotto il manto dell'amicizia e dell'ospedalità.

Art. 8.

Ogni Corso che solleciterà o accetterà impieghi dal nemico, sarà punito con dieci anni di galera.

Art. 9.

Ogni Corso, che a disegno di favorire il nemico, si opporrà agli ordini o alle operazioni o disposizioni del governo, o comandanti militari per la difesa dello Stato, sarà punito con dodici anni di ferri; quelli che si opporranno con violenza saranno puniti di morte.

Art. 10.

I funzionari pubblici che a disegno di eccitar la guerra contro la Corsica, ordineranno di commettere ostilità o d'infrangere le leggi contro le potenze amiche, ed i comandanti che senza ordine avranno commesso le dette ostilità, saranno puniti con dodici anni di ferri.

Art. 11.

Chiunque sarà incaricato del segreto di una operazione di guerra, e lo svelerà al nemico o agli agenti di altra potenza, sarà punito di morte.

Delitti di rivolta.

Articolo Primo.

Chiunque, a disegno di eccitare la guerra civile e di rivoltarsi contro il governo, armerà una parte del popolo contro il popolo e contro le autorità legittime, sarà punito di morte.

Art. 2.

Chiunque, in caso di rivolta, tenterà invadere alcuna città, fortezza o altri luoghi difesi dalla forza pubblica, sarà punito di morte.

Art. 3.

Chiunque favorirà i progressi dei rivoltati sarà punito colla stessa pena che è pronunciata contro coloro che favoriranno il nemico.

Art. 4.

Chiunque, in caso di rivolta, impiegherà armi contro la forza pubblica che agisce per ordine delle autorità legittime, sarà punito di morte.

Art. 5.

Quelli che si riunissero sotto il titolo di Camera di Parlamento senza essere convocati in conformità della Costituzione dal Re, o che persistessero a stare uniti in caso di proroga o dissoluzione del Parlamento pronunciata dal Re in conformità della Costituzione, saranno reputati in istato di rivolta e puniti di morte.

Delitti contro la tranquillità.

Articolo Primo.

Chiunque facesse parte di un attruppamento sedizioso, e dopo che gli attruppati avessero ricevuto ordine dalle legittime autorità di ritirarsi, continuasse a restare nella sedizione, e necessitasse così l'impiego della forza pubblica, sarà condannato a quattro anni di detenzione.

Art. 2.

Se per l'effetto dell'impiego della forza pubblica nel caso

dell'articolo precedente qualcheduno restasse ucciso, i capi dell'attruppamento, ancorchè non siano quelli che abbiano ucciso, saranno condannati a quattro anni di galera.

Art. 3.

Se un attruppamento sedizioso necessitasse l'impiego della forza pubblica, e qualcheduno restasse ucciso per tale effetto, quelli che avranno con cattivo disegno provocato il detto attruppamento saranno condannati a otto anni di detenzione, ancorchè non siano nel numero degli attruppati.

Delitti contro il Re, contro le assemblee del Popolo e legittime autorità.

Articolo Primo.

Chiunque sarà convinto di aver macchinato o attentato contro la vita del Re, della di lui famiglia, o del Vice-Re, sarà punito di morte.

Art. 2.

Chiunque sarà convinto di avere per forza o violenza impedito la riunione di un'assemblea di pieve o di comunità, ordinata dal Re, o permessa dalla legge, da un tribunale, o da una municipalità, o di averne operato lo scioglimento, sarà condannato all'esilio per venti anni.

Art. 3.

Chiunque avrà dato ordine d'introdurre truppe nella Camera di Parlamento, e chiunque avrà eseguito il detto ordine, sarà punito di morte.

Art. 4.

Chiunque si sarà introdotto armato, o avrà introdotti armati a disegno di minacciare la Camera di Parlamento, o alcuno de' suoi membri, ed impedire la libertà delle opinioni, sarà punito con venti anni di galera.

Art. 5.

Chiunque avrà minacciato o oltraggiato un membro di Parlamento per le opinioni manifestate nella Camera, sarà condannato a otto anni di detenzione.

Art. 6.

Chiunque si sarà introdotto armato nelle udienze di un tribunale, di un podestà della pieve, o di una municipalità per minacciare o impedire la libertà dei giudici, sarà punito con quattro anni di ferri.

Art. 7.

Chiunque avrà battuto un giudice, avvocato del Re, assessore, podestà della pieve o ufficiale municipale nell'esercizio delle loro funzioni, sarà condannato a sei anni di galera.

Art. 8.

Chiunque minaccerà o oltraggerà un magistrato, o altra autorità legittima per le funzioni che esercita, o che avrà esercitato verso di lui, sarà punito con tre anni di detenzione.

Art. 9.

Chiunque estorcesse con violenza o minacce un'ordine di

dichiarazione o giudizio o sottoscrizione da un funzionario pubblico, sarà punito con dodici anni di ferri.

Art. 10.

Chiunque costringerà con violenza o minacce un funzionario pubblico, depositario di effetti o scritture, nella sua qualità di pubblico funzionario, a sopprimere, lacerare, o rimettergli i detti effetti o scritture, sarà condannato a dieci anni di galera.

Art. 11.

Se nel caso de'due articoli precedenti il reo ha commesso delle violenze essendo armato, sarà punito con dieciotto anni di galera.

Art. 12.

Chiunque si opponesse con violenza all'esecuzione dei giudizi di un tribunale, o di un ordine emanato dalle legittime autorità, sarà punito con quattro anni di detenzione.

Art. 13.

Chiunque impiegherà armi contro la forza pubblica che agisce per l'esecuzione degli ordini delle autorità legittime, sarà punito con dieci anni di galera.

Art. 14.

Chiunque con violenza operasse la fuga di una persona legalmente detenuta o arrestata, sarà condannato a quattro anni di ferri, se la violenza è stata esercitata senza armi, e a dieci anni di galera se la violenza è stata fatta con armi.

Art. 15.

Chiunque battesse un esecutore di giustizia o impiegato alla pubblica amministrazione nell'esercizio delle sue funzioni, sarà punito con sei anni di detenzione.

Dei Funzionari pubblici.

Articolo Primo.

Se il Segretario di Stato dasse degli ordini o contrasegnasse degli atti che distruggessero direttamente i principii della Costituzione del Regno, sarà punito di morte.

Art. 2.

Se il Segretario di Stato dasse degli ordini o contrasegnasse degli atti che rivocassero direttamente un atto di Parlamento sanzionato dal Re, sarà punito di morte.

Art. 3.

Se il Segretario di Stato dasse degli ordini o contrasegnasse degli atti per sottrarre alla giurisdizione dei tribunali legittimi, o ad una procedura legalmente intentata contro qualunque siasi persona, sarà punito con dodici anni di ferri.

Art. 4.

Se il Segretario di Stato dasse degli ordini o contrasegnasse degl'atti che creassero una autorità non indicata dalla Costituzione o dalla legge e il di cui esercizio distruggesse quella delle autorità create dalla Costituzione o dalla legge, sarà punito di morte.

Art. 5.

Ogni consigliere di Stato che prestasse il suo assenso o consiglio in detti ordini o atti, sarà punito colla stessa pena.

Art. 6.

Qualunque agente del governo o membro della Camera di Parlamento che tentasse di guadagnare con danaro o doni le opinioni di un membro della Camera, sarà punito di morte.

Art. 7.

Ogni membro della Camera di Parlamento che trafficasse le sue opinioni per danaro o doni, sarà punito di morte.

Art. 8.

Ogni altro funzionario che fosse convinto di aver trafficate le sue funzioni per danaro o doni, sarà punito con quindici anni di ferri.

Art. 9.

Ogni funzionario pubblico, che sarà convinto di essersi appropriato il danaro del pubblico, e di aver trafficato a suo profitto i danari o gli interessi del pubblico a lui confidati, sarà punito con quattro anni di galera, senza pregiudizio della restituzione delle somme defraudate.

Art. 10.

Ogni funzionario pubblico che avrà trafficato o falsificato, soppresso o lacerato, a disegno, le scritture o effetti di cui era depositario come funzionario, o ufficiale pubblico, sarà punito con dodici anni di galera.

Art. 11.

Il delitto di concussione sarà punito con tre anni di detenzione senza pregiudizio della restituzione delle somme ingiustamente percepite.

Art. 12.

Chiunque officiale o capo di truppe di linea che commettesse o ordinasse di commettere violenza contro la libertà individuale dei cittadini, fuori dei casi di requisizione di flagrante delitto e quelli indicati dalla legge, sarà condannato a due anni di detenzione.

Art. 13.

Ogni guardiano di prigione o case di arresto, che ritenesse più di venti quattro ore in dette case di arresto o prigioni un cittadino senza ordine per iscritto delle legittime autorità, sarà punito con quattro anni di detenzione.

Art. 14.

Ogni guardiano di prigioni o case di arresto o funzionario pubblico che favorisse a disegno la fuga di una persona legalmente arrestata o detenuta, sarà punito con dui anni di ferri.

Art. 15.

Ogni agente del governo, che avrà soppresso a disegno o violato il segreto di una lettera alla posta, fuori dei casi in cui la legge permette al Re di far visitare le corrispondenze, sarà punito con quattro anni di ferri.

Delitti contro le proprietà pubbliche.

Articolo Primo.

I falsificatori di moneta sia nazionale, sia forestiera, saranno condannati a quindici anni di galera.

Art. 2.

Chiunque avrà falsificato o contraffatto la carta bollata o altri marchi del pubblico, sarà condannato a otto anni di galera.

Art. 3.

Chiunque sarà convinto di aver a disegno incendiato o distrutto per esplosion di una mina, magazzini, bastimenti, arsenali appartenenti allo Stato, sarà punito colla morte.

Art. 4.

Gli altri attentati contro le proprietà nazionali saranno puniti coll'istesse pene che saranno nella presente legge applicate contro i delitti delle proprietà particolari.

Delitti contro le persone.

Articolo Primo.

L'omicidio legale involontario, o necessitato dalla legittima difesa di sè o degli altri, non è delitto.

Art. 2.

L'omicidio commesso a caso premeditato o con veleno o con armi, o in qualunque altro modo, sarà punito di morte.

Art. 3.

L'omicidio commesso volontariamente in rissa per l'effetto di provocazione o violenza, sarà punito con venti anni di galera, se l'omicida è stato il motore della rissa; se consterà che la rissa è stata mossa con disegno di commettere l'omicidio, sarà punito di morte.

Art. 4.

L'omicidio commesso volontariamente in rissa sarà punito con quattordici anni di galera, se l'ucciso è stato il motore della rissa; se l'ucciso avrà provocato il reo con battiture, la pena sarà di dodici anni di ferri.

Art. 5.

Se nei casi dei due articoli precedenti, l'omicidio non sarà stato commesso con armi bianche o da fuoco, il termine della pena sarà minore di un terzo.

Art. 6.

L'attacco fatto a disegno di commettere un'omicidio premeditato, o la preparazione dei veleni fatta per lo stesso fine, sarà punito con otto anni di galera, ancorchè l'omicidio non sia seguito; se quello che ha preparato il veleno arresta o impedisce l'esecuzione del suo delitto, prima di esser stato scoperto, non potrà essere condannato.

Art. 7.

Chiunque avrà ucciso in duello, e che provi di non aver ucciso con tradimento, sarà condannato all'esilio per venti anni; se ha proditoriamente ucciso, sarà punito di morte.

Art. 8.

Chiunque avrà provocato in qualunque modo e a disegno l'aborto di una donna gravida, sarà condannato a dieci anni di galera; se la morte della donna gravida sarà seguita per detto aborto, sarà punito di morte.

Art. 9.

L'infanticidio sarà punito colla morte.

Art. 10.

Il parricidio volontario sarà punito di morte.

Art. 11.

Chiunque ucciderà volontariamente la consorte o il consorte, il fratello o la sorella, sarà punito di morte.

Art. 12.

Chiunque avrà ferito a caso premeditato con armi bianche o da fuoco, sarà punito con dodici anni di galera.

Art. 13.

Chiunque avrà ferito in rissa volontariamente e fuori dei casi di legittima difesa con armi bianche o da fuoco, sarà condannato a otto anni di ferri, se egli è stato il motore della rissa; se il ferito è stato il motore della rissa, la pena sarà di quattro anni di ferri; se il reo è stato provocato con battiture, la pena sarà di quattro anni di detenzione.

Art. 14.

La pena durerà il doppio, se per l'effetto delle suddette ferite, qualche membro importante all'uso della vita sarà stato mutilato.

Art. 15.

Se le suddette ferite, a giudizio delle persone dell'arte, non impediscono il ferito di vacare ai suoi affari per il più di tre mesi, la pena sarà di quattro anni di esilio.

Art. 16.

Le ferite fatte al padre o alla madre o agli ascendenti legittimi volontariamente con armi bianche o da fuoco, saranno punite con venti anni di galera; se qualche membro essenziale ne è rimasto mutilato, gli autori saranno puniti di morte.

Art. 17.

Le battiture fatte al padre o alla madre o agli ascendenti legittimi saranno punite con sei anni di detenzione; se qualche membro importante è rimasto mutilato o inservibile alla vita, gli autori saranno puniti colla morte.

Art. 18.

Le pene di galera, di ferri e di detenzione pronunziate nel presente titolo si accresceranno del terzo della durata, se i delitti contro cui dette pene sono pronunziate saranno stati commessi collo stili.

Delitti contro i costumi e la religione.

Articolo Primo.

Chiunque avrà per violenza prostituito una femmina sarà condannato a dieci anni di galera; questa pena sarà portata a quindici anni, se il delitto fosse commesso sopra una fanciulla minore di anni dodici.

Art. 2.

Le femmine che si prostituiranno a prezzo di danaro, saranno espulse per quindici anni.

Art. 3.

Le femmine che con iscandalo pubblico provocheranno e negozieranno la prostituzione delle altre femmine saranno condannate a quattro anni di ferri.

Art. 4.

L'adulterio sarà punito coll'esilio a perpetuità.

Art. 5.

Il ratto di una femmina intrapreso con violenza sarà punito con quattro anni di detenzione; se alla violenza si è unito l'animo di prostituirla, sarà punito con dodici anni di ferri.

Art. 6.

Chiunque avrà sedotto una figlia ad abbandonare la casa paterna con animo di abusarne, sarà punito con tre anni di detenzione.

Art. 7.

Chiunque avrà con mala fede contratto un secondo matrimonio avanti che il primo sia stato sciolto, sarà punito con dodici anni di galera.

Art. 8.

Chiunque avrà con violenza impedito l'esercizio della Religione dello Stato, sarà punito di morte.

Delitti contro le proprietà.

Articolo Primo.

Il furto commesso con rotture di porte, finestre o muraglie nelle case di abitazione, botteghe o magazzini, sarà punito con dodici anni di galera; se sarà stato commesso senza rottura, sarà punito con otto anni di galera.

Art. 2.

Il furto commesso dopo aver aperte le porte con false chiavi, sarà punito con nove anni di galera.

Art. 3.

In caso di rottura o apertura di porte con false chiavi, la pena sarà di otto anni di ferri, ancorchè il reo non abbia eseguito il furto, purchè sia stato scoperto sul fatto.

Art. 4.

Se il furto è stato commesso da domestici o salariati o altre persone abitualmente, o sotto titolo di amicizia o di ospitalità, ricevute nella casa o bottega, sarà punito con quindici anni di galera; la stessa pena avrà luogo contro i padroni di caffè o botteghe, o contro gli albergisti o trattori che commettessero questo delitto nei loro caffè, alberghi, o botteghe verso le persone che vi arrivano con buona fede, e contro queste persone che commettessero un tal delitto verso i suddetti padroni, dai quali con buona fede sono stati ricevuti.

Art. 5.

Il furto delle cose sacre fatto nelle chiese sarà punito con vent'anni di galera.

Art. 6.

Il furto commesso nelle case di campagna sarà punito con sei anni di galera.

Art. 7.

Il furto commesso sulle persone sarà punito con nove anni di galera.

Art. 8.

Il furto di bovi d'aratro o bestie da soma sarà punito con otto anni di galera.

Art. 9.

Il furto di bestiami, istrumenti di agricoltura, biade, alveari o frutto di alveari, mercanzie o altri effetti, che sogliono sotto la fede pubblica lasciarsi esposti nelle campagne, o nelle strade, o nelle piazze, sarà punito con quattr'anni di galera.

Art. 10.

Il furto delle piante di fusto sarà punito con quattro anni di ferri.

Art. 11.

Se il furto in ciascuno dei casi surriferiti è stato commesso di notte o da più persone, e se l'autore del delitto avea sopra di sè delle armi, le pene saranno cresciute di un terzo di durata.

Art. 12.

Chiunque avrà rubato di notte in giardini o altri luoghi chiusi e coltivati, sarà punito con due anni di detenzione; se il reo sarà stato altra volta correzionalmente punito per lo stesso delitto.. (le reste manque).

Art. 13.

Il furto commesso con violenza sarà punito con quindici anni di galera.

Art. 14.

Chiunque armato e con minacce costringerà qualunque siasi persona a rimettergli effetti, danaro, o scritture, sarà considerato come reo di furto con violenza, e punito con quindici anni di galera.

Art. 15.

Chiunque armato e con minacce estorcerà la sottoscrizione di qualunque siasi scrittura, portante obbligazione, sarà considerato e punito come reo di furto commesso con violenza.

Art. 16.

Se nel caso dei due precedenti articoli il reo che ha esercitato la violenza o minacce gravi, non fosse stato armato, la pena sarà di otto anni di ferri; se il reo però era accompagnato da una o più persone armate, la pena sarà quella pronunziata nell'articolo medesimo.

Art. 17.

Le bancarotte dolose saranno punite con dodici anni di ferri.

Art. 18.

L'incendio, a disegno, delle case abitate, dei campi ed aie, biade, bastimenti, botteghe e magazzini, sarà punito di morte.

Art. 19.

L'incendio, a disegno, delle case non abitate, boschi, alberi fruttiferi o vigne, sarà punito con dodici anni di galera.

Art. 20.

Chiunque sarà convinto di aver incendiato qualunque altra proprietà per malizia, a disegno di nuocere, sarà punito con dodici anni di ferri.

Art. 21.

Ancorchè l'incendio, nei casi surriferiti, fosse stato estinto, se però il fuoco era già cominciato, l'autore del delitto sarà egualmente punito.

Art. 22.

Chiunque, con animo di mal fare e di nuocere, avrà distrutto o alterato chiudende, muraglie, canali o altri simili travagli, sarà punito con due anni di detenzione.

Art. 23.

Chiunque, con animo di nuocere, avrà atterrato edifizi, tagliato alberi fruttiferi o vigne, o devastato campagne, sarà punito con sei anni di ferri.

Art. 24.

I delitti specificati nei due articoli precedenti, saranno puniti con nove anni di ferri, se sono stati commessi con attruppamento sedizioso.

Art. 25.

Chiunque sarà convinto di aver, con animo di malfare e di nuocere, avvelenato bestiami, ucciso o resi inabili al travaglio bovi, cavalli e altre bestie da soma, sarà punito con otto anni di detenzione.

Art. 26.

Chiunque avrà con mal'animo bruciato, lacerato, o trafugato scritture di cui era depositario, sarà punito con otto anni di galera.

Art. 27.

Qualunque depositario di effetti o danaro, che avrà trafugato, o si sarà appropriato i detti effetti o denaro, sarà punito con quattro anni di detenzione.

Delitti di falso.

Articolo Primo.

Chiunque falsificherà i sigilli dello stato, la sottoscrizione del Vice-Re o del segretario di Stato, per avvalorare un atto sottoposto del governo, sarà punito di morte.

Art. 2.

Chiunque sarà trovato di aver falsificato una scrittura privata, sarà punito con quattro anni di ferri; sarà punito con otto anni di ferri chi avrà falsificato una pubblica scrittura ; sarà condannato a quattro anni di galera chi avrà falsificato una lettera di cambio, e a sei anni di galera chi falsificherà un ordine, sentenza o determinazione delle legittime autorità.

Art. 3.

Chiunque, a disegno di nuocere altrui, avrà contraffatta una lettera, sarà punito con quattro anni di ferri.

Art. 4.

Chiunque farà uso di una scrittura che sa essere falsa, subirà la pena pronunziata contro i falsificatori.

Art. 5.

Chiunque venderà a falso peso o misura, dopo essere stato due volte correzionalmente punito per lo stesso oggetto, sarà condannato a due anni di detenzione.

Art. 6.

Chiunque sarà convinto di aver fatto una falsa testimonianza in materia civile, sarà condannato a sei anni di detenzione.

Art. 7.

Chiunque sarà convinto di aver fatta una falsa testimonianza in materia criminale, sarà condannato a quattr'anni di ferri, se la testimonianza è a discarico, e sarà condannato all'istessa pena che la deposizione farebbe subire all'accusato, se la testimonianza è a carico.

Art. 8.

Chiunque con violenza e minacce cercherà di estorcere

una falsa testimonianza in materia civile, sarà condannato a sei anni di detenzione; in materia criminale sarà punito coll'istessa pena che è pronunziata contro il falso testimonio.

Art. 9.

Chiunque con violenza o minacce impedirà un testimonio in materia criminale di andare a deporre la verità non ostante gli ordini di giustizia, sarà condannato a cinque anni di ferri.

Art. 10.

Chiunque avrà con doni o promesse impedito un testimonio in materia criminale di andare a deporre la verità, sarà punito con tre anni di ferri.

Art. 11.

Le pene portate nei due precedenti articoli, saranno cambiate in quelle della detenzione, se la testimonianza riguarda una materia civile.

Art. 12.

Il falso accusatore sarà punito coll'istessa pena, che l'accusato avrebbe incorso, se l'accusa fosse stata vera.

Complici.

Articolo Primo.

Quando un delitto è stato commesso, quelli che a disegno avranno provocato con parole, scritti, minacce, doni o promesse a commettere il detto delitto, o assistito e aiutato i colpevoli, o dato loro i mezzi di commetterlo, saranno puniti colle stesse pene che sono pronunciate contro i colpevoli.

Art. 2.

Chiunque avrà nascosto il cadavere di una persona stata uccisa da un altro, sarà punito con sei anni di detenzione.

Art. 3.

Chiunque avrà comprato o accettato in dono gli effetti che egli sapeva essere stati rubati, sarà punito con quattro anni di ferri. Chiunque gli avrà nascosti, sapendo che erano stati rubati, sarà punito con otto anni di ferri.

Applicazione della presente legge.

Articolo Primo.

Tutti i delitti anteriori al presente codice specificati nelle leggi, sotto le quali sono stati commessi, e specificati nel presente codice, saranno puniti colle pene in questo portate, se queste pene sono minori; saranno puniti colle pene portate in quelle leggi, se quelle pene sono minori.

Art. 2.

Gli accusati dei delitti anteriori al presente codice, e che non sono in questo specificati, saranno discaricati dall'accusa.

Art. 3.

Niuno potrà essere ricercato per i delitti anteriori al presente codice e in questo specificati, se non erano specificati nelle leggi che erano in vigore allorchè furono commessi.

Art. 4.

Niuna delle pene indicate nella presente legge potrà essere pronunciata senza l'intervenzione del giurato.

Il Signor Presidente ha annunciato che converrebbe di presentare per mezzo di una deputazione a Sua Eccellenza il Vice-Re diversi decreti stati definitivamente arrestati dalla Camera.

Nominata una deputazione dei di lei membri, sono stati ad essa rimessi i decreti seguenti:

1. Il decreto concernente gli affari ecclesiastici.
2. Quello che autorizza il Signor Rocca Serra a stabilire una salina in Portovecchio.
3. Il decreto concernente l'istruzione sopra la procedura criminale.
4. Il decreto sopra gli abusi campestri.
5. Sopra i soccorsi da accordarsi alle comunità di Farinole e Cardo e ai buoni patriotti che hanno sofferto degl'infortuni durante la guerra.
6. Il decreto concernente i boschi e foreste nazionali.
7. Il decreto che mette in istato di requisizione tutti i marinari del Regno.
8. Sopra l'attribuzione al Tribunale Supremo di conoscere di tutte le cause portate nanti l'antico tribunale di cassazione.
9. Decreto sopra le funzioni e gerarchia dei tribunali nel civile.
10. Sopra l'amministrazione delle Poste nel Regno.

La deputazione avendo riempiuta la sua commissione, e rientrata nella sala, ha detto che Sua Eccellenza il Vice-Re prenderà in considerazione i decreti statigli presentati dalla Camera e le farà in breve conoscere le intenzioni di Sua Maestà.

È stata fatta la terza lettura del progetto di decreto concernente l'imposizione sopra le case appigionate.

La Camera dopo la discussione apportata separatamente sopra a ciascun articolo, ha definitivamente arrestato il decreto come segue per essere presentato alla sanzione del Re.

Decreto della Camera di Parlamento del Regno di Corsica, sopra l'imposizione delle case appigionate, letto nelle sessioni dei 7 e 11 maggio, e definitivamente arrestato il 12 maggio 1795.

Considerando che le case appigionate formano per i proprietari un reddito certo, sopra di cui si rende necessaria una proporzionata imposizione per supplire alle spese pubbliche: — Piaccia perciò all'Eccellentissima Maestà del Re, col consenso della Camera di Parlamento riunita in questa presente sessione e per autorità della medesima, statuire e sia statuito ciò che segue:

Articolo Primo.

Tutte le case appigionate, appartenenti ai particolari, chiese, corpi o comunità, saranno sottoposte ad una imposizione.

Art. 2.

Questa imposizione sarà del 7 per 100 sul prodotto delle medesime, senza deduzione alcuna di spese per riparazioni.

Art. 3.

Tutti i proprietari delle case, appartamenti, camere ed altre fabbriche di qualsivoglia natura esse siano, contenute nel primo articolo, saranno tenuti nel termine di un mese dopo la pubblicazione della presente legge di fare la loro dichiarazione alla cancelleria municipale, ove si trovano situate, della quantità delle stanze che contengono, siccome delle pigioni che mensualmente percepiscono dai locatari o affittuari, e saranno le dette dichiarazioni dai detti proprietari o da persona da essi incaricata, sottoscritte, e se non lo sanno, ne sarà fatta menzione.

Art. 4.

Tutti i locatari o affittuari delle case, appartamenti o fabbriche contenute nei precedenti articoli, saranno tenuti di fare egualmente le loro dichiarazioni nel termine suddetto della quantità delle stanze che occupano, a chi appartengono e delle pigioni che mensualmente pagano ai proprietari, come viene espresso nel precedente articolo.

Art. 5.

Per tutte le suddette case, appartamenti e fabbriche tassate nel 2° articolo al 7 per 100 sopra del loro prodotto, l'imposizione incomincierà dal 1° gennaio 1795.

Art. 6.

I proprietari, locatari, affittuari che non avranno fatte le loro dichiarazioni nel termine di un mese, o le cui dichiarazioni si ritrovino infedeli sopra la quantità o qualità, pagheranno il doppio dell'imposizione.

Art. 7.

Gli ufficiali municipali dovranno formare due ruoli o siano stati delle suddette dichiarazioni fatte dai proprietari, locatari o affittuari, in virtù degli articoli precedenti, uno dei quali sarà rimesso al Re, o agli agenti da esso nominati, e l'altro rimarrà depositato alla cancelleria municipale, sottoscritti l'uno e l'altro dalla municipalità.

Art. 8.

I ruoli saranno stampati e spediti dal Re agli ufficiali municipali colla tassa d'imposizione per doverne far l'esigenza nei termini ed epoche che verranno fissate per le altre imposizioni dirette, deducendo il 2 per 100 che la nazione accorda agli ufficiali municipali per diritto di colletta, e saranno tenuti di versare il montante di dette percezioni in mano dei tesorieri delle loro giurisdizioni in ciascun semestre.

Art. 9.

Le case, appartamenti o fabbriche di qualunque natura esse siano, non saranno soggette all'imposizione suddetta se non quando si trovano appigionate, locate o affittate, previa però nel termine di un mese la dichiarazione da farsi nanti gli ufficiali municipali, nel caso che cessassero i detti affitti, pigioni o locazioni.

Art. 10.

Le imposizioni saranno pagate dai proprietari delle case appigionate alla spirazione di ogni sei mesi. Gli ufficiali municipali potranno servirsi della forza pubblica per costringere i proprietari suddetti, e dovrà essere accordata sulla semplice loro requisizione e responsabilità.

Il rapportatore del progetto di decreto concernente l'imposizione sopra i fondi in commercio ne ha fatta la terza lettura.
La Camera dopo la discussione separatamente apportata a ciascun articolo del progetto, ha definitivamente arrestato il decreto nei termini seguenti per essere sottoposto alla sanzione di Sua Maestà.

Decreto della Camera di Parlamento del Regno di Corsica, sopra l'imposizione sui fondi in commercio, letto nelle sessioni dei 7 e 11, e definitivamente arrestato nella sessione del 12 maggio 1795.

Considerando che il beneficio del commercio si risente principalmente dai mercadanti e negozianti, per mezzo di tutti quei generi che si procurano dallo straniero e che le loro proprietà in commercio debbono con una giusta proporzione contribuire ai pesi pubblici : — Piaccia perciò all'Eccellentissima Maestà del Re, col consenso della Camera di Parlamento riunita in questa presente sessione e per autorità della medesima, statuire e sia statuito come segue.

Della Contribuzione de' fondi in commercio.

Articolo Primo.

Ogni mercadante e negoziante non potrà tener bottega aperta o magazzini, senza una patente che gli sarà accordata dal Re.

Art. 2.

Subito che avrà ottenuta la patente dal Re o dai suoi agenti, dovrà fare nanti il cancelliere degli ufficiali municipali una distinta dichiarazione del valore di tutte le mercanzie che avrà importato nel termine di sei mesi, principiando dal 1º gennaio 1795.

Art. 3.

Gli ufficiali municipali ne spediranno copia al direttore della Dogana, affinchè la verifichi sopra i registri d'importazione.

Art. 4.

Verificate le dichiarazioni, gli ufficiali municipali faranno un ruolo in cui si noterà il nome del mercante e delle mercanzie che avrà importate nel termine di sei mesi e ne spedirà copia al Re.

Art. 5.

Il Re secondo il contingente che l'Atto di Parlamento avrà determinato sopra la contribuzione dei fondi in commercio, fisserà a ciascun mercante sopra il valore delle mercanzie importate, la quota contributiva.

Art. 6.

La contribuzione sopra i fondi in commercio, siasi per le dichiarazioni, all'eccezione della perizia, che per il suo riparto, la sua percezione e riscossione sarà soggetta alle stesse disposizioni contenute nei titoli 2, 6 e 7 dell'Atto di Parlamento, concernente la contribuzione territoriale.

Art. 7.

Sono eccettuate dalla presente legge le botteghe de' commestibili, potabili e degli artefici.

Art. 8.

L'imposizione sopra i fondi in commercio essendo una contribuzione che ogni mercante deve contribuire allo Stato per gli sforzi che esso impiega alla sicurezza e difesa del suo commercio, la legge dichiara usura, se i mercanti aumenteranno sopra il prezzo delle mercanzie la quota contributiva, sotto pretesto d'indennità.

La sessione è stata sciolta alle ore due e rinviata a dimani alle ore nove della mattina.

GIAFFERRI, *Presidente.*
MUSELLI.

Sessione del 13 Maggio 1795.

(Alle ore nove della mattina).

I membri della Camera riuniti, la sessione è stata aperta colla lettura del processo verbale della precedente, la di cui redazione è stata approvata.

Il sacerdote Domenico Andrea Agostini, curato di Cardo, ha presentata una sua memoria concernente le gravi perdite da esso sofferte nel tempo che quel villaggio fu invaso da' nemici e riclama un qual che soccorso diviso da quelli che la Camera si è degnata di accordare agli abitanti di quel comune.

La Camera ha rinviata la memoria del petizionario al governo per farvi diritto come apparterrà.

È stata fatta lettura di una petizione del Sig. Francesco Antonio Biguglia, con cui espone che all'attacco tentato dai Francesi contro il villaggio, nel mese di ottobre 1793, fu costretto ad abbandonare la di lui casa ritirandosi con altri patriotti in un luogo più vantaggioso, da cui i nemici furono battuti e messi in fuga ;

Che tutti i di lui mobili essendo stati predati, ha sofferto una perdita di lire 2,414, come risulta da uno stato verificato dagli ufficiali municipali ; richiede perciò una proporzionata indennità alle sue perdite.

La Camera ha rinviata la memoria del Sig. Biguglia e lo stato annessovi al suo comitato di finanze, per esaminarla e farne rapporto.

Un membro del comitato di finanze, dopo avere con un

energico discorso sviluppati con chiarezza e precisione tutti i principii, sopra i quali era fondata nei passati governi l'imposizione territoriale, e la base con cui potrebbe percipirsi con maggiore semplicità e colla giusta proporzione alle facoltà dei contribuibili, ha fatta lettura, a nome dei due comitati, di un progetto di decreto per l'acconto provvisorio da pagarsi in quell'anno sopra l'imposizione territoriale.

La Camera dopo la lettura di detto progetto ha dichiarato che vi era luogo a deliberare ed urgenza, e ha ordinato l'impressione tanto del progetto di decreto che del discorso che lo ha preceduto, per essere distribuito e degli esemplari inviati in tutte le comunità del Regno.

Un membro del comitato di legislazione ha fatta lettura di un progetto di decreto concernente gli atti pubblici non controllati nè insinuati dai notari nel passato governo francese.

La Camera, dopo aver dichiarato che vi era luogo a deliberare ed urgenza, ne ha dispensata l'impressione, e ne ha rinviata la seconda lettura alla prima sessione, in cui il progetto sarà discusso e definitivamente arrestato.

Il rapportatore del progetto di decreto per la creazione dei tesorieri del Regno, di cui fu dichiarata l'urgenza, ne ha fatta la seconda lettura.

La Camera dopo la discussione apportata sopra ciascun articolo del progetto, ha definitivamente arrestato il decreto come segue, per essere presentato alla sanzione del Re.

Decreto di urgenza della Camera di Parlamento del Regno di Corsica, per la creazione dei tesorieri del Regno, letto nella sessione del 12 e definitivamente arrestato nella sessione del 13 maggio 1795.

Considerando quanto sia urgente di provvedere a che i fondi pubblici siano depositati in mani caute e sicure, e che la riscossione riesca nel tempo stesso più facile ai contribuibili, e più semplice per coloro che sono incaricati della contabilità: — Piaccia perciò all'Eccellentissima Maestà del Re, col consenso della Camera riunita nella presente sessione e per autorità della medesima, statuire e sia statuito ciò che segue :

Articolo Primo.

Vi saranno nel Regno un Tesoriere generale, ed uno particolare in ciascheduna giurisdizione.

Art. 2.

Sarà versato nella cassa dei tesorieri particolari di ciascuna giurisdizione, da tutti gli amministratori della medesima, il prodotto delle imposizioni dirette ed indirette, e della vendita del sale.

Art. 3.

I tesorieri particolari verseranno il montante della loro ricetta nella cassa del tesoriere generale, e ne disporranno secondo i suoi mandati.

Art. 4.

Il tesoriere generale dovrà dare una sicurtà di cinquanta mila lire; i tesorieri di Bastia, Ajaccio, Balagna e della Rocca di lire ventimila, e quelli delle altre giurisdizioni di lire dieci mila.

Art. 5.

Gli onorari alle cariche dei tesorieri particolari e generali saranno determinati dalla legge.

Un membro ha osservato che negli antichi direttori del Terriere, cioè ne' loro registri, si trovano inserite delle note disavvantaggiose allo stato e decoro di diversi individui e famiglie Corse; ch'eglino per la loro istituzione erano incaricati di formare il cadastro dei beni, ma non dovevano mai permettersi di secondare gl'impulsi di un governo arbitrario con delle osservazioni sopra l'indole, il carattere, costumi, e condotta dei nazionali.

Ha proposto alla Camera di prendere un partito perchè simili note siano soppresse e cancellate.

La Camera di Parlamento, considerando che le note poste sopra i registri degli antichi direttori del Terriere sopra lo stato, indole e carattere dei nazionali sono l'effetto di un governo dispotico e contrario alle massime di un popolo libero e indipendente, i di cui principii debbono esser soltanto fondati sulla virtù e sulle leggi :

Determina che il Re sarà pregato di far sopprimere e cancellare tutte e qualsivogliano note morali che possano trovarsi sopra i registri degli antichi terrieri di questo Regno, lasciando solamente sussistere i travagli relativi al loro impiego.

Un membro ha proposto di nominare un comitato per esaminare i conti degli amministratori dei fondi pubblici.

Sopra le osservazioni di vari membri, la Camera, considerando che si approssima al termine dei travagli della presente sua riunione e che l'esame e la discussione dei conti di tutte le diverse gestioni del Regno porterebbero un lunghissimo tempo :

Articolo Primo.

Decreta che tutti gli agenti ed amministratori dei fondi del pubblico saranno tenuti nel termine di tre mesi di presentare al Re i conti della loro gestione, con tutti i documenti giustificativi all'appoggio.

Art. 2.

I detti conti saranno dal Re comunicati alla Camera di Parlamento nella seconda sua riunione, per essere dibattuti e verificati e definitivamente arrestati, se vi sarà luogo.

È stata fatta la terza lettura del progetto di decreto sopra la contribuzione territoriale. Dopo la discussione apportata sopra ciascun articolo separatamente, ed inteso l'avviso di vari membri, la Camera ha definitivamente arrestato ne' termini seguenti il decreto per essere presentato alla sanzione del Re.

Decreto della Camera di Parlamento del Regno di Corsica, sopra l'imposizione territoriale, letto nelle sessioni dei 7 e 8 e definitivamente arrestato nella sessione del 13 maggio 1795.

Considerando che alla giusta ed adeguata proporzione fra il valore ed il reddito dei beni fondi deve fissarsi la contribuzione dovuta allo Stato : — Piaccia perciò all'Eccellentissima Maestà del Re, coll'assenso della Camera riunita nella presente sessione e per autorità della medesima, statuire e sia statuito ciò che segue.

TITOLO PRIMO.

Disposizioni generali.

Articolo Primo.

Sarà stabilita una contribuzione territoriale a contare dal 1º gennaio 1795, che sarà divisa con egual porzione sopra il valore reale di tutte le proprietà.

Art. 2.

Il valore di ogni proprietà territoriale sarà fissata mediante un'estimazione, avuto risguardo alla qualità e coltura delle terre.

Art. 3.

Le basi dell'estimazione saranno comuni e generali in tutto il Regno, e saranno quelle che sono adottate dagli esperti nei contratti di compra e vendita fatte nelle comunità rispettive.

Art. 4.

La contribuzione sarà di una somma fissa che il Parlamento decreterà in ciaschedun anno.

Art. 5.

Essa sarà percepita a differenti epoche prefisse dall'atto di Parlamento.

Art. 6.

La percezione si farà in ogni comunità del Regno dagli agenti nominati dal Re.

Art. 7.

La limitazione del territorio di ogni comunità, fatta dai commissari per la percezione del ventesimo in natura nel passato governo, avrà il suo effetto senza pregiudizio dei diritti particolari e delle comunità.

TITOLO II.

Delle dichiarazioni dei proprietari dei beni campestri.

Articolo Primo.

A contare dal giorno della pubblicazione della presente legge, tutti i proprietari e possessori di beni campestri saranno tenuti nel termine di *(la date manque)* di presentare al cancelliere della loro municipalità una nota sottoscritta da sè, o da altra persona a ciò incaricata, dei loro beni esistenti nel territorio della loro comunità, colla distinta specificazione del Terziere in cui trovansi situati, come pure della quantità di mezzinate e bacinate, della coltura e qualità della terra.

Art. 2.

I proprietari e possessori che avranno dei beni in una comunità o giurisdizione diversa dal loro domicilio, saranno tenuti di presentarla personalmente o per persona a ciò delegata, al cancelliere della municipalità, nel territorio della quale i beni saranno situati.

Art. 3.

I beni che saranno proindivisi con altri saranno come tali dichiarati, ma ciascuno dovrà manifestare la porzione che gli appartiene.

Art. 4.

Se le terre apparterranno ad un padrone e gli alberi ad un altro, gli alberi saranno dichiarati tanto dal proprietario della terra, quanto da quello a cui appartengono.

Art. 5.

I beni comunali saranno dichiarati dal procuratore del comune, distinguendo i patrimoniali da quelli di cui l'uso è riputato comune ad altre comunità o alla nazione.

Art. 6.

I beni nazionali e boschi saranno dichiarati dall'avvocato del Re delle rispettive giurisdizioni.

Art. 7.

I boschi saranno dichiarati tanto dai proprietari, quanto dal procuratore della comunità, se sono comunali.

Art. 8.

I beni ecclesiastici o dei monasteri si dichiareranno dai loro possessori o amministratori.

Art. 9.

I beni degli assenti saranno dichiarati dai loro procuratori o amministratori.

Art. 10.

I beni delle vedove, pupilli e minori saranno dichiarati dai loro curatori, tutori o dal più prossimo parente.

Art. 11.

Quelli che nel detto termine non presenteranno al cancelliere la dichiarazione prescritta, non saranno più ammessi a farla ed il procuratore del comune la farà a suo nome e sarà trascritta in un registro intitolato il Registro de' beni non dichiarati.

Art. 12.

I beni non dichiarati pagheranno una doppia contribuzione.

Art. 13.

Le terre che non saranno dichiarate e delle quali s'ignora il proprietario, saranno considerate come beni nazionali.

Art. 14.

Subito che sarà spirato il termine prescritto dalla legge alle dichiarazioni, il podestà convocherà gli uffiziali e consiglio municipale ed ordinerà al cancelliere di presentare tutte le dichiarazioni.

Art. 15.

Procederanno unitamente a fare uno stato indicativo dei terzieri coi quali è diviso il territorio della comunità; esamineranno in seguito le dichiarazioni di ciaschedun proprietario e nello stato del terziere noteranno il bene che dichiara possedere nel terziere, specificando la dichiarata qualità della terra buona, mediocre o cattiva e la sua misura, la vigna per giornate, la terra alberata coll'indicazione della specie e quantità degli alberi. Per facilitare questa operazione saranno spediti dal Re in ogni comunità i modelli nei quali si trascriveranno le dichiarazioni coll'ordine e metodo prescritto.

Art. 16.

Subito che saranno descritti nel modello i beni di un terziere, se ne pubblicherà la copia per mezzo degli uscieri nei luoghi pubblici, affinchè ogni contribuibile, il quale deve avere interesse che ogni bene sia dichiarato, perchè la sua quota contributiva non sia aggravata per l'esenzione dei beni non dichiarati, possa prenderne conoscenza.

Art. 17.

Ogni cittadino in questo caso potrà fare le sue giuste osservazioni e denuncie, che saranno ricevute dagli uffiziali municipali.

Art. 18.

I beni che per le denuncie saranno trovati non dichiarati, si noteranno al basso del modello al titolo dei beni non dichiarati e pagheranno il doppio della quota contributiva, la qual somma sarà portata in discarico della contribuzione di tutta la comunità.

TITOLO III.

Della Verificazione delle Dichiarazioni.

Articolo Primo.

Il Consiglio municipale, dopo che avrà rese pubbliche le dichiarazioni dei beni situati in ogni terziere, sceglierà nel numero de' suoi membri alcuni commissari, e se il numero dei consiglieri non fosse sufficiente per l'ampiezza del territorio, potrà nominare dei notabili in quel numero che sarà giudicato necessario alla celerità dell'operazione.

Art. 2.

I commissari si trasporteranno nei differenti terzieri, verificheranno le dichiarazioni dei beni in essi contenuti, la qualità del terreno, correggeranno gli errori, e se troveranno qualche bene non dichiarato, lo noteranno al basso del modello nel titolo dei beni non dichiarati.

Art. 3.

I commissari, verificati che avranno i terzieri, parteciperanno al corpo e consiglio municipale le osservazioni loro e rettificheranno gli errori commessi nelle dichiarazioni.

TITOLO IV.
Dell'estimazione e valore di ogni proprietà.

Articolo Primo.

Subito che lo stato dei beni che compongono il terziere sarà verificato, gli uffiziali e consiglio municipale nomineranno sei esperti che siano di una riputazione intatta e che abbiano le conoscenze necessarie nella valutazione dei beni campestri.

Art. 2.

I terzieri si divideranno in due parti, delle quali la prima si assegnerà a tre degli esperti e la seconda agli altri tre e sarà data loro copia delle dichiarazioni ed il giuramento di stimare ogni proprietà secondo il suo vero e reale valore senza parzialità e rimossa qualunque passione.

Art. 3.

Gli esperti così nominati non potranno in alcun modo ricusare la commissione attribuitagli dal consiglio ed uffiziali municipali.

Art. 4.

Gli esperti si trasporteranno nel luogo ove è situato il terziere; avvertiranno il proprietario di trovarsi presente per poter fare quelle osservazioni che crederà utili e necessarie, e stimeranno secondo la loro coscienza il valore di ogni bene del terziere.

Art. 5.

Le basi che devono servir di regola nella valutazione di ogni bene campestre del Regno, devono variare secondo la coltura, la produzione e la qualità della terra e devono dedursi dagli estimi che si sono adottati e praticati nei contratti di compra e vendita degli abitanti della comunità; a tal effetto gli uffiziali municipali saranno tenuti di presentare agli esperti quegli atti di compra e vendita fatti dai pubblici notari dal 1790 fino al corrente anno che saranno da essi richiesti.

Art. 6.

La vigna ed il giardino saranno valutati a giornate di zappera ed in proporzione degli alberi fruttiferi che contengono.

Art. 7.

Nelle terre alberate gli alberi saranno stimati nella loro quantità e qualità.

Art. 8.

Le terre saranno divise in quattro classi di buona, mediocre, cattiva e pessima qualità e stimate secondo la specie particolare e secondo la quantità delle mezzinate e bacinate.

Art. 9.

Le perizie degli esperti sopra qualsivoglia dei detti beni si giudicheranno dagli estimi in uso appresso gli abitanti negli atti di compra e vendita nello spazio di cinque anni, principiando dal 1790, ed indicheranno in quelli la misura, almeno per quanto sia possibile, come pure la loro denominazione, distinguendo la vigna per giornata e la terra in bacinate, la sua qualità di buona, mediocre e cattiva, e ne dichiareranno il valore, riempiendo le cassette vuote degli stati di estimazione, che saranno loro consegnati dagli uffiziali municipali per maggior chiarezza e per facilitare la loro operazione.

Art. 10.

Dopo che gli esperti avranno finita la verificazione e l'estimazione dei beni di ogni terziere, gli stati della perizia saranno rimessi agli uffiziali municipali, i quali nomineranno altri esperti per estimare le proprietà che apparterranno ai primi esperti.

Art. 11.

Gli stati delle perizie resteranno depositati alla cancelleria affinchè ogni contribuibile possa prenderne communicazione; ne sarà però dagli uffiziali municipali spedita copia al Re.

Art. 12.

Ogni contribuibile, se si troverà ingiustamente aggravato nelle estimazioni de' suoi beni dagli esperti, potrà dolersi avanti gli uffiziali municipali, i quali saranno tenuti di far trascrivere dal cancelliere in un registro a parte le doglianze e riclami di ciascuno per essere rimessi ai commissari verificatori.

Art. 13.

Dopo che il Re avrà ricevute le perizie degli esperti di ogni municipalità del Regno, nominerà diciotto commissari, scegliendone due per ogni giurisdizione.

Art. 14.

Sarà dal Re assegnato ai nove commissari, i quali saranno uno di ogni giurisdizione, la metà delle provincie del Regno, e l'altra metà agli altri nove.

Art. 15.

In caso di malattia, e di qualunque altro legittimo impedimento di alcuno dei commissari di una giurisdizione, il Re nominerà un'altro nella medesima.

Art. 16.

Il Re ordinerà che siano rimessi ai commissari i processi verbali di estimazione dei beni di ogni comunità, che gli sono stati spediti dai rispettivi uffiziali municipali.

Art. 17.

I commissari saranno tenuti di verificare l'estimazioni fatte dagli esperti, correggerle, diminuirle, o aumentarle nel suo vero valore, ricevere le doglianze degli aggravati nella prima perizia e giudicarle, e si guideranno nelle loro perizie verificative dal valore consueto della terra. alberi, vigne e giardini, adottati nelle compre e vendite della stessa comunità.

Art. 18.

I commissari procederanno in ogni pieve dividendosi in

tre commissari, come pure il territorio della pieve, in tre sezioni.

Art. 19.

Le comunità in generale, le quali non avranno fatta alcuna dichiarazione, nè verificazioni, nè perizie, i loro beni saranno stimati a doppio valore, se la mancanza è proceduta per parte dei contribuibili; se poi la colpa è degli uffiziali municipali, eglino personalmente saranno tenuti di pagare il montante della contribuzione della loro comunità.

Art. 20.

La commissione composta di tre commissari si trasporterà in ciascheduna delle sezioni della comunità, convocherà i primi esperti, i quali saranno tenuti di rendersi all'invito e di assisterla in tutta l'operazione della revisione.

Art. 21.

I commissari saranno tenuti di rendersi sopra ogni bene di ciascedun proprietario, invitandolo ad essere presente, come pure sopra quelli della comunità, verificarne l'estensione, la qualità, coltura della terra, come si è detto di sopra, valutarlo e quotizzarlo nel suo vero e reale valore.

Art. 22.

Se il proprietario si crederà leso dalla quotizzazione del valore, potrà presentare alla commissione le sue osservazioni e riclami in succinto che sarà tenuto a scrivere nel margine del cadastro, all'articolo: *Osservazioni e riclami.*

Art. 23.

La quotizzazione sarà scritta nel cadastro, la di cui forma gli sarà prescritta dall'istruzione del Re, nel quale saranno specificati il nome del proprietario, i confini, l'estensione o misure della terra, la sua qualità, la specie e quantità degli alberi, e nell'ultima colonna la quotizzazione del valore.

Art. 24.

Allorchè una commissione avrà finita la valutazione dei beni di una comunità, lascierà agli uffiziali municipali una copia della loro revisione e quotizzazione, affinchè ogni pro-proprietario possa prendere conoscenza dell'appropriazione de' suoi beni.

Art. 25.

Le tre commissioni avendo finito la prima operazione di una pieve, si trasporteranno nelle altre, e coll'istesso metodo ed ordine procederanno alla revisione ed estimazione.

Art. 26.

I nove commissari, ultimato che avranno i loro travagli nelle giurisdizioni a loro destinate, si riuniranno cogli altri nove, e si comunicheranno le rispettive loro estimazioni, rettificando quelle sopra le quali possa essere stato commesso qualche errore; formeranno un cadastro delle loro perizie del valore dei beni della giurisdizione, comunità per comunità. Ogni commissario avrà diritto di fare le sue osservazioni sopra parte o totalità degli estimi, se li crede di minor valore e non conformi alle basi generali che hanno servito di regola alle loro perizie; e tali osservazioni si noteranno in una colonna della pagina del cadastro all'articolo ove cadono.

Art. 27.

I commissari, finita l'operazione del cadastro, lo presenteranno al Re che giudicherà le contestazioni che potrebbero insorgere fra i commissari sopra le osservazioni inserite nel cadastro, ed i riclami di ogni contribuibile, ed arresterà il cadastro estimativo del valore di tutte le proprietà di ogni comunità.

Art. 28.

Sarà fissata dalla legge una retribuzione tanto ai commissari quanto agli esperti, proporzionata ai loro travagli.

Art. 29.

Il Re indirizzerà il cadastro delle estimazioni alla Camera del Parlamento nella sua prima seduta, il quale decreterà definitivamente per legge la quotizzazione del valore dei beni di ogni proprietario di ciascuna comunità.

TITOLO V.

Dei privilegi ed esenzioni.

Articolo Primo.

Le terre che per la loro natura ed ameliorazione saranno nel caso di meritare qualche esenzione, si prenderanno in considerazione con una legge.

Art. 2.

Le terre precedentemente disseccate, alberate o dissodate,

che per la legge del passato governo avranno ottenuto una esenzione, ne goderanno per il termine in essa fissato ; saranno però dichiarate, stimate e valutate dagli esperti e commissario.

Art. 3.

Le case di abitazione, e quelle delle campagne e de' giardini non saranno stimate.

Art. 4.

Sopra il ruolo della contribuzione territoriale sarà fatta menzione all'articolo di ciascuna delle proprietà che godono o goderanno l'esenzione accordata all'incoraggiamento dell'agricoltura, dell'anno in cui detti beni dovranno cessare di goderne.

TITOLO VI.

Del riparto e quotizzazione della contribuzione territoriale.

Articolo Primo.

L'atto di Parlamento determinerà la somma alla quale dovrà ascendere in ciaschedun anno la contribuzione territoriale.

Art. 2.

Il contingente generale sarà dalla legge egualmente fissato sopra il valore delle proprietà estimate al marco la lira.

Art. 3.

Decretato dalla legge il contingente, sarà dal Re applicato al valore di ogni proprietà di ciaschedun contribuibile.

Art. 4.

A tal effetto i nomi dei proprietari saranno classati nel ruolo della loro comunità con quello dei beni ch'essi possiedono nel territorio di essa, e sopra ognuno di detti beni la quota contribuzione regolata secondo il contingente.

TITOLO VII.

Della percezione e della ricossione della contribuzione territoriale.

Articolo Primo.

La percezione della contribuzione si farà alle epoche che saranno determinate dalla legge.

Art. 2.

Formati che saranno i ruoli di ciascuna comunità del Regno in conformità dell'articolo 3 del precedente titolo, il Re ne ordinerà l'invio al Tesoriere generale, con un mandamento di esigerne il montante.

Art. 3.

Il Tesoriere generale spedirà i ruoli della giurisdizione al tesoriere particolare della medesima, il quale indirizzerà quei della pieve ai podestà delle pievi, che saranno tenuti senza dilazione d'inviare il suo ruolo ad ogni municipalità.

Art. 4.

Gli uffiziali municipali, ricevuto che avranno il ruolo della contribuzione della loro comunità, ne riclameranno la riscossione in quella porzione, e all'epoca determinata dalla legge.

Art. 5.

Qualunque contribuibile nel termine di un mese sarà tenuto di pagare la sua quota contribuzione sotto pena, nel caso di mancanza, di esservi costretto col sequestro del reddito de'suoi beni.

Art. 6.

Gli affittuari, procuratori, amministratori dei beni dei proprietari assenti, e tutori, curatori dei pupilli, minori e donne, saranno tenuti di pagare, a discarico dei suddetti, la quota contribuzione.

Art. 7.

Gli uffiziali municipali daranno a ciascun contribuibile una ricevuta, e noteranno nel margine del registro la somma pagata.

Art. 8.

Alla fine del mese, gli uffiziali municipali formeranno uno stato de' contribuibili in ritardo, e procederanno contro di essi in conformità dell'articolo 5 del presente titolo, e verseranno nella cassa del tesoriere le somme riscosse, deduzione fatta di uno per cento per indennità ai loro travagli.

Art. 9.

Gli uffiziali municipali che avranno negligentato di mettere in esigenza il ruolo, saranno destituiti delle loro funzioni e condannati in un'emenda di trenta lire per ciascheduno.

Art. 10.

Il tesoriere particolare renderà conto al tesoriere generale delle somme riscosse da ogni comunità, il quale ne spedirà uno stato al Re.

Un membro del comitato di finanze ha presentato un progetto di decreto concernente l'amministrazione dei beni tanto dell'antico dominio del Re, che appartenenti alla nazione.

Dopo la lettura del progetto, la Camera ha dichiarato che vi è urgenza e luogo a deliberare, e dispensando l'impressione del progetto, ne ha rinviata la seconda lettura al primo giorno, in cui il decreto sarà definitivamente arrestato.

Un membro del comitato di legislazione ha detto che i travagli interessanti della Camera non le hanno fin qui permesso di occuparsi di una legge concernente l'organizzazione ed il miglior servizio delle milizie; che nondimeno la Camera potrebbe determinare delle misure provvisorie per risentire gli effetti di un'instituzione così vantaggiosa alla difesa del Regno; ha presentato per ciò un progetto di decreto, di cui essendo stata fatta lettura, la Camera ha dichiarato che vi era luogo a deliberare, ed urgenza, e ne ha rinviata la seconda lettura al primo giorno, per essere discusso ed arrestato il decreto nelle forme ordinarie.

L'istesso membro ha osservato che la Camera, non avendo fin qui potuto occuparsi di un regolamento concernente la Sanità, dovrebbe provvisoriamente confermare le antiche leggi che sono in vigore.

La Camera di Parlamento, considerando che le antiche leggi concernenti la Sanità provvedono in tutti i casi per assicurare la po'izia e sicurezza nei littorali del Regno e garantirla dal contagio di navigazione sospetta:

Articolo Primo.

Decreta che le antiche leggi e regolamenti concernenti la Sanità saranno eseguite fino a che non vi sia provveduto per un'atto di Parlamento.

Art. 2.

L'attribuzione dell'antica commissione superiore sarà esercitata dal Re.

Un membro del comitato di legislazione, a cui furono tramandate le memorie de' signori Ferdinando Agostini e Giovanni Stefanopoli, per essere reintegrati nel possesso di certi beni stati loro concessi dall'antico governo in enfiteusi, dopo avere fatto il rapporto delle loro dimande, ha presentato un progetto di decreto, dopo la di cui lettura,

La Camera ha dichiarato che vi era luogo a deliberare ed urgenza, e dispensando l'impressione del progetto ne ha rinviata la lettura al primo giorno.

La sessione è stata sciolta alle ore due e rinviata alle ore cinque della sera.

GIAFFERRI, *Presidente.*
MUSELLI.

Sessione dei 13 Maggio 1795.

(*Alle ore cinque della sera*).

I membri della Camera riuniti, il rapportatore del decreto concernente l'imposizione dei fondi in commercio ha presentato un progetto di articolo per fissare il contingente di detta contribuzione.

Dopo la lettura, la Camera lo ha adottato per formare un articolo addizionale al suddetto decreto e definitivamente arrestato nei termini seguenti:

Articolo Primo.

Il contingente della contribuzione sopra i fondi in commercio sarà di due danari per lira, sul valore di tutte le mercanzie che s'introdurranno nel Regno.

È stata fatta la seconda lettura del progetto di decreto sull'acconto da pagarsi in quest'anno sopra la contribuzione territoriale, di cui nella sessione della mattina fu dichiarata l'urgenza.

La Camera, dopo aver separatamente discussi gli articoli del progetto ed intesa l'opinione di vari membri, ha definitivamente arrestato il decreto come segue, per essere sottoposto alla sanzione del Re.

Decreto della Camera di Parlamento del Regno di Corsica concernente l'acconto da pagarsi sopra l'imposizione territoriale dell'anno corrente 1795, letto e definitivamente arrestato nelle sessioni del 13 maggio 1795.

Considerando che la Cassa Nazionale richiede un pronto provvedimento per supplire alle spese del governo, che non permettono ulteriori dilazioni per veder ultimato il travaglio parziale che dovrà fissare di una maniera determinata la quota dell'imposizione fondiaria: — Piaccia perciò all'Eccellentissima Maestà del Re, col consenso della Camera riunita nella presente sessione e per autorità della medesima, statuire e sia statuito ciò che segue.

Articolo Primo.

Sarà pagato da tutto il Regno sopra la contribuzione diretta un acconto di cento quaranta mila lire, compreso il diritto di colletta dovuto agli ufficiali municipali, secondo lo stato di ripartizione della quota contributiva per ciascheduna comunità, annesso alla presente legge.

Art. 2.

La quota contributiva di ciascuna comunità sarà ripartita dagli ufficiali e consiglio municipale fra tutti gli abitanti della stessa comunità, in proporzione delle loro facoltà.

Art. 3.

Per gli abitanti della comunità s'intendono quelli che non solamente hanno domicilio fisso, ma ancora quelli che hanno beni fondi situati nel territorio della medesima, determinato dai commissari dei limiti nel passato governo per la percezione del ventesimo.

Art. 4.

Gli uffiziali e consiglio municipale procederanno immediatamente, dopo la ricevuta della presente legge, nella ripartizione della tangente contributiva della loro comunità fra tutti i suoi abitanti, e ne procureranno la riscossione al primo agosto prossimo venturo, sotto la sua responsabilità.

Il rapportatore del progetto di decreto sul modo di rimediare al non controllo ed insinuazione degli atti pubblici passati dai notari nell'antico governo francese e di qual progetto fu decretata l'urgenza nella sessione della mattina, ne ha fatta la seconda lettura.

Decreto della Camera di Parlamento del Regno di Corsica per rimediare al non controllo ed insinuazione degli atti passati dai notari nel tempo dell'antico governo, letto e definitivamente arrestato nelle due sessioni del 13 maggio 1795.

Considerando che la negligenza e la malizia dei notari a non aver riempiute le formalità prescritte dalle leggi del governo francese, non debbono render nulle ed elusorie le pubbliche transazioni passate con buona fede e col consenso delle parti contraenti : — Piaccia perciò all'Eccellentissima Maestà del Re, col consenso della Camera riunita nella presente sessione e per autorità della medesima, statuire e sia statuito ciò che segue.

Articolo Primo.

Tutti gli atti ricevuti da pubblici notari che si trovano non controllati o insinuati, conforme era prescritto dagli editti del Re di Francia del mese di agosto 1790, dovranno esserlo fra tre mesi dopo la pubblicazione del presente decreto, alla diligenza delle parti interessate, e sortiranno gl'istessi effetti che se lo fossero stati nel termine portato negli editti sopra indicati.

Art. 2.

Se nel detto termine non si effettua il controllo o insinuazione, i detti atti saranno considerati come è stato detto nel decreto della Camera di Parlamento del 9 aprile prossimo passato.

Art. 3.

I notari che avranno trascurato di far controllare o insinuare gli atti da loro rogati, saranno interdetti dalle loro funzioni e risponsevoli dei danni ed interessi delle parti e spese di controllo o insinuazione.

Art. 4.

In caso di morte dei notari, i loro eredi pagheranno i danni, interessi e spese enunciate nel presente articolo.

Art. 5.

Gli atti così controllati o insinuati, egualmente che tutti gli altri protocolli, ceppi e scritture pubbliche del notaro interdetto saranno depositati presso di uno de' notari della pieve del notaro, da designarsi dal presidente della giurisdizione, se ancora non è stato fatto.

A nome dei due comitati di legislazione e di finanze è stata fatta lettura di un progetto di decreto per la fissazione degli onorari agl'impiegati del Regno e delle pubbliche spese.

La Camera, dopo aver inteso le osservazioni di qualche suo membro, ha dichiarato che vi era luogo a deliberare, ordinando l'impressione del progetto per esser distribuito, discusso ed arrestato nelle forme prescritte dal suo regolamento.

La sessione è stata sciolta alle ore otto e rinviata a venerdì quindici corrente, alle ore nove della mattina.

GIAFFERRI, *presidente*.
MUSELLI.

Sessione del 15 Maggio 1795.
(*alle ore nove della mattina*).

I membri della Camera riuniti, la sessione è stata aperta colla lettura dei processi verbali delle due sessioni del 13 corrente, la redazione de' quali è stata approvata.

I fabbricanti di corde stabiliti fin dal passato governo in questa città, richiedono la continuazione della franchigia della canapa che sarà importata per impiegarsi in detta manifattura.

La Camera ha rinviata la memoria dei petizionari al governo per provvedervi in conformità della legge.

È stato rappresentato per parte di Antonio Beveracci del villaggio di Lama, che, avendo molti mandati per due fanciulli esposti, non è stato finora possibile di ritirare alcun pagamento, e lo riclama dalla Camera, se non in tutto, almeno in parte.

La memoria del petizionario è stata tramandata al governo per avervi quel riguardo che apparterrà.

La comunità della Penta ha rappresentato che l'acconto da pagarsi sopra l'imposizione territoriale di questo anno, essendo stato regolato sopra il travaglio degli antichi commissari de' ruoli, questa comunità fu notabilmente gravata e riclamò una revisione che per altro non fu eseguita.

Richiede perciò che la detta imposizione sia ripartita in una maniera più giusta, affinchè i contribuibili paghino la loro tangente in proporzione delle loro facoltà reali.

La Camera ha rinviata la memoria della comunità della

Penta al governo per esservi provveduto come sarà di ragione.

Un membro ha proposto di provvedere con una legge sopra i depositi giudiciali stati fatti in assegnati nelle cancellerie delle diverse giurisdizioni, giacchè i tribunali non hanno stimato fin qui di rendere alcuna decisione, ed il governo provvisorio istesso ne ha rimandata la conoscenza al Parlamento.

La Camera ha incaricati i suoi due comitati di occuparsi di un progetto di legge relativo ai depositi giudiciali degli assegnati, e presentarlo al più presto alla Camera per essere discusso ed arrestato nelle forme ordinarie.

È stata fatta la seconda lettura del progetto di decreto concernente l'amministrazione dei beni tanto dell'antico dominio del Re, che appartenenti alla nazione.

La Camera dopo aver separatamente discussi gli articoli, li ha adottati, rinviandone la terza lettura al primo giorno, per essere definitivamente arrestato il decreto.

Il rapportatore del progetto di decreto concernente le concessioni fatte dall'antico governo francese ai Signori Ferdinando Agostini e Giovanni Stefanopoli ne ha fatta la seconda lettura.

La Camera, che nella sessione del 13 dichiarò l'urgenza, dopo avere discussi separatamente i due articoli del progetto, ha definitivamente arrestato ne' termini seguenti il decreto presentato alla sanzione del Re.

Decreto della Camera di Parlamento del Regno di Corsica concernente le concessioni fatte ai Signori Ferdinando Agostini e Giovanni Stefanopoli dall'antico governo francese, letto nelle sessioni del 13 e definitivamente arrestato nella sessione del 15 maggio 1795.

Considerando che i Signori Ferdinando Agostini e Giovannni Stefanopoli hanno fatta considerevole quantità di spese e miglioramento nelle rispettive loro concessioni situate l'una nella spiaggia di Aleria, l'altra nelle terre della confina, territorio di Ajaccio: che al padre di detto Signor Stefanopoli fu promessa la detta concessione per lo stabilimento della comunità di Cargese, che fu prontamente realizzato: che finalmente i travagli, le perdite, il zelo con cui in una incombenza così importante riempì le viste del governo e procurò nel tempo stesso l'aumento di una comunità nel Regno, provocarono la giusta indennità per mezzo di detta concessione: — Piaccia perciò all'Eccellentissima Maestà del Re, col consenso della Camera riunita nella presente sessione, e per autorità della medesima, statuire, e sia statuito ciò che segue.

Articolo Primo.

I beni concessi ai Signori Agostini e Giovanni Stefanopoli sono incorporati agli altri beni nazionali; gli antichi concessionari hanno però diritto a una indennità.

Art. 2.

Sino a che le suddette indennità non siano liquidate, in conformità della legge, il Signor Agostini sarà ammesso come, nell'affitto della metà di detti beni, affittuario necessario, contenuti detti beni nell'atto della sua concessione, indipendentemente dalla casa da esso fabbricata e dalla vigna.

Art. 3.

Il Sig. Stefanopoli, come affittuario necessario, sarà ammesso pure nell'affitto della confina concesso dall'antico governo.

Il rapportatore del progetto di decreto concernente la fissazione degli onorari ai diversi impiegati del Regno, ne ha fatta la seconda lettura.

Dopo la discussione e l'avviso di vari membri, il progetto è stato adottato, e la Camera ne ha rinviata la terza lettura al primo giorno, per essere definitivamente arrestato il decreto nelle forme prescritte dal suo regolamento.

Un membro ha proposti degli articoli penali addizionali al decreto concernente la navigazione e la marina.

Dopo l'esame e la discussione dei detti articoli, la Camera li ha definitivamente arrestati come segue, per essere presentati alla sanzione del Re.

Articolo Primo.

Qualunque funzionario pubblico che trafficherà dei passaporti del Re o altri atti concernenti la navigazione, a favore di persone che non sono autorizzate a poterne ottenere, sarà punito con dodici anni di galera.

Art. 2.

Qualunque particolare che dopo aver finalmente ottenuto il detto passaporto o altri atti per la facoltà di navigare, li avrà trafficati in favore di altre persone, sarà punito di otto anni di ferri.

Art. 3.

Chiunque armerà in corso, o eserciterà violenza contro le bandiere delle potenze neutrali o amiche, senza il permesso del Re, sarà punito con dodici anni di galera.

Qualunque padrone di bastimento che s'introdurrà nell'Isola senza i requisiti di sanità o che avrà fatto una dichiarazione falsa per essere ricevuto alla pratica, sarà punito di otto anni di ferri, se viene da paese non sospetto d'infezione, i marinari o passaggeri di quattro anni di detenzione. Se viene da porto o paese sospetto, o che abbia comunicato con bastimenti provenienti da pasei sospetti, sarà punito con dodici anni di galera; e ciò quando detti paesi non fossero che nello stato di abituale sospensione; se poi fossero dichiarati infetti di mali contagiosi, saranno puniti di morte.

Art. 4.

Le stesse pene saranno applicate agli aggiunti o deputati di sanità, che nei casi suddetti mettessero i padroni, marinari o passaggieri alla libera pratica.

La sessione è stata sciolta alle ore due dopo mezzo giorno, e rinviata a dimani alle ore nove della mattina.

GIAFFERRI, *presidente*.
MUSELLI.

Sessione del 16 Maggio 1795.

(*alle ore nove della mattina*).

I membri della Camera riuniti, la sessione è stata aperta colla lettura del processo verbale della precedente, la di cui redazione è stata approvata.

È stato rappresentato dai due parlamentari della pieve di Casinca che l'antica demarcazione dei limiti produsse un'infinità di contestazioni non solamente fra le comunità dell'istessa pieve, ma fra quelle di Talavo e di Cursa, che il pagamento del ventesimo stesso rimase arrestato.

Hanno richiesto perciò che l'acconto provvisorio della contribuzione territoriale venga ripartito secondo gli antichi titoli di ognuna delle dette pievi, e tra una e l'altra comunità, o che vengano nominati dei nuovi commissari per fissare un'altra demarcazione. La petizione suddetta è stata rinviata al governo per esservi statuito come apparterrà.

È stata fatta lettura di una petizione delle nominate Taddea, vedova di Giuseppe Maria Luciani, e Lucia, vedova di Pietro Paolo, ambi di Biguglia, colla quale riclamano un soccorso della Camera, in favore delle loro famiglie, avendo avuto la disgrazia di perdere nell'ultima guerra i loro mariti combattendo per la patria.

Il Sig. Giovan Antonio Paoli ha esposto con un'altra memoria, che durante la guerra ha servito con disinteresse la patria in qualità di uffiziale, e si è trovato in tutte le azioni più pericolose a fronte dei nemici, avendone riportato delle ferite, che lo hanno reso impotente a qualunque travaglio; ha richiesto dalla giustizia e dalla generosità della Camera un soccorso mensuale proporzionato ai servizi, che si gloria di aver reso durante l'ultima guerra.

Dopo la lettura delle dette memorie un membro ha proposto di deliberare i soccorsi in favore di tutte le famiglie di coloro che sono morti per la patria.

La discussione aperta, ed intesa l'opinione di vari membri, la Camera visto il decreto de' 4 del mese corrente, concernente i soccorsi, ha definitivamente arrestato i seguenti articoli addizionali, per essere presentato alla sanzione del Re.

Articolo Primo.

Sarà accordato un soccorso provvisorio di lire dieciotto al mese, fino alla seconda sessione di Parlamento, alle famiglie di coloro che sono morti durante l'ultima guerra combattendo per la patria.

Art. 2.

Il cittadino Giovan Antonio Paoli, detto Frate, che in qualità di uffiziale della nazione l'ha servita con disinteresse durante l'ultima guerra, ed ha riportate delle ferite, godrà di un soccorso di lire trenta sei mensuali.

Un membro del comitato di legislazione ha fatto il rapporto della petizione del Sig. Giacomo Maria Ponte di Ajaccio, tendente ad essere reintegrato nel dominio utile delle Isole *le Sanguinare*, che la di lui famiglia gode da più di un secolo a titolo di enfiteusi perpetuo, mediante un canone annuale da pagarsi al pubblico.

Il rapportatore ha osservato che nel decreto dell'Assemblea legislativa di Francia che annullava tutte le concessioni fatte in Corsica in tempo del Re, vi fu compresa anche quella fatta in favore della famiglia Ponte; che nondimeno il petizionario ricorse al tribunale di Ajaccio in forza della legge che l'autorizzava, per essere mantenuto in possesso di detta sua antica concessione, avendo fatto citare nelle forme prescritte dalla legge il procuratore generale sindaco;

Che compilato il processo, ed essendo quasi al momento di esser decisa la causa, fu richiesta la comunicazione di tutte le scritture dal governo provvisorio, che credè di rinviarne la conoscenza e la decisione alla Camera di Parlamento.

I due comitati sono stati di parere di tramandare la domanda del Sig. Ponte alla decisione del Tribunale di Ajaccio nanti di cui per l'innanzi pendeva la causa, in conformità della legge.

La Camera di Parlamento, considerando che la famiglia Ponte fu spogliata dell'antica sua concessione in forza di una legge che autorizzava nel tempo stesso il ricorso nanti dei tribunali, per far valere i titoli dei possedenti, e che avendo di già profit'ato del beneficio di questa legge coll'aver portata la sua domanda in giustizia ;

Determina che la causa intentata dal Sig. Ponte per la reintegrazione in possesso dell'Isole dette *le Sanguinare*, sarà proseguita nanti il tribunale della giurisdizione d'Ajaccio, e da quello definitivamente deciso come sarà di ragione.

È stata fatta la terza lettura del progetto di decreto concernente la fissazione degli onorari degli impiegati del Regno e delle spese pubbliche.

La Camera, dopo aver separatamente esaminati e discussi gli onorari attribuiti a ciascun impiego egualmente che la fissazione delle spese pubbliche, ha definitivamente arrestato il decreto come segue per essere sottoposto alla sanzione reale.

Decreto della Camera di Parlamento del Regno di Corsica, concernente la fissazione degli onorari de' diversi impiegati del Regno e delle spese pubbliche, letto nelle sessioni de' 13 e 15 e definitivamente arrestato nella sessione del 16 maggio 1795.

Considerando che la nazione deve una giusta indennità ed una decorosa sussistenza agli agenti o mandatari del governo, i quali sono tenuti d'impiegare il loro tempo e la loro continua applicazione all'esercizio delle funzioni che loro sono commesse per il vantaggio comune : — Piaccia perciò all'Eccellentissima Maestà del Re, col consenso della Camera di Parlamento riunita nella presente sessione, e per autorità della medesima, statuire, e sia statuito ciò che segue :

Podestà delle pievi, per titolo d'idennità, quattrocento lire per ciascuno, venticinque mila e seicento lire. . . . 25.600

I segretari dei medesimi, a due cento lire per ciascuno, dodici mila e ottocento lire. 12,800

Totale trent'otto mila e quattrocento lire . . . 38,400

Tribunali delle Giurisdizioni.

Nove usceri a trecento sessanta lire per ciascuno, tre mila e duecento quaranta lire	3,240
Nove sargenti di polizia, a trecento sessanta lire per uno, tre mila e duecento quaranta lire . . .	3,240
Nove carcerieri a trecento sessanta lire l'uno, tre mila e duecento quaranta lire	3,240
Spese di scagno a duecento lire per ciascuno, mille e ottocento lire	1,800
Nove assessori a mille e quattrocento lire per ciascuno, dodici mila e seicento lire	12,600
Nove avvocati del Re a mille e ottocento lire per ciascuno, sedici mila e duecento lire	16,200
Nove presidenti a due mila lire a ciascuno, dieciotto mila lire	18,000
Nove cancellieri a seicento lire per ciascuno, cinque mila e quattro cento lire	5,400
Totale, sessanta tre mila e seicento venti lire .	63,620

Tribunale Supremo.

Per il sotto cancelliere seicento lire	600
Per il cancelliere mille e due cento lire . . .	1,200
Per il commesso segretario dell'avvocato del Re ottocento lire	800
Giudici ed avvocato del Re, a quattro mila e quattrocento lire ciascuno, ventisei mila e quattrocento lire	26,400
Il Presidente cinque mila	5.000
Due uscieri a cinque cento lire ciascuno, mille lire.	1,000
A Riportarsi .	35,000

	Riporto .	35,000
Quattro sargenti di pulizia a trecento sessanta lire ciascuno, mille quattrocento quaranta . . .		1.440
Un carceriere quattro cento lire.		400
Esecutore dell'alta Giustizia mille e duecento lire.		1,200
Spese di scagni, seicento lire.		600

Il Cancelliere del Tribunale Supremo, e tutti gli altri delle giurisdizioni non potranno prendere alcuna somma per le spedizioni degli affari criminali, ordinate dal Tribunale Supremo, dal governo e dalla legge.

Totale, trent'otto mila e seicento quaranta lire . **38,640**

Amministrazione della marina.

I commissari di Bastia e Ajaccio a duemila lire per ciascuno, comprese le spese di scagno e quelle dei commessi (non potranno pretendere alcuna somma per le visite ordinarie prescritte dalla legge), quattro mila lire 4,000

Cinque sindaci delle classi, comprese le spese di scagno, a cinquecento lire per ciascuno, due mila e cinquecento lire . . . , ... 2,500

Sette guardie di marina a trecento sessanta lire per ciascuna, due mila cinquecento venti. . . . 2,520

Due stazatori a quattrocento lire ciascuno, ottocento lire 800

Totale, nove mila ottocento venti lire **9.820**

Poste.

Per li pedoni, ottomila lire 8.000
Il Direttore principale di Bastia, mille e quattrocento lire 1.400

A Riportarsi . 9,400

	Riporto .	9,400
Gli altri nove direttori quattrocento lire per ciascuno, tre mila e seicento lire, comprese tutte le spese di scagno		3,600
Totale, quattordici mila lire		14,000

Boschi e foreste.

Due conservatori a mille e ottocento lire per ciascuno, tre mila e seicento lire 3.600
Guardie di boschi a trecento lire per ciascheduna, per quindici, quattro mila e cinquecento lire. 4,500

Totale, otto mila e cento lire, ... 8,100

Dogane.

Controllore ambulante, mille e ottocento lire. 1,800
Il Tesoriere generale, cinque mila lire . . . 5,000
I Tesorieri di Bastia, Balagna, Ajaccio e la Rocca percepiranno per diritto di colletta uno per cento 1 0/0
Gli altri tesorieri, uno e mezzo per cento . . 1 1/2 0/0

Municipalità.

Per il diritto di colletta il due per cento . . 2 0/0

Clero.

Per i quattro vescovi di Corsica, a dodici mila lire ciascuno quarant'otto mila lire . . , . . 48,000

Consiglio di Stato.

Segretario del Consiglio di Stato quattro mila lire.	4,000
Sotto segretario di Stato, quattro mila lire.	4,000
Cinque scagni a ragione di due mila e ottocento lire ciascuuo, quattordici mila lire.	14.000
Sei guardie a trecento sessanta lire cadauna, due mila cento e sessanta lire.	2,160
Sei Consiglieri di Stato a sei mila lire ciascuno, trenta sei mila lire.	36,000
Presidente del Consiglio di Stato, dodici mila lire	12,000
Spese di scagni dieci mila lire.	10.000
Totale, novanta due mila e cento sessanta lire.	82.160

Camera di Parlamento.

Segretario del Parlamento, quattro mila e cinquecento lire.	4,500
Spese di scagno, due mila e quattro cento lire.	2,400
Spese di commessi, portieri ed usceri, per mese durante la sessione, sette cento sessanta lire.	760
Totale sei mila e novecento lire	7,660

Spese pubbliche variabili.

Processi criminali, trenta mila lire.	30,000
Fanciulli esposti, ottanta mila lire.	80,000
Stampa, trenta mila lire	30,000
Università, trenta sei mila lire.	36,000
Diritto di colletta per gli uffiziali municipali e per i tesorieri di Bastia, Balagna, Ajaccio e Rocca e per gli altri tesorieri, quattordeci mila lire.	14,000

Compra del sale per la percezione dei diritti d'entrata e di sortita, compresi gli appartamenti degl'impiegati, quaranta sei mila lire 46,000

Spese de' scagni della Camera, due mila e quattro cento lire 2,400

Spese mensuali di commessi, uscieri e portieri della sala, per mese, durante la sessione, sette cento sessanta lire 760

Un membro ha proposto di autorizzare il Re a far rientrare nel Regno delle persone, qualunque siano comprese nel Decreto del 17 aprile ultimo, concernente i traditori ed emigrati, giacchè potrebbe esservene alcune che colla loro buona condotta e con pentimento sincero potrebbero rendersi degni di qualche grazia.

Ha presentato il progetto di decreto e fattane la lettura, la Camera ha dichiarato che vi era luogo a deliberare ed urgenza e ne ha rinviata la lettura alla prima sessione, per esser definitivamente arrestato il decreto nelle forme ordinarie.

Il rapportatore del progetto di decreto concernente l'amministrazione dei beni pubblici, ne ha fatto la terza lettura.

Dopo l'esame e la discussione apportata a ciascun'articolo separatamente, la Camera lo ha definitivamente arrestato come segue, per essere sottoposto alla sanzione del Re.

Decreto della Camera di Parlamento del Regno di Corsica concernente l'amministrazione dei beni pubblici, letto nelle sessioni dei 13 e 15, e definitivamente arrestato nella sessione del 16 maggio 1795.

Considerando che è necessario di determinare certe date regole per amministrare i beni pubblici e che Sua Maestà è naturalmente il conservatore dei medesimi : — Piaccia perciò all'Eccellentissima Maestà del Re, col consenso della Camera riunita nella presente sessione e per autorità della medesima, statuire e sia statuito ciò che segue.

Articolo Primo.

Saranno amministrati dal Re tutti i beni designati per l'avanti sotto il nome di Dominii del Re ; le comunità, corpi o particolari che pretenderanno avere diritti sopra le dette proprietà, li faranno valere nanti i tribunali, nè saranno pregiudicati dalla presente legge.

Art. 2.

Tutti quelli dichiarati nazionali dall'atto che revoca le concessioni, doni ed infeudazioni fatte dopo il 1788.

Art. 3.

Tutti quelli addetti per l'avanti alla pubblica... (inachevé)

Art. 4.

Quelli dichiarati confiscati, o sequestrati in virtù degli atti di Parlamento o dei giudizi legalmente e definitivamente pronunziati.

Art. 5.

Oltre i beni designati nei precedenti articoli, il Re invigilerà alla ricuperazione, secondo le leggi, di tutti gli altri beni, sopra i quali riconoscerà che la nazione ha diritto di proprietà.

Art. 6.

Tutte le vendite o affitti dei beni nazionali fatti siasi in virtù delle leggi francesi, che in virtù di qualunque altra successiva autorità, sono rivocate.

Art. 7.

I compratori saranno indennizzati nella maniera che segue.

Art. 8.

Il rilascio dei beni sarà fatto al momento della pubblicazione della presente legge.

Art. 9.

I beni che saranno coltivati dai compratori o affittuari, saranno ritenuti fino alla percezione dei frutti pendenti.

Art. 10.

I compratori o affittuari presenteranno al Re fra il termine di tre mesi lo stato de' pagamenti fatti e le domande in indennità.

Art. 11.

Il detto termine viene prescritto agli antichi concessionari per doversi prevalere in indennità ai termini dell'atto che annulla le dette concessioni.

Art. 12.

Le domande in indennità saranno esaminate dal Re e presentate alla Camera per essere fissate da un Atto di Parlamento.

Art. 13.

Se gl'interessi del capitale della compra sono stati pagati, i frutti della cosa comprata sono acquistati al compratore.

Art. 14.

I compratori dei beni designati nella presente legge, che li hanno acquistati dal sedicente Distretto e Dipartimento residente a Bastia, dopo l'epoca del 2 aprile 1793, non saranno ammessi ad alcuna indennità.

Art. 15.

I beni che formavano i benefici campestri, quelle delle diocesi, dei conventi non occupati per mancanza di soggetti nel numero prescritto dalla legge, saranno provvisoriamente amministrati dal Re e riservati ai Religiosi possidenti.

Art. 16.

Ogni municipalità sarà tenuta di formare la nota de' beni designati nella presente legge e che si trovano nel loro territorio.

Art. 17.

Questa nota conterrà i confini e la natura del bene e il reddito presuntivo con gli altri schiarimenti per spiegare lo stato in cui ora trovasi.

Art. 18.

Una di queste note resterà alla cancelleria della comunità, l'altra sarà inviata al podestà della pieve.

Art. 19.

Il podestà della pieve conserverà alla cancelleria della pieve la nota inviatagli dalla municipalità, ne farà copia e la tramanderà all'avvocato del Re colle sue osservazioni.

Art. 20.

L'avvocato del Re tratterrà quella inviatagli dal podestà della pieve e ne manderà copia al Re colle osservazioni che crederà opportune.

Art. 21.

Il Re potrà affittare per tre, sei e nove anni i detti beni

Art. 22.

Gli affitti saranno fatti secondo gli ordini del Re e delle persone incaricate da lui.

Art. 23.

I detti affitti saranno preceduti dagli avvisi pubblici secondo il regolamento che sarà fatto dal Re, dovranno però esser eseguiti, almeno in tutte le comunità della pieve ove è situato il bene e nel luogo della residenza della giurisdizione.

Art. 24.

Nel termine degli otto giorni dopo il primo affitto, si darà luogo ad un'altra concorrenza, però fra i due ultimi e maggiori offerenti.

Art. 25.

L'affittuario sarà tenuto di dare sicurtà di conservare il bene nello stato in cui trovasi e di osservare le altre condizioni del contratto.

Art. 26.

Sarà tenuto di pagare la metà dell'affitto per anticipazione e versarla nelle mani del pubblico ricevitore.

Art. 27.

L'atto di affitto sarà inviato al Re e confermato da lui.

Art. 28.

Veruna comunità sarà ammessa in corpo a poter concorrere ai detti affitti.

Un membro ha detto che la Camera non ha potuto fin qui occuparsi della formazione di un decreto per assicurare lo stato civile delle persone e l'apposizione e levata dei sigilli nei casi determinati dalla legge; che sarebbe bene di eseguire provvisoriamente l'editto del Re di Francia a ciò relativo, attribuendo non di meno ai podestà delle pievi, l'apposizione e la levata dei sigilli; ha presentato un progetto di decreto, di cui essendo stata fatta lettura,

La Camera ha dichiarato che vi era luogo a deliberare ed urgenza, rinviandone la seconda lettura alla prima sessione, nella quale il decreto sarà definitivamente arrestato.

È stata fatta lettura della ripartizione sull'acconto della contribuzione territoriale, da pagarsi da tutte le communità del Regno per l'annata corrente.

La Camera ha approvata la detta ripartizione per rimanere annessa al suo decreto del 13 del mese corrente.

Il Signor Pozzodiborgo, membro della Camera e Presidente del Consiglio di Stato, ha annunciato che nel giorno di lunedì prossimo, dieciotto del corrente, Sua Eccellenza il Vice-Re si proponeva di rendersi nella sala del Parlamento per annunziare l'intenzione di Sua Maestà sopra tutti i decreti che gli saranno stati presentati;

Che la Camera avendo implorati i soccorsi del Cielo per dirigerla negli importanti suoi travagli, dovrebbe rendere un divoto ringraziamento all'Ente Supremo, sotto i di cui auspici sono al momento di essere ultimati quelli della presente riunione.

La Camera, avendo gradita all'unanimità la mozione dell'oratore, ha incaricato il suo Presidente di prevenire con una lettera il prevosto curato di San Giovanni per invitarlo a cantare nella di lui parrocchia un *Te Deum* in ringraziamento all'Altissimo nel giorno di lunedì dieciotto corrente, a cui assisteranno tutti i membri della Camera.

Un membro ha detto che, i decreti della Camera dovendo essere immediatamente impressi dopo la sanzione del Re, è del maggior interesse di tutti i membri che sono concorsi a formarli, di avere prontamente gli esemplari delle leggi a misura che saranno pubblicate e del codice che sarà impresso; ha proposto d'incaricare il segretario del Parlamento di questa spedizione individuale e di determinare la franchigia delle lettere e pacchetti, che saranno da esso contrasegnati, egualmente che delle lettere che esso riceverà sopra tutti gli oggetti concernenti le funzioni del suo ministero.

La Camera, adottando la mozione, ha incaricato il suo segretario di fare le spedizioni tanto di tutti gli atti di Parlamento che del codice a tutti i membri della Camera individualmente, a misura che saranno impressi e pubblicati; che a tal effetto tutte le lettere e pacchetti da esso contrasegnati, e quelli concernenti il suo ministero, che riceverà nell'intervallo della sessione, goderanno della franchigia della Posta.

Il Presidente della Camera rimetterà la copia della presente determinazione al Direttore principale della Posta in Bastia per prevenirne gli altri direttori del Regno.

La sessione è stata sciolta alle due, e rinviata alle cinque della sera.

Giafferri, *presidente*.
Muselli.

Sessione del 16 Maggio 1795.
(Alle ore cinque della sera).

I membri della Camera riuniti, la sessione è stata aperta colla lettura del processo verbale di quella di questa mattina, la di cui redazione è stata approvata.

È stata fatta la seconda lettura del progetto del decreto per autorizzare il Re a prendere le misure e fissare quei regolamenti che giudicherà per la miglior organizzazione e servizio delle milizie del Regno.

La Camera ha definitivamente arrestato il decreto come segue, per essere presentato alla sanzione di Sua Maestà.

Decreto d'urgenza della Camera di Parlamento del Regno di Corsica che autorizza il Re a fissare i regolamenti per la migliore organizzazione e servizio delle milizie del Regno, letto nelle sessioni dei 13 e definitivamente arrestato nella sessione del 16 maggio 1795.

La Camera di Parlamento considerando ch'è necessario di facilitare tutti i provvedimenti che possono assicurare il migliore servizio delle milizie del Regno; che questi provvedimenti non essendo ancora fissati da una legge, Sua Maestà può solo determinarli : — Prega perciò l'Eccellentissima Maestà del Re, col consenso della Camera riunita nella presente sessione, e per autorità della medesima, statuire e sia statuito ciò che segue.

Articolo Primo.

Il Re potrà prendere tutte le misure, e fissare i regolamenti che giudicherà per la miglior organizzazione e servizio delle milizie del Regno.

Il rapportatore del progetto di decreto per assicurare lo stato civile delle persone e l'apposizione e levata dei sigilli, di cui è stata nella sessione della mattina dichiarata l'urgenza, ne ha fatta la seconda lettura.

La Camera ha definitivamente arrestato nei termini seguenti il decreto per essere sottoposto alla sanzione reale.

Decreto della Camera di Parlamento del Regno di Corsica, che ordina l'esecuzione degli editti concernenti i battesimi, matrimoni e sepolture, e provvede all'apposizione e levata dei sigilli, letto e definitivamente arrestato nelle sessioni del 16 maggio 1795.

Considerando che le antiche leggi provvedono con delle forme caute e determinate ad assicurare lo stato civile delle persone : — Piaccia perciò all'Eccellentissima Maestà del Re, col consenso della Camera riunita nella presente sessione e per autorità della medesima, statuire e sia statuito ciò che segue.

Articolo Primo.

Sino a che un Atto di Parlamento non determini altrimente, gli editti del Re di Francia concernenti i battesimi e sepolture, quello riguardante i matrimoni e quello che ha per oggetto l'apposizione e levata dei sigilli, ed inventari, saranno eseguiti secondo la loro forma a tenere i sigilli ed inventari.

Art. 2.

I Podestà delle pievi apporranno e leveranno i sigilli e faranno gli inventari prescritti dalla legge, ciascheduno nella loro pieve.

È stata fatta la seconda lettura del progetto di decreto, di cui è stata pure nella sessione della mattina decretata l'urgenza, per autorizzare il Re a far rientrare le persone designate nel decreto del 17 aprile ultimo, concernente i traditori ed emigrati.

La Camera, dopo aver separatamente discussi gli articoli del progetto, ha definitivamente arrestato il decreto come siegue, per essere sottoposto alla sanzione del Re.

Decreto della Camera di Parlamento del Regno di Corsica che autorizza il Re a poter far rientrare le persone designate nel decreto del 17 aprile prossimo passato, letto ed arrestato definitivamente nelle sessioni del sedici maggio 1795.

Considerando che il suo decreto del diecisette aprile prescrivendo il bando perpetuo e la confisca definitiva dei beni di tutti questi traditori che si trovano nel caso delle disposizioni del detto decreto, è stato fondato non solamente sulla giustizia, ma anche sulla natura delle circostanze, che lo hanno provocato e reso necessario;

Considerando che le circostanze presenti possono permettere alla Camera di lasciare qualche apertura al pentimento di alcuni di questi, i quali si possono considerare o come acuccati, o come sinceramente pentiti : — Piaccia perciò all'Eccellentissima Maestà del Re, col consenso della Camera riunita nella presente sessione e per autorità della medesima, statuire e sia statuito ciò che segue.

Articolo Primo.

Nell'intervallo che passerà fra la presente sessione alla successiva il Re potrà far rientrare in Corsica quelle persone descritte nel decreto della Camera, in data del 17 aprile, dopo aver prese le informazioni sufficienti, e la sicurezza della loro buona condotta.

Art. 2.

In caso che rientrassero in virtù degli ordini del Re, il sequestro o confisca de' loro beni rimarrà sospeso in loro favore.

Art. 3.

Alla prima sessione la Camera sarà informata degl'individui che fossero rientrati.

Art. 4.

Nel caso che alcuno rientrasse in Corsica senza il permesso del Re, incorrerà nelle pene prescritte dal decreto del 17 aprile.

Il Sig. Presidente ha annunciato che i decreti resi dalla Camera, dal nove maggio corrente sino a questo giorno, per

essere presentati alla sanzione di Sua Maestà sono i seguenti :
1. Sopra la navigazione e marina.
2. Il controllore ambulante.
3. I delitti e le pene.
4. L'imposizione delle case appigionate.
5. L'imposizione dei fondi in commercio e contingente imposto sopra dei medesimi.
6. I processi fatti dagli antichi giudici di pace, e podestà delle pievi.
7. La contribuzione territoriale.
8. Provvedimento sopra gli atti antichi dei notari, non controllati nè insinuati.
9. L'esecuzione delle leggi concernenti la sanità.
10. La creazione dei tesorieri del Regno.
11 Pagamento dell'acconto dell'imposizione territoriale.
12. Reddizione dei conti degli agenti, ed amministratori pubblici.
13. Articoli penali sopra la navigazione.
14. Le antiche concessioni dei Sigg. Agostini e Stefanopoli.
15. Articoli addizionali al decreto de' quattro maggio concernente i soccorsi.
16. Amministrazione dei beni pubblici.
17. Fissazione degli onorari de' diversi impiegati e spese pubbliche.
18. Autorizzazione al Re a fissare i regolamenti per l'organizzazione delle milizie del Regno e loro disciplina.
19. L'esecuzione degli editti sopra i battesimi, matrimoni, sepolture, sigilli ed inventari.
20. Decreto che autorizza il Re a far rientrare le persone designate nel decreto del 17 aprile concernente i traditori ed emigrati.
21. Determinazione per la soppressione delle note morali sopra i registri dei terrieri.

Nominata quindi una deputazione di quattro membri, sono

stati ad essa rimessi i suddetti decreti per essere immediatamente presentati alla sanzione del Re.

La sessione è stata sciolta alle ore sette, e rinviata a lunedì dicciotto del corrente, alle ore nove della mattina.

GIAFFERRI, *presidente.*
MUSELLI.

Sessione del 18 Maggio 1795.
(alle ore nove della mattina).

I membri della Camera riuniti, la sessione è stata aperta colla lettura dei processi verbali delle due sessioni del sedici corrente, la redazione de' quali è stata approvata.

Il Signor Presidente avendo annunciato che, i travagli della presente sessione essendo ultimati, Sua Eccellenza il Vice-Re doveva in questo giorno dichiarare le intenzioni di Sua Maestà sopra i decreti presentati alla sua sanzione;

Nominata quindi una deputazione di dodici membri per rendersi al Palazzo di Sua Eccellenza ad accompagnarla nella sala, e poco dopo il Signor Vice-Re comparso, e seduto sopra del trono;

Il segretario di Stato avendo nelle mani i trent'otto decreti presentati alla sanzione reale, che sono:

1. Sopra il controllo, ed insinuazione degli atti.
2. Sopra i diritti di entrata e di sortita.
3. Sopra la creazione della comunità di Bicchisà.
4. Sopra i traditori ed emigrati.
5. Sopra il ristabilimento di una municipalità nel paese di Fiumale.
6. Sopra la creazione degli assessori.
7. Sopra i fanciulli abbandonati.
8. Sopra la protrazione delle elezioni municipali alla 3ª domenica di agosto.

9. Sopra gli affari ecclesiastici.

10. Sopra l'autorizzazione al Signor Roccaserra per lo stabilimento di una salina in Portovecchio.

11. Concernente l'istruzione sopra la procedura criminale.

12. Sopra gli abusi campestri.

13. Che accorda alla comunità di Farinole e Cardo e ai buoni patriotti dei soccorsi.

14. Sopra i boschi e foreste.

15. Che attribuisce al Tribunale Supremo il giudizio delle cause in cassazione.

16. Sopra le funzioni e gerarchia de' tribunali.

17. Che mette in istato di requisizione i marinari del Regno.

18. Sopra l'amministrazione delle Poste.

19. Sopra la navigazione e marina.

20. Sopra il controllore ambulante.

21. Sopra i delitti e pene.

22. Sopra l'imposizione delle case appigionate.

23. Sopra l'imposizione dei fondi in commercio e contingente imposto sopra la medesima.

24. Articoli addizionali sopra i processi fatti dagli antichi giudici di pace e podestà delle pievi.

25. Sopra la contribuzione territoriale.

26. Provvedimento sopra gli atti antichi de' notari, non controllati nè insinuati.

27. Sopra l'esecuzione delle leggi concernenti la sanità.

28. Sopra la creazione dei tesorieri del Regno.

29. Sopra il pagamento dell'acconto dell'imposizione territoriale per l'annata corrente 1795.

30. Sopra la reddizione dei conti degli agenti ed amministratori pubblici.

31 Articoli penali e addizionali sopra gli affari della navigazione.

32. Sopra le antiche concessioni dei Signori Agostini e Stefanopoli.

33. Articoli addizionali al decreto dei 4 maggio, concernente i soccorsi.

34. Sopra l'amministrazione dei beni pubblici.

35. Sopra la fissazione degli onorari dei diversi impiegati e spese pubbliche.

36. Sopra l'autorizzazione al Re di fissare i regolamenti per l'organizzazione delle milizie del Regno e la loro disciplina.

37. Sopra l'esecuzione degli editti, sopra i battesimi, matrimoni, sepolture, sigilli ed inventari.

38. Sopra l'autorizzazione al Re di far rientrare le persone designate nel decreto del 17 aprile, concernente i traditori ed emigrati.

E ciascuno dei detti decreti rimessi al segretario del Parlamento, che ha fatto separatamente lettura dei titoli, Sua Eccellenza il Vice-Re ha pronunciato dopo la lettura di ciascun titolo : *Il Re approva.*

Dopo di che i trent'otto decreti suddetti, cosi sanzionati da Sua Maestà sono stati consegnati al presidente della Camera, muniti della sottoscrizione del prelodato Signor Vice-Re e del detto segretario di Stato, per rimanere depositati nella segreteria del Parlamento e formare le leggi del Regno, in conformità della Costituzione.

In seguito, Sua Eccellenza il Vice-Re ha pronunciato un discorso del tenore seguente :

« Signori,

» Vi ringrazio dello zelo costante che avete dimostrato durante una lunga e laboriosa sessione e specialmente per le misure sagaci ed opportune, colle quali avete provveduto agli oggetti che vi sono stati raccomandati, e provo la più grande sodisfazione nel riconoscere che mediante i vostri travagli, lo stato de' pubblici affari mi permette di aver riguardo ai domestici interessi ed al comodo di ciascun di voi terminando la presente sessione.

» Io considero come un'occasione fortunata per me quella n cui posso informare Sua Maestà dell'unione e dello spirito pubblico che hanno guidato la Camera in tutte le sue operazioni e voi vi compiacerete meco, anche anticipatamente nel riflettere sopra i sentimenti che devono produrre nel cuore paterno del Re, l'attaccamento e la riconoscenza del suo popolo in Corsica.

» Dopo aver dato l'esempio come legislatori della più seria applicazione agli oggetti relativi alla felicità e buon governo della vostra patria, voi ritornate in mezzo ai vostri committenti, partecipate loro le benefiche intenzioni del Re, che il maneggio de' pubblici affari e le ricevute comunicazioni vi hanno messo a portata di conoscere più particolarmente, e confermateli coll'esempio e cogli opportuni schiarimenti nelle buone disposizioni che si sono annunziate e che giornalmente devono accrescersi per il sentimento e l'esperienza dei vantaggi, che risultano dalla Costituzione e dal governo del Re, poiché verun altra nazione gode in queste circostanze di miglior sorte, nè ha più fondate speranze di successiva prosperità.

» Nel decorso di questa sessione non è intervenuto alcun avvenimento politico o militare che abbia particolarmente influito contro la difesa di questo paese. I mezzi della nostra sicurezza si accrescono in ogni genere, mediante la paterna vigilanza di Sua Maestà e mi applaudisco di poter aggiungere a tutto ciò, come la più efficace risorsa, la ferma risoluzione dell'intiero popolo nel voler combattere per la gloria ed il servizio del suo Re e per la propria conservazione.

» Se non ostante l'attività colla quale vi siete applicati a regolare le cose più urgenti della legislazione, rimane ancora qualche importante oggetto a trattarsi, la continuazione della medesima diligenza vi provvederà nella prossima sessione;

spero che potrete allora occuparvi sopra tutto della pubblica [istruzione], senza la quale rimangono infruttuose tutte le buone istituzioni, e della adeguata ripartizione delle imposizioni che ne sono il sostegno. Frattanto prego la Divina Provvidenza che continui a spargere le sue benedizioni sopra di questo Regno ed ispiri a tutti noi, lume e fortezza, onde procurare l'adempimento del felice destino, a cui sembra che la Corsica sia in quest'epoca più particolarmente riservata. »

Dopo di che Sua Eccellenza ha detto che Sua Maestà prorogava il Parlamento al prossimo mese di settembre.

Dopo di che Sua Eccellenza essendosi, col medesimo corteggio accompagnato dalla deputazione, restituita al suo palazzo, tutti i membri della Camera si sono trasferiti nella parrocchia di S. Gio : Battista, per assistere al dovuto rendimento di grazia all'Altissimo, in seguito della precedente determinazione.

E la presente sessione è stata chiusa il giorno, mese ed anno suddetti.

GIAFFERRI, *Presidente*.
MUSELLI.

Déposé dans l'Archive le 24 ventose an V.

J. MARCHI, *Archiviste*.

BULLETIN

DE LA

SOCIÉTÉ DES SCIENCES

HISTORIQUES & NATURELLES

DE LA CORSE

XIIe ANNÉE
SEPTEMBRE & OCTOBRE 1892. — 141e & 142e FASCICULES.

BASTIA
IMPRIMERIE & LIBRAIRIE OLLAGNIER

1892

SOMMAIRE

DES ARTICLES CONTENUS DANS LE PRÉSENT BULLETIN

Pages

Procès-Verbaux des séances du Parlement Anglo-Corse, (fin), avec tables, par M. l'Abbé Letteron. 561-739

(Ce bulletin fait suite aux fascicules de Juin à Novembre 1891).

Une erreur a été commise sur la couverture du volume comprenant la correspondance d'Elliot. Au lieu de
Janvier-Février-Mars-Avril-Mai 1892
133⁰-134⁰-135⁰-136⁰-137⁰ fascicules,

Il faut lire :
Janvier-Février-Mars-Avril-Mai-Juin 1892
133⁰-134⁰-135⁰-136⁰-137⁰-138⁰ fascicules.

PROCÈS-VERBAUX

DES

SÉANCES DU PARLEMENT ANGLO-CORSE

(*1795-1796*)

PROCESSI VERBALI

delle Sessioni della Camera di Parlamento del Regno di Corsica alla seconda sua riunione nella città di Corte.

Sessione del 25 Novembre 1795.

(*Alle ore dieci della mattina*).

I membri della Camera qui appresso descritti essendosi trasferiti in questa città a tenore della proclamazione di Sua Eccellenza il Vice-Re, del 21 ottobre prossimo passato, e successiva proroga del mese presente, e resi nell'antica chiesa del convento dei Cappuccini, destinata per sala del Parlamento, si sono diretti alla chiesa della Santissima Annunciata, parrocchiale di questa città, ove hanno assistito alla messa dello Spirito Santo.

Questa finita, e rientrati nella sala, sotto la presidenza del Sig. Giulio Francesco Nobili, decano, attesa la malattia del Sig. Giafferri, presidente della Camera, Monsignor Gio. Giuseppe Maria, vescovo di Aleria, e Monsignor Ignazio Francesco de Joannis Verclos, ai quali, dal presidente decano, è stato deferito il giuramento — *di riconoscere per loro sovrano e Re Sua Maestà Giorgio III, Re della Gran Bretagna, di prestargli fede ed omaggio secondo la Costituzione e Leggi della Corsica, e di mantenere la detta Costituzioae e Leggi* — ciascuno di essi avendo individualmente risposto: *Lo giuro*, è stato dato loro atto del giuramento, ed hanno preso seggio fra i membri della Camera.

I Signori Vescovi hanno detto che si felicitavano di vedersi riuniti ai rappresentanti di quel popolo che col suo coraggio, fermezza ed energia era pervenuto a sottrarsi da un dominio distruttore della religione e delle leggi, e si era procurata la bella sorte di divenire suddito di un Re egualmente giusto, virtuoso e possente; che sotto un sì felice governo, la Providenza essendosi degnata di restituirli nel grembo dei loro greggi, tutte le loro cure saranno sempre rivolte al maggior trionfo della religione medesima, ed a riunire il loro zelo e le loro sollecitudini a quelle degli altri membri della Camera, per promovere tutto ciò che potrà influire alla gloria di Sua Maestà, al bene ed alla felicità della comune patria.

Dopo di che il suddetto Monsignor de Guernes essendo stato riconosciuto il più anziano di età, ha preso seggio in qualità di Presidente Decano, ed ha deferito il giuramento costituzionale al Sig. Pietro Casanova, nominato membro della Camera per la pieve di Lota, atteso la morte del Signor Confortini; di qual giuramento è stato dato atto al suddetto Signor Casanova, che ha preso seggio fra i membri della Camera.

In seguito è stata nominata una deputazione di dodeci membri per portarsi al Palazzo di Sua Eccellenza il Vice-Re, ed accompagnarlo nella sala, ove arrivato poco dopo in compagnia del Consiglio di Stato, e dei principali uffiziali dell'Armata, e posto a sedere sotto il trono, ha pronunciato il discorso seguente:

Signori,

« Sento la massima soddisfazione nel vedervi riuniti in Parlamento. Quantunque questa sessione non sia che il ritorno ordinario alle vostre funzioni, la natura delle circostanze la rende però più specialmente interessante per la vostra patria.

» Lo spirito pubblico e la saviezza che avevano dirette le vostre deliberazioni nella passata sessione, non hanno potuto assorbire intieramente l'intrigo dei turbolenti nemici della quiete di questo popolo. Non vi farò il dettaglio dei loro tentativi, perchè sono notori, e se ne richiamo l'idea alla vostra memoria, è per congratularmi con voi del poco successo che hanno incontrato presso tutti i buoni, ed affine di inspirare il vostro zelo a prendere ogni opportuno espediente perchè non possano mai rinnuovarsi impunemente nell'avvenire.

» Sua Maestà è stata penetrata del più alto rammarico nel vedere la felicità e lo stato politico di questo Regno messo in grave pericolo per la malignità di coloro che hanno tentato d'indurre il popolo in errore, e di animarlo contro l'intiera legislatura, e devesi riguardare con ragione come un favore della Divina Provvidenza che una tanta commozione, ed in circostanze così critiche, sia terminata con atti di clemenza e di perdono.

» Il governo di Sua Maestà non cesserà mai di distinguersi per la giustizia, molto più al di là della giustizia medesima, verso il popolo Corso; le orecchie di Sua Maestà saranno sempre aperte alle petizioni giuste e sincere dei suoi sudditi, ascolterà con paterna benignità le loro doglianze ogni qualvolta ne esistano, e vi rimedierà con sollecitudine e prontezza Ma questi non sono i soli doveri che il bene generale richiede dal sovrano; perciò Sua Maestà mi ha specialmente incaricato di far noto che quanto è portata a render ragione alle dimande giuste e vere, altrettanto sarà sempre ferma in resistere ai nocivi progetti delle fazioni, sostenuti sia dalla violenza, sia dall'intrigo, e non consentirà mai a sacrificare gli interessi, la sicurezza e l'onore di tutti agli errori di pochi sedotti da un numero ancora più inferiore d'individui egoisti, o intriganti.

» Sua Maestà ha visto con particolare dispiacere e con sorpresa che li faziosi abbiano tentato di traviare i suoi sudditi leali e fedeli, per mezzo della stravagante ed impudente insinuazione, cioè che Sua Maestà essa stessa approverebbe la resistenza sediziosa e turbolenta alle leggi, ed alla legittima autorità del suo governo. Quindi mi ha espressamente ordinato di manifestare che la piena ed intiera influenza de'suoi poteri regi e costituzionali sarà impiegata a sostenere gli atti legali del suo governo, egualmente che a proteggere le persone e l'onore de'suoi servitori, e di tutti gli altri suoi sudditi contro la violenza ed i clamori della malizia e dell'invidia privata. La giustizia e la generosità riunite alla fermezza ed al coraggio, sono le virtù regie che hanno diretto la condotta di Sua Maestà in tutte le circostanze, e mediante le quali regna nel cuore di tutti i suoi sudditi; e la Camera vedrà senza dubbio con soddisfazione tali principj giusti e fermi essere messi in vigore in circostanze le quali li rendano tanto necessari alla felicità ed alla sicurezza della Corsica.

» I nemici esteri di questo Regno avevano rianimato le loro speranze calcolando sulle dissensioni civili, ed è con la più ferma certezza che io posso informarvi qualmente il ristabilimento della quiete in Corsica ha distrutto i loro progetti e dissipati i maneggi che tentavano d'introdurvi.

» Molte cose vi sono riservate nella presente sessione. Trovo un motivo di universale congratulazione nel riconoscere quanto si possa sperare con fondamento di ristabilire definitivamente le cose della Religione, per la nota liberalità e paterno zelo di Sua Santità il Papa, per la pietà ed il patriottismo della Camera e della presenza dei vescovi leggittimi.

» Voi avrete anche la gloria di essere i fondatori della pubblica istruzione, e di procurare alla vostra patria i vantaggi immensi che devono risultarne.

» Le finanze esigono la vostra particolare applicazione ; oltre le spese ordinarie, la Nazione ha garantito i crediti di molti particolari ; lo Stato deve essere il primo esempio di giustizia e di buona fede ; se abusasse della autorità, violerebbe i principi per li quali esso stesso esiste, e si conserva.

» È con il più alto rincrescimento che io debbo annunziare alla Camera qualmente sussistono ancora i giusti motivi che necessitano la continuazione della guerra che Sua Maestà è obbligata di sostenere contro gli anarchisti Francesi. Voi esaminerete se nelle presenti circostanze e con la vicinanza del nemico il vostro governo debba essere munito di quei poteri, che sono necessari, siasi per applicare la forza del popolo nei bisogni, che per contenere i mali intenzionati e punirli con prontezza esemplare, qualora la pubblica salvezza lo esiga.

Signori,

» Alcuna costituzione non è mai stata stabilita sotto migliori auspicj e con maggiori convenienze di quella che ha messo quest'Isola sotto la sovranità di Sua Maestà ; ma neppure in circostanze politiche più difficili si è operata una così notabile mutazione di governo. La sua stabilità dipende moltissimo dalla fermezza e sagacità che regoleranno le vostre deliberazioni. Giammai deve esistere contrarietà fra il trono ed il popolo, e se per maligna fatalità le passioni dei privati potessero eccitarne alcuna in questi momenti, la vostra patria si esporrebbe al pericolo di una totale rovina ; l'esperienza però che ho avuto della saviezza e fedeltà della Camera, e della ferma ed inalterabile lealtà del popolo, specialmente nelle ultime circostanze, come mi hanno fornito materia di consolazione per lo passato, mi inspirano la più intiera confidenza per l'avvenire.

» Quanto a me, prego la Divina Provvidenza affinchè vi inspiri quel che è più giusto e più conforme ai veri interessi, alla felicità ed alla sicurezza della Corsica ; al che sarò sempre zelante a concorrere, siasi per quanto vi possa contribuire il Rappresentante di Sua Maestà, siasi come personalmente ed ardentemente inclinato a confermare sopra basi solide e durevoli quella vera libertà e prosperità, che mi sono applicato a procurare alla Corsica fino dal primo momento in cui la volontà del Re mi destinò a cooperare ad un oggetto così interessante. »

Dopo di che Sua Eccellenza essendosi col medesimo corteggio ed accompagnato dalla deputazione, restituito al suo Palazzo, e la detta deputazione rientrata nella sala, un membro ha osservato che molti parlamentari, benchè si trovino in Corte, non sono comparsi alla presente sessione, e che per assicurare nella seguente la maggiorità della Camera, sarebbe bene d'invitare il presidente decano ad intimarli a tenore del disposito della Costituzione.

I membri presenti applaudendo alla sudetta proposizione hanno incaricato il presidente decano di intimare tutti coloro che si trovano in questa città a rendersi alle sessioni della Camera, e far loro osservare che l'assenza senza leggittimo impedimento li farebbe incorrere nell'ammenda prescritta dall'articolo 4º del titolo IV della Costituzione.

La sessione è stata sciolta alle ore due e rinviata a dimani alle ore dieci della mattina.

Gio : Gius. Mª Vᵛᵒ d'Aleria, *Presidente*.
Muselli.

Giurisdizione di Ajaccio.

Ajaccio — Signori Mario Giuseppe Peraldi, presente.
Cinarca — Carlo Andrea Pozzo-di-Borgo, presente ; Francesco Antonio Colonna.

MEZZANA — Francesco Melgrani, presente ; Santo Sandamiani, presente.
CELAVO — Paolo Felice Ferri Pisani, pr. ; Santo Tavera pr.
TALAVO — Gio : Francesco Sabbiani, presente ; Giuseppe Maria Colonna Bozj, presente.
ORNANO — Antonio Ornano ; Aurelio Aiqui, presente.
SAN PIERO — Antonio Peraldi, pr. ; Giovanni Peraldi, pr.

Giurisdizione di Aleria.

CAMPOLORO — Monsignor de Guernes, pr. ; Ferdinando Agostini, Giuseppe Maria Virgitti.
TAVAGNA — Agostino Giafferri pr. ; Sebastiano Mattei.
MURIANI — Ludovico Maria Marchetti, Gio Girolamo Bonaldi.
ALESANI — Angelo Matteo Marcantoni, Giannesino Luporsi, pr.
VERDE — Gio : Francesco Nicolai, presente ; Marco Antonio Ferrandi, presente.
SERRA — Ludovico Santo Gaffajoli pr. ; Carlo Lepidi.
CURSA — Francesco Valentini ; Gio : Marco Ottomani pr.
COASINA — Gio : Battista Battesti ; Natale Martinetti.

Giurisdizione d'Ampugnani.

AMPUGNANI — Bartolomeo Vittini pr. ; Domenico Franzini, pr.
OREZZA — Luiggi Ciavaldini, Pietro Felice Cristofari, pr.
VALLERUSTIE — Angelo Luigi Emanuelli ; Giuseppe Renucci.
ROSTINO — . . . . . . Gio : Pasquino Giampietri.
CASACCONE — Dionisio Gavini, pr ; Ponziano Antonsanti, pr.
CASINCA — Francesco Saverio Frediani, presente ; Alessandro Vinciguerra dell'Oreto.

Giurisdizione di Balagna.

AREGNO — Pietro Antonio Balestrino, presente ; Anton Francesco Franceschini.

SANT'ANDREA — Tomaso Renucci ; Giovanni Giuliani.
TUANI — Ludovico Belgodere, pr. ; Anton Vincenzo Saladini.
GIUSSANI — Pietro Giudicelli, pr. ; Matteo Canioni, pr.
OSTRICONI — Gio : Battista Leoni pr. ; Don Pietro Orabuona.
PINO — Carlo Francesco Poletti ; Vittore Graziani.
OLMIA — Gio : Francesco Fabbiani, pr. ; Paolo Marini.
CALVI — Ottavio Questa ; Francesco Parodi.

Giurisdizione di Bastia.

BASTIA — Monsignor Jovannis de Verclos, pr. ; Pasquale Bertolacci, pr. ; Giacomo Pasqualini.
LOTA — Francesco Figarella ; Casanova Pietro.
BRANDO — Rocco Nicolai ; Giuseppe Maria Mattei.
LURI — Giuseppe Antonio Mattei, pr. ; Paolo Mattei, pr.
ROGLIANO — Pasquale Negroni, presente ; Francesco Maria Torre, presente.
CANARI — Gio : Brando Antonetti ; Simone Alessandrini.
NONZA — Giulio Francesco Nobili, presente ; Giulio Francesco Fraticelli, presente.

Giurisdizione di Corte.

TALCINI — Francesco Benedetto Panattieri, presente ; Francesco Antonio Gafforj, presente.
VENACO — Anton Francesco Luigi Carlotti, presente ; Francesco Maria Guglielmi, presente.
Bozio — Paolo Zerbi, pr. ; Marc'Aurelio Bernardini, pr.
CACCIA — Nicolò Giorgi, pr. ; Agostino Grimaldi.
CASTELLO — Angelo Giuseppe Griscelli ; Orso Santo Bonelli, presente.
GIOVELLINA — Gio : Francesco Colonna, presente ; Anton Santo Colonna, presente.
NIOLO — Pietro Ordioni pr. ; Orso Leone Santini, pr.
ROGNA — Carlo Filippo Marchioni ; Giulio Antonio Casanova, presente.

Giurisdizione di Nebbio.

OLETTA — Monsignor Santini, presente ; Gio : Giacomo Saliceti, presente ; Pietro Saliceti.
MURATO — Giabico Limarola ; Achille Morati.
SANTO PIETRO — Giuseppe Morlas ; Baldassare Pietriconi, pr.
PATRIMONIO — Giuseppe Maria Angeli ; Natale Piazza, pr.
MARANA — Giulio Mariotti, pr. ; Giacomo Maria Vittini.
BIGORNO — Giacomo Maria Vittini ; Anton Taddeo Orsini.
CANALE — Paolo Gavini, pr. ; Luciano Grimaldi (1).

Giurisdizione della Rocca.

SARTENE — Gio : Paolo Susini, presente ; Paolo Francesco Pietri, presente.
TALLANO — Saverio Ortoli ; Giacomo Francesco Giacomoni.
PORTOVECCHIO — Gio : Paolo Rocca Serra ; Gio : Battista Pietri.
VIGGIANO — Giovanni Peretti, pr. ; Anton Pietro Paoli, pr.
ISTRIA — Paolo Agostino Colonna Istria ; Serafino Istria, pr.
CARBINI — Don Giacomo Peretti, presente ; Don Giuseppe Peretti, presente.
SCOPAMENE — Pietro Paolo Colonna Cesari ; Giacomo Antonio Serra.
BONIFACIO — Antonio Maria Suzzarelli, pr. ; Brandi, pr.

Giurisdizione di Vico.

CRUZINI — Monsignor Guasco ; Brandizio Paoli ; Simone Paoli.
SORROINGIU' — Simone Colonna Leca presente ; Mercurio Colonna, presente.

---

(1) Il y a sans doute une erreur dans le manuscrit pour les noms des députés de ces deux dernières pièves. Voir à la page 13.

Sevinfuori — Giovanni Stefanopoli, pr. ; Antonio Alessandri.
Sevindentro — Durabile Maria Colonna Ceccaldi, Francesco Saverio Colonna Ceccaldi.
Sorroinsu' — Francesco Franceschetti ; Filippo Maria Leca.

Sessione del 26 Novembre 1795.

(Alle ore dieci della mattina.)

I membri della Camera riuniti, la sessione è stata aperta con la lettura del processo verbale di quella di ieri, la di cui redazione è stata approvata.

I Signori Paolo Francesco Pietri, Aurelio Aiqui, assenti per causa di malattia nella sessione stata convocata in Bastia ed i Signori Mercurio Colonna, rappresentante della pieve di Sorroingiù attesa la morte del Sig. Versini, e Gio : Paolo Serafino Istria per la morte del Sig. Giuseppe Antonio Istria, essendosi presentati nella sala, il presidente Decano ha loro deferito il giuramento prescritto dalla Costituzione — *di riconoscere per loro e per il popolo Corso che rappresentano per loro sovrano e Re Sua Maestà Giorgio terzo Re della Gran Brettagna, di prestargli fede ed omaggio secondo detta Costituzione e Leggi*, — e ciascuno di essi avendo individualmente risposto : *Lo Giuro*, — è stato dato loro atto di questo giuramento, ed hanno preso seggio fra i membri della Camera.

Un membro ha detto che l'indisposizione dalla quale si trova oppresso il Sig. Giafferri, presidente, non gli può permettere l'assistenza continua che si richiede alle sue sessioni ; che egli stesso sentendo il più vivo rammarico di trovarsi diviso dal seno della Camera alla quale protesta i sentimenti del suo rispetto e della sua stima, ha fatto sentire la necessità di rimpiazzarlo.

La Camera, provando il più sensibile dispiacere per gli

sconcerti di salute del suo presidente e testificandogli il tributo di amore, di stima e di riconoscenza per lo zelo ed esattezza coi quali ha riempite le funzioni della sua carica, e per il solo motivo dell'attuale sua indisposizione, ha deliberato che si procederà immantinente alla nomina del presidente.

Fatto quindi l'appello nominale di tutti i membri, l'unanimità dei suffragi si è manifestata in favore di Monsignor de Guernes, vescovo di Aleria, e la Camera lo ha per conseguenza proclamato per suo presidente.

Un membro ha detto : « I Rappresentanti del popolo corso riuniti per la seconda volta in Camera di Parlamento, il Rappresentante del Re si è compiaciuto di farvi il quadro della situazione attuale degli affari, dei mezzi che si sono presi per mantenere il buono ordine, e degli oggetti più interessanti sui quali dobbiamo particolarmente occuparci nella presente sessione.

» Questo atto delle sue solite virtù pubbliche e private ci obbliga egualmente a contestargliene la nostra gratitudine, e col suo mezzo assicurare Sua Maestà della buona intenzione, e della fermezza dei Rappresentanti di un popolo la di cui generalità non ha mai veduto che con orrore tutto ciò che ha potuto alterare il buon ordine del governo e la pubblica tranquillità.

» Animati da questi principj, e ciascuno di noi persuaso di dargli quella pubblicità più luminosa che caratterizza la candidezza dei sentimenti dell'anime grandi e sublimi, propongo in conseguenza :

1º Che la Camera voti un simile indirizzo al Re per ringraziarlo del discorso che ha pronunciato.

2º Per testimoniargli quanto la presente sessione sia riguardata interessante per il bene della patria e quanto abbia rammaricato la Camera l'intrigo dei turbolenti nemici del popolo che si sono elevati contro le leggi ; per assicurargli che a Camera partecipa del dispiacere provato da Sua Maestà per il pericolo in cui è stato messo questo Regno, e ringraziarlo che abbia prese le misure onde far terminare la commozione con atti di clemenza e di perdono.

3º Per ringraziare Sua Maestà delle sicurezze date alla Camera qualmente il suo governo si distinguerà sempre per la giustizia, ed anche al di là della giustizia medesima, in favore del suo popolo di Corsica, e della bontà con la quale accoglierà le domande giuste e sincere del suo popolo, se ne esistono, come pure della risoluzione in cui Sua Maestà è di resistere ai progetti nocivi delle fazioni sostenute sia dalla violenza sia dall'intrigo.

4º Per assicurare Sua Maestà che la Camera ha partecipato della sua sorpresa e dispiacere che li ha cagionato la insinuazione impudente che Sua Maestà essa stessa avrebbe approvato la resistenza sediziosa alle leggi ed alla legittima autorità del governo, e ringraziare Sua Maestà della risoluzione in cui è d'impiegare l'influenza dei suoi poteri regi e costituzionali per proteggere gli atti del suo governo, le persone e l'onore de'suoi servitori e degli altri suoi sudditi contro i clamori della malizia e dell'invidia privata.

5º Per assicurare Sua Maestà che si eviteranno sempre le dissensioni civili, e che i Corsi saranno sempre muniti contro i nemici esteri per il servigio del Re e la loro propria difesa.

6º Per assicurare Sua Maestà che la Camera si occuperà della religione, dell'istruzione pubblica e delle finanze, come pure dei poteri necessari per applicare la forza del popolo nei bisogni e punire con prontezza esemplare li mal'intenzionati.

7º Per assicurare Sua Eccellenza della fermezza e dello spirito pubblico della Camera, della risoluzione in cui è di evitare tutte le differenze fra il trono ed il popolo, pregandola di presentare a Sua Maestà le proteste sincere della fedeltà del suo popolo di Corsica e della Sua Camera di Parlamento.

8º Finalmente per ringraziare Sua Eccellenza il Vice-Re

della giustizia e bontà colla quale non cessa di governare questo popolo con l'esercizio di tutte le virtù pubbliche e private.

L'Oratore avendo depositata sullo scagno la mozione in iscritto da esso pronunciata, e questa discussa :

La Camera ha deliberato che un indirizzo sarà fatto a Sua Maestà sopra i principj della mozione stata depositata, ed a tal effetto sarà nominato dal presidente un comitato composto di alcuni membri per la redazione dell'indirizzo suddetto.

Poco dopo il Sig. presidente ha annunciata la nomina dei soggetti nelle persone dei Sig. Belgodere, Negroni, Frediani, Massei, Piazza, Pozzo-di-Borgo, Dionisio Gavini, Ferrandi e Paolo Susini, i quali essendosi ritirati in uno degli scagni della Camera, e dopo qualche tempo rientrati nella sala, uno dei detti membri avendo fatta lettura del progetto d'indirizzo e quello esaminato e discusso sopra ciascun principio della precedente mozione, la Camera lo ha votato nei seguenti termini per essere presentato a Sua Eccellenza il Vice-Re da tutti i membri della Camera stessa nella giornata di domani.

Eccellenza,

« Noi li fedeli e leali sudditi di Sua Maestà, riuniti in Camera di Parlamento, rendiamo a Vostra Eccellenza, le più umili grazie per il discorso che si è degnata pronunziarci.

» La Camera di Parlamento riconosce con Vostra Eccellenza quanto la presente sessione sia interessante per la nostra patria. Essa ha visto con dispiacere che lo spirito pubblico, quale ha diretto le sue deliberazioni nella passata sessione, non abbia potuto assopire l'intrigo de' turbolenti contro le leggi e nemici della quiete di questo popolo, e non mancherà di prendere le misure che giudicherà opportune perchè non possano mai rinnovarsi impunemente all'avvenire.

» Quindi noi sentiamo dispiacere per il rammarico che Sua

Maestà ha provato nel vedere compromessa la felicità e lo stato politico di questo Regno per opera dei maligni; altrettanto riguardiamo questa penosa sollecitudine come un segno particolare dell'amore paterno che Sua Maestà professa verso il suo popolo di Corsica, e ringraziamo con Vostra Eccellenza la Provvidenza Divina e la magnanimità del Re che hanno posto termine ad una tanta commozione con atti di clemenza e di perdono.

» Ringraziamo Vostra Eccellenza della comunicazione che degna farci per ordine di Sua Maestà, e con la quale ci ha nuovamente assicurato che il governo di Sua Maestà non cesserà mai di distinguersi per la giustizia, e molto più al di là della giustizia medesima, verso il popolo di Corsica, come pure che la benignità del Re ascolterà e rimedierà alle doglianze giuste e sincere, se ne esistono; e la Camera vede con eguale sodisfazione che Sua Maestà è risoluta di resistere ai progetti nocivi delle fazioni sostenute sia dalla violenza, sia dall'intrigo, e che non consentirà mai a sacrificare gl'interessi, la sicurezza e l'onore di tutti agli errori di pochi.

» La Camera di Parlamento partecipa della sorpresa e del particolar dispiacere di Sua Maestà cagionatole dalla stravagante ed impudente insinuazione fatta per ingannare i suoi sudditi leali e fedeli, sulla supposta approvazione che Sua Maestà essa stessa avrebbe dato alla resistenza sediziosa e turbolenta alle leggi, ed alla legittima autorità del suo governo; e la Camera vede con la più grande soddisfazione che Sua Maestà è determinata d'impiegare la piena ed intiera influenza de' suoi poteri regi e costituzionali, per sostenere gli atti legittimi del suo governo, e proteggere le persone e l'onore dei suoi servitori e di tutti gli altri suoi sudditi, contro la violenza e li clamori della malizia e dell'invidia privata; i sentimenti di giustizia e di generosità di Sua Maestà, riuniti alla fermezza ed al coraggio, sono noti al mondo, e noi riconosciamo da questi la felicità e la sicurezza della Corsica.

» Noi siamo persuasi con Vostra Eccellenza che i nemici esteri di questo Regno speravano di profittare delle dissensioni civili e che il ristabilimento della quiete in Corsica ha distrutto i loro progetti e dissipati i maneggi che tentavano introdurvi. Ma nel tempo stesso godiamo di poter assicurare con confidenza l'Eccellenza Vostra, che se mai questi nemici ardissero di tentare il nostro territorio, tutti i Corsi si leverebbero contro gente avversa al loro Re, alla loro religione, ed avida di sangue e di vendetta non solo contro questo Regno in particolare, ma anche contro qualunque altra bene ordinata società.

» La Camera di Parlamento sente con Vostra Eccellenza quanto sia fausta l'occasione in cui animata dalla nota liberalità di Sua Santità il Papa, e della presenza de'vescovi legittimi, possa concorrere ad ordinare le cose della Religione in modo convenevole e giusto, ed egualmente stimolata dalla gloria di essere la creatrice della pubblica istruzione.

» Riconosciamo con Vostra Eccellenza la necessità di applicarci alle finanze, siasi per supplire alle spese ordinarie che per assicurare gli interessi de'privati, verso i quali la Camera si mostrerà sempre giusta.

» La continuazione della guerra manterrà svegliata l'attenzione ed il patriottismo non solo della Camera, e delle autorità pubbliche, ma anche del popolo stesso, ed il Parlamento concorrerà a munire il governo di quelle autorità che saranno necessarie per applicare la forza del popolo ne'bisogni, e per contenere i male intenzionati, e punirli con prontezza esemplare qualora la pubblica salvezza lo esiga.

Eccellenza,

» Noi ci riuniamo con Vostra Eccellenza a riconoscere che alcun'altra costituzione non è stata creata sotto migliori auspici di quella che ha mosso quest'Isola sotto la sovranità di Sua Maestà, e nel tempo stesso sentiamo tutta l'importanza e la gravezza delle circostanze politiche, che potrebbero minacciarla; vediamo quanto la fermezza della Camera e la sagacità possono concorrere a conservarla, e ci sforzeremo di dar prove dell'una e dell'altra. Giammai esisterà differenza fra il trono ed il popolo, un trono dal quale riconosciamo la nostra liberazione e le tante grazie che si profondono in questo Regno; preghiamo Vostra Eccellenza di assicurare Sua Maestà della fedeltà del suo popolo di Corsica e dell'impegno che la sua Camera di Parlamento si farà sempre d'inspirargli coll'esempio e con ogni altro atto del suo dovere, la profonda sommissione ed ubbidienza che deve al sovrano.

» La Camera aggiunge a tutto ciò le più sincere e cordiali proteste del più alto rispetto e venerazione per l'Eccellenza Vostra le di cui virtù ed amore per questo popolo si sono dimostrate in tutte le circostanze del suo governo, e noi speriamo nella Provvidenza divina, che non prenderemo altre deliberazioni che quelle augurateci da Vostra Eccellenza, cioè le più conformi alla felicità, agl'interessi ed alla sicurezza della Corsica. »

Dopo di che il Sig. Presidente ha sciolta la sessione rinviata a dimani ventisette del corrente, alle ore dieci della mattina.

Gio : Gius. Mª Vⁱᵒ d'Aleria, *Presidente*.
Muselli.

Sessione del 27 Novembre 1795.

(Alle ore dieci della mattina).

I membri della Camera riuniti, è stato proposto di presentare a Sua Eccellenza il Vice-Re l'indirizzo votato nella sessione dieri, e tutti i suoi membri, col presidente alla testa, essendosi trasferiti al palazzo di Sua Eccellenza, ed essa seduta sotto il trono, il presidente ha pronunciato l'indirizzo suddetto.

Sua Eccellenza ha risposto nei termini seguenti :

Signori,

« Ringrazio la Camera di Parlamento dell'indirizzo leale e doveroso che mi presenta.

» Informerò Sua Maestà dei sentimenti manifestati dalla Sua Camera di Parlamento e dell'inalterabile fedeltà del suo popolo di Corsica, e mi giova assicurare anticipatamente la Camera che Sua Maestà li accoglierà con la più alta soddisfazione.

» Il tenore dell'indirizzo della Camera è il presagio più felice e sicuro della saviezza illuminata che la guiderà nella presente sessione, e desidero con fervore il momento di poter cooperare a tutti gli atti che promoveranno la comune properità.

Signori,

» Vi prego di persuadervi che sono infinitamente sensibile alle espressioni della Camera, con le quali degna manifestare la sua soddisfazione per lo zelo particolare che mi anima in favore della Corsica. La buona opinione dei rappresentanti della nazione, e quella del popolo, saranno sempre la più onorevole e grata ricompensa a tutto quanto avessi la fortuna di operare in vantaggio di questo Regno ».

Dopo di che i membri della Camera essendosi restituiti nella sala, un membro ha proposto di procedere all'organizzazione di se stessa colla nomina di uno o più comitati.

La Camera, adottando la proposizione, ha determinato l'elezione di un comitato composto dei due prelati e di due membri per ogni giurisdizione che sarebbero nominati dai membri presenti di ciascuna di esse per occuparsi di tutti i travagli di legislazione e di finanze ; e nell'istante essendosi

riuniti i parlamentari delle diverse giurisdizioni, sono stati presentati i seguenti soggetti stati graditi dalla Camera, cioè :
Giurisdizione d'Ajaccio — Pozzo-di-Borgo, Peraldi.
» Aleria — Ferrandi, Mattei Sebastiano.
» Ampugnani — Domenico Saverio Frediani, Domenico Franzini.
» Balagna — Belgodere, Franceschi.
» Bastia — Negroni, Bertolacci.
» Corte — Marchioni, Carlotti.
» Nebbio — Paolo Gavini, Angelo Mariotti.
» Rocca — Don Giacomo Peretti, Gio : Paolo Susini.
» Vico — Colonna Leca, Stefanopoli.

Un membro ha proposto un aggiornamento perchè il comitato possa occuparsi ai travagli della sua istituzione per essere in seguito presentati alla prima sessione.

La Camera si è aggiornata a mercoledì prossimo due dell'entrante mese di dicembre, alle ore dieci della mattina.

Gio : Gius. Mª Vᵛᵒ d'Aleria, *Presidente*.
Muselli.

Sessione del 2 Dicembre 1795.

(*Alle ore dieci della mattina*).

I membri della Camera riuniti, la sessione è stata aperta colla lettura del processo verbale di quella dei 27 dello scorso mese di novembre.

Dopo la detta lettura un membro ha osservato che le operazioni della Camera rientrata nella sala dopo presentato l'indirizzo a Sua Eccellenza il Vice Re non possono riguardarsi come legali per non esservi intervenuta la maggiorità dei suoi membri; che la Costituzione, all'articolo secondo del titolo IV, prescrivendo che la Camera ha la facoltà di fare decreti e deliberare, quando trovasi al disopra della metà, sarebbe un attentato alla medesima se la minorità della Camera si permettesse di prendere la minima deliberazione. Per verificare la detta minorità, l'oratore ha letta una lista dei membri assenti, e perchè la Camera ne sia maggiormente convinta, non ha che ordinare un appello nominale da cui si potrà evidentemente rilevare e la presenza e l'assenza dei suoi membri nella detta sessione del 27 novembre; che l'elezione del comitato, utilissimo nella sua creazione, e composto di soggetti degni e meritevoli, puole essere egualmente confirmata dai membri delle medesime giurisdizioni, ma sembra che non possa in verun modo sussistere quello che è stato nominato contro lo spirito e le disposizioni della Costituzione che tutti hanno giurato di mantenere intatta ed illesa.

Un altro membro ha votato per l'approvazione del processo verbale nei termini coi quali si trova redatto.

La Camera, ha egli detto, deve presumersi completa quando è stata aperta dal presidente, quando lo scagno è in attività, e veruno dei membri ha fatta la minima osservazione sul di lei complemento; che, allorchè fu proposto di nominare uno o più comitati, e che la Camera deliberò che sarebbe proceduto all'elezione di un solo comitato composto dei prelati e di due membri di ciascuna giurisdizione, tutti i parlamentari delle medesime si riunirono separatamente, e presentarono sullo scagno due soggetti per comporre il comitato suddetto, i quali furono unanimemente graditi e proclamati dalla Camera, senza la minima opposizione di alcuno.

Che se dopo una deliberazione presa, la Camera potesse o dovesse rivenire da quella, non ci sarebbe stabilità alcuna nei suoi travagli, che sarebbero continuamente sottoposti alla censura o alla discussione di pochi dei suoi membri; che la Costituzione non si trova punto attaccata, giacchè non si tratta della formazione di verun decreto, ma solamente di una deliberazione sopra dei metodi che regolano i travagli della Camera stessa come sono quelli che saranno presentati dal suo comitato per essere esaminati e discussi nelle forme prescritte dai suoi precedenti regolamenti.

L'Oratore ha finito per osservare che nella medesima sessione fu deliberato un aggiornamento fino a questo giorno, che è stato egualmente eseguito colla comune approvazione di tutti i suoi membri. Vari oratori hanno successivamente parlato all'appoggio tanto della prima che della seconda mozione, e la questione chiusa è messa alle voci.

La Camera approvando le sue operazioni della sessione del 27 novembre ha adottata la redazione del processo verbale nei termini coi quali si trova espresso.

Monsignor Domenico Maria Santini, vescovo del Nebbio, ed il Sig. Pietro Paolo Colonna Cesari, membro di Parlamento per la pieve di Scopamene, giurisdizione della Rocca, assenti nella precedente riunione della Camera, essendosi presentati nella sala, il Sig. Presidente ha deferito loro il giuramento — di riconoscere per loro Sovrano e Re Sua Maestà Giorgio III Re della Gran Bretagna, di prestargli fede ed omaggio secondo la Costituzione e leggi della Corsica e di mantenere la detta Costituzione e leggi, — ed i detti Signori Vescovo del Nebbio e Colonna Cesari avendo risposto *lo giuro*, è stato loro dato atto del giuramento, ed hanno preso seggio fra i membri della Camera.

È stata fatta lettura di alcune lettere dirette al presidente della Camera dai Signori Giabico Limarola, Achille Morati, Giulio Mariotti e Gio : Battista Pietri, dalle quali si rileva l'indisposizione della loro salute, certificata dalle attestazioni dei professori.

Uno dei membri ha egualmente osservato che i Signori Agostino Giafferri, e Gio : Pasquino Gianpietri, caduti ammalati in questa città, sono stati obbligati a rendersi alle loro case per rimettersi in salute.

La Camera ha gradite le loro scuse per legittime, attese le indisposizioni giustificate.

È stata aperta una lettera dei poveri Corsi che si trovano schiavi in Algeri (1), nella quale tracciando il quadro dello stato infelice in cui si trovano, e dei crudeli trattamenti ai quali sono giornalmente sottoposti, implorano i buoni uffizi della Camera per interessarsi al loro sollievo.

Il presidente del Consiglio di Stato ha fatto conoscere alla Camera quanto il cuore paterno di Sua Maestà sia stato penetrato dall'infortunio de'suoi sudditi, le speranze certe di vederli presto liberati dalla loro cattività, i soccorsi fatti loro passare da Sua Eccellenza il Vice-Re per rendere meno dolorosa la trista loro situazione.

La Camera ha incaricato il suo presidente di tramandare la memoria di detti poveri schiavi alla prefata Sua Eccellenza accompagnata di una lettera che esprima i sentimenti e la parte che prende la Camera alla sorte infelice de'suoi concittadini con pregare la di lui umanità e carità perchè si degni d'interporre gli autorevoli suoi uffici alla liberazione dei fideli sudditi di Sua Maestà che gemono sotto i ferri Africani.

Il molto onorevole Sig. North, segretario di Stato, ha tramandato al presidente tre lettere delle loro Eccellenze i Signori ammiraglio Hood, e generali Dundas e Stuart, in risposta ai ringraziamenti votati loro nella sessione de'24 aprile prossimo passato, ed altra lettera è stata letta dal Signor colonello de Villetes, nelle quali fanno conoscere il vivo attacco che professano al popolo Corso, e la maggior sensi-

---

(1) Ces Corses étaient des marins d'Ajaccio qui, au mois d'avril 1794, malgré les sages conseils qui leur furent donnés, étaient allés à la pêche du corail sur les côtes de Barbarie, sous pavillon corse. Les Turcs, qui ne reconnaissaient pas le pavillon corse et qui d'ailleurs avaient loué la pêche du corail à une compagnie de Marseille, firent prisonniers les marins ajacciens, et les retinrent en Afrique jusqu'en 1796, époque où ils furent rachetés par les soins du gouvernement anglais.

bilità alle marche di soddisfazione dimostrate dalla Camera verso di essi, e di quei bravi militari che hanno servito sotto i suoi ordini.

Le dette lettere sono state rimesse sullo scagno per rimanere depositate nel segretariato.

I poveri della città di Bonifacio riclamano con una loro memoria di ottenere dei soccorsi sopra i redditi provenienti dall'antico ospedale di Santa Croce, fondato in quella città.

La Camera l'ha rinviata al governo per farvi diritto come apparterrà.

Il cittadino Pinelli, della comunità di Guagno, avendo richiesto la parola per presentare una petizione, la Camera ha deliberato che quella sarebbe rimessa ad uno dei suoi membri per, dopo esaminatone il tenore, informarne la Camera.

È stata fatta lettura di una memoria del sacerdote Giuseppe Nicolai, curato di Lento, nella quale rappresenta che la congrua provvisoria della sua cura fu fissata a lire seicento, ma che per sbaglio della redazione non si vede portata che a quattrocento; ha richiesto perciò che, avuto riguardo agli abitanti della sua parrocchia ed alla quantità de' forestieri che vi sono domiciliati, la detta congrua sia fissata alla somma delle dette lire seicento.

La Camera ha rinviata la memoria del petizionario al suo Comitato per farne rapporto.

È stata letta una memoria dell'Arcidiacono Olmeta di Bastia, nella quale esponendo i servizi ecclesiastici prestati per lo spazio di quaranta anni, dice che goderà di una pensione annua di franchi quattrocento per rinuncia da esso fatta della pievania del Borgo di Marana, e che sono ora cinque anni che si è trovato privo di qualunque emolumento, e spera perciò qualche soccorso.

La Camera ha rinviata la memoria del petizionario al comitato per esaminarla e farne rapporto.

Il Podestà della comunità di Canale, pieve di Verde, ha rappresentato a nome di quel comune, che l'acconto provvisorio fissato dall'atto di Parlamento del 13 maggio ultimo è eccessivo, avuto riguardo alle possessioni, ed al piccolo numero degli abitanti.

La Camera ha rinviata la petizione della comunità di Canale al governo per esservi provveduto come di ragione.

Monsignor Vescovo di Mariana ha detto che non vi è alcuno dei membri della Camera, che non desideri di essere informato della negoziazione intrapresa colla Corte di Roma sopra le domande state presentate a Sua Santità il Papa; che l'importanza di un oggetto così interessante ha eccitato vie più l'attaccamento sincero che la Corsica ha manifestato in tutti i tempi per la religione cattolica, apostolica e romana, dichiarata la sola religione nazionale nella Costituzione; che Sua Eccellenza il Vice Re, a cui fu specialmente commessa questa negoziazione, non mancherà sicuramente di appagare questo giusto desiderio; che la Camera deve frattanto sentir con piacere tutte le cure e sollecitudini, che con egual zelo, diligenza e sagacità sono state adoperate dai Signori Negroni e Ferri Pisani, deputati, di concerto col Signor North, segretario di Stato del Regno, per accelerare l'esito della negoziazione loro affidata, che invitava la Camera, per quanto poteva dipendere da essa, ad occuparsi di tutti quei mezzi per veder ultimato un affare colla sodisfazione reciproca di Sua Santità e della nazione medesima, e nel tempo istesso assicurare il pronto pagamento delle rispettive congrue fissate nella legge del 18 maggio prossimo passato. Monsignor Santini profittando di questo momento, ha ringraziata la Camera del vivo interesse che ha preso per la religione cattolica, quella che ci hanno dato in retaggio i nostri padri, ed in cui il popolo corso vuol vivere e morire; egli ha fatto sperare che la negoziazione intrapresa colla Santa Sede avrà un esito felice, quello del trionfo dell'istessa cattolica religione, e della contentezza del popolo.

Un membro del comitato ha fatta lettura di un progetto di decreto per il stabilimento di una università in questa città di Corte.

Dopo la lettura di detto progetto, la Camera ha dichiarato che vi era luogo a deliberare, ordinandone l'impressione per essere distribuito e discusso secondo le forme prescritte dai precedenti suoi regolamenti.

Un altro membro dell'istesso comitato ha fatta la lettura di un progetto di decreto sopra i delitti e le pene correzionali. La Camera ha dichiarato che vi era luogo a deliberare, ed ha ordinata la stampa del detto progetto per essere distribuito, discusso ed arrestato nelle forme ordinarie.

La sessione è stata sciolta all'un'ora dopo il mezzo giorno e rinviata a dimani tre del corrente mese alle ore dieci della mattina.

Gio : Giuseppe Maria, Vescovo d'Aleria, *Presidente*.
Muselli.

Sessione del 3 Dicembre 1795.

(Alle ore dieci della mattina).

I membri della Camera riuniti, la sessione è stata aperta colla lettura del processo verbale della precedente, la di cui redazione è stata approvata.

Monsignor Guasco, vescovo di Sagona, ed il Signor Durabile Maria Colonna Ceccaldi, per mezzo delle loro lettere scritte al presidente della Camera, fanno sentire gli sconcerti della loro salute, e l'impossibilità di rendersi nel suo seno.

La Camera ha trovato legittime le loro scuse in vista delle dichiarazioni dei professori.

È stata fatta lettura di diverse petizioni presentate dalle comunità di Frasso, Bisinchi, Vicinato e Saliceto della pieve di Rostino.

La Camera ha rinviate le dette petizioni al suo comitato per farne il rapporto fra tre giorni, ed il presidente ha fatto sentire ai deputati incaricati di dette petizioni che la saggezza e la giustizia della Camera le prenderà nella dovuta considerazione.

La comunità di Belvedere della pieve di Sartene riclama con una memoria sopra l'eccesso dell'imposizione stata fissata dall'Atto di Parlamento del 13 maggio prossimo passato sull'acconto provvisorio dell'annata corrente.

La Camera ha rinviato la petizione della detta comunità al Governo per esservi statuito come è di ragione.

Il Signor Orso Giovanni Paoli ha rappresentato con una memoria che fino dall'apertura della prima riunione del Parlamento egli sollecitò la decisione della Camera sopra le opposizioni state formate contro la nomina del Signor Giulio Antonio Casanova, l'uno dei due parlamentari della pieve di Rogna; che la Camera essendo stata occupata nei travagli i più interessanti nella prima sua sessione, riclama la di lei giustizia, perchè le contestazioni vertenti siano decise in una breve dilazione.

La Camera determina che per metterla alla portata di decidere tanto le contestazioni sopra le quali non avea portato verun giudizio, quanto quelle che possono essere insorte sopra le nomine dei nuovi parlamentari, sarà nominato un comitato di verificazione composto di un membro di ciascuna giurisdizione.

Ed all'istante i membri di ciascuna giurisdizione essendosi separatamente riuniti, sono stati presentati allo scagno i nomi dei seguenti soggetti:

AJACCIO. — Antonio Peraldi.

ALERIA — Ludovico Maria Marchetti.

AMPUGNANI — Alessandro Vinciguerra.

BALAGNA — Pietro Giudicelli.

Bastia — Giuseppe Maria Mattei.

Corte — Paolo Zerbi.
Nebbio — Don Giacomo Saliceti.
Rocca — Giovanni Peretti.
Vico — Mercurio Colonna.

Quali sono stati graditi dalla Camera per comporre il detto comitato di verificazione e fare i rapporti delle opposizioni dei membri in contestazione.

Un membro del comitato ha fatta la seconda lettura del progetto di decreto concernente la pubblica istruzione.

La Camera, dopo la discussione di ciascun articolo separatamente e qualche leggero amendamento, ha arrestato il progetto, rinviandone la terza lettura al primo giorno per essere definitivamente decretato e presentato alla sanzione reale.

La sessione è stata sciolta alle ore due dopo mezzo giorno e rinviata a domani alle ore dieci della mattina.

Gio : Gius. Ma Vescovo d'Aleria, *Presidente*.
Muselli.

Sessione del 4 Dicembre 1795.

(Alle ore dieci della mattina).

I membri della Camera riuniti, la sessione è stata aperta colla lettura del processo verbale della precedente, la di cui redazione è stata approvata.

È stata fatta lettura di una petizione degli abitanti di Sichè, colla quale richiedono la distrazione della comunità di Santa Maria, di cui fanno parte, attesa la loro popolazione e gl'incomodi ai quali sono sottoposti quegli abitanti sotto la medesima municipalità.

La Camera ha rinviata la petizione suddetta al suo comitato per esaminarla, e farne rapporto per esservi in seguito statuito come apparterrà.

Il sacerdote Barreni, curato supplementario del Prato di Giovellina ha richiesta in una memoria l'esecuzione della legge per il pagamento di quegli emolumenti statigli fissati.

La Camera, intesa la lettura della memoria del petizionario, l'ha rinviata al Governo per farvi diritto secondo la legge.

Il rapportatore del progetto di decreto sopra l'istruzione pubblica avendone fatta la terza lettura, e separatamente discussi e dibattuti gli articoli di detto progetto, intesa l'opinione di vari membri, la Camera ha definitivamente nei termini seguenti arrestato il decreto per essere presentato alla sanzione reale.

Decreto della Camera di Parlamento del Regno di Corsica sopra l'istruzione pubblica letto nelle sessioni de' 2 e 3 e definitivamente arrestato nella sessione dei quattro dicembre 1795.

Considerando che le scienze sono il miglior mezzo per assicurare la felicità di una Nazione, ed accrescerne lo splendore;

Che lo stabilimento dell'Università, e dei Collegi, faciliterà alla gioventù corsa l'acquisto di quelle cognizioni, che fin ora è stata costretta di cercare con dispendio in paesi stranieri: — Piaccia perciò all'Eccellentissima Camera del Re, col consenso della Camera di Parlamento riunita in questa presente sessione e per autorità della medesima, statuire, e sia statuito come segue.

Articolo Primo.

Sarà stabilita in Corte un'Università.

Art. 2.

S'insegneranno nell'Università la teologia scolastica, e

dogmatica, la teologia morale, ed etica ; il diritto canonico e civile ; la filosofia, la rettorica, ed eloquenza ; la storia universale, e belle lettere ; la mathematica, la medicina, e la lingua inglese.

Art. 3.

I beni e redditi dell'Università saranno amministrati dal governo. Il metodo degli studi sarà regolato dal Rettore e Professori dell'Università, sotto gli ordini del Re. Il Vescovo diocesano invigilerà specialmente alle cattedre di teologia scolastica e morale, e di diritto canonico.

Art. 4.

Ogni discepolo che si presenterà all'Università per fare il corso degli studi, sarà tenuto di far scrivere il suo nome dal Rettore, dichiarando la scienza che vuole studiare, e nell'atto dell'iscrizione, sarà tenuto di far' un' offerta di dodeci lire alla cassa dell'Università.

Art. 5.

Le offerte fatte dagli studenti, le donazioni in danaro che si faranno all'Università, saranno impiegate in capitali lucrativi, cauti e sicuri dal Governo, a conto e profitto dell'Università.

Art. 6.

Saranno stabiliti dei Collegi in qualunque giurisdizione, ove esistono beni specialmente applicati alla pubblica istruzione, o dove per contribuzioni volontarie si procureranno i fondi necessari per sostenere la spesa di detti Collegi.

Art. 7.

Il metodo degli studi, e la disciplina dei Collegi saranno sotto l'ispezione dei Vescovi diocesani.

Art. 8.

Il Re prenderà le misure che giudicherà opportune per provvedere le differenti cattedre dell'Università e dei Collegi, di soggetti meritevoli. Gli onorari di ciascun Professore saranno definitivamente fissati dalla Camera, dopo che il Re le avrà presentato la nota dei soggetti nominati; e finchè la Camera abbia deciso, i Maestri riceveranno l'indennità, che sarà loro stata provvisoriamente accordata dal Re.

Art. 9.

Il Re nominerà il Rettore, i Professori e gli Impiegati all'Università ed ai Collegi.

Il rapportatore del progetto di decreto concernente i delitti e pene correzionali ha fatta la seconda lettura di diversi articoli di detto progetto, e quelli discussi, la Camera gli ha adottati con qualche leggero emendamento, rinviando la continuazione della lettura e discussione dei restanti articoli al primo giorno.

La sessione è stata sciolta alle ore due dopo mezzo giorno e rimessa a domani cinque del corrente.

Gio: Gius. Mª Vvo d'Aleria, *Presidente.*
Muselli.

Sessione del 5 Dicembre 1795.

(*Alle ore dieci della mattina*).

I membri della Camera di Parlamento riuniti, la sessione è stata aperta colla lettura del processo verbale della precedente la di cui redazione è stata approvata.

Gli abitanti di Crocicchia hanno esposto colla loro petizione che fanno parte con i Poggi di Micoria, Casalino e Novepiane per formare una sola municipalità; che il detto comune di Crocicchia essendo il più riguardevole dei detti Poggi per la popolazione e per il territorio, merita il titolo di comunità, e quindi sollecitano dalla Camera di volergli attribuire questo privilegio.

La Camera ha rinviata la petizione degli abitanti di Crocicchia per esaminarla e farne rapporto.

È stata fatta lettura di una memoria del Signor Antonio Guasco di Bastia, in cui esponendo che l'antico governo avendogli commessa in enfiteusi, fino dall'anno mille sette cento ottanta due, una bottega appartenente all'istruzione pubblica, ed avendovi fatti dei miglioramenti con buona fede, specialmente col risarcimento di una muraglia, richiede di essere rimborsato della spesa, ascendente a lire cento venti.

La Camera ha rinviata la memoria del petizionario al governo, per esservi fatto diritto come di ragione.

Il Signor Tomaso Gabrielli di Corte avendo rappresentato alla Camera di por fine con una legge alle moltiplicate contestazioni pendenti nanti dei tribunali sopra i depositi e le offerte giudiciali degli assegnati,

La Camera ha rimandata la suddetta petizione al suo comitato, per formare un progetto di decreto a ciò relativo, per rendere una legge generale sopra il corso e valore degli assegnati francesi.

Un membro del comitato ha fatto lettura di un progetto di decreto concernente la costruzione, riparazione e conservazione delle strade comunali.

La Camera ha dichiarato che vi era luogo a deliberare, ordinando l'impressione del progetto per essere distribuito ai suoi membri, discusso ed arrestato nelle forme prescritte dal suo regolamento.

Il rapportatore del progetto di decreto concernente i delitti e pene correzionali ne ha fatta la terza lettura.

Dopo l'esame e la discussione di ciascun articolo separatamente, intesa l'opinione di vari membri ed aggiuntovi l'ultimo titolo,

La Camera ha definitivamente arrestato il decreto nei termini seguenti per essere presentato alla sanzione reale.

Decreto della Camera di Parlamento del Regno di Corsica concernente i delitti e pene correzionali, letto nelle sessioni dei 2 e 4 e definitivamente arrestato nella sessione de' 5 dicembre 1795.

Considerando la necessità di evitare l'arbitrio sulla punizione delle mancanze, e de' delitti, i quali per la loro natura non sono stati specificati nel codice penale : — Piaccia perciò all'Eccellentissima Maestà del Re, col consenso della Camera di Parlamento riunita in questa presente sessione, e per autorità della medesima, statuire, e sia statuito come segue.

TITOLO PRIMO.
Delle Pene Correzionali.

Articolo Primo.

Le pene correzionali che dovranno essere pronunciate contro gli autori dei delitti da specificarsi nella presente legge, sono l'emenda, la carcerazione, ed in certi casi la confisca dell'oggetto del delitto.

TITOLO II.
Dei delitti contro il rispetto dovuto alle chiese, ed al culto della religione.

ARTICOLO PRIMO.

Chiunque sarà convinto di aver con scandalo deriso o vilipeso gli oggetti della religione, o i suoi ministri, nell', o per l'esercizio delle loro funzioni, sarà condannato da cinquanta fino a cinque cento lire di emenda, e se il caso lo richiederà, anche alla carcerazione, che non potrà eccedere il termine di un mese.

ART. 2.

Chiunque occasionerà pubblico scandalo nelle chiese con risse, o irreverenze, durante i divini uffici, sarà punito con sei fino a venticinque lire di emenda, ed anche con la carcerazione, che non eccederà lo spazio di giorni quindici.

ART. 3.

Chiunque entrerà in chiesa, armato di stile, fucile, o pistola, sarà condannato in sei fino a dodici lire di emenda.

TITOLO III.
Dei delitti contro i buoni costumi.

ARTICOLO PRIMO.

Quelli i quali saranno convinti di aver attentato pubblicamente ai buoni costumi, saranno puniti con dodici sino a cinque cento lire di emenda, ed anche avuto riguardo alla gravità delle circostanze, con la carcerazione, che non potrà eccedere mesi sei, eccettuati i casi preveduti dalle leggi penali.

Art. 2.

Chi indurrà una figlia maggiore di dieciotto anni ad abbandonare la propria casa, essa consenziente, ed anche con promessa di matrimonio, sarà punito con un'emenda, che potrà essere portata sino a lire cinque cento, ed anche con la carcerazione che non potrà essere maggiore di sei mesi.

Art. 3.

La vendita dei libri o immagini oscene, sarà punita con la confisca de'libri e delle immagini esposte in vendita, e con l'emenda di dodici fino a venticinque lire.

Art. 4.

Quelli che terranno giuochi di azzardo saranno condannati da ventincinque fino a cinquanta lire d'emenda, alla carcerazione, che non potrà eccedere un mese. Sarà in oltre confiscato il danaro, che si troverà esposto al giuoco.

TITOLO IV.

Degl'insulti, violenze ed ingiurie verbali.

Articolo Primo.

Chiunque minaccerà un'altro con stile, sarà punito con venticinque sino a cento lire di emenda, ed anche se il caso lo esigerà, con la carcerazione di otto sino a giorni quindici ; se le minaccie saranno con armi da fuoco, o altre armi offensive, l'emenda sarà di dodici sino a cinquanta lire.

Art. 2.

Le battiture fatte senz'armi, saranno punite con l'emenda di sei fino a cinquanta lire ; ed avuto riguardo alla qualità delle persone, ed alle circostanze del caso, la pena potrà essere portata sino a cinque cento lire d'emenda, e ad un mese di carcere.

Art. 3.

Le ferite fatte senza motivo di legittima difesa, se il delitto non è di natura ad esser punito con pena corporale, o infamante, saranno punite secondo la gravità delle circostanze, con l'emenda di lire sei sino a cento ; potrà ancora il tribunale punire il delinquente con la carcerazione, che non potrà eccedere mesi due. Le ferite però fatte con armi bianche, o da fuoco, saranno sempre punite con le pene stabilite nel codice penale.

Art. 4.

Se alcuno ferirà un altro nelle strade, o piazze pubbliche per imprudenza o negligenza, e la ferita esigerà la cura dei medici per più di otto giorni, sarà condannato con sei fino a venticinque lire d'emenda, e se esigerà la cura di medici per meno di giorni otto, l'emenda sarà di tre fino a dodici lire. Il padre per le azioni civili e per l'emenda sarà tenuto per il figlio, ed il padrone per il servo, quando il misfatto sia seguito nell'esercizio degli oggetti ed operazioni commessegli dal padrone.

Art. 5.

Gli oltraggi, o minacce, fatti con parole, o gesti, ad un funzionario pubblico nel, o per l'esercizio delle sue funzioni, fuori di quelli enunciati nell'atto di Parlamento, concernenti i delitti e le pene, saranno puniti con un'emenda di dodici fino a cento lire, e secondo la gravezza delle circostanze, anche con la carcerazione, che non potrà mai eccedere quaranta giorni.

Art. 6.

Gli oltraggi, e minacce, fatti con parole a persone private, saranno puniti con sei fino a venticinque lire d'emenda, ed anche, avuto riguardo alla qualità delle persone ed alla gravezza delle ingiurie, alla carcerazione, che non potrà eccedere lo spazio di un mese.

TITOLO V.

Dei torbidi contro l'ordine pubblico, e la pubblica tranquillità.

Articolo Primo.

Chiunque turberà per cause e risse particolari, l'ordine pubblico in una comunità con tumulti, o attruppamenti, e nei casi in cui dal codice penale non è applicata alcuna pena, sarà condannato in un'emenda da dodici fino a cento lire, ed anche alla carcerazione, che non potrà eccedere un mese.

Art. 2.

Gli Ufficiali Municipali, Podestà delle pievi, ed altri funzionari pubblici, compresi i militari commissionati, che faranno parte di detti attruppamenti, saranno condannati in un'emenda da cinquanta fino a duecento lire.

Art. 3.

" Saranno soggetti alla pena indicata nell'articolo primo del presente titolo, coloro che consiglieranno di non ubbidire agli ordini di giustizia, o di qualunque altra autorità costituita, o ecciteranno risse, e dissensioni nelle assemblee del popolo autorizzate dalla legge, nei casi però non previsti da alcun'altra legge penale.

Art. 4.

Coloro, che con attruppamenti notturni turberanno il riposo dei cittadini, saranno condannati in tre fino a sei lire di emenda. Potranno inoltre esser puniti con la carcerazione, che non potrà essere di là di giorni otto.

Art. 5.

Quelli che turberanno il buon ordine nei mercati, nelle feste o ceremonie pubbliche, nei teatri, caffè, o altri luoghi pubblici, saranno condannati ad un'emenda di tre sino a venticinque lire, ed anche se la gravezza delle circostanze lo richieda, alla prigionia che non potrà eccedere giorni otto.

TITOLO VI.

Della occupazione dei fondi altrui, ammonizione di termini e guasti occasionati nelle altrui proprietà, ed altri delitti.

Articolo Primo.

Chiunque sarà convinto di aver occupato il fondo altrui con mala fede, sarà condannato in cinquanta fino a quattro cento lire d'emenda.

Art. 2.

Chiunque sarà convinto d'aver amossi o piantati di propria autorità, e con mala fede, termini divisori, sarà condannato in un'emenda di cinquanta fino a duecento lire, ed anche con la prigionia di giorni quindici fino a tre mesi.

Art. 3.

Qualunque, senza alcun diritto, formerà una strada nel fondo altrui, sarà condannato, se il fondo è aperto, in lire sei fino a venti, e se è chiuso, fino a cinquanta lire d'emenda.

Art. 4.

Qualunque avrà ferita la bestia altrui, e nei casi non specificati nell'Atto di Parlamento, concernente i delitti e le pene, sarà punito con la carcerazione, che non potrà eccedere giorni tre; potrà ancora il giudice pronunciare un'emenda di tre fino a dodici lire, se il caso lo esigerà.

Art. 5.

I furti semplici, e guasti non specificati nel suddetto Atto di Parlamento, concernente i delitti e le pene, o in qualunque altro Atto di Parlamento, saranno puniti con la prigionia, che non potrà eccedere giorni quindici.

Art. 6.

I mercanti, e qualunque altro venditore, che sarà convinto di aver venduto una mercanzia per un'altra, o d'aver ingannato sulla qualità e materia della cosa venduta, sarà punito con un'emenda di cento fino a trecento lire, ed il giudizio sarà stampato, ed affisso a spesa del delinquente.

Art. 7.

Colui, che sarà convinto d'aver abusato dell'altrui confidenza con aver cambiata, o resa di condizione deteriore, la materia datagli per qualche lavoro, sarà condannato all'emenda di sei a cento lire; ed anche, secondo la circostanza dei fatti, alla carcere che non potrà esser maggiore di mesi tre.

Art. 8.

Chiunque sarà convinto di aver esposto in vendita delle bevande falsificate con mescolanze estranee, nocevoli alla salute, sarà punito con un'emenda di lire sei fino a cinquanta; ed il giudizio che interverrà, sarà stampato, ed affisso a spese del delinquente.

Art. 9.

I commestibili nocivi saranno abbruciati, e chi sarà convinto di averne venduto o esposto in vendita, sarà punito con un'emenda di sei fino a venticinque lire, ed il giudizio che sarà pronunciato, sarà stampato ed affisso.

Art. 10.

Il rifiuto di soccorso o servizio in caso d'incendio, o altro nocevole avvenimento, quando il soccorso, o servizio sarà richiesto da legittima autorità, sarà punito con un'emenda che non potrà eccedere lire dodici.

Art. 11.

Quelli, i quali con monopolio, saranno convinti di aver fatta convenzione di non vendere, o comprare le mercanzie, viveri ed altro, che ad un dato prezzo, saranno condannati in lire cinquecento fino a mille di emenda, ed il giudizio, che interverrà, sarà stampato ed affisso.

Art. 12.

Qualunque, in tempo di guerra, sarà convinto di aver estratto dal Regno, per portar in paese neutrale, armi, o altre munizioni di guerra, o viveri, sarà punito con una emenda di cento lire fino a cinquecento, ammenochè non giustifichi di averne ottenuto il permesso del governo. Saranno inoltre confiscate le armi, munizioni e viveri, se saranno arrestati.

Art. 13.

Qualunque sarà convinto di aver trafficata, o posta in commercio scientemente moneta falsa, sarà condannato in una emenda di cento fino a mille franchi, ed anche se la gravezza del caso lo richiederà, alla carcerazione, che non potrà esser maggiore di due anni.

Art. 14.

Quelli, che nell'aggiudicazione di affitti, o vendite di beni nazionali, comunali, o privati, turberanno la libertà delle offerte, o impediranno che gl'incanti non vadano al loro valore, sia corrompendo alcuno con danaro, doni, promesse, o per via di fraudolenti convenzioni, saranno condannati da cinquanta fino a cinquecento lire di emenda.

TITOLO VII.

Articolo Primo.

In tutti gli altri delitti e casi non specificati nel presente, nè in alcun Atto di Parlamento, la pena sarà di lire tre fino a venticinque; potrà in oltre il giudice condannare il delinquente alla carcerazione, che non potrà eccedere un mese.

TITOLO VIII.

Della competenza dei Giudici.

Articolo Primo.

La conoscenza dei delitti qui sopra indicati, nei casi in cui l'emenda non potrà essere maggiore di lire cinquanta, e la carcerazione di un mese, apparterrà agli Uffiziali Municipali, salvo l'appello al tribunale della giurisdizione, il quale giudicherà in ultima istanza.

Art. 2.

In tutti gli altri casi, ne' quali l'emenda può eccedere lire cinquanta, e la carcerazione un mese, la competenza sarà de' tribunali delle giurisdizioni, salvo l'appello al Tribunale Supremo.

Art. 3.

Gli appelli dalle sentenze, che non ecccederanno l'emenda di franchi dodici, saranno, per l'emenda, devolutivi; in tutti gli altri casi, e per la carcerazione, saranno sempre sospensivi.

Art. 4.

Le emende qui sopra specificate saranno solidali fra i complici e fautori, e pagabili anche per mezzo della carcerazione del condannato.

Art. 5.

Le emende, e carcerazioni sopra pronunciate, saranno doppie in caso che il delinquente sia recidivo.

Art. 6.

Le suddette pene avranno luogo oltre i danni ed interessi delle parti.

Art. 7.

La metà di dette emende sarà applicata a benefizio della comunità dove il delitto sarà stato commesso; il resto apparterrà al pubblico erario.

TITOLO IX.

Articolo Primo.

Gli Uffiziali Municipali saranno specialmente incaricati d'invigilare sulla vendita del vino, del pane e del latte. In caso che siano falsificati, o deteriorati, potranno condannare i contravventori ad un'emenda di tre fino a dodici lire, e ridurne il prezzo secondo la deteriorazione.

Sulla mozione di un membro, per dar comodo al comitato di accelerare i suoi travagli,
La Camera si è aggiornata a mercoledì prossimo nove del mese corrente alle ore dieci di mattina.

Gio : Gius. Mª Vescovo d'Aleria, *Presidente*.
Muselli.

Sessione del 9 Dicembre 1795.

(*Alle ore dieci della mattina*).

I membri della Camera riuniti, la sessione è stata aperta colla lettura del processo verbale di quella di sabbato 5 del corrente, la di cui redazione è stata approvata.

Gli Ufficiali Municipali della comunità di Olmeta e di Evisa riuniti per richiedere dalla Camera la formazione di un decreto rigoroso per la punizione dei delinquenti, colla creazione di commissioni straordinarie, spedizione di una forza pubblica per arrestarli e prendere tutti i mezzi degni della sua saggezza per far cessare tutte le inimicizie e disordini dai quali trovansi afflitti questi due comuni.

La Camera ha rinviate le suddette petizioni al suo comitato.

Il Sig. Ottavio Questa, membro di Parlamento per la pieve di Calvi, essendosi presentato alla sala, il presidente gli ha deferito il giuramento costituzionale — di riconoscere per Sovranno e Re, Sua Maestà Giorgio terzo, Re della Gran Brettagna, di prestargli fede ed omaggio secondo la Costituzione e leggi della Corsica e di mantenere la detta Costituzione e leggi. Ed avendo il detto Signor Questa risposto: *Lo giuro*, gli è stato dato atto del suo giuramento ed ha preso seggio fra i membri della Camera.

I sacerdoti Giovanni Agostino Graziani, della comunità di Sant'Andrea, ed Antonio Maria Italiani di Casaglione della pieve di Cinarca, richiedono di essere indennizzati delle somme pagate e dei miglioramenti fatti sopra i beni nazionali da essi acquistati, e fino a che non siano rimborsati del prezzo, che siano autorizzati alla retenzione dei beni.

La Camera dichiara per ora che le dette petizioni sono della competenza del governo.

È stata fatta lettura di una memoria del Sig. Gio : Paolo

Natali, antico giudice di pace della pieve di Vallerustie, con cui riclama il pagamento degli onorari che gli sono tuttavia dovuti in detta qualità.

La Camera ha rinviata la memoria del petizionario al suo comitato.

Il Sig. Andriani, direttore della Dogana di Bastia ha rappresentato che secondo gli ordini statigli prescritti ha dovuto versare il montante dei diritti di entrata e di sortita in mani del Ricevitore della giurisdizione;

Che l'uso fin qui costantemente praticato era di prelevare sopra detti fondi gli onorari dovuti agl'impiegati nella detta Dogana; e quindi riclama la conservazione di questo diritto.

La Camera ha rinviata la memoria del petizionario al governo.

Un membro del comitato ha fatta la seconda lettura del progetto di decreto per la costruzione, riparazione e conservazione delle strade comunali.

Gli articoli di detto progetto esaminati e separatamente discussi, la Camera gli ha arrestati dopo qualche leggiero emendamento, rinviandone la terza lettura al primo giorno per essere definitivamente redatto il decreto e sottoposto alla sanzione reale.

Un altro membro dell'istesso comitato ha fatta lettura di un progetto di decreto concernente la sospensione del giurato e di una istruzione sopra la procedura criminale.

Dopo la lettura di detto progetto un membro ha osservato che egli credeva che la Camera fosse incompetente per decidere sulla proposta sospensione. L'istruzione del giurato, ha egli detto, è un principio fondamentale della Costituzione; questa deve riguardarsi come inattaccabile, perchè fatta dai mandatari investiti della più ampia autorità del popolo in un'Assemblea Costituente. Per moderarla o distruggerla si rende necessario il concorso del popolo stesso, e la Camera che secondo i medesimi principj costituzionali ha il diritto di formare decreti per la legislazione del Regno, non può in alcun modo attentare alle basi indelebili della sua istituzione e nella parte più delicata e più essenziale la libertà, l'onore e la vita del cittadino ; che se il giurato non produce quella utilità e quegli effetti che si speravano da uno stabilimento che si può riguardare come il palladio della libertà del popolo, la Camera potrebbe nella sua saggezza semplificarlo riducendone il numero a soli sei, fissare la scelta in soggetti probi, illuminati e di una riputazione intatta, i quali dovessero trattenersi per un mese intiero presso il Tribunale Supremo ad oggetto di assistere e fare le loro dichiarazioni sopra tutte le procedure criminali, accordando loro una proporzionata indennità alle spese di viaggio e di soggiorno.

L'oratore ha concluso a che non sia luogo a deliberare sulla progettata sospensione del detto giurato.

Un altro membro ha detto che una funesta esperienza, la situazione, i costumi ed il carattere nazionale hanno bastantemente convinto fin qui il popolo dei perniciosi effetti dell'istituzione del giurato ; che i rei dei più enormi delitti si sono visti assoluti con scandalo pubblico e la loro assoluzione ha attirate le più tristi conseguenze ; che indipendentemente da tali disordini, gl'incomodi e le spese ai quali è sottoposto il giurato rendono per lo più difficile o ineseguibile l'invito dei cittadini che lo compongono ; che la Camera deve riguardarsi competente a decidere sopra la progettata sospensione, giacchè i rappresentanti del popolo ed il Re formano il potere legislativo supremo, ed il Parlamento non potrà meglio giustificare la confidenza e l'aspettativa del popolo che colla moderazione di quegli abusi evidentemente riconosciuti. — Il pubblico interesse, ha continuato l'oratore, una saggia libertà, la sicurezza comune e i voti del popolo intiero, che sollecita vivamente una giustizia pronta e rigorosa contro ogni genere di delitto, riclamano questa sospensione. provvisoria, mediante la quale gli assassini non si lusingheranno di trovare più lo scudo ai loro misfatti, ed i buoni cittadini goderanno sotto l'ombra delle leggi salutari gli effetti di un buon governo, e della protezione di un Re giusto e magnanimo, colla sicurezza delle loro persone, e delle loro sostanze; chè non è la libertà che può rendere contento un popolo, ma il sentimento di esser libero è quello veramente che lo può fare felice. Or questa felicità è specialmente fondata sulla pronta e retta amministrazione della giustizia, e se nell'avvenire tempi più propri renderanno più dolci i costumi del popolo col trionfo della filosofia e della virtù, l'istesso Parlamento che, attese le circostanze, può ora decretare la sospensione del giurato ordinerà la piena esecuzione del di lui istituto; — che infine la proposta modificazione formerebbe un tribunale anche più terribile per l'innocenza, giacchè un minor numero che può giudicare per l'intima convinzione, può essere più facilmente indotto in errore, e coll'istessa facilità con cui assolve un reo può condannare l'innocente, e senza punto evitare un seminario d'ingiustizie, di malanni pubblici, d'incomodi e spese di giurati, e di testimoni, il popolo vedrebbe con orrore e con scandalo l'istessa impunità dei delitti al momento istesso in cui vuole assicurata la sua pubblica libertà colla pronta punizione dei colpevoli.

Ha concluso a che il progetto di decreto sia messo alle voci perchè la Camera dichiari se vi è luogo a deliberare.

Vari oratori hanno successivamente parlato all'appoggio della prima e della seconda proposizione, e la questione lungamente dibattuta e discussa sulle osservazioni del primo oratore, è stata divisa e proposta in questi termini :

La Camera vuole, o no, adottare la sospensione del giurato?

La questione messa alle voci, la Camera ha deciso che sospende l'applicazione del giurato fino a che non sia diversamente deciso dal Parlamento.

Proposto in seguito se vi era luogo a deliberare sul progetto di decreto presentato dal comitato, concernente la nuova istruzione sopra la procedura criminale,

La Camera ha dichiarato che vi era luogo a deliberare, ordinando l'impressione del progetto per essere distribuito, discusso ed arrestato nelle forme ordinarie.

La sessione è stata sciolta alle ore due e rimessa a dimani dieci corrente alle ore dieci della mattina.

Gio: Gius. Mª Vescovo d'Aleria, Presidente.
Muselli.

Sessione del 10 Dicembre 1795.

(*Alle ore dieci della mattina*).

I membri della Camera riuniti, la sessione è stata aperta con la lettura del processo verbale della precedente, la di cui redazione è stata approvata.

I Religiosi dell'ordine dei Cappuccini di famiglia qui avanti al convento di Corte hanno rappresentato colla loro petizione l'impossibilità in cui si trovano di vestir attualmente l'abito religioso per l'insufficienza dei mezzi e per le altre ragioni esposte nella loro memoria in seguito degli ordini stati emanati dal vescovo diocesano, richiedendo perciò una dilazione fino al mese di maggio prossimo per eseguire le intenzioni del loro superiore.

Un eguale petizione è stata fatta dalle diverse municipalità della pieve di Venaco.

La Camera piena di fiducia nella carità e nello spirito di saggezza che regola le operazioni dei prelati del Regno, rinvia la memoria dei petizionari al vescovo diocesano.

È stata fatta lettura di una petizione degli Uffiziali Municipali dell'Isola Rossa nella quale espongono che quella comunità facendosi un dovere di eseguire la legge ha saldate prima di ora le imposizioni sopra le case appigionate e sopra i fondi in commercio, ma che non avendo un palmo di terreno, ne alcun bene spettante agli abitanti del loro territorio non dovrebbero in alcun modo sopportare l'acconto territoriale di lire cinquanta, così fissato dall'Atto di Parlamento del 18 maggio ultimo.

La Camera ha tramandata la petizione dell'Isola Rossa al suo comitato.

Il Sig. Pietro Giudicelli della comunità di Olmi e Cappella della pieve di Giussani, richiede colla sua petizione che gli siano restituiti venticinque scudi che esso avea anticipatamente pagati alla cassa nazionale per l'affitto del beneficio campestre di Sant'Antonio, i di cui beni sono stati rilasciati al beneficiato in forza della legge.

La Camera ha rinviata la memoria del petizionario al governo.

Una petizione del sacerdote Giorgio Orticoni di Santa Reparata, che essendo stato spogliato di un beneficio statogli conferito coll'esecuzione di tutte le formalità prescritte dai sacri canoni, richiede che si faccia un articolo addizionale alla legge a ciò relativa.

La Camera l'ha tramandata al suo comitato.

Il rapportatore del progetto di decreto concernente la costruzione, riparazione e conservazione delle strade comunali ne ha fatta la terza lettura.

Discusso separatamente ciascuno degli articoli ed intesa l'opinione di vari membri.

La Camera ha definitivamente arrestato il decreto nei seguenti termini per essere presentato alla sanzione del Re.

Decreto della Camera di Parlamento del Regno di Corsica sopra la costruzione, riparazione e conservazione delle strade comunali, letto nelle sessioni dei 5 e 9 e definitivamente arrestato nella sessione del 10 dicembre 1795.

Considerando quanto sia utile e vantaggioso l'intrattenimento delle strade comunali, per facilitare la comunicazione ed il commercio fra gli abitanti : — Piaccia perciò all'Eccellentissima Maestà del Re, col consenso della Camera di Parlamento riunita in questa presente sessione, e per autorità della medesima, statuire, e sia statuito come segue :

TITOLO PRIMO.

Della costruzione, riparazione e conservazione delle strade.

Articolo Primo.

Tutte le comunità saranno obbligate, conformemente all'art. 4 del titolo X della legge concernente *gli abusi* campestri, alla costruzione, riparazione e conservazione di tutte le strade, ad eccezione delle strade reali, in tutta l'estensione del loro territorio.

Art. 2.

Sarà lecito alle Municipalità di dirigere la strada comunale per il bene altrui, qualora la necessità lo esiga, a minor danno del medesimo, e salva l'indennità al proprietario.

Art. 3.

Avanti di dirigere la strada per il bene altrui, il proprietario sarà intimato per parte della municipalità, il quale avrà diritto di opporsi fra giorni otto nanti l'Avvocato del Re, che invierà le sue osservazioni al Re, per esservi provveduto definitivamente.

Art. 4.

I danni delle parti interessate da verificarsi da due periti nominandi uno per parte della municipalità, e l'altro dalla detta parte interessata per la costruzione di qualche strada, saranno pagati sopra i redditi comunali, se ve ne sono, ed in difetto, da tutti gli abitanti della comunità a rata per ogni capo di famiglia.

Art. 5.

In caso di discordia dei due periti, l'Avvocato del Re ne nominerà un terzo.

Art. 6.

Alcuna strada non potrà cominciarsi, prima che i proprietari non sieno stati indennizzati del danno, stato fissato dalla perizia degli esperti.

Art. 7.

La municipalità, nel caso che non esistano redditi comunali, sarà obbligata di farne la ripartizione, ed il Procuratore del comune l'esigenza fra quindici giorni, dopo che la perizia sarà fatta, per consegnarne il montante al dannificato, sotto pena di risponderne del proprio.

Art. 8.

Se i proprietari dei beni per dove sono designate le strade non ci si oppongono, gli Ufficiali Municipali procederanno immediatamente alla detta costruzione.

Art. 9.

La riparazione delle strade si farà regolarmente nei mesi di aprile e settembre di ciascun anno, ed ogni qual volta ci sarà la necessità, e la municipalità farà proclamare il giorno, in cui dovrà darsi principio al travaglio per la riparazione delle strade.

Art. 10.

I travagli per la costruzione, riparazione e conservazione delle strade si faranno dalle comunità; ogni capo di famiglia domiciliato, senza eccezione alcuna, sarà tenuto o di lavorarci personalmente, o di farci supplire da altro lavoratore, o finalmente di esentarsi mediante soldi dodici, che saranno impiegati al salario dei giornalieri.

Art. 11.

Gli Ufficiali Municipali faranno la nota di tutti i capi di famiglia; ciascuno servirà secondo il suo giro; osserveranno di non far ripetere il lavoro ad alcuno, avanti che gli altri non abbiano, o contribuito il prezzo del riscatto fissato nell'articolo precedente, o lavorato da sè, o per un altro.

Art. 12.

Quelli che fossero impediti, saranno tenuti di contribuire i soldi dodici per la giornata; qualunque ricuserà volontariamente di contribuire il prezzo, o d'assistere in persona, sarà in oltre condannato a venti soldi d'emenda.

Art. 13.

Tutte le intimazioni per le riparazioni delle strade, fuori dei casi di urgenza, saranno fatte almeno tre giorni avanti,

Art. 14.

Il danaro risultante dagli articoli precedenti, sarà impiegato al pagamento di altri operai per il travaglio delle strade.

Art. 15.

I materiali per la costruzione, riparazione e conservazione delle strade, saranno scavati, e presi in qualunque siasi luogo, salvo il compenso ai proprietari interessati, nel modo enunciato negli articoli precedenti.

Art. 16.

I travagli delle strade si faranno sempre sotto l'ispezione degli Ufficiali Municipali, o congiuntamente, o separatamente.

Art. 17.

Le municipalità veglieranno alla conservazione degli acquedotti che servono allo scolo delle acque, e ne faranno costruire dei nuovi a minor danno dei proprietari, ove sarà necessario; quelli che se ne terranno gravati, faranno i loro ricorsi in conformità delle disposizioni dell'art. 3.

Art. 18.

Tutti coloro, che chiudessero condotti destinati a ricevere lo scolo delle acque, o in qualunque altro modo ne deviassero il corso, dalla qual'opra ne accadesse deterioramento nelle strade, oltre di essere tenuti alla riparazione del danno, saranno puniti con un'emenda da sei fino a dodici franchi.

Art. 19.

I guardiani delle comunità saranno tenuti di vegliare alla conservazione delle strade, e di denunziare alla Cancelleria della municipalità tutti coloro, che vi commettessero abusi,

TITOLO II.

Delle visite.

ARTICOLO PRIMO.

I Podestà delle pievi saranno tenuti di fare la visita delle strade della pieve, nei mesi di maggio e di ottobre.

ART. 2.

Quando il Podestà riconoscerà, che le strade non siano in conveniente stato, ordinerà alla municipalità di ristabilirle.

ART. 3.

Ogni municipalità sarà tenuta di adempiere i doveri impostile dalla presente legge, sotto pena di dodici sino a venticinque lire di emenda, che sarà pronunciata dall'Avvocato del Re, sopra il rapporto del Podestà della pieve.

ART. 4.

I Podestà delle pievi renderanno conto al Re della visita, e dello stato in cui avranno trovate le strade.

È stata fatta la seconda lettura di alcuni articoli del progetto di decreto concernente l'istruzione sopra la procedura criminale in seguito della sospensione del giurato.

La Camera dopo dei leggeri emendamenti li ha arrestati, ed ha rinviata al primo giorno la continuazione della lettura e discussione dei restanti articoli del detto progetto.

La sessione è stata sciolta alle ore due e tramandata a dimani 11 corrente alle ore dieci della mattina.

GIO : GIUS. Mª VESCOVO D'ALERIA, *Presidente.*
MUSELLI.

Sessione del 11 Dicembre 1795.

(*Alle ore dieci della mattina*).

I membri della Camera riuniti, la sessione è stata aperta colla lettura del processo verbale della precedente, la di cui redazione è stata approvata.

È stata fatta lettura di diverse petizioni contenute in una memoria degli abitanti di Rascamone di Rostino per la moderazione di varie leggi e per la pronta punizione dei delitti.

La Camera l'ha rinviata al suo comitato.

Un membro dell'istesso comitato ha fatta lettura di un progetto di decreto concernente le assemblee pubbliche, gli attruppamenti ed il caso della legge e di una corte marziale.

Dopo la lettura di detto progetto un membro ha fatto osservare che non si oppone punto a che vi sia luogo a deliberare sopra i due titoli che riguardano le assemblee pubbliche e gli attruppamenti, salvo a dibattere gli articoli nel modo che giudicherà la Camera; ma il caso della legge e della corte marziale si trova diametralmente contrario al testo della costituzione. Essa prescrive all'articolo settimo che vi sarà un tribunale straordinario di cinque giudici nominati dal Re, ed incaricati di giudicare sull'accusa della Camera di Parlamento o su quella del Re tutti i delitti di prevaricazione e di alto tradimento. Non conviene parlare qui della intervenzione del giurato, giacchè la Camera ne ha decretato ieri la sospensione; ma i delitti stessi di alto tradimento essendo di competenza di un tribunale stabilito dalla Costituzione, e di cui il Re nella commissione inviata al suo Rappresentante si è riservata la nomina de' soggetti, non sarebbe egli un attentato il più patente che la Camera troppo gelosa di conservare intatta ed illesa quella Costituzione che forma il patto sociale e politico fra il trono ed il popolo, volesse ora distruggerlo colla creazione di un tribunale non previsto nè indicato dai Costituenti? Un tribunale che è più terribile di quello della Prevostura, contro del quale l'odio dei Corsi e i riclami del popolo si fecero sentire, quando per altro era composto di sette giudici ed avea le istesse forme della procedura criminale ordinaria. Sua Maestà che deve provvedere alla sicurezza interna ed esterna di questo Regno può far uso della regia sua autorità in caso d'imminente o effettiva invasione del nemico, colla proclamazione della suddetta legge marziale. Questo è uno degli attributi delle prerogative reali e ne ha investito il di lui Rappresentante nella sua commissione, ma in termini limitati, che la Camera non deve nè puole o estendere o diminuire senza attentare alla Costituzione ed all'autorità regia.

Il popolo deve confidare nelle misure che saprà prendere il trono per la di lui difesa, ma non mai formare una legge ed un tribunale che possono essere terribili, e per l'istituzione e per le conseguenze, attese le divisioni, i partiti e le minacce che disgraziatamente regnano nell'Isola, conseguenze state riconosciute nell'impero il più libero ed il più virtuoso della terra, la Gran Bretagna, ove la storia annunzia che una volta sola la legge marziale è stata proclamata.

L'invasione del nemico quando venisse effettuata, le insurrezioni per favorirne lo sbarco e l'accoglimento, sarebbero sicuramente delitti di alto tradimento e dobbiamo essere convinti che tutti i Corsi, sudditi fedeli del migliore dei Re, sapranno con quel coraggio e bravura che loro sono sì naturali combattere e vincere i nemici che attentassero al loro territorio; ma pure se ci fossero fra i figli della patria dei mostri che contro di essa voltassero le armi, siano pure puniti e piombi sopra di loro tutto il rigore di quelle leggi, le quali hanno già previsti simili delitti e che sono state formate secondo i principj della Costituzione medesima.

L'oratore ha aggiunto in fine che i giudici del tribunale

straordinario, dei quali Sua Maestà si è riservata la nomina, possono forse essere eletti in breve ; si lasci a questo tribunale il diritto costituzionale di giudicare i previsti delitti secondo le forme prescritte dalle leggi, giacchè il più orrido degli attentati, quello diretto contro la persona di Sua Maestà, della famiglia reale e del di lui Rappresentante immediato è rimesso al giudizio dei tribunali, salvo il diritto prezioso al Re di accordare la grazia, diritto che gli sarebbe tolto, e sarebbe così anche attaccata doppiamente la Costituzione, se egli, conforme lo porta il progetto, dovesse essere giudice di appello e in definitivo pronunziare sul giudizio reso dalla Corte Marziale. La giustizia deve essere resa a nome del Re, e dagli agenti da esso nominati ; il Re deve far la grazia ; il Re si è riservato il diritto di far la grazia per i delitti di alto tradimento ; il Re forma il potere legislativo, perciò il Re non puole essere anche rivestito del potere giudiziario, e esser giudice d'appello in materie cotanto delicate, e che devono o sulla sua accusa o su quella del suo avvocato del Re essere perseguitate. La Camera puole formare una procedura più semplice per questa sorte di delitti, e la Costituzione le ne ha riservato il diritto, ma non puole variare il tribunale, non può minorare il numero dei giudici, attribuirne ad altri la nomina, quando si è riservato al Re, nè privare quest'ultimo di far la grazia investendolo di un potere giudiziario incompatibile col legislativo.

Ha concluso perciò a che la Camera dichiari non esser luogo a deliberare sopra il titolo del progetto concernente l'uso della legge e corte marziale.

Un altro membro avendo fatto delle riflessioni in contrario e la questione dibattuta chiusa e messa alle voci,

La Camera ha deliberato che vi era luogo a deliberare sulla totalità del progetto, e ne ha ordinata l'impressione per essere distribuito, discusso ed arrestato nelle forme prescritte dai suoi regolamenti.

Il rapportatore del progetto sopra l'istruzione della procedura criminale ha continuata la lettura di altri articoli di detto progetto, i quali dopo la discussione ed avviso di vari membri sono stati arrestati, e la continuazione rimessa al primo giorno.

La sessione è stata sciolta alle ore due e rinviata a dimani 12 corrente alle ore dieci di mattina.

Gio : Gius. Mª Vescovo d'Aleria, *Presidente*.
Muselli.

Sessione del 12 Dicembre 1795.

(Alle ore dieci della mattina).

I membri della Camera di Parlamento riuniti, la sessione è stata aperta colla lettura del processo verbale che ha dato luogo a delle osservazioni di vari membri in qualche parte della redazione, che è stata corretta ed approvata conforme al Registro.

Monsignor Du Verclos avendo fatto sentire che affari interessanti del suo Ministero lo richiamerebbero alla sua residenza, qualora la Camera si compiacesse di accordagliene il permesso, la Camera ha accordato il congedo richiesto dal Prelato alla di lui discrezione.

Un membro del comitato ha fatta lettura di un progetto di decreto concernente la tassa dei notari ed estimatori.

La Camera ha dichiarato che vi era luogo a deliberare per essere il progetto discusso ed arrestato dispensandone nondimeno l'impressione.

Un altro membro dell'istesso comitato ha fatta lettura di un progetto di decreto concernente i testamenti, fideicommessi ed altre disposizioni di ultima volontà, fatte nel passato governo.

La Camera ha dichiarato che vi era luogo a deliberare ordinando la stampa del progetto per essere distribuito e discusso nelle forme ordinarie.

Il rapportatore del progetto di decreto sopra l'istruzione criminale ha continuata la seconda lettura dei restanti articoli, e quelli esaminati e separatamente discussi, sono stati arrestati rinviandone la terza lettura al primo giorno in cui sarà definitivamente adottato il decreto.

È stata fatta la seconda lettura del progetto di decreto concernente le assemblee pubbliche, gli attruppamenti ed il caso della legge marziale.

Gli articoli del progetto sono stati arrestati, e rimessa la terza lettura al primo giorno.

Un membro ha annunciato esservi un discorso del dottor Domenico Leca *sopra gli abusi nell'esercizio della medicina* in Corsica che potrebbe essere di una pubblica utilità.

La Camera ne ha ordinata l'impressione per essere esaminato.

La sessione è stata sciolta alle ore due, e rinviata a lunedi 14 corrente alle ore dieci della mattina.

Gio : Gius. Ma Vescovo d'Aleria, *Presidente*.
Muselli.

Sessione straordinaria del 13 Dicembre 1795.

(*Alle ore dieci della mattina*).

I membri della Camera riuniti straordinariamente in seguito dell'invito del suo presidente e dopo la lettura del processo verbale della precedente sessione, la di cui redazione è stata approvata.

Il Signor Presidente ha fatto annunciare un messaggio del Re.

Il Signor Pozzo-di-Borgo, presidente del Consiglio di Stato e portatore del detto messaggio è stato introdotto e ne ha fatta lettura nei seguenti termini :

A NOME DEL RE

Gilberto Elliot Vice-Re del Regno di Corsica.

Si è col massimo rincrescimento che noi informiamo la Camera di Parlamento degli atti di aperta ribellione ed ostilità commessi dagli abitanti della pieve di Bozio, contro le truppe di Sua Maestà e i magistrati incaricati di eseguire gli ordini legittimi del Re.

La Camera di Parlamento riconoscerà con orrore, egualmente che l'intiera nazione, che Corsi, li quali hanno giurato fedeltà al sovrano ed alle leggi, abbiano ardito sotto gli occhi del Parlamento riunito di far fuoco contro le truppe del Re, senza alcuna provocazione, e con disegno di resistere agli atti giusti e benigni del Parlamento.

Il governo di Sua Maestà è risoluto di far valere tutti i mezzi che la legge mette in suo potere per reprimere la ribellione e punire gli autori, e la Camera vedrà con soddisfazione messa in vigore quella giustizia, dalla quale principalmente dipendono la pace e la salvezza del popolo.

Per ordine di Sua Eccellenza ed in assenza del Segretario di Stato.

Sottoscritto : Pozzo-di-Borgo,
Presidente del Consiglio di Stato.

Dopo la lettura un membro ha proposto un indirizzo a Sua Eccellenza il Vice-Re per ringraziarlo del messaggio con cui si è degnato di informare la Camera sopra gli attentati commessi, i quali hanno eccitato l'orrore e l'indignazione di tutti i suoi membri pronti ad offrire vita e sostanze per sostenere il governo di Sua Maestà, e l'esecuzione delle leggi.

Fatta lettura di detto indirizzo la Camera lo ha adottato come segue per essere per mezzo di una deputazione presentato a Sua Eccellenza il Vice-Re.

Eccellenza,

La Camera di Parlamento ringrazia umilmente Vostra Eccellenza del messaggio con cui si è degnata informarla degli atti di ribellione e di ostilità commessi dagli abitanti della pieve di Bozio contro i magistrati e le truppe di Sua Maestà e con disegno di resistere alle leggi.

La Camera vede con orrore e rincrescimento un simile attentato, e supplica nel tempo stesso Vostra Eccellenza di prendere ogni opportuno espediente per reprimere la ribellione e punire i delinquenti, e tutti i membri della Camera offrono la loro vita e sostanze per sostenere il governo di Sua Maestà e l'intiera esecuzione delle leggi.

Gio: Gius. Ma Vescovo d'Aleria, *Presidente*.

Il rapportatore del progetto di decreto concernente le assemblee pubbliche, gli attruppamenti, ed il caso della legge marziale ne ha fatta la terza lettura.

Dopo l'esame di ciascun articolo ed un leggiero emendamento, la Camera ha definitivamente arrestato il decreto come segue per essere presentato alla sanzione reale.

Decreto della Camera di Parlamento concernente le assemblee pubbliche, gli attruppamenti ed il caso della legge marziale, letto nelle sessioni degli 11 e 12 e definitivamente arrestato nella sessione del 13 dicembre 1795.

Considerando essere cosa necessaria alla conservazione della pubblica salvezza e tranquillità, che siano prescritte certe regole per impedire i tumulti e le rivolte e per punire i delinquenti in simili casi. — Piaccia perciò all'Eccellentissima Maestà del Re, col consenso della Camera di Parlamento riunita in questa presente sessione, e per autorità della medesima, statuire, e sia statuito come segue.

TITOLO PRIMO.

Articolo Primo.

In conformità dell'articolo 57, della legge concernente l'organizzazione delle Municipalità, tutte le assemblee che non fossero previste dalla legge, o autorizzate dal Re, sono proibite; le deliberazioni che saranno prese in dette assemblee sono nulle, e non potranno essere ricevute da qualunque autorità pubblica.

Art. 2.

Quelli che saranno intervenuti ad un'assemblea non autorizzata dal Re, o dalla legge, saranno condannati da dodici fino a cento lire di emenda; se saranno municipali, oltre l'emenda, sono dichiarati incapaci di esercitare alcuna carica civile, o militare.

Art. 3.

Nel caso, che i municipali di una o più pievi si assemblassero, saranno condannati da cento fino a mille lire di emenda, oltre la destituzione ed incapacità di servire in alcuno impiego civile, o militare; quello che avesse presieduto, o provocato principalmente la detta assemblea, sarà condannato a quattro anni d'esilio.

Art. 4.

Se l'oggetto delle dette assemblee fosse sedizioso, i colpevoli saranno puniti secondo le leggi stabilite a tale effetto.

Art. 5.

In tutti i casi di sopra compresi, l'emenda e le altre pene saranno pronunziate da' tribunali, la destituzione potrà essere pronunziata dal Re.

Art. 6.

Allorquando nei casi non previsti dalla legge, una comunità richiederà di assemblarsi, il Re giudicherà se l'assemblea debba aver luogo, ed indicherà il Magistrato che la presiederà.

TITOLO II.

Degli attruppamenti.

Articolo Primo.

I Magistrati del luogo, e i Comandanti delle piazze ne' casi previsti dai seguenti articoli, potranno ordinare lo scioglimento di qualunque riunione di persone al di sopra di venti, qualora sia da essi giudicata pericolosa alla pubblica tranquillità e sicurezza.

Art. 2.

Nei forti e piazze, che saranno indicati dal Re, e durante la guerra, i Comandanti militari potranno intimare lo scioglimento degli attruppamenti; negli altri luoghi i Magistrati superiori, che esistono sul luogo, saranno tenuti di ordinare la dissipazione di detti attruppamenti.

Art. 3.

L'intimazione che sarà data, siasi da' Comandanti delle piazze, sia dai Magistrati de' luoghi, sarà del tenore seguente :

AL NOME DEL RE.

Per parte di N. . N. . . si ordina a tutte le persone attruppate nel luogo di . . . . di sciogliersi alla lettura del presente e ritirarsi pacificamente, altrimenti, in caso di resistenza al presente ordine, sarà impiegata la forza per operare il detto scioglimento, secondo l'autorità conferita dall'Atto di Parlamento, concernente i casi degli attruppamenti e rivolte.

Art. 4.

Se dopo la detta intimazione gli attruppati persisteranno a stare uniti, potrà essere immediatamente impiegata la forza contro di essi; quelli che restassero uccisi, feriti, o in altro modo maltrattati, lo saranno legittimamente; i Comandanti, i Magistrati, e la forza pubblica, che avrà agito, saranno esenti da ogni responsabilità,

Art. 5.

Quelli che persisteranno nel luogo dell'attruppamento mezz'ora dopo l'intimazione, e che saranno presi in tale stato di disobbedienza, saranno puniti di morte.

Art. 6.

Quelli che impediranno con violenza la lettura della intimazione, saranno puniti di morte; tutto coloro che saranno consapevoli dell'impedimento dell'intimazione, si considereranno come intimati, e saranno giudicati dai tribunali ordinari.

TITOLO III.
Dei casi nei quali sarà lecito di pubblicare la legge marziale.

Articolo Primo.

Nel caso d'invasione reale o imminente del nemico, il Re potrà far pubblicare la legge marziale in tutto o in qualunque parte del Regno.

Art. 2.

Dopo la pubblicazione della legge marziale, il Re potrà esigere tutti gli effetti, che saranno necessari per l'uso della guerra, mediante una giusta indennità; potrà inoltre comandare tutti gli abitanti abili, a prestare il servizio personale, che sarà giudicato necessario per la difesa dello Stato.

Art. 3.

Nel caso della pubblicazione della legge marziale, tutti i delitti contro lo Stato, e che compromettono la salvezza pubblica, saranno giudicati da una Corte Marziale, nominata dal Re ; gli altri delitti privati, continueranno ad essere giudicati dai tribunali ordinari.

Art. 4.

Nel caso di rivolta, il Re potrà egualmente proclamare la legge marziale, come è stato detto negli articoli precedenti.

Art. 5.

Sarà sempre considerato *caso di rivolta*, la resistenza alla libera introduzione delle truppe del Re, o altra forza pubblica, che agisca secondo gli ordini legittimi del Re.

Art. 6.

Nel caso di resistenza a mano armata contro la truppa, o altra forza pubblica, che agisce secondo gli ordini legittimi del Re, il Re si potrà servire dei mezzi militari per vincere la resistenza ; la truppa, o altra forza pubblica, che avesse ucciso, e i Magistrati, o Comandante, che avessero ordinato, non saranno risponsevoli per alcun accidente seguito.

Art. 7.

Quelli che saranno presi dopo la pubblicazione della legge marziale, e che saranno *rei di ribellione*, saranno puniti di morte, e giudicati da una Corte Marziale.

Art. 8.

Qualora i ribelli si sottomettessero, e che il Re accettasse la loro sommissione, il Re potrà ordinare il disarmamento di tutti quelli, che per causa della ribellione avessero dato luogo alla proclamazione della legge marziale.

TITOLO IV.

Della Corte Marziale.

Articolo Primo.

La Corte Marziale, sarà composta di tre giudici e di un avvocato del Re ; potrà fare il processo per ogni dove, contro le persone, che saranno nel caso di essere giudicate da essa.

Art. 2.

I processi consisteranno, nella lamenta dell'avvocato del Re, nell'interrogatorio dell'accusato, esame di testimoni, e confrontazione ; il giudizio sarà definitivo, reso alla maggiorità, ed eseguito però, dopo che sarà confermato dal Re.

Art. 3.

La presente legge non potrà pregiudicare le disposizioni dell'Atto di Parlamento, concernente la disciplina militare.

Art. 4.

Le presente legge sarà esecutoria dal giorno della Sanzione.

Formula della pubblicazione della Legge Marziale.

GIORGIO III etc.

N. Vice-Re del Regno di Corsica.

Essendo informato, che il nemico abbia fatta invasione nel territorio di. . . o che esista pericolo d'imminente invasione, o che la comunità, pieve etc., siasi constituita in istato di aperta ribellione; udito il parere del nostro Consiglio, dichiariamo essere luogo nella comunità, pieve, o giurisdizione di. . . . o in tutto il Regno, all'applicazione dell'Atto di Parlamento, concernente la pubblicazione della legge marziale, ed in conseguenza alla nomina, ed esercizio della Corte Marziale creata a questo effetto.

Ordiniamo in conseguenza, a tutti i sudditi del Re, di uniformarsi alle disposizioni del detto Atto di Parlamento.

Il rapportatore del progetto di decreto sopra l'istruzione della procedura criminale ne ha fatta la terza lettura.

Dopo la discussione di ciascun articolo separatamente ed inteso l'avviso di vari membri,

La Camera ha definitivamente arrestato nei seguenti termini il decreto per esser sottoposto alla sanzione di Sua Maestà.

Decreto della Camera di Parlamento del Regno di Corsica che sospende il giurato e deroga all'Atto di Parlamento del 18 maggio 1795 concernente l'istruzione criminale, letto nelle sessioni dei 13 e 14 dicembre 1795.

Considerando che l'istituzione del giurato ha favorita fin ora l'impunità dei delitti, e che è di una assoluta necessità di stabilire delle forme più pronte all'istruzione, ed al giudizio de' processi criminali. — Piaccia perciò all'Eccellentissima Maestà del Re, col consenso della Camera di Parlamento riunita in questa presente sessione, e per autorità della medesima, statuire, e sia statuito come segue.

TITOLO PRIMO.

Della maniera di verificare il corpo del delitto.

Articolo Primo.

Saranno tenuti gli Ufficiali Municipali d'informare immediatamente gli Avvocati del Re, delle rispettive loro giurisdizioni, dei delitti commessi sul territorio delle loro comunità, e sarà dato al portatore dell'avviso una ricevuta. In caso di negligenza, saranno condannati ad un'emenda di lire venticinque fino a cinquanta. In caso di malizia saranno condannati da cento fino a trecento lire, ed a pena maggiore, a giudizio del tribunale.

Art. 2.

Gli Ufficiali Municipali, e qualunque Agente della forza pubblica faranno arrestare le persone colte in flagrante delitto, o denunciate dal pubblico clamore.

Art. 3.

Nel caso di un omicidio, non sarà data sepoltura al cadavere prima che la visita del medesimo non sia fatta.

Art. 4.

Gli Ufficiali Municipali, custodiranno tutti gli oggetti, che possono servire alla prova del delitto, e sue circostanze, e non permetteranno, che le tracce del corpo del delitto siano alterate.

Art. 5.

L'Avvocato del Re, ricevuto l'avviso si renderà querelante contro gli autori, fautori e complici del delitto, richiedendo, che sia fatta visita sul luogo ; l'Avvocato del Re vi si potrà trasportare, se il caso lo esigerà.

Art. 6.

Il presidente, assessore, o altro incaricato, immediatamente dopo la querela, anderà sul luogo per far la visita del cadavere, o ferito, e verificherà il corpo del delitto, formando di tutto processo verbale ; sarà assistito da un chirurgo, il quale farà il suo rapporto giurato in un foglio separato, che sarà annesso al processo verbale.

Art. 7.

In caso di morte per causa di veleno, il corpo del delitto, sarà verificato da due medici, quali dopo d'aver prestato giuramento, ne faranno rapporto.

Art. 8.

Il presidente, assessore. o altro incarito, saranno anche obbligati di far la visita in tutto gli altri delitti, che lasciano dopo di sè delle tracce.

Art. 9.

Nei delitti di furto con frattura, dovranno esser assistiti da un perito nell'arte, il quale dopo d'aver prestato giuramento, farà il suo rapporto, che sarà inserito nel processo verbale, quale sottoscriverà, o si farà menzione non sapendo scrivere

Art. 10.

Tutte le armi, o altri effetti, che possono servire a provare il delitto, o alla convinzione dell'accusato, saranno depositati alla Cancelleria ; ed il giudice ne farà processo verbale.

Art. 11.

Si potranno far sul luogo tutti gli atti d'istruzione, che si crederanno necessari, e potranno essere emanati quei decreti che il caso esigerà.

Art. 12.

Il Giudice incaricato della procedura sarà tenuto di dar comunicazione degli atti dell'istruzione, fatta sul luogo del delitto, all'Avvocato del Re, il quale potrà prendere quelle conclusioni che al caso apparterranno.

TITOLO II.
Delle denunzie, e delle lamente dell'Avvocato del Re o delle Parti.

Articolo Primo.

Ogni persona ha il diritto di denunziare qualunque delitto.

Art. 2.

L'Avvocato del Re terrà un registro, su del quale riceverà le denunzie che li verranno fatte : queste conteranno tutte le circostanze, ed i denunziatori dovranno sottoscriverle, se sapranno, altrimente ne sarà fatta menzione ; saranno però sempre sottoscritte dall'Avvocato del Re.

ART. 3.

L'Avvocato del Re sarà tenuto di dichiarare nella sua lamenta se ha o no un denunziatore, ma senza nominarlo. Dopo però la decisione definitiva del processo, se l'accusato sarà assoluto, l'Avvocato del Re dovrà manifestare il denunciatore, se ve n'è stato.

ART. 4.

Il Presidente, ed in difetto, altro giudice darà atto della lamenta dell'Avvocato del Re, ed ordinerà che i testimoni saranno esaminati, ingiungendo ad ogni usciere di citare quelli che gli saranno indicati dall'Avvocato del Re, dal Presidente del tribunale, o altro giudice commesso per l'istruzione.

ART. 5.

Le lamente delle parti per qualunque delitto, saranno direttamente presentate al Presidente della giurisdizione nella quale il delitto sarà stato commesso.

ART. 6.

Nel caso in cui uno avesse commessi in differenti giurisdizioni diversi delitti, il tribunale, che avrà il primo cominciata l'istruzione, sarà il tribunale competente; se poi niun tribunale avesse dato principio al processo, quello, nella di cui giurisdizione l'ultimo delitto ha avuto luogo, ne farà l'istruzione: i capi dei delitti saranno riuniti nell'istesso processo, e decisi con un sol giudizio; ma l'esame dei testimoni sarà ricevuto in fogli separati, onde la prova di un delitto non si confonda con l'altro, quando i capi dei delitti saranno contenuti in diverse, e separate querele, o siano lamente.

Art. 7.

Le lamente saranno fatte per via di richiesta, e dateranno dal giorno in cui il giudice le avrà ammesse.

Art. 8.

Saranno sottoscritte in tutte le pagine dal querelante, o da un procuratore specialmente incaricato, il mandato di procura sarà ammesso alla querela.

Art. 9.

In caso che la parte querelante non sappia scrivere, potrà presentarsi alla Cancelleria, ed il Cancelliere alla presenza del giudice scriverà la querela, facendo espressa menzione che il querelante non sa scrivere; e la lamenta sarà sottoscritta dal Giudice, e Cancelliere.

Art. 10.

Tutte le querele delle parte civili saranno di subito comunicate all'Avvocato del Re, quale farà per iscritto le riquisizioni, che crederà proprie del suo ministero.

Art. 11.

Il Presidente o altro Giudice darà atto della lamenta, ed ordinerà l'esame de' testimoni.

Art. 12.

Nel caso in cui il tribunale creda che il delitto, di cui si fa menzione nella lamenta, non sia di natura a meritar pena afflittiva, o infamante, rinvierà l'affare all'Udienza.

Art. 13.

Tanto l'Avvocato del Re, che la parte civile, se ve n'esiste, potranno appellarsi da un tal giudizio, ed in tal caso l'appello sarà sospensivo.

TITOLO III.
Dell'esame de' testimoni.

Articolo Primo.

I testimoni saranno citati a comparire nella Camera criminale ad istanza dell'Avvocato del Re, o della parte civile, se ve n'è, in un termine proporzionato alla distanza del luogo.

Art. 2.

Se la querela sarà stata presentata da alcun particolare, che si sia dichiarato parte civile, dovrà depositare nella Cancelleria quella somma, che sarà stata fissata dal tribunale per le spese del processo.

Art. 3.

In questo caso i testimoni saranno citati ad istanza del querelante, che dovrà eleggere domicilio nel luogo della residenza del tribunale, unito sempre l'Avvocato del Re.

Art. 4.

La querela essendo presentata dall'Avvocato del Re, i testimoni saranno citati a sua istanza, e le spese del processo a carico della Nazione. I testimoni saranno pagati a soldi venticinque fino a quaranta per giorno.

Art. 5.

Nel procedere all'esame dei testimoni, il Giudice dell'istruzione dovrà farsi presentare le loro citazioni, farà loro prestar giuramento sul Vangelo di deporre la verità, gl'interpellerà del loro nome, cognome, patria, età. qualità, e dimora, se sono affini, parenti, ed in qual grado, servitori, o domestici delle parti interessate, e di tutto ne sarà fatta menzione nel preambolo di ciascun esame.

Art. 6.

I testimoni, saranno intesi in segreto, e separatamente.

Art. 7.

Prima della deposizione, sarà fatta lettura ad ogni testimonio della querela, o lamenta, e gli saranno presentati tutti gli effetti, che potranno servire alla prova del delitto.

Art. 8.

La deposizione sarà scritta dal Cancelliere, in presenza del Giudice, da ambidue sottoscritta, e dal testimonio, se sa o può scrivere, altrimenti ne sarà fatta menzione; dopo che lettura glie ne sarà stata fatta, e che avrà dichiarato che ci persiste, e di ciò ne sarà pure fatta menzione, ogni pagina di detta deposizione sarà numerata, e sottoscritta dal Giudice.

Art. 9.

La deposizione del testimonio sarà scritta tanto a carico, che a discarico dell'accusato.

Art. 10.

Non potranno esser fatte dal Giudice altre interpellazioni al testimonio se non quelle che tender possano allo schiarimento delle circostanze, che egli non avrà bastantemente spiegate.

Art. 11.

In tutti gli atti d'istruzione è proibito di lasciare alcun bianco interlineare senza che sia riempito, alcuna cassatura senza che sia approvata, nè alcuna apostilla senza che sia sottoscritta dal Giudice, Cancelliere e testimonio, se sa scrivere.

Art. 12.

L'Avo, Bisavo, Padre e Madre, Figli e Figlie, Fratelli e Sorelle della parte lesa, del querelante, o denunziatore, o dell'accusato, come pure la Moglie per il Marito, e viceversa, non potranno esser intesi per testimoni.

Art. 13.

Gli Zii e le Zie carnali, Cugini e Cugine germani saranno intesi senza giuramento, e le loro deposizioni riguardate come semplici indizi. Gli altri parenti sino al terzo grado inclusivamente, deporranno con giuramento, e delle loro testimonianze se ne farà quel conto che di ragione.

Art. 14.

Il Cancelliere non potrà permettere fuorchè all'Avvocato del Re la lettura dell'esame dei testimoni, o di altra scrittura del processo, sino a che non sia pubblicato.

Art. 15.

Finito l'esame dei testimoni, il Giudice ordinerà al basso del medesimo, che sia comunicato all'Avvocato del Re, il quale darà le sue conclusioni al di sotto di detto esame.

Art. 16.

Dopo le conclusioni il Giudice potrà ordinare, se lo giudicherà necessario, l'esame di altri testimoni, e la detenzione dell'imputato se trovasi nelle carceri; potrà altresì ordinare che l'imputato sarà citato a comparire per esser interrogato, o se il caso lo richiede per esser arrestato, e condotto nelle carceri.

Art. 17.

L'Avvocato del Re potrà prendre in comunicazione, quando gli piace, gli atti dell'istruzione : il querelante che si è dichiarato parte civile, potrà esso pure prenderne lettura dalle mani del Cancelliere, ed averne spedizione, previo il permesso del tribunale, se lo giudicherà.

Art. 18.

Se dopo qualche atto d'istruzione la parte querelante ne abbandonasse la continuazione, il delitto potendo meritare pena afflittiva, o infamante, la detta istruzione sarà proseguita ad istanza dell'Avvocato del Re, coll'obbligo alla parte querelante di pagarne le spese se l'incolpato fosse assoluto dalle imputazioni fatte contro il medesimo, oltre le pene portate nel Codice Penale.

TITOLO IV.

Dei Decreti.

Articolo Primo.

I Decreti, che secondo l'esigenza dei casi potranno esser richiesti dall'Avvocato del Re ed ordinati dal tribunale, saranno i seguenti : *Decreto di comparire per esser interrogato, di arresto provvisorio, e di presa di corpo.*

Art. 2.

Se l'imputato nel termine di otto giorni dalla significazione del decreto di comparire per esser interrogato, fatta alla di lui persona, o domicilio, non comparisse, sarà convertito in decreto di arresto provvisorio.

TITOLO V.

Del modo di procedere contro gli accusati.

Articolo Primo.

L'accusato citato a comparire per esser inteso, se si presenta, o essendo arrestato in caso di flagrante delitto, o di pubblico clamore, sarà interrogato dal Giudice nel termine di ore ventiquattro su i fatti risultanti dalla lamenta, e dal processo.

Art. 2.

Gl'interrogatorii si faranno segretamente dal Giudice, ed il Cancelliere scriverà le risposte nei termini coi quali si sarà espresso l'accusato.

Art. 3.

Le armi ed effetti di convinzione saranno presentati agli accusati nel momento del loro interrogatorio.

Art. 4.

Finito l'interrogatorio sarà letto all'accusato perchè possa aggiungere, o diminuire quello che vorrà, e ne sarà fatta menzione; il detto interrogatorio sarà sottoscritto dal Giudice, Cancelliere, ed accusato in ogni pagina, e quest'ultimo non sapendo scrivere se ne farà menzione.

Art. 5.

Dopo l'interrogatorio, potrà il tribunale mettere in libertà il detenuto, dando idonea sicurtà, che potrà esser portata sino alla somma di lire tre mila, di presentarsi ad ogni ordine di giustizia, e quando l'accusato sia nell'impotenza di ritrovare una sicurtà, sarà ammesso alla sicurtà giuratoria.

Art. 6.

Se l'accusato non darà bastevoli schiarimenti a distruggere l'accusa, e se dalle sue risposte agl'interrogatorii risulteranno delle cariche aggravanti, il decreto a comparire per essere interrogato, potrà convertirsi in quello di arresto provvisorio.

Art. 7.

L'interrogatorio sarà comunicato all'Avvocato del Re, e se dopo il tribunale crede di dover sentire altri testimoni li farà citare, e si procederà al loro esame nelle forme di sopra indicate.

Art. 8.

Il Giudice potrà interrogare l'accusato quante volte lo giudicherà necessario.

Art. 9.

In caso che l'accusato, o qualche testimonio non intendano la lingua italiana, il Giudice nominerà un interprete, il quale prima di procedere ad alcuna operazione, sarà tenuto di prestar giuramento, di riempiere con fedeltà il suo officio, e mantenere il segreto.

Art. 10.

Finito l'esame dei testimoni, e l'interrogatorio dell'accusato, il tribunale composto di tre Giudici, sulle conclusioni dell'Avvocato del Re, dichiarerà se vi è luogo o no a procedere alla ripetizione e confrontazione dei testimoni.

Art. 11.

Il Tribunale decidendo non esserci luogo a procedere alla ripetizione e confrontazione dei testimoni contro le conclusioni dell'Avvocato del Re, quest'ultimo ne interporrà appello, che sarà sospensivo; invierà però senza ritardo copia di tutti gli atti della procedura all'Avvocato del Re del Tribunale Supremo; in tal caso il Tribunale Supremo renderà il suo giudizio nel termine di un mese, dal giorno in cui gli sarà pervenuta la procedura.

Art. 12.

Se l'Avvocato del Re conchiude ed il Tribunale dichiara che non vi è luogo a procedere alla ripetizione, e confrontazione dei testimoni, e vi è parte civile, la causa sarà rinviata all'Udienza.

Art. 13.

Se il processo è istruito ad instanza dell'Avvocato del Re, la procedura sarà comunicata all'accusato, e la causa decisa nella Camera criminale in presenza dell'accusato, il quale potrà farsi assistere da un difensore.

Art. 14.

Nel caso suddetto l'accusato potrà farsi dar copia di tutti gli atti, senza che il Cancelliere possa ripetere alcun pagamento.

Art. 15.

I suddetti giudizi non potranno esser resi che da tre Giudici alla pluralità delle voci.

Art. 16.

Subito che il tribunale avrà reso il suo giudizio con cui ordinerà che si proceda alla ripetizione e confrontazione de'testimoni, il tribunale emanerà il decreto di presa di corpo contro l'accusato, ne farà far lettura al medesimo se è presente, e lo interpellerà se vuol sceglersi un difensore, altrimenti sarà nominato dal tribunale.

Art. 17.

Il difensore potrà prendere comunicazione di tutti gli atti nel termine di tre giorni, il qual termine spirato, il tribunale continuerà l'istruzione, e procederà alla ripetizione, e confrontazione nel modo che segue.

TITOLO VI.

Della ripetizione, e confrontazione de' testimoni con gli accusati, e degli accusati fra loro.

Articolo Primo.

Il tribunale dopo le conclusioni dell'Avvocato del Re, ordinerà, se vi è luogo, che i testimoni siano ripetuti sopra le loro deposizioni, e confrontati coll'accusato, o gli accusati confrontati fra loro.

Art. 2.

La ripetizione, e confrontazione si farà per un solo e medesimo Atto; ogni testimonio dovrà esser ripetuto, e confrontato separatamente l'un dall'altro, in pubblico, e presterà giuramento di dire la verità.

Art. 3.

I testimoni che non aggravano l'accusato, non potranno essere nè ripetuti. nè confrontati.

Art. 4.

I testimoni da ripetersi e confrontarsi, saranno citati a comparire dentro un congruo termine nella Camera Criminale, per esser ripetuti e confrontati.

Art. 5.

Non sarà lecito al testimonio di comunicare cogli accusati; nè sarà ugualmente permessa la comunicazione fra gli accusati, che si aggravano.

Art. 6.

L'accusato, ed il suo difensore, saranno presenti alla ripetizione e confrontazione.

Art. 7.

Dopo che il testimonio avrà prestato il giuramento di dire la verità, gli sarà fatta lettura della sua deposizione, e sarà interpellato se vuol aggiungervi, o diminuirvi, o se vi persiste, ed il tutto sarà redatto in iscritto.

Art. 8.

Il Giudice domanderà all'accusato, ed al testimonio, come pure agli accusati fra loro, se si conoscono.

Art. 9.

L'accusato potrà fare tanto contro la persona, che contro il detto del testimonio, tutte quelle osservazioni che vorrà.

Art. 10.

Potrà inoltre fare al testimonio, per mezzo del Giudice, tutte quelle interpellazioni che meglio stimerà.

Art. 11.

Tutte le osservazioni, interpellazioni e risposte, saranno poste per iscritto, ed il tutto sarà sottoscritto dal Giudice, Cancelliere, difensore, accusato, testimonio, se sanno scrivere, altrimenti ne sarà fatta menzione.

Art. 12.

Quello che si è detto circa la confrontazione de'testimoni cogli accusati, avrà luogo nella confrontazione degli accusati fra loro, nel contesto de' quali sarà loro fatta lettura degl'interrogatorii, che avranno rispettivamente subiti; il tutto sarà posto in iscritto, come pure le loro risposte, e saranno sottoscritte dai detti accusati, e loro avvocati, facendo menzione, se non sapranno scrivere, come pure detta operazione sarà sottoscritta in fine ed al basso di ogni pagina, dal Giudice e Cancelliere.

Art 13.

La ripetizione e confrontazioue saranno fatte in un solo, e medesimo quaderno, il quale dovrà esser numerato e sottoscritto dal Giudice in ogni pagina.

Art. 14.

Tanto alla ripetizione, che alla confrontazione saranno rappresentati tutti gli effetti di convinzione.

Art. 15.

Potrà il Giudice, al momento della confrontazione, conoscendo che il testimonio possa esser sospetto di falsità, corruzione, o complicità, farlo arrestare sul momento, salvo in seguito, all'Avvocato del Re, sulla comunicazione che gli sarà fatta degli atti, di prendere quelle conclusioni, che stimerà a proposito.

TITOLO VII.

Dei fatti giustificativi.

Articolo Primo.

Nel termine di tre giorni dopo la ripetizione e confrontazione, l'accusato che avrà dei fatti giustificativi da proporre, potrà su i medesimi presentare memoria al tribunale, e richiedere d'esserne ammesso alla prova, indicando i testimoni, che vorrà far sentire,

Art. 2.

Questa memoria sarà comunicata all'Avvocato del Re, il quale dovrà dare le sue conclusioni per ammettere, o rigettare in tutto o in parte i fatti in essa contenuti; ed il tribunale giudicherà quello che al caso apparterrà.

Art. 3.

Se l'Avvocato del Re avrà concluso per l'ammissione, ed il tribunale avrà giudicato di conformità, sarà di subito proceduto alla ricezione della prova, nonostante qualunque appello della parte civile, se ve ne sarà.

Art. 4.

Se l'Avvocato del Re avrà concluso per l'inammissione, ed il tribunale avrà reso il suo giudizio conforme la memoria, rimarrà unita al processo per esser trasmessa, insieme al medesimo, al Tribunale Supremo, il quale prima del giudizio definitivo, dovrà statuire quello che sarà di giustizia sopra li detti fatti giustificativi.

Art. 5.

Se l'Avvocato del Re avrà concluso per l'inammissione, ed il tribunale avrà giudicato per l'ammissione, il primo sarà tenuto di rendersi appellante; l'appello però non sospenderà la prova, salvo al Tribunale Supremo, in definitivo, a tenerne quel conto, che sarà di ragione.

Art. 6.

Se al contrario l'Avvocato del Re avrà conchiuso per l'ammissione della prova, ed il tribunale l'avrà rigettata, l'Avvocato del Re interporrà appello, e sarà tenuto di trasmettere senza dilazione copia di tutti gli atti della procedura all'Avvocato del Re del Tribunale Supremo, il quale renderà il suo giudizio nel termine di giorni quindici.

Art. 7.

L'imputato non potrà far citare se non che tre testimoni per la prova di ognuno dei fatti giustificativi, che avrà proposto nella sua memoria, allorquando il processo è istruito, ad istanza dell'Avvocato del Re, o di una parte civile.

Art. 8.

Se l'imputato vorrà incaricarsi delle spese, potrà far citare quel numero di testimoni, che meglio gli piacerà.

Art. 9.

I testimoni saranno citati a comparire in un termine congruo, per deporre sui fatti giustificativi, a contar da quello in cui il tribunale li avrà dichiarati ammissibili.

Art. 10.

I detti testimoni saranno intesi pubblicamente, osservando le altre formalità sopra espresse al titolo III.

TITOLO VIII.
Del giudizio del tribunale della giurisdizione.

Articolo Primo.

Finita tutta l'istruzione, il processo sarà dato in comunicazione all'Avvocato del Re, dopo di che, sulle conclusioni del medesimo, il tribunale procederà al giudizio definitivo.

Art. 2.

Il giudizio dovrà esser reso da tre Giudici, al qual effetto il Presidente, ed in caso di ricusa, o altro legittimo impedimento, l'assessore inviterà uno, o più graduati, ed in mancanza gli assessori delle giurisdizioni più vicine, ed in difetto, i graduati delle medesime per assistervi, sotto pena di sospensione, in caso di ricusa da parte di questi ultimi.

Art. 3.

I Giudici essendo sul seggio, faranno fare dal Cancelliere lettura pubblica di tutti gli atti del processo in presenza dell'accusato, che sarà condotto all'Udienza se è detenuto.

Art. 4.

Dopo la lettura degli atti, i Giudici, per mezzo del Presidente, potranno far all'accusato quegli interrogatorii, che loro piaceranno, sopra i fatti risultanti dal processo.

Art. 5.

I detti interrogatorii, e risposte, saranno messe per iscritto, e sottoscritte dal Presidente.

Art. 6.

Dopo i detti interrogatorii, il difensore dell'accusato sarà udito nelle sue difese.

Art. 7.

Dopo che il difensore avrà parlato, i giudici potranno far ritirare l'udienza, o entrare nella Camera del Consiglio ove l'Avvocato del Re darà le sue conclusioni per iscritto, ed i giudici opineranno sulla sentenza, che dovranno pronunziare.

Art. 8.

La sentenza dovrà farsi alla pluralità delle voci.

Art. 9.

La sentenza, sia di condanna, o di assoluzione, oltre il visto di tutti gli atti del processo, dovrà contenere le ragioni, che hanno mosso i Giudici a pronunziarla, e sarà sottoscritta dai medesimi, e dal Cancelliere.

Art. 10.

Se la sentenza contiene condanna a qualche pena afflittiva, o infamante, ci dovrà esser espresso il testo della legge che l'ha determinata.

Art. 11.

Qualunque sia il giudizio, cioè, di assoluzione, o di condanna, reso dal tribunale, l'Avvocato del Re sarà sempre tenuto di rendersi appellante, e di trasmettere copia del processo, e l'accusato, se è detenuto, all'Avvocato del Re del Tribunale Supremo.

Art. 12.

Tutti i giudizi saranno scritti in un registro a ciò destinato, e saranno sottoscritti dai Giudici, che li avranno pronunziati,

TITOLO IX.
De' giudizi del Tribunale Supremo.

Articolo Primo.

Fino a che dal Parlamento non venga diversamente ordinato, i delitti che meritano pena afflittiva, o infamante, saranno giudicati dal Tribunale Supremo, senza l'intervenzione del giurato.

Art. 2.

I giudizi saranno resi da cinque Giudici.

Art. 3.

Per pronunziare la pena di morte dovranno concorrervi quattro voci, e le altre pene saranno pronunziate alla maggiorità.

Art. 4.

Subito che un processo sarà rimesso al Tribunale Supremo, sarà nominato un Commissario per farne il rapporto, e l'accusato sarà interpellato a scegliersi un difensore, ed in difet gli sarà nominato dal tribunale, della quale interpellazione, scelta, o nomina, nè sarà fatto processo verbale.

Art. 5.

In seguito del rapporto, se il tribunale penserà che il processo non è in istato di essere giudicato definitivamente, siasi perchè pensi esser necessaria una più ampla istruzione, o che l'accusato debba essere ammesso alla prova di fatti giustificativi, stati rigettati in prima istanza, renderà, sulle conclusioni dell'Avvocato del Re, quel giudizio che stimerà di giustizia, farà quegli atti d'istruzione, ed emanerà quei decreti che saranno necessari.

Art. 6.

Quando il processo sarà dichiarato nullo in tutto, o in parte, sarà rinviato al tribunale di prima istanza per la rinnovazione di quegli atti, che saranno dichiarati nulli.

Art. 7.

Il Tribunale Supremo deciderà se le spese della nuova istruzione dovranno essere a carico del Giudice che avrà commesse le nullità; esso non potrà mai fare la nuova istruzione.

Art. 8.

Nel Tribunale Supremo si osserveranno, per l'esame de' testimoni, sopra i fatti giustificativi dell'accusato, quelle stesse formalità, che sono state prescritte per i tribunali di prima istanza.

Art. 9.

Quando il processo sarà in istato d'essere deciso definitivamente, il tribunale determinerà il giorno, in cui vorrà procedere al giudizio, e ne farà prevenire tre giorni prima il difensore dell'accusato.

Art. 10.

Nel giorno fissato per il giudizio, i Giudici ed Avvocato del Re prenderanno seggio nella sala della pubblica udienza, faranno condurre nanti il tribunale l'accusato se è detenuto, ed in presenza dello stesso faranno far lettura di tutti gli atti del processo: dopo di che potranno interrogare, per mezzo del Presidente, l'accusato sopra i fatti risultanti dalla procedura.

Art. 11.

L'interrogatorio fatto all'accusato, sarà sottoscritto dal Presidente.

Art. 12.

Finito l'interrogatorio il difensore dell'accusato sarà udito nelle sue difese, dopo le quali, l'accusato sarà rinviato nelle carceri.

Art. 13.

I Giudici si ritireranno nella Camera del Consiglio, ove l'Avvocato del Re darà le sue conclusioni per iscritto, ed i Giudici procederanno al giudizio.

Art. 14.

Il giudizio conterrà il visto degli atti del processo, i motivi che l'avranno provocato, ed il testo della legge, che sarà applicata al delitto : se il giudizio contiene pena afflittiva, o infamante.

Art. 15.

La sentenza, che condannerà alla pena della morte, indicherà se dovrà essere eseguita, o colla forca, o col taglio della testa.

Art. 16.

Stabilito il giudizio i Giudici ed Avvocato del Re, si renderanno sul seggio, ed il Presidente lo pronunzierà, e sarà significato al reo nello spazio di ventiquattr'ore.

Art. 17.

Se l'accusato sarà assoluto dalle imputazioni, sarà immediatamente posto in libertà, ed il tribunale potrà giudicare sui danni ed interessi, se vi sarà luogo.

Art. 18.

L'esecuzione del giudizio di condanna rimarrà sospesa per quindici giorni, da quello della significazione, affinchè il condannato possa aver ricorso al Re per la grazia.

Art. 19.

Se nell'intervallo suddetto de' quindici giorni il Re non avrà pronunziata la sospensione dell'esecuzione del giudizio, o non avrà accordata la grazia, sarà eseguito.

ART. 20.

Se l'esecuzione del giudizio si farà in Corte, uno de' Giudici del Tribunale Supremo, o il Presidente, o Assessore, avendo luogo nelle giurisdizioni, si ritroverà nelle vicinanze di detta esecuzione col Cancelliere, per ricevere le dichiarazioni, che il condannato potrebbe richiedere di fare, delle quali sarà formato processo verbale, ed inviato all'Avvocato del Re del Tribunale Supremo.

ART. 21.

Il giudizio intervenuto sarà stampato, ed inviato in tutte le giurisdizioni, per essere affisso.

TITOLO X.
Delle scuse de' testimoni.

ARTICOLO PRIMO.

Qualunque persona che sarà citata a comparire come testimonio, dovrà presentarsi nel termine prescrittole dinanzi al tribunale, che n'avrà emanato l'ordine.

ART. 2.

I testimoni, che senza legittima scusa rifiutassero di comparire nel termine della citazione, che sarà stata loro presentata in persona, o significata al loro domicilio, saranno condannati a lire venticinque d'emenda.

ART. 3.

Se si rendessero recidivi, l'emenda di lire vinticinque sarà doppia, e saranno inoltre condannati ad un mese di prigionia.

Art. 4.

Allorchè un testimonio citato non potrà comparire, per causa di grave malattia, sarà tenuto di spedire al tribunale un certificato giurato d'un medico, che dichiarerà la qualità, e gli accidenti della malattia.

Art. 5.

Dovrà pure il testimonio inviare al tribunale un altro certificato della municipalità o del parroco del luogo ove ritrovasi, il quale faccia fede della di lui malattia.

Art. 6.

La scusa essendo riconosciuta legittima, il Giudice potrà portarsi sul luogo per sentire il testimonio, o delegare altra persona in caso di legittimo impedimento.

Art. 7.

Se il medico o qualunque altra persona sarà convinta che per scusare il testimonio abbia alterata la verità ne' certificati, dei quali si è parlato ne' precedenti articoli, sarà condannata a lire cinquanta d'emenda, oltre le altre pene, che possano essere determinate dalla legge.

TITOLO XI.
Dei contumaci.

Articolo Primo.

La procedura contro i contumaci sarà istruita nella forma prescritta per gli accusati presenti, fino alla significazione del decreto di presa di corpo.

Art. 2.

Se il decreto di presa di corpo non può essere eseguito contro l'accusato per essere contumace, ne sarà fatta dall'usciere perquisizione, ed i suoi beni sequestrati, ed inventariati senza che sia necessario per questo alcun ordine del tribunale.

Art. 3.

La perquisizione sarà fatta al domicilio ordinario dell'accusato, o nel luogo della sua residenza, e copia del processo verbale sarà affissa alla porta della casa del di lui domicilio ordinario, o di quella della di lui residenza.

Art. 4.

Se l'accusato non ha alcun domicilio certo, o alcuna certa residenza, copia del decreto sarà affissa alla porta dell'uditorio del tribunale.

Art. 5.

In seguito del sequestro dei beni, i frutti saranno percepiti da quella persona, che sarà nominata dal Re.

Art. 6.

Se l'accusato risiede nella giurisdizione, nel tribunale della quale il processo s'istruirà, il contumace sarà citato nell'atto stesso in cui si farà la perquisizione, o la significazione del decreto di presa di corpo, a comparire fra giorni otto, e fra giorni quindici, se dimora in un'altra giurisdizione, o non ha alcun domicilio certo, e in quest'ultimo caso, la citazione sarà affissa alla porta dell'uditorio.

Art. 7.

Spirati i detti termini rispettivi, la procedura sarà rimessa all'Avvocato del Re, affinchè dia le sue conclusioni.

Art. 8.

Se la procedura è valida, il tribunale procederà alla ripetizione dei testimoni, la quale avrà effetto di confrontazione.

Art. 9.

La ripetizione dovrà farsi segretamente.

Art. 10.

Dopo la ripetizione dei testimoni, il processo sarà nuovamente comunicato all'Avvocato del Re, acciò dia le sue conclusioni definitive per iscritto.

Art. 11.

Date le dette conclusioni, il tribunale farà il suo giudizio, con cui dichiarerà la contumacia legalmente instruita e condannerà l'accusato a quella pena, che sarà attribuita al delitto dall'Atto di Parlamento concernente i delitti e le pene, o renderà quell'altro giudizio, che stimerà di ragione.

Art. 12.

Il giudizio suddetto conterrà il visto degli atti del processo, ma senza spiegarne il contenuto.

Art. 13.

Le condanne di morte, che potrà essere, del taglio della testa o della forca, galera, ferri, ed esilio, saranno eseguite per affissi, nel modo determinato dall'Atto di Parlamento concernente i delitti e le pene.

Art. 14.

Se il contumace è arrestato, o si presenta dopo il giudizio nelle prigioni del tribunale, che l'avrà condannato, il giudizio dovrà riguardarsi come non fatto, in virtù della presente legge, senza che sia necessaria alcuna sentenza ed i di lui beni gli saranno restituiti, senza diritto di ripetere i frutti.

Art. 15.

Nel termine d'ore ventiquattro dopo l'arresto, o la presentazione, l'accusato sarà interrogato ed in seguito si procederà alla ripetizione de' testimoni, e confrontazione, se la ripetizione non è ancora seguita; o alla confrontazione, se la ripetizione è stata fatta durante la contumacia, quantunque sia stato ordinato che la ripetizione avrà luogo di confrontazione.

Art. 16.

La deposizione de' testimoni morti avanti la ripetizione sarà rigettata, nè il tribunale potrà tenerne alcun conto. Se saranno morti dopo la ripetizione, la deposizione sussisterà, e ne sarà fatta confrontazione litterale all'accusato nelle forme prescritte per la confrontazione, senza però che possa aversi riguardo ai rimproveri che l'accusato darà al detto, ed alle persone de' testimoni, se non ne prova la verità, o con gli atti del processo, o in altro modo.

Art. 17.

La stessa cosa sarà praticata per i testimoni, che non potranno essere confrontati per causa di lunga assenza, condanna all'esilio, o altro legittimo impedimento per cui il testimonio non possa presentarsi.

Art. 18.

Se l'accusato fugge dalle prigioni dopo d'essere stato interrogato, non sarà più citato; ma il Giudice ordinerà, che i testimoni siano esaminati, e quelli che saranno già stati intesi, ripetuti, e la ripetizione avrà luogo di confrontazione.

Art. 19.

Se l'accusato fugge dalle prigioni dopo la ripetizione, e confrontazione de'testimoni, il tribunale procederà al giudizio definitivo senz'altra procedura, nè citazione; farà menzione nel giudizio della fuga dell'accusato dalle carceri.

Art. 20.

Se l'accusato contumace è arrestato, o si presenta passati cinque anni dopo l'esecuzione del giudizio che sarà stato reso contro di lui, le condanne pecuniarie saranno riguardate come rese contradditoriamente, senza che possa ottenerne la revoca da alcun tribunale, salvo il suo ricorso al Re per la grazia.

TITOLO XII.
Dei muti e sordi, e di quelli che ricusano di rispondere.

Articolo Primo.

Se l'accusato è muto, o sordo in maniera che udir non possa, il Giudice gli nominerà un curatore, che sappia leggere e scrivere.

Art. 2.

Il curatore farà il giuramento di bene, e fedelmente difendere l'accusato, e ne sarà fatto processo verbale, che sarà sottoscritto dal Giudice, dal Curatore, e dal Cancelliere.

Art. 3.

Potrà il curatore tirar dall'accusato segretamente per gesti, o in altro modo tutte quelle circostanze che potrà per la di lui difesa, ed a quest'effetto potrà comunicare con lo stesso, tante volte quante gli piacerà, s'è carcerato, previo però il permesso del Giudice.

Art. 4.

I muti, o sordi che sapranno scrivere, faranno tutte le risposte, osservazioni, e rimproveri che vorranno fare contro i testimoni, e dette risposte, osservazioni, e rimproveri, saranno sottoscritte tanto dal sordo, o muto, che dal di lui curatore.

Art. 5.

Se il sordo, o muto non sa, o non vuol scrivere, o sottoscrivere, il curatore alla sua presenza risponderà, e darà rimproveri ai testimoni, e sarà ammesso a far tutti gli atti, e prove che potrebbe far l'accusato.

Art. 6.

Se l'accusato è sordo, o muto, o sordo e muto nel tempo stesso, sarà fatta menzione in tutti gli atti del processo dell'assistenza del suo curatore.

Art. 7.

Non sarà dato alcun curatore all'accusato, che ricuserà di rispondere.

Art. 8.

Il Giudice gli farà immediatamente tre interpellazioni di rispondere, a ciascuna delle quali gli dichiarerà, che altrimenti il suo processo gli sarà fatto come ad un muto volontario, e che in appresso non gli sarà più accordato di poter rispondere ; potrà, ciò non ostante, il Giudice accordargli una dilazione per rispondere, che non potrà esser maggiore di tre giorni.

Art. 9.

Se l'accusato persiste nel suo rifiuto, il Giudice continuerà l'istruzione fino al giudizio definitivo inclusivamente, e sarà fatta menzione tanto negl'interrogatori, che in tutti gli atti che dovranno farsi in sua presenza, che egli ha ricusato di rispondere,

Art. 10.

Se nel corso della procedura l'accusato dice di voler rispondere, ciò che sarà stato fatto fino a quel momento, compresa la ripetizione e confrontazione, sussisteranno, potrà bensì far dei rimproveri ai testimoni, quando offra di provarne la verità.

Art. 11.

Se l'accusato dopo aver cominciato, ricusa in appresso di rispondere, il processo sarà continuato nella maniera determinata nell'articolo nono.

TITOLO XIII.

Del delitto di falso.

Articolo Primo.

L'Avvocato del Re potrà rendersi querelante per il delitto di falso, tanto principale, che incidente.

Art. 2.

La falsità potrà provarsi tanto per mezzo di testimoni, che per via di scritture, come anche per mezzo di comparazione da farsi da periti in presenza del Giudice.

Art. 3.

Le scritture pretese false saranno deposte alla Cancelleria. Il Giudice farà processo verbale dello stato e qualità delle medesime, in presenza dell'Avvocato del Re, della parte civile, se ve n'è, e dell'accusato.

Art. 4.

Tanto le scritture pretese false, che il processo verbale dello stato, e qualità delle medesime, saranno sottoscritti dal Giudice in ogni pagina, dall'Avvocato del Re, dalla parte civile, e dall'accusato, se sanno scrivere; altrimenti, ne sarà fatta menzione nello stesso processo verbale.

Art. 5.

Saranno egualmente presentate ai testimoni, che possono aver conoscenza della falsità.

Art. 6.

Le scritture di comparazione dovranno essere autentiche, e riconosciute dall'accusato.

Art. 7.

Ogni depositario di pubbliche scritture, in seguito di un ordine del Presidente del tribunale, a cui sarà stata presentata l'accusa di falso, sarà tenuto di rimettere alla Cancelleria quelle che potranno essere sospette di falsità, come pure quelle che possono servire di comparazione.

Art. 8.

Le scritture di comparazione saranno presentate dal Giudice all'accusato per convenire della loro veracità ed autenticità, o rifiutarle, e se ne conviene, saranno sottoscritte dal Giudice, e dall'accusato, se sà scrivere; altrimenti ne sarà fatta menzione nel processo verbale, che dovrà farsene.

Art. 9.

Se l'accusato le rigetta, o ricusa di approvarle, il Giudice, dopo che il processo verbale sarà stato comunicato all'Avvocato del Re, e dopo le conclusioni del medesimo, e dopo aver intesa la parte civile se ve n'è, renderà quel giudizio che stimerà di ragione.

Art. 10.

Dal suddetto giudizio potranno appellare tanto l'Avvocato del Re, che la parte civile, e l'accusato.

ART. 11.

L'appello sarà sospensivo, e dovrà essere deposto fra tre giorni da quello della notificazione del giudizio.

ART. 12.

Nel caso d'appello, l'Avvocato del Re sarà tenuto d'inviar copia della procedura all'Avvocato del Re del Tribunale Supremo, il quale sarà tenuto di rendere il suo giudizio nello spazio di giorni quindici, a partire da quello in cui il processo gli sarà stato presentato.

ART. 13.

Se il Giudice, col suo giudizio, rigetta le scritture di comparazione, o se dal detto giudizio non è stato appellato, o è stato confermato dal Tribunale Supremo, l'Avvocato del Re, e la parte civile, saranno tenuti di presentarne delle altre nel termine di giorni tre, a partire da quello della significazione di quello del tribunale della giurisdizione, quando non vi sia appello.

ART. 14.

La comparazione dovrà farsi in presenza del Giudice, da due periti, da nominarsi d'officio.

ART. 15.

I periti dovranno scegliersi fra i notari, o maestri di scrittura.

ART. 16.

Le scritture di comparazione, e quella, o quelle pretese false, saranno date separatamente a ciascun perito per esaminarle.

Art. 17.

I periti saranno esaminati, ripetuti e confrontati separatamente, come tutti gli altri testimoni.

Art. 18.

Al tempo della ripetizione, e confrontazione, tanto le scritture pretese false, che quelle di comparazione, saranno presentate ai testimoni ed all'accusato.

Art. 19.

L'accusato, o il suo difensore potranno fare tanto sopra le scritture, che sopra la dichiarazione dei periti, quelle osservazioni, che stimeranno, e ne sarà fatta menzione.

Art. 20.

Se i due periti non sono d'accordo, il Giudice, dopo aver ricevuto il loro esame, ne nominerà un terzo, che dovrà fare la sua perizia in presenza dei due primi, e del Giudice.

Art. 21.

Tanto per la ripetizione, e confrontazione, che per tutti gli altri atti del processo, saranno osservate le stesse formalità, che sono prescritte per gli altri delitti.

Essendo stata in seguito nominata la deputazione di dodici membri sono stati ad essa rimessi,
Il suddetto indirizzo ed i seguenti decreti cioè :
1º Sopra l'istruzione pubblica.
2º Quello concernente i delitti e pene correzionali.
3º Sopra le strade comunali.

4° Sopra le assemblee pubbliche, gli attruppamenti, ed il caso della legge marziale.

E dalla detta deputazione essendo stati presentati a Sua Eccellenza il Vice Re, ed esso poco dopo accompagnato dal Consiglio di Stato, principali uffiziali dell'armata, e dalla deputazione, essendosi reso nella sala della Camera, e seduto sotto del trono, ciascun decreto è stato rimesso al segretario del Parlamento, ed alla lettura di ciascun titolo, Sua Eccellenza avendo detto : *Il Re approva*, sono stati i detti quattro decreti sanzionati, e deposti sullo scagno della Camera per aver forza di leggi in tutto il Regno.

Dopo di che Sua Eccellenza il Vice-Re essendosi ritirato col medesimo corteggio, la deputazione ha presentato alla Camera la risposta di Sua Eccellenza all'indirizzo, concepita in questi termini :

Signori,

« Ringrazio la Camera di Parlamento dell'indirizzo fedele e patriottico che mi fa, nè saprei meglio provare alla Camera la mia intiera partecipazione a tutte le sue savie deliberazioni, se non rendendomi in questo momento nel suo seno per sanzionare gli atti che mi presenta. »

Il Signor Presidente ha sciolta la sessione e rinviata a dimani quattordici corrente alle ore dieci della mattina.

Gio : Gius. Mª Vescovo d'Aleria, *Presidente*.
Muselli.

Sessione del 14 Dicembre 1795.

(Alle ore dieci della mattina).

I membri della Camera riuniti, la sessione è stata aperta con la lettura del processo verbale della precedente, la di cui redazione è stata approvata.

Gli Ufficiali Municipali della Comunità di Granace, pieve di Sartene, hanno richiesto con una petizione che la congrua fissata al loro vicario a lire trecento sia portata a lire cinquecento.

La petizione di detta Comunità è stata rinviata al governo.

Il Signor Giacomo Casella di Corte, ha rappresentato che per sostenere gli antichi diritti della patria, ha avuta la disgrazia di soffrire l'incendio di sua casa, e quella di rimanere storpio dai replicati colpi dei nemici, richiede perciò dalla bontà ed equità della Camera un sollievo proporzionato alle sue perdite.

La memoria del petizionario è stata rinviata al comitato.

È stata fatta lettura di una memoria del Signor Paolo Francesco Morati di Bastia, antico affittuario dello stagno di Chiurlino, con cui riclama l'indennizazione de' suoi danni in conformità della perizia ordinata dal governo.

La Camera ha rinviata la memoria del petizionario al comitato.

Sono state presentate diverse petizioni della pieve di Ornano e la memoria che le contiene è stata egualmente tramandata al comitato.

Uno de' suoi membri ha fatta lettura di un progetto di decreto sopra gli appelli nanti il Tribunale Supremo per servire di articoli addizionali all'Atto di Parlamento del dieciotto maggio concernente la gerarchia dei tribunali.

La Camera ha dichiarato che vi era luogo a deliberare, ordinando l'impressione del progetto per essere esaminato, discusso ed arrestato nelle forme prescritte dai suoi regolamenti.

È stata fatta la terza lettura degli ultimi due titoli sopra dei processi pendenti, e le prigioni e carceri per far seguito al decreto definitivamente arrestato nella sessione di ieri sopra la procedura criminale.

La Camera, dopo averne separatamente discussi, ha definitivamente arrestati come segue i suddetti due titoli per far parte dell'enunciato decreto che sarà presentato alla sanzione reale.

TITOLO XIV.
Dei processi pendenti.

Articolo Primo.

L'istruzione de'diversi processi tuttavia pendenti nanti i tribunali delle diverse giurisdizioni, e nelle quali non è stata ancora pronunciato giudizio, che dichiari che l'accusa è fondata, sarà continuata nella forma e maniera determinata nella presente legge sino al giudizio definitivo inclusivamente, salvo l'appello al Tribunale Supremo.

Art. 2.

La stessa cosa sarà praticata in tutti gli altri processi nei quali sia stato giudicato che l'accusa è fondata. In questo caso il suddetto giudizio terrà luogo di giudizio, che ordini la ripetizione e confrontazione.

Art. 3.

Lo stesso sarà pur praticato per li processi stati istruiti dalla commissione straordinaria, e dai tribunali, ed inviati al Tribunale Supremo, nei quali non vi sia alcun accusato nelle carceri del medesimo tribunale, ed a quest'effetto i suddetti processi sarà rinviati ai rispettivi tribunali delle diverse giurisdizioni, ꞌ l'appello al Tribunale Supremo.

Art. 4.

Nel caso in cui qualche accusato si trovi già nelle carceri

del Tribunale Supremo, il processo sarà continuato dal tribunale della giurisdizione di Corte, salvo l'appello al Tribunale Supremo.

TITOLO XV.
Delle prigioni e carcerieri.

Articolo Primo.

Vi sarà un carceriere presso ogni tribunale, che sappia leggere e scrivere.

Art. 2.

Le prigioni dovranno essere sicure e sane, e le donne saranno poste in carceri separate da quelle degli uomini.

Art. 3.

I Presidenti, ed avvocati del Re, faranno a vicenda la visita delle prigioni due volte la settimana.

Art. 4.

I carcerieri saranno obbligati di avere un registro in due colonne, numerato e cifrato in ogni foglio dal Presidente.

Art. 5.

Nella prima colonna vi si scriverà il nome dell'arrestato, quello della persona che lo presenta, l'ordine per cui è stato condotto nelle carceri, e la data della di lui introduzione; nella seconda colonna si noterà l'ordine del rilascio del prigioniere e la data del detto ordine.

Art. 6.

Non sarà permesso ai prigionieri di scrivere o ricevere lettere, nè alcuna persona potrà comunicare coi medesimi, senza una permissione per iscritto del Presidente, o Avvocato del Re.

Art. 7.

Il carceriere nelle sue visite, ritrovando un prigioniere malato, ne darà immediatamente parte all'Avvocato del Re, perchè possa procurargli i necessari soccorsi.

Art. 8.

I carcerieri non avranno altro diritto, che di esigere soldi ventiquattro per la scarcerazione di ogni prigioniere, qualunque sia stato il tempo della di lui detenzione.

Art. 9.

Sarà somministrato ad ogni prigioniere dell'acqua, una libbra e mezza di pane bianco al giorno, e della paglia ogni otto giorni; questa spesa sarà a carico della cassa pubblica, e sarà pagata sugli stati verificati dall'Avvocato del Re.

Art. 10.

La presente legge sarà esecutoria dal giorno della sanzione.

Il rapportatore del progetto di decreto concernente la tariffa dei notari ed estimatori ne ha fatta la seconda lettura.
Dopo le osservazioni di vari membri, e la discussione degli articoli sono stati arrestati e la terza lettura rinviata al primo giorno per essere definitivamente decretato.

Un altro membro dell'istesso comitato ha presentato due progetti di decreti per la separazione dei villaggi di Crocicchia e Sicchè dalle due comunità delle quali fanno parte.

La Camera ha dichiarato che vi era luogo a deliberare per seconda lettura rinviandone al primo giorno la terza lettura, e dispensando l'impressione dei progetti.

Uno dei membri del comitato ha fatta lettura di un progetto di decreto concernente l'esecuzione dei diritti d'importazione sopra i vini *di Porto* per l'uso delle mense regimentali degli ufficiali inglesi al servizio del Re, per servire di articoli addizionali al titolo secondo dell'atto di Parlamento del 18 maggio ultimo sopra i diritti di entrata e di sortita.

La Camera dichiara che vi è luogo a deliberare per seconda lettura, dispensando la stampa del progetto che sarà discusso ed arrestato definitivamente al primo giorno.

Un membro dell'istesso comitato ha fatto lettura di un progetto di decreto, perchè l'Atto di Parlamento del 31 marzo ultimo, che autorizza il Re a poter fare arrestare le persone sospette di tradimento ed intelligenza coi nemici, continui ad essere eseguito fino al giorno quindici dopo l'apertura della prossima riunione del Parlamento.

La Camera, intese le osservazioni di vari membri, ha dichiarato che vi era luogo a deliberare, dispensando l'impressione del suddetto progetto.

Il rapportatore del progetto di decreto sopra i testamenti, fidi commissi ed altre disposizioni di ultima volontà fatti prima e dopo il 1° luglio 1789, ne ha fatta la seconda lettura.

Dopo la discussione dei due articoli che formano il detto progetto, ed un leggero emendamento, sono stati arrestati, e la terza lettura rinviata al primo giorno.

Sulla proposizione di un membro che ha fatto conoscere la necessità di un breve aggiornamento per dar comodo al comitato di accelerare i suoi travagli,

La Camera si è aggiornata a giovedì prossimo diciasette del corrente mese alle ore dieci della mattina.

Il Signor presidente ha sciolta la sessione alle ore due.

Gio : Gius. Mª Vescovo d'Aleria, *Presidente*.
Muselli.

Sessione del 17 Dicembre 1795.

(*Alle ore dieci della mattina*).

I membri della Camera di Parlamento riuniti, la sessione è stata aperta colla lettura del processo verbale dell'ultima dei quattordici, la di cui redazione è stata approvata.

Il Signor Panattieri ha pronunciato un discorso contenente diverse mozioni per la riforma o moderazione di alcuni Atti di Parlamento.

La Camera le ha tramandate al comitato a cui potrà intervenire l'autore del discorso.

I fratelli Bartoli, pedoni di Ajaccio a Corte, ed il portiere della sala di Parlamento hanno richiesto un aumento di salario proporzionato alle loro pene ed ai loro servigi.

I rappresentanti della pieve di Carbini dimandano colla loro petizione che quella sia distratta nello spirituale dalla diocesi di Aleria ed incorporata a quella di Ajaccio.

Con una memoria del Signor Salini di Ajaccio viene richiesto che sia data un'esclarazione all'articolo 9 dell'Atto di Parlamento del 18 maggio concernente la vendita dei beni ecclesiastici dando la facoltà ai compratori e locatari di togliere i *piottoli* fatti a loro spese per le chiudende.

È stata letta una scrittura e diverse petizioni della comunità di Campile pieve di Casacconi.

La Camera ha tramandate tutte le suddette memorie al suo comitato.

Il Sig. Dioniso Gavini dimanda un indennità per un suo terreno stato occupato per la costruzione della strada reale da Bastia a Corte e che frattanto gli venga assegnato quello su cui era diretta l'antica strada.

Dal Signor Giudicelli, antico giudice di pace del cantone di Tenda, viene richiesto il pagamento di alcuni suoi mandati.

La Camera ha rinviate le dette due memorie al Governo.

Il rapportatore del progetto di decreto sopra la tariffa dei notari ed estimatori ne ha fatta la terza lettura.

Esaminati e discussi separatamente tutti gli articoli del progetto, la Camera ha definitivamente arrestato nei termini seguenti il decreto per essere presentato alla sanzione reale.

Decreto della Camera di Parlamento del Regno di Corsica sopra la tariffa dei notari, estimatori, letto nelle sessioni dei 12 e 14, e definitivamente arrestato nella sessione del 17 dicembre 1795.

Considerando la necessità di fissare una tassa certa e determinata per tutti gli atti pubblici, che interessano le transazioni del Popolo : — Piaccia perciò all'Eccellentissima Maestà del Re col consenso della Camera di Parlamento riunita in questa presente sessione, e per autorità della medesima, statuire e sia statuito come segue.

Tariffa dei Notari per i Testamenti e Codicilli.

Per ogni testamento, che contenga la semplice e nuda istituzione di erede, tre lire.

Per ogni legato, che si facesse in esso, dodici soldi.

Per l'istituzione di erede usufruttuario, una lira.

Per ogni confessione, o dichiarazione, che si facesse dal testatore, dodici soldi.

Per ogni sostituzione d'erede, una lira.

Per ogni instituzione di tutori, curatori, o esecutori testamentari, una lira.

E se il testatore facesse nel testamento la divisione dei beni fra i suoi Eredi, per la detta divisione, due lire.

E quando instituisse una cappella, colla designazione dei beni, e nomina del Cappellano, e sostituzione di esso, tre lire, dieci soldi.

Per una primogenitura mascolina e sostituzione, sei lire.

Per un codicillo, una lira, dieci soldi.

E per gli altri articoli contenuti in esso, non possa il Notaro prendere più di quello si è fissato sopra i testamenti.

Per copia dei testamenti semplici, due lire.

E per copia degli altri contenenti i detti articoli, oltre le dette lire due, la metà ancora di quanto è fissato sopra per gli articoli.

Per l'atto di apertura dei detti testamenti e codicilli, e per la copia del detto atto, una lira, dieci soldi.

Per ogni atto di accettazione di eredità, o usufrutto, due lire.

Per la copia, una lira, dieci soldi.

Per ogni atto di confezione d'inventario da farsi nanti al giudice, soldi cinquanta, compresa l'approvazione del giudice.

Per ogni scrittura che s'inventariasse, due soldi.

E per ogni bene stabile che si descrivesse, due soldi.

Per l'inventario dei mobili, una lira, dieci soldi.

E per la copia, la metà dei detti articoli.

Per la copia dell'atto di accettazione di eredità, o di legati, o di usufrutto, una lira, dieci soldi.

Per il Notaro, che interviene al detto inventario, tre lire.

Per un'atto di ripudiazione di eredità, una lira.

Per la copia di esso, sedici soldi.

Per il consenso del padre al testamento del figlio, quando è per un'atto separato, una lira.

Se poi è nell'istesso testamento, otto soldi.

Per un'atto di società, di negozio, ove vi siano più articoli, patti e condizioni, sei lire.

E per la copia di esso, quattro lire.

Per li Proclami.

Per ogni proclama per deputar tutore, e curatore ai pupilli, o minori, o morti, assenti, o latitanti, soldi dieciotto, compresa la copia da affiggersi alla chiesa.

Per la pubblicazione sulla piazza della chiesa, otto soldi.

Per la notificazione ai parenti, soldi sei, per ogni parente.

Per l'intimazione alla casa, sei soldi.

Per il proclama di comprovazione di scritture, quello si è fissato qui sopra nei detti articoli.

Per il proclama di confezione d'inventario, compresa la copia, e pubblicazione, una lira, e sei soldi.

Per il proclama per escutere i beni del debitore, una lira, e sei soldi.

Per le richieste ai parenti, per ogni parente, sei soldi.

Per le copie di esse, dodici soldi.

Per ogni altro proclama, quello che è stato detto di sopra, cioè, soldi ventisei, compresa la lettura alla chiesa.

Il Notaro, che sarà necessitato ad uscire dal luogo del suo domicilio, avrà un soldo a miglio, tanto per l'andare, che per il ritorno.

Per le Procure.

Per una procura semplice, e speciale, una lira.

Per la copia, sedici soldi.

Per ogni procura generale alle liti attive, o passive, due lire e dieci soldi.

E se vi fossero in essa altre facoltà, oltre quelle alle liti, soldi due per ogni altra facoltà.

Per la copia di detta procura generale, una lira e sedici soldi.

Per ogni atto di revoca di procura, quattordici soldi.

Per copia di detto atto, soldi dieci.

Per ogni atto di sostituzione di procura, quattordici soldi.

Per la copia, dieci soldi.

Per Compromessi, Procure a transigere e Transazioni.

Per ogni procura a transigere, senza individuazione dei fatti, pretensioni, e ragioni delle parti, due lire.

Per la copia di essa, una lira, e quattro soldi.

Se poi vi fossero inscritti fatti, pretensioni, o ragioni, soldi sei per ciascun fatto, pretensione, o ragione.

Per la copia, oltre le lire due, soldi tre per ogni articolo di detti fatti, pretensioni, e ragioni.

Per ogni atto di transazione, soldi otto per ogni articolo della medesima, e soldi due per ogni pezzo di scrittura enunciata in detto atto, ed alla quale è appoggiata la transazione ; e per la copia dell' atto suddetto, una lira e quattro soldi, e di più la metà di quello è fissato per ogni articolo, e per l'enunciativa delle scritture.

Per un atto di compromesso semplice, due lire e dieci soldi.

E se vi sono descritte le pretensioni delle parti, soldi sei per ogni pretensione.

Per la copia, la metà del qui sopra fissato.

Per l'atto di accettazione di compromesso, dodici soldi.

Per la copia, soldi dieci.

Per la proroga del detto compromesso, fatto da'giudici arbitri, soldi dodici.

Per gli Atti di Vendite.

Per ogni atto di vendita semplice colla donazione del più o meno, due lire e dieci soldi.

Se vi fosse il patto di riscatto, otto soldi, per detto patto.

Per la copia di detto atto di vendita, due lire.

E se vi fossero degli altri patti e condizioni, per ciascheduno di essi, otto soldi.

E se in detto atto vi fosse la sicurtà, manleva, possa il notaro prendere soldi dodici per la sicurtà, e soldi quattro per la manleva, oltre il fissato di sopra.

Per la copia di detto atto di vendita semplice, due lire.

E per la copia dell'atto di vendita coll'estimo, due lire, dieci soldi.

E con gli altri sopraddetti articoli, oltre il già detto per la copia, la metà di quello si è detto per gli articoli.

Per un atto di dazione in pagamento, quello è stato fissato per le vendite.

Per contratto di negozio, tre lire.

Per la copia, una lira e dieci soldi.

Per ogni ricerca di scrittura, quando venga al notaro individuato l'anno in cui è stata fatta, soldi otto.

E non essendogli indicato l'anno, e che debba ripassare più pandette dei registri, due soldi per ogni pandetta.

Per atto di consensi di parenti o vicini al matrimonio di un minore, soldi sei per ogni consenso.

E per la copia, la metà di quanto sopra.

Per un atto di soccida, o capezzo, una lira e soldi quattro.

Per la copia, sedici soldi.

Per un atto d'impastinera, una lira, dieci soldi.

Per la copia, una lira.

Per ogni quitanza di dote, una lira, dieci soldi.

Se poi vi si descrivono i mobili e stabili, due lire, dieci soldi.

Per la copia, due lire.

Per ogni semplice quitanza di un debito, una lira.

Per la copia, sedici soldi.

Per un atto di censo, quattro lire.

Per la copia, due lire.

Per una fede di stato libero, con esame di testimoni, due lire e dieci soldi.

Per la copia, una lira e dieci soldi.

Non compreso nella presente tariffa l'importare del controllo, carta ed insinuazione.

I Notari saranno tenuti di notare al basso delle copie, che delibereranno, le somme che loro saranno date.

Tassa degli Estimatori.

Articolo Primo.

Gli estimatori di beni di campagna non potranno pretendere più di due lire, per ogni giornata, che impiegheranno a far l'estimo; se impiegano meno di un giorno, una lira e dieci soldi.

2° Gli estimatori dei beni di città non potranno pretendere più di quattro lire al giorno.

3° Gli estimatori di mobili dei villaggi avranno una lira e dieci soldi al giorno, e se impiegano meno di una giornata, una lira.

4° Quelli delle città, tre lire al giorno, e se impiegano meno di un giorno, una lira e dieci soldi.

Un membro del comitato ha fatta lettura di un progetto di decreto concernente lo ristabilimento dei tribunali nelle antiche due giurisdizioni di Bonifacio e Capocorso.

La Camera ha dichiarato che vi era luogo a deliberare per seconda lettura, e la terza rimessa al primo giorno, dispensando l'impressione del progetto.

I rappresentanti della pieve di Fiumorbo avendo fatta una petizione per lo stabilimento di un tribunale in quelle comarche, attesa la loro lontananza dal seggio di Aleria e la difficoltà del passaggio per cinque fiumi che vi sono frapposti, la Camera l'ha tramandata al suo comitato.

Un membro del comitato ha fatto la terza lettura di un progetto di decreto per la separazione dei villaggi di Crocicchia e Sichè dalle due comunità delle quali fanno parte.

La Camera, esaminata separatamente gli articoli del progetto, ha definitivamente arrestato il decreto come segue, per essere presentato alla sanzione di Sua Maestà.

Decreto per la creazione di una nuova municipalità nel paese di Crocicchia, pieve di Casacconi, giurisdizione di Aleria, ed in quello di Sichè, pieve di Ornano, giurisdizione di Ajaccio, letto nella sessione dei quattordici, e definitivamente arrestato in quella de' 17 dicembre 1795.

Considerando che i paesi di Crocicchia e Sichè per la loro popolazione e territorio debbono reputarsi come due comunità del Regno per godere diritti e prerogative a quelle inerenti : — Piaccia perciò all'Eccellentissima Maestà del Re col consenso della Camera riunita in questa presente sessione e per autorità della medesima statuire e sia statuito ciò che segue :

Articolo Primo.

Vi sarà nel paese della Crocicchia una municipalità separata dai tre villaggi di Micoria, Casaline, e Nove piane, coi quali era riunita, all'effetto di che Crocicchia vien segregata dai detti tre villaggi, i quali formeranno comunità e municipalità separata.

Art. 2.

Nel paese di Sichè sarà una municipalità separata da quella di Santa Maria, alla quale era riunito; a tal effetto Sichè vien distratto e segregato dalla detta comunità.

Art. 3.

Le dette comunità segregate procederanno, a termini dell'Atto di Parlamento del 31 marzo 1795, alla nomina delle loro rispettive municipalità, e saranno rinnovate alle epoche prescritte dalla legge.

Art. 4.

Tutti coloro che avranno commessi dei danni nel territorio promiscuo fra le dette comunità, saranno citati nanti le municipalità rispettive del loro domicilio. L'istesso diritto competerà alla comunità di Bicchisano creata dall'Atto di Parlamento del 18 maggio 1795.

Un membro del comitato ha fatto lettura di un progetto di decreto per la tariffa dei cancellieri tanto del Tribunale Supremo, che delle giurisdizioni del Regno.

La Camera, dispensandone l'impressione, ha addottati gli articoli del progetto per seconda lettura, rinviandone al primo giorno la terza per essere definitivamente arrestato il decreto.

L'istesso membro ha letto un progetto sulla naturalizzazione dei forastieri già stabiliti in Corsica.

La Camera ha dichiarato che vi era luogo a deliberare per

seconda lettura, dispensando la stampa del progetto che sarà discusso alla terza nelle forme ordinarie.

Un membro del comitato ha fatta lettura di un progetto di decreto sopra la recezione degli avvocati.

La Camera, dichiarando che vi era luogo a deliberare, ha arrestati per seconda lettura gli articoli del progetto, e ne ha rinviata la terza al primo giorno per essere definitivamente discusso e formato il decreto.

L'istesso membro ha fatta lettura di un progetto di decreto concernente i fanciulli esposti.

La Camera dichiara che vi è luogo a deliberare, ordina l'impressione del progetto per essere distribuito, discusso ed arrestato nelle forme prescritte dai suoi regolamenti.

Il rapportatore del decreto sopra i testamenti, fidecommessi ed altre disposizioni di ultima volontà ne ha fatta la terza lettura.

La Camera, esaminati e separatamente discussi gli articoli del progetto, ha definitivamente arrestato il decreto come segue per essere presentato alla sanzione reale.

Decreto della Camera di Parlamento del Regno di Corsica sopra i testamenti e fidecommessi e altre disposizioni di ultima volontà fatti secondo le leggi francesi, letto nelle sessioni de' 12 et 14, e definitivamente arrestato nella sessione de' 17 dicembre 1795.

Considerando quanto sia necessario di assicurare in Corsica le successioni e lo stato delle famiglie secondo i costumi e le leggi del paese : — Piaccia perciò all'Eccellentissima Maestà del Re, col consenso della Camera riunita in questa presente sessione, e per autorità della medesima, statuire e sia statuito ciò che siegue.

Articolo Primo.

I testamenti, fidecommessi, sostituzioni ed altre disposizioni ed atti di ultima volontà di qualunque sorte, fatti anteriormente o posteriormente ai 15 luglio 1789, saranno e continueranno ad essere eseguiti secondo la loro forma e tenore, non ostante le leggi francesi emanate in contrario dopo il 15 luglio 1789, e le dette leggi saranno considerate come se non avessero esistito.

Art. 2.

Tutte le successioni aperte, siasi in virtù di testamento, o altro atto di ultima volontà, o ab intestato, saranno regolate secondo i detti testamenti, o altri atti di ultima volontà, e quelli ab intestato, secondo lo statuto di Corsica, e dove questo non provvede, secondo il *jus* comune.

Art. 3.

Tutte le sentenze che fossero intervenute in virtù di dette leggi francesi non avranno alcun effetto.

Il rapportatore del progetto di decreto concernente l'esenzione dei diritti d'importazione sopra i vini di Porto per l'uso delle mense regimentali degli ufficiali inglesi al servizio del Re, per servire di articoli addizionali al Titolo II dell'Atto di Parlamento del 18 maggio ultimo, ne ha fatta la terza lettura.

La Camera, dopo la discussione degli articoli, ed inteso l'avviso di vari membri, ha arrestato definitivamente il decreto nei termini seguenti per essere presentato alla sanzione di Sua Maestà.

Decreto della Camera di Parlamento del Regno di Corsica sopra l'esenzione dei diritti d'importazione dei vini per l'uso delle mense regimentali degli ufficiali inglesi al servizio del Re, letto nella sessione de' 14 e definitivamente arrestato nella sessione del 17 dicembre 1795.

Considerando quanto sia doveroso di facilitare e favorire tutto ciò che concerne la consumazione all'uso delle mense regimentali degli ufficiali inglesi al servizio del Re: — Piaccia perciò all'Eccellentissima Maestà del Re, col consenso della Camera riunita in questa presente sessione e per autorità della medesima, statuire e sia statuito ciò che segue:

Articolo Primo.

Tutti li vini che saranno introdotti in Corsica per l'uso delle mense regimentali degli ufficiali inglesi al servizio di Sua Maestà in Corsica, saranno esenti del diritto d'importazione.

Art. 2.

Prima che il vino sia ritirato dalla Dogana, il comandante del corpo sarà tenuto di certificare che il detto vino è destinato all'uso della mensa regimentale.

È stata fatta la seconda lettura del progetto di decreto perchè l'Atto di Parlamento del 31 marzo 1795, che autorizza il Re a poter far arrestare le persone sospette di tradimento e d'intelligenza coi nemici, continui ad esser eseguito fino al giorno quindici dopo l'apertura della prossima riunione del Parlamento.

La Camera ha arrestato il progetto, rinviandone al primo giorno la terza lettura per essere definitivamente arrestato il decreto.

La sessione è stata sciolta alle ore due dopo mezzo giorno e rinviata a dimani dieciotto corrente alle ore dieci della mattina.

Gio : Gius. Mª Vescovo d'Aleria, *Presidente*.
Muselli.

Sessione del 18 Dicembre 1795.

(Alle ore dieci della mattina).

I membri della Camera riuniti, la sessione è stata aperta colla lettura del processo verbale della precedente, la di cui redazione è stata approvata.

Il Signor Giacomo Maria Ponte di Ajaccio richiede con una petizione a che vengano esenti dalla confisca un appartamento della sua casa con bottega al disotto, e la metà di una terra detta la *Canova*, stati assegnati per alimentare un di lui unico figlio, partito dal Regno, e di cui ignora il destino.

La pieve di Viggiano riclama una moderazione sopra l'imposizione statale fissata per l'annata corrente.

Il Sacerdote Pietro Maria Peretti, curato di Arbellara e Viggianello, dimanda l'aumentazione della congrua fissata dalla legge alla di lui cura.

Le dette tre petizioni sono state rinviate al comitato.

È stata fatta lettura di una memoria del nominato Francesco Tognon, locandiere in Corte, tendente ad essere mantenuto in possesso di un bene nazionale stato da esso acquistato nel tempo del governo provvisorio.

La Camera ha rinviata la memoria del petizionario al governo.

Il rapportatore del progetto di decreto per lo stabilimento de' due tribunali in Capocorso e Bonifacio, ne ha fatta la terza lettura.

La Camera, dopo la discussione e l'avviso di vari membri, ha definitivamente arrestato nei termini seguenti il decreto per essere presentato alla sanzione di Sua Maestà.

Decreto della Camera di Parlamento del Regno di Corsica che stabilisce i tribunali in Capocorso e Bonifacio, letto nella sessione del 17 e definitivamente arrestato nella sessione del 18 dicembre 1795.

Considerando che la località, la popolazione, e l'estensione dei territori di Capocorso e Bonifacio li rendono degni dello ristabilmento dei tribunali, per non esporre i giustiziabili a ricorrere con gravissimo loro pregiudizio a giurisdizioni troppo rimote : — Piaccia perciò all'Eccellentissima Maestà del Re, col consenso della Camera riunita nella presente sessione e per autorità della medesima, statuire e sia statuito ciò che segue.

Articolo Primo.

Sarà ristabilito in Capocorso e Bonifacio un tribunale di giustizia come ve ne sono nelle altre nove giurisdizioni del Regno.

Art. 2.

Il Re statuirà sulla demarcazione dei limiti delle due giurisdizioni e potrà aggiungere alla giurisdizione di Bastia le pievi di Orto e Marana e quella di Nonza a Bastia o Nebbio, egualmente che la comunità di Sisco a Bastia o Capocorso sulla richiesta degli abitanti.

Un membro del comitato ha fatta lettura di un progetto di decreto, di articoli addizionali all'Atto di Parlamento del 18 maggio 1795 sopra i diritti di entrata e di sortita, concernente la confisca degli effetti e mercanzie prese in contrabbando.

La Camera ha dichiarato che vi era luogo a deliberare per seconda lettura, dispensando l'impressione del progetto.

L'istesso membro ha fatta lettura di un progetto di articolo addizionale alla tariffa sopra i diritti d'importazione, concernente l'introduzione dei vini neri.

La Camera dichiara che vi è luogo a deliberare per seconda lettura, e dispensando la stampa dell'articolo che sarà discusso e definitivamente arrestato al primo giorno.

Un membro del comitato a cui fu tramandata la petizione della pieve di Carbini per essere segregata dalla diocesi di Aleria, ed incorporata a quella di Ajaccio, ha presentato un progetto di determinazione, della quale essendo stata fatta lettura, la Camera l'ha addottata in conformità del parere del suo comitato nei termini seguenti:

« Vista la dimanda fatta dai Signori Don Giacomo e Don Giuseppe Peretti, rappresentanti della pieve di Carbini, per la segregazione di detta pieve dalla diocesi di Aleria distante circa novanta miglia, e la difficoltà che i diocesani di Carbini trovano nel cammino per il pericolo dei fiumi di difficile tragitto, e delle più scoscese montagne, ed avuto riguardo alla vicinanza di sole trenta miglia di detta pieve di Carbini colla diocesi di Ajaccio;

» Determina che i motivi contenuti nella dimanda caratterizzano la giustizia della medesima, determina in oltre che Sua Maestà sarà pregata di unire la dimanda della pieve di Carbini alla negoziazione e trattati con Sua Santità il Papa, onde la suddetta pieve sia distratta dalla diocesi di Aleria, ed incorporata a quella di Ajaccio. »

Un altro membro del comitato ha fatta lettura di un progetto di decreto sopra differenti epoche del corso degli assegnati.

La Camera ha dichiarato che vi era luogo a deliberare, ordinando l'impressione del progetto, per essere discusso ed arrestato nelle forme ordinarie.

Il rapportatore del progetto di decreto sopra la naturalizzazione dei forastieri stabiliti in Corsica ne ha fatta la terza lettura.

La Camera, discusso l'articolo ed intesa l'opinione di vari membri, ha definitivamente arrestato il decreto come segue per essere presentato alla sanzione di Sua Maestà.

Decreto della Camera di Parlamento del Regno di Corsica sulla naturalizzazione de' forastieri di già stabiliti nel Regno, letto nella sessione de' 17 e definitivamente arrestato nella sessione del 18 dicembre 1795.

Considerando che i forastieri da lungo tempo stabiliti nel Regno meritano di ottenere il diritto della sua cittadinanza : — Piaccia perciò all'Eccellentissima Maestà del Re col consenso della Camera riunita in questa presente sessione, e per autorità della medesima statuire e sia statuito ciò che segue :

Articolo Primo.

Qualunque forastiere, possedente in Corsica beni fondi, il quale da dieci anni a questa parte avrà stabilito il suo domicilio nel Regno, e che si sarà maritato con donna corsa, sarà riguardato come naturalizzato corso.

L'istesso rapportatore ha fatta la terza lettura del progetto di decreto sulla recezione degli avvocati.

La Camera, dopo la discussione degli articoli separatamente ed intesa l'opinione di vari membri, ha definitivamente arrestato il decreto come segue per essere presentato alla sanzione reale.

Decreto della Camera di Parlamento del Regno di Corsica sulla recezione degli avvocati, letto nella sessione del 17 e definitivamente arrestato nella sessione del 18 dicembre 1795.

Considerando quanto sia vantaggioso di favorire la recezione di quegli avvocati, che per i loro talenti e le loro virtù possono rendersi utili al pubblico : — Piaccia perciò all'Eccellentissima Maestà del Re, col consenso della Camera riunita in questa presente sessione e per autorità della medesima statuire e sia statuito ciò che segue :

Articolo Primo.

Fino a che l'università non sarà stabilita, qualunque il quale senza essere laureato in alcuna università vorrà essere ricevuto avvocato, potrà presentarsi al Tribunale Supremo per essere esaminato in pubblico tanto in civile che in canonico.

Art. 2.

Lo stesso sarà praticato per quelli che saranno stati ricevuti avvocati senza essere stati laureati in alcuna università, e che sono stati ricevuti avvocati dal 1° gennaio 1795.

Art. 3.

Il Re, sul parere del Tribunale Supremo da darsi dopo l'esame e l'approvazione, potrà deliberare, a quelli che saranno stati esaminati, la commissione, che terrà luogo di laurea per poterne esercitare l'ufficio.

È stata fatta la terza lettura del progetto di decreto sopra la tariffa dei cancellieri, tanto del Tribunale Supremo, che delle giurisdizioni del Regno.

La Camera, dopo la discussione di ciascun oggetto di detta tariffa, l'ha definitivamente arrestata per far seguito al decreto che fissa quella dei notari ed estimatori.

Tariffa dei Cancellieri,
tanto del Tribunale Supremo che delle differenti giurisdizioni del Regno.

Articolo Primo.

Per un atto di sicurtà, otto soldi.
2° Per la copia, cinque soldi.
3° Per copia di ogni sentenza interlocutoria, che non eccede due pagine di carta in foglio, sei soldi, ed eccedendo le due pagine sarà pagato tre soldi per pagina, purchè ciascuna pagina contenga venti linee, e ciascuna linea ventotto sillabe; se la carta sarà in quarto, sarà pagata la metà di quanto sopra, a condizione che ogni pagina contenga dieci linee, e ciascuna linea dieci sillabe.
4° Per le copie dei processi verbali, atti di qualunque sorta, e copie di esame di testimoni, sarà praticato quello si è detto nell'art. 3.

5º Per l'esibizione di ogni scrittura, un soldo per ognuna.
6º Per la deposita di capitoli ed interrogatori, due soldi.
7º Per qualunque opposizione, o sequestro, quattro soldi.
8º Per l'accettazione del giuramento di ogni testimonio da esaminarsi nelle cause civili, due soldi per ogni testimonio.
9º Per l'esame di ogni testimonio sopra i capitoli ed interrogatori, un soldo per ciascun capitolo, e quattro danari per ciascun interrogatorio.
10º Per la lettura di scritture ai testimoni, due soldi per ogni scrittura.
11º Per una nomina di periti alla cancelleria, sei soldi.
12º Per la copia, tre soldi.
13º Per un atto di sommissione, otto soldi.
14º Per la copia, quattro soldi.
15º Per un atto di affirmazione di viaggio, e sua copia, dieci soldi.
16º Per una sentenza di cattura, in seguito di giuramento di sospetto di fuga, tanto per l'originale, che per la copia di mandato, una lira, dieci soldi.
17º Per il deposito di danaro, soldi dieci per ogni cento lire, quando la somma non sia maggiore di lire mille; quando sia maggiore, sarà dato per il sopra più, soldi cinque per ogni centinaio.
18º Per il ritiro, cinque soldi per ogni cento lire.
19º Per ogni giuramento che sarà prestato alla Cancelleria, quattro soldi.
20º Per la nomina di un curatore ad un'eredità vacante o ad un assente o latitante, compresa la copia, una lira, dieci soldi.
21º Per una dichiarazione di estimo fatto alla Cancelleria, una lira.
Per la copia quando non ecceda quattro pagine, dieci soldi.
E quando ecceda, quello ch'è detto nell'articolo 3.

22º Per la deposita alla Cancelleria di una deputazione in persona legittima, e per la deposita di qualunque altra scrittura, soldi uno per ciascheduna.

23º Per la copia della deputazione in persona legittima, dieci soldi.

24º Per l'assistenza del Cancelliere alle visite, per vacazione alle risposte che si faranno alle petizioni, inventari, o altri atti di simil natura, escluso l'esame dei testimoni, soldi dieci per ogni ora che durerà la vacazione.

25º Per le copie, sarà pagato quello che è detto sopra, all' articolo 3º.

26º Per l'esame de' testimoni, ed altri atti da farsi in materia criminale, alla richiesta della parte civile, soldi dieci per ogni ora che durerà la vacazione.

27º Per le copie, quello si è detto sopra all' articolo 3º.

28º Per un mandato di esecuzione per le spese, otto soldi.

29º Quanto agli altri atti non specificati nella presente legge, i giudici ne fisseranno il salario, a proporzione che si faranno, avendo riguardo a quello che è sopra determinato. Oltre i diritti sopra indicati, il Cancelliere sarà rimborsato del prezzo della carta, tanto degli originali che delle copie.

Sarà tenuto il Cancelliere di scrivere al basso di ogni atto che delibera, quello gli è stato pagato.

Per le giornate che sarà obbligato di fare in campagna, gli saranno pagate per ogni giornata tre lire.

Non potrà il Cancelliere pretendere cosa alcuna per assistere alle audienze, ne per porre a registro le sentenze.

I Cancellieri, che contravverranno alla presente tariffa, saranno riguardati come colpevoli di concussione, e puniti come tali.

Il rapportatore del progetto di decreto sopra i fanciulli esposti, ne ha fatta la seconda lettura.

Esaminati e discussi gli articoli del progetto, la Camera li ha adottati con qualche leggiero emendamento, rinviandone la terza lettura al primo giorno per essere definitivamente arrestato il decreto.

La sessione è stata sciolta alle ore due, e rimessa a dimani 19 corrente alle ore undici della mattina.

    Gio : Gius. Mª Vescovo d'Aleria, *Presidente*.
    Muselli.

Sessione del 19 Dicembre 1795.

(Alle ore undici della mattina).

I membri della Camera riuniti, la sessione è stata aperta colla lettura del processo verbale della precedente, la di cui redazione è stata approvata.

Monsignor Santini, vescovo del Nebbio, ha fatto sentire la necessità di rendersi al suo seggio per affari del suo ministero.

La Camera gli ha accordato il congedo alla di lui discrezione.

Il rapportatore del progetto di decreto, che aggiunge delle disposizioni all'Atto di Parlamento del 18 maggio ultimo sopra la Gerarchia dei tribunali, ne ha fatta la terza lettura.

Esaminati e discussi separatamente gli articoli del progetto concernente gli appelli, la Camera li ha definitivamente arrestati come segue, per essere presentati alla sanzione reale.

Decreto della Camera di Parlamento del Regno di Corsica che aggiunge delle disposizioni per gli appelli all' Atto di Parlamento del 18 maggio ultimo sopra la gerarchia dei tribunali, letto nella sessione de' 14 e definitivamente arrestato nella sessione del 19 dicembre 1795.

Considerando quanto sia di utilità al popolo di accelerare la spedizione di tutte le cause civili : — Piaccia perciò all'Eccellentissima Maestà del Re, col consenso della Camera di Parlamento riunita nella presente sessione, e per autorità della medesima, statuire e sia statuito ciò che segue :

Articolo Primo.

Il Tribunale Supremo nel decorso delle ferie stabilite dalla legge, potrà giudicare al numero di tre giudici nelle cause puramente civili.

Art. 2.

Gli atti d'interposizione di appello saranno significati ne' giorni quindici, dopo i quaranta fissati per l'interposizione; il detto termine sarà perentorio.

Art. 3.

Gli appelli non saranno sospensivi che quanto saranno interposti da sentenze definitive o interlocutorie, che portino danno irreparabile in definitivo.

Il rapportatore del progetto esclaratorio alla tariffa sopra i diritti dell'importazione del vino nero, ne ha fatta la terza lettura.

La Camera, discusso il detto articolo, lo ha definitivamente arrestato nei termini seguenti per essere sottoposto alla sanzione di Sua Maestà,

Decreto della Camera di Parlamento del Regno di Corsica esclaratorio alla tariffa dei vini neri al seguito dell'atto del 18 maggio 1795 sopra i diritti di entrata e di sortita, letto nella sessione de' 18 e definitivamente arrestato nella sessione del 19 dicembre 1795.

Considerando la neccessità di esclarare ed aggiungere diverse disposizioni all'Atto sopra i diritti di entrata e di sortita, per rendere facile e non soggetta a discussioni questa parte di redditi pubblici : — Piaccia perciò all'Eccellentissima Maestà del Re, col consenso della Camera riunita in questa presente sessione e per autorità della medesima, statuire e sia statuito ciò che segue.

Sopra i vini neri.

ARTICOLO PRIMO.

Sotto il nome di vino nero, non saranno compresi il vino di Bordeaux e simili, ma soli vini di ordinario.

Il rapportatore del progetto di decreto che aggiunge diversi articoli all'Atto di Parlamento del 18 maggio ultimo sopra i diritti di entrata e di sortita concernente gli effetti e mercanzie prese in contrabbando, ne ha fatta la terza lettura.

Esaminati separatamente i detti articoli e quelli discussi, la Camera li ha definitivamente arrestati come segue per essere presentati alla sanzione reale, per far seguito al sopradetto decreto.

Sopra gli effetti e le mercanzie confiscate.

ARTICOLO PRIMO.

Tutti gli effetti e mercanzie prese in contrabbando e giudicate confiscate, saranno vendute in pubblica gallega.

ART. 2.

La metà del prodotto di dette vendite sarà a profitto della nazione. L'altra metà sarà divisa in tante parti, quanti sono l'impiegati. Queste ultime parti saranno divise fra detti impiegati nel modo seguente, cioè due parti al direttore, una e mezza al brigadiere, e le rimanenti fra gli altri impiegati per testa.

ART. 3.

Gli effetti depositati alla dogana, e non riclamati o ritirati dopo un anno, seguiranno la sorte di quelli giudicati confiscati.

È stata fatta la terza lettura del progetto di decreto, a che l'Atto di Parlamento del 31 marzo 1795, che autorizza il Re a poter far arrestare le persone sospette di tradimento o d'intelligenza coi nemici, continui ad essere eseguito fino al giorno quindeci dopo la prossima riunione della Camera di Parlamento.

La Camera, esaminato e discusso il progetto, ha definitivamente arrestato nei termini seguenti il decreto per essere presentato alla sanzione di Sua Maestà.

Decreto della Camera di Parlamento del Regno di Corsica che ordina l'esecuzione dell'Atto del 31 marzo 1795 con cui il Re viene autorizzato a poter far arrestare le persone sospette di tradimento e d'intelligenza coi nemici, letto nelle sessioni de' 16 e 17 e definitivamente arrestato nella sessione del 19 dicembre 1795.

Considerando che la salvezza dello Stato e la pubblica sicurezza esigono di prendere tutte le misure per preservare la patria di qualunque tentativo da suoi nemici: — Piaccia perciò all'Eccellentissima Maestà del Re, col consenso della Camera riunita nella presente sessione e per autorità della medesima, statuire, e sia statuito ciò che segue:

Articolo Primo.

L'atto del 31 marzo 1795 che autorizza il Re a poter fare arrestare le persone sospette di tradimento, o d'intelligenza coi nemici, continuerà ad essere eseguito fino al giorno quindeci dopo la prossima riunione della Camera di Parlamento.

Il rapportatore del progetto di decreto sopra le spese et intrattenimento dei fanciulli esposti ne ha fatta la terza lettura.

La Camera, esaminati e separatamente discussi tutti gli articoli del progetto, ed intesa l'opinione di vari membri, ha definitivamente arrestato il decreto come segue per essere presentato alla sanzione reale.

Decreto della Camera di Parlamento del Regno di Corsica sopra le spese e l'intrattenimento dei fanciulli esposti, letto nelle sessioni dei 17 e 18, e definitivamente arrestato nella sessione del 19 dicembre 1795.

Considerando quanto sia essenziale di evitare tutti gli abusi e di assicurare l'intrattenimento, e le spese de' fanciulli esposti, conciliabili coll'umanità, e le pubbliche finanze:
— Piaccia perciò all'Eccellentissima Maestà del Re, col consenso della Camera di Parlamento riunita in questa presente sessione, e per autorità della medesima, statuire e sia statuito come segue:

Articolo Primo.

I fanciulli esposti, cioè i maschi maggiori attualmente di otto anni, e le femmine di dieci anni, e quelli che diverranno in avvenire, non continueranno ad esser più a carico dello Stato.

Art. 2.

Tutti i fanciulli, che nasceranno, e saranno esposti in avvenire, saranno mantenuti dalle comunità, nelle quali saranno esposti, se la madre non sarà conosciuta.

Art. 3.

In questo ultimo caso, le madri ai quali apparterranno, saranno obbligate di alimentarli, salvo alle istesse, il provvedersi contro gli autori delle loro gravidanze.

Art. 4.

I redditi dei beni delle istituzioni destinati a quest'oggetto, saranno impiegati nei luoghi ove ne esistono, al nutrimento de' fanciulli esposti.

Art. 5.

Tutte le emende attribuite alla nazione, o alle comunità, tanto dalla legge concernente gli abusi campestri, che da quella concernente le pene correzionali, saranno specialmente impiegate all'intrattenimento de' fanciulli esposti.

Art. 6.

Gli ufficiali municipali saranno tenuti ogni sei mesi, di render conto all'Avvocato del Re del risultato di dette emende, che impiegheranno per l'intrattenimento dei fanciulli esposti.

Art. 7.

Gli ufficiali municipali non potranno dare per l'intrattenimento di detti fanciulli, una somma maggiore di quella stabilita nell'Atto di Parlamento del 18 maggio 1795.

Art. 8.

Al rendimento dei conti, gli ufficiali municipali saranno tenuti di presentare le ricevute delle somme, state pagate alle nutrici.

Art. 9.

Le femmine non maritate, che si troveranno incinte, saranno tenute di farne la loro dichiarazione al Podestà della comunità ; le dette dichiarazioni dovranno inscriversi dallo stesso Podestà, sopra un registro a ciò destinato, che dovrà tener segreto, ed inviarlo prima della rinnovazione della municipalità al tribunale della giurisdizione.

Art. 10.

Il Podestà, al tempo della dichiarazione, intimerà loro di aver cura del feto, e di doverglielo presentare fra giorni otto, dopo che sarà alla luce.

Art. 11.

Qualunque donna, che sarà convinta di aver esposto il suo parto, sarà condannata a sei mesi di detenzione ; i complici saranno soggetti alla stessa pena.

Art. 12.

Qualunque donna non maritata, la quale sarà convinta di essere stata incinta, se non rende conto del parto, che avrà dato alla luce, si presumerà averne procurato l'aborto o la soffocazione, e sarà condannata alle pene stabilite nel codice penale, contro quelli, che procurano gli aborti, o soffocano i loro parti, ammenoche non giustifichi di aver fatto un'aborto naturale.

Art. 13.

Le municipalità della città divideranno le stesse città in tanti quartieri, quanto saranno giudicati necessari, e nomineranno un Commissario in ogn'uno di detti quartieri.

Art. 14.

Gli ufficiali municipali, egualmente che i commissari, sono nel loro comune specialmente incaricati di procurarsi tutte le possibili informazioni, per conoscere le femmine non maritate, che saranno, incinte, ed intimeranno loro la conservazione del feto, e l'obligo di nutrire il parto, che daranno alla luce, sotto le pene determinate dalla presente legge.

Art. 15.

Gli ufficiali municipali di ciascuna comunità, saranno tenuti d'inviare all'Avvocato del Re della loro Giurisdizione una nota ogni mese, del numero de fanciulli esposti, che si troveranno nella loro communità; gli Avvocati del Re ne informeranno il Governo, il quale quando veda che in una comunità ve ne sia un numero eccedente, potrà distribuirli in altre comunità dove non ve ne sia, o dove vene sarà un numero assai inferiore a quello delle altre comunità, avuto riguardo alle popolazioni.

Un membro del comitato ha fatto lettura di un progetto di decreto per accelerare il rendimento dei conti di tutti gli amministratori dei fondi pubblici.

La Camera ha dichiarato che vi era luogo a deliberare e decretata l'urgenza, ordinando l'impressione del progetto per essere discusso e definitivamente arrestato al primo giorno.

Un membro dell'istesso comitato ha fatto lettura d'un articolo esclaratorio dell'Atto di Parlamento del 31 marzo 1795, che regola la promulgazione degli Atti, perchè la trascrizione sia eseguita col solo titolo.

La Camera dichiara che vi è luogo a deliberare per seconda lettura, dispensando l'impressione del progetto che sarà discusso e definitivamente arrestato al primo giorno.

Un altro membro ha fatto lettura di un articolo da aggiungersi all'Atto di Parlamento del 18 maggio ultimo concernente gli abusi campestri: *Sopra i danni fatti dalle pecore.*

La Camera ha dichiarato che vi è luogo a deliberare per

seconda lettura, e dispensando la stampa dell'articolo, ne ha rinviata la discussione alla prima sessione, in cui sarà definitivamente arrestato.

Un membro del comitato ha fatto il rapporto di diverse memorie stategli tramandate colle precedenti determinazioni della Camera, ed ha osservato che essendo tutte della competenza del Governo, doveano essergli rinviate per farvi diritto come apparterrà.

La Camera, inteso il rapporto del suo comitato, tramanda al Governo le memorie delle comunità di Lano, Belvedere, Costa e Tarano, pieve di Viggiano, sopra il preteso eccesso d'imposizione ; delle comunità di Evisa, Olmeto, e signor Pinelli di Guagno sopra le inimicizie che vi regnano ; del curato di Arbellara e Viggianello per aumento di congrua ; dei signori Giovanni Francesco Fabbiani, Dottor Martino Grisoni, dei sacerdoti Antonio Maria Italiani, e Gio : Agostino Graziani, per indennità di somme pagate per affitto o acquisto di beni nazionali ; del signor Salini per l'esclarazione sopra i piottoli per potersi togliere dai beni nazionali affittati ; del signor Giulio Francesco Morati per indennità delle somme impiegate nello stagno di Chiurlino ; dell'Arcidiacono Olmeta per ottenere un provvedimento ai suoi servizi ecclesiastici, ed alle sue perdite ; del signor Ponte di Ajaccio, perchè i beni assegnati al di lui figlio che trovasi assente dal Regno, siano esenti dalla confisca ; finalmente del portiere della sala e dei pedoni di Ajaccio a Corte per l'aumentazione dei loro salari, per essere statuito come di raggione.

L'istesso rapportatore ha osservato che sono stati dalla Camera tramandati al comitato diversi processi verbali contenenti delle petizioni delle comunità di Bisinchi, Rascamone, Frasso, Pastoreccia, Vicinato e Saliceto della pieve di Rostino, Campile della pieve di Casacconi, ed altre delle diverse comunità della pieve di Ornano ; che il comitato, dopo l'esame apportato ai suddetti processi verbali ha riconosciuta l'illegalità della forma delle dette petizioni fatte dal popolo assemblato senza il permesso di Sua Maestà o in forza della legge ; è stato perciò di parere di dichiarare la forma di dette petizioni illegale.

La Camera di Parlamento, udito il rapporto del suo comitato, intesa l'opinione di vari membri, considerando che quantunque il popolo abbia dalla Costituzione il diritto di petizionare, sotto nome però di popolo, non si comprende che la generalità dei cittadini del Regno ; che le petizioni delle comunità di Bisinchi, Rascamone, Frasso, Pastoreccia, Vicinato e Saliceto, e Campile, non sono state fatte da individui che possono petizionare nella loro capacità solamente, ma inserite in processi verbali in assemblee, le quali non sono state autorizzate nè dal Re, nè dalla legge, la Camera dichiara la forma di dette petizioni illegale.

La sessione è stata sciolta alle ore tre, e rinviata a dimani 2 corrente alle ore undici di mattina.

GIO: GIUS. Ma VESCOVO D'ALERIA, *Presidente*.
MUSELLI.

Sessione del 20 Dicembre 1795.

(*Alle ore undici della mattina*).

I membri della Camera riuniti, la sessione è stata aperta colla lettura del processo verbale della precedente, la di cui redazione è stata approvata.

Il rapportore del progetto di decreto esclaratorio all'Atto del 31 marzo 1795 che regola la promulgazione degli Atti di Parlamento ne ha fatta la terza lettura.

Esaminato e discusso l'articolo di cui è composto, la Camera lo ha definitivamente arrestato per essere sottoposto alla sanzione reale nei termini seguenti :

Decreto della Camera di Parlamento del Regno di Corsica esclaratorio dell'Atto del 31 marzo 1795 che regola la promulgazione degli Atti di Parlamento, letto nella sessione del 19 e definitivamente arrestato li 20 dicembre 1795.

Considerando che la trascrizione del solo titolo delle leggi sopra i registri del tribunale può supplire alla disposizione dell'Atto precedente: — Piaccia perciò all'Eccellentissima Maestà del Re, col consenso della Camera di Parlamento riunita nella presente sessione, e per autorità della medesima, statuire, e sia statuito ciò che segue:

Articolo Primo.

La trascrizione degli Atti di Parlamento su i registri del Tribunale Supremo e delle giurisdizioni, ordinata dall'articolo 6 dell'Atto di Parlamento del 31 marzo 1795, che regola la promulgazione degli Atti e fissa il termine da cui cominceranno ad essere esecutori, sarà eseguita colla trascrizione del titolo solamente sopra un registro a ciò destinato.

Il rapportatore del progetto di decreto che aggiungge una disposizione all'Atto di Parlamento del 18 maggio 1795, concernente gli abusi campestri, ne ha fatta la terza lettura.

Discusso l'articolo, la Camera lo ha definitivamente arrestato come segue per essere presentato alla sanzione reale.

Decreto della Camera di Parlamento del Regno di Corsica che aggiunge una disposizione all'Atto di Parlamento del 18 maggio 1795 concernente gli abusi campestri sopra i danni fatti dalle pecore, letto nella sessione del 19 e definitivamente arrestato nella sessione del 20 dicembre 1795.

Considerando la necessità di provvedere all'indennità di quei proprietari, i beni de' quali vengono dannificati dalle pecore, e di fissare un'ammenda contro gli abusi non preveduti dall'Atto precedente del Parlamento : — Piaccia però all'Eccellentissima Maestà del Re, col consenso della Camera di Parlamento riunita nella presente sessione e per autorità della medesima, statuire e sia statuito ciò che segue :

Articolo Primo.

I proprietari o custodi delle pecore che saranno trovate di giorno a far danno, oltre il pagamento del danno e della presura, saranno tenute all'ammenda di soldi sei per testa, se il terreno è aperto. L'ammenda sarà del doppio se le pecore vi saranno state introdotte volontariamente o di notte : salvo il diritto de' proprietari contro i custodi o guardiani di dette pecore.

Il rapportatore del progetto di decreto sopra il rendimento dei conti di tutti gli amministratori dei fondi pubblici, e la liquidazione dei crediti, ne ha fatta la seconda lettura.
Esaminati e discussi gli articoli del progetto, la Camera li ha arrestati rinviandone la terza lettura al primo giorno, in cui sarà definitivamente formato il decreto.
Il rapportatore del progetto di decreto sopra i depositi, e corso degli assegnati ne ha fatta la seconda lettura.

Dopo l'esame e la discussione degli articoli del progetto, sono stati quelli adottati dopo dei leggieri emendamenti, e la terza lettura è stata rinviata al primo giorno, per essere definitivamente arrestato il decreto.

La sessione è stata sciolta alle ore due e rimessa a dimani ventuno corrente alle ore dieci della mattina.

Gio : Giuseppe Maria, Vescovo d'Aleria, *Presidente*.
Muselli.

Sessione del 21 Dicembre 1795

(Alle ore dieci della mattina).

I membri della Camera riuniti, la sessione è stata aperta con la lettura del processo verbale della precedente, la di cui redazione è stata approvata.

La comunità di Bastia ha proposte con una petizione diverse misure per supplire alle sue spese comunali.

La Camera l'ha rinviata al governo.

I membri del Tribunale del Nebbio hanno richiesto un'indennizzazione per la loro traslazione da San Fiorenzo ad Oletta eseguita per ordine del governo, e che venga egualmente fissata per il tempo avvenire, siccome ancora che sia stabilito definitivamente il seggio della giurisdizione suddetta.

La Camera ha dichiarato che non vi era luogo a deliberare.

Sopra una petizione del Sig. Gio. Andrea Giudicelli, controllore degli atti in Ventiseri, con cui riclama la metà dei redditi provenienti dal controllo.

La Camera lo rinvia alla disposizione della legge. Un membro del comitato dopo il rapporto fatto delle seguenti memorie, la prima del Signor Gio : Battista Tartaroli, per essere dichiarato legittimo proprietario dei beni del Casone per l'importare della perizia che liquida i miglioramenti stativi da esso fatti, in conformità della determinazione del governo provvisorio del 17 ottobre 1793.

La seconda, del Signor conte Rossi, con cui riclama una concessione statagli fatta dal governo francese nel tempo dei Re, unitamente all'indennizazione di tutti i danni sofferti.

La terza, del nominato Francesco Tognon, albergista in questa città, tendente ad esser mantenuto in possesso di un bene nazionale da esso acquistato, ed in cui ha fatto dei notabili miglioramenti.

La quarta, dei Signori Gio : Natale Istria e consorti, perchè non siano molestati nel godimento dei terreni che hanno coltivati, appartenenti alla chiesa di Calvese, mediante il pagamento del terratico a chi si spetta.

Il comitato è stato di avviso di tramandare le suddette memorie al governo, e la Camera lo ha addottato.

Un membro dell'istesso comitato, dopo aver fatto un rapporto dettagliato sopra lo stato attuale delle finanze del Regno, e delle spese ordinate, e del resultato dei redditi pubblici, ha fatto lettura di un decreto concernente l'imposizione territoriale per l'annata 1796.

La Camera ha dichiarato che vi era luogo a deliberare, ordinando l'impressione del progetto, per essere discusso ed arrestato nelle forme ordinarie.

L'istesso membro ha fatto lettura di un progetto di decreto per la soppressione della giurisdizione contenziosa dei Podestà delle pievi, e le funzioni e gli onorari dei loro cancellieri.

La Camera ha dichiarato che vi era luogo a deliberare, ordinando l'impressione del progetto per essere distribuito, discusso ed arrestato nelle forme descritte dai suoi regolamenti.

Un altro membro dell'istesso comitato ha fatto lettura di un progetto di tassa per gli uscieri dei tribunali, onorari degli avvocati e salari de' procuratori.

La Camera ha dichiarato che vi era luogo a deliberare per la seconda lettura, dispensando l'impressione della tassa suddetta e rinviando alla prima sessione la terza lettura per essere definitivamente discussa ed arrestata.

Sulla petizione del segretario della Camera per le indennità delle spese di scagno, la Camera dichiara che gli saranno deliberate per la somma portata dall'Atto di Parlamento concernente la fissazione degli onorari e delle spese pubbliche del 18 maggio 1795.

È stata fatta lettura di una memoria del Signor Parodi, con cui dimanda di esser ammesso fra i membri della Camera, come rappresentante della pieve di Calvi per la pluralità dei suffragi, che ha riportata sopra del Signor Panattieri, altro concorrente.

La Camera ha rinviata la memoria del petizionario al suo comitato di verificazione.

Un membro del comitato ha fatta lettura di un progetto di decreto per assicurare la sussistenza provvisoria del clero per l'annata 1796.

La Camera ha dichiarato che vi era luogo a deliberare, ordinando la stampa del progetto per essere distribuito, discusso ed arrestato nelle forme ordinarie.

Uno dei membri ha proposto un articolo al decreto sopra le spese, ed intrattenimento dei fanciulli esposti per mettere alla disposizione del Re la somma di venti mila lire, per supplire alle spese più urgenti.

La Camera, discusso l'articolo, lo ha definitivamente arrestato come segue per far parte del decreto suddetto.

Articolo XVI.

Il Re potrà disporre della somma di lire venti mila per supplire provvisoriamente alle spese dei fanciulli esposti, che ne avranno più urgente necessità.

La sessione è stata sciolta alle ore due e rinviata alle tre pomeridiane di questo giorno.

Gio: Gius. Mª Vescovo d'Aleria, *Presidente*.
Muselli.

Sessione del 21 Dicembre 1795

(*Alle ore tre dopo mezzo giorno*).

I membri della Camera riuniti, il rapportatore del progetto di decreto concernente la tassa degli uscieri, onorari degli avvocati e salario de' procuratori, ne ha fatta la terza lettura.

La Camera, discussi ed esaminati tutti gli articoli di detta tassa, l'ha definitivamente arrestata nei termini seguenti per far parte del decreto concernente la tassa dei notari estimatori e cancellieri, che sarà presentato alla sanzione di Sua Maestà.

Tassa degli uscieri al Tribunale Supremo ed alle Giurisdizioni.

Articolo Primo.

Per ciascuna causa che sarà chiamata e trattata all'udienza, quattro soldi.

2º Per la presentazione alla parte di una dimanda introduttiva, protesta o altri atti di simile natura, sei soldi.

3º Per la presentazione di un atto semplice alle parti, soldi quattro, ed ai procuratori, due soldi.

4º Per l'esecuzione di un mandato di cattura per giuramento di sospetto, imprigionamento della persona, e processo verbale, lire tre.

5º Per qualunque processo verbale di ricerca di persona

giurata sospetta, apertura di porte, offerte reali, e simili, una lira.

Dovendo le mamprese di beni stabili essere fatte da pubblici estimatori, non sarà tassato alcun salario per gli uscieri che vi assisteranno, ammenochè il Tribunale non abbia ordinata la loro assistenza per causa legittima.

6º Per ogni vacazione, alla quale assisteranno nelle commissioni o altri atti di giustizia, in cui sia necessario il loro ministero, soldi quattro per ogni ora.

7º Per la giornata intiera, quando sieno nominati guardiani di effetti, sigilli o altro, una lira e dieci soldi per ogni giorno, quando l'impieghi nel seggio del Tribunale, e lire due, soldi dieci in campagna, quando il luogo si trovi cinque miglia lontano da quello del seggio.

8º In tutti gli altri casi non specificati nella presente legge avranno quello sarà fissato dal giudice, avuto riguardo al loro travaglio, e distanza dei luoghi.

9º Le somme suddette saranno dovute, oltre il prezzo della carta, e spese di controllo.

Tassa degli Onorari degli Avvocati e Salario dei Procuratori al Tribunale Supremo e alle Giurisdizioni del Regno.

ARTICOLO PRIMO.

Per una dimanda introduttiva in giudizio ordinario, una lira e dieci soldi.

2º Per una dimanda in qualunque altra sorte di giudizio, una lira.

3º Per qualunque altra domanda da farsi nel corso dell'istruzione, la quale contenga certe e determinate conclusioni, quindici soldi.

4º Per la risposta alla dimanda introduttiva di qualunque giudizio, una lira, e per qualunque altra, che si facesse nel corso del giudizio, quindici soldi.

5º Per una citazione semplice ossia sommazione per comparire all'udienza, otto soldi.

6º Per la comparsa in casa del Presidente, o altro Commissario per far decretare suppliche, tassar spese, o simili, otto soldi.

7º Per la comparsa all'udienza per ottener contumacia, o in cui la causa sia stata differita all'udienza, senza che sia stata trattata, dodici soldi.

8º Per comparsa all'udienza per ottener pronuncia interlocutoria, e per cui non sia seguita contestazione, dodici soldi.

Se vi è stata contestazione, l'onorario dell'avvocato sarà di tre lire, e quello del procuratore, se egli ha trattato la causa, di trenta soldi.

9º Per comparsa all'udienza, quando la causa sarà trattatta sul merito, all'avvocato tre lire, e trenta soldi al procuratore, se è un procuratore quello che l'ha trattata.

10º Quello sarà praticato nel caso dell'articolo precedente, sarà praticato per le informazioni all'Avvocato del Re.

11º Negli affari gravi però, e di grande importanza, la comparsa all'udienza degli avvocati e procuratori, quando si sarà trattato il merito della causa, l'onorario potrà esser fissato ad una somma maggiore della sopra espressa, avuto riguardo al travaglio, ed alla difficoltà della lite.

12º Le consultazioni e memorie degli avvocati e procuratori saranno tassate dal giudice, avuto riguardo all'importanza della materia, al travaglio, ed al merito della medesima.

13º Perchè le dette consultazioni e memorie possano essere tassate, dovranno essere state comunicate alle parti, o ai loro procuratori, durante la lite.

14º Per le giornate del procuratore, alle visite, inventari, o altre simili operazioni, quando si faranno nel luogo del seggio del Tribunale, l'onorario sarà tassato a ragione di tre lire al giorno ; quanto a quelle che saranno impiegate in campagna, saranno tassate dal giudice, avuto riguardo alla distanza dei luoghi.

15° L'assistenza del procuratore, quando l'avvocato avrà trattata la causa, sarà tassata a otto soldi.

16° In tutti gli altri casi non specificati nella presente legge, gli onorari saranno fissati dal giudice con discreta proporzione.

17° Le somme di sopra espresse, saranno pagate oltre il valore della carta, spese di controllo, ed uscieri, quando il procuratore ne abbia fatto l'avanzo.

Il rapportatore del progetto di decreto sopra il rendimento dei conti di tutte gli amministratori dei fondi pubblici e la liquidazione dei crediti, ne ha fatta la terza lettura.

La Camera, dopo la discussione di ciascun articolo separatamente, e intesa l'opinione di vari membri, ha definitivamente arrestato il decreto come segue, per essere presentato alla sanzione reale.

Decreto della Camera di Parlamento del Regno di Corsica sopra il rendimento dei conti di tutti gli amministratori dei fondi pubblici e la liquidazione dei crediti, letto nelle sessioni dei 19 e 20 e definitivamente arrestato nella sessione de' 21 dicembre 1795.

Considerando quanto sia espediente di verificare la gestione di tutte le persone, che hanno amministrati redditi, effetti, fondi, o denari pubblici, egualmente che di procedere alla liquidazione dei crediti: — Piaccia però all'Eccellentissima Maestà del Re, col consenso della Camera di Parlamento riunita in questa presente sessione, e per autorità della medesima, statuire, e sia statuito come segue.

Articolo Primo.

Sarà nominata dal Re una commissione di persone non contabili, la quale sarà tenuta di riconoscere la gestione dei denari pubblici, fatta dalle passate amministrazioni, o dai privati a ciò incaricate.

Art. 2.

I conti resi dalla passata amministrazione nel mese di Dicembre 1791, saranno esaminati dalla detta commissione.

Art. 3.

L'amministrazione creata nel 1792 al mese di dicembre, sarà tenuta di render conto della sua gestione nanti la detta commissione; i commissari di detta amministrazione, sia che fossero del corpo della medesima, o scelti fra i cittadini, saranno specialmente tenuti a rendere il detto conto.

Art. 4.

I commissari o qualunque altra persona, che avessero presentati i loro conti al corpo, dal quale aveano ricevuto la missione, saranno tenuti a rinnovarli nanti la commissione creata in virtù della presente legge.

Art. 5.

La presente legge sarà applicabile alle amministrazioni degli antichi Distretti, ai commissari da essi nominati, ed a qualunque altra persona, che sotto qualsivoglia titolo avrà avuto gestione, o amministrato redditi, effetti, fondi, o denari pubblici a cominciare dal primo novembre 1789, ed a tutti i percettori di redditi, e denari pubblici.

Art. 6.

Tutte le liquidazioni de' crediti, pretesi dai particolari verso la nazione, saranno esaminati della detta commissione, sotto gli ordini del Re.

Art. 7.

Quelli che si pretenderanno creditori, saranno tenuti di presentare nel termine di quattro mesi, dopo la nomina della commissione, i loro titoli alla medesima, che li esaminerà, e sottometterà il suo rapporto al Re.

Art. 8.

La commissione per la ricognizione dei conti, creata in virtù della presente legge, si metterà in attività per procedere alle sue operazioni sotto gli ordini del Re.

Art. 9.

Le indennità definitive da accordarsi alla commissione saranno statuite alla prossima sessione di Parlamento ; frattanto il Re potrà accordarli delle anticipazioni per l'esecuzione, e proseguimento del travaglio.

Il rapportatore del progetto di decreto sopra l'imposizione territoriale ne ha fatto le seconda lettura.
Esaminati e discussi gli articoli del progetto, la Camera li

ha addottati, rinviandone la terza lettura al primo giorno per essere definitivamente arrestato il decreto.

L'istesso membro ha fatto la seconda lettura del progetto concernente la suppressione della giurisdizione contenziosa dei Podestà delle pievi, e delle funzioni dei loro cancellieri.

Discussi gli articoli del progetto, la Camera li ha addottati, e rimessa la terza lettura alla prima sessione per essere definitivamente arrestato il decreto.

Il rapportatore del progetto di decreto per assicurare la sussistenza provvisoria al clero per l'annata 1796, ne ha fatto la seconda lettura.

La Camera, dopo la discussione degli articoli, ed intesa l'opinione di vari membri, li ha adottati, rinviandone alla prima sessione la terza lettura per essere definitivamente arrestato il decreto.

Il rapportatore del progetto sopra i depositi ed il valore degli assegnati ne ha fatto la terza lettura.

Discussi separatamente tutti gli articoli del progetto, e dopo aver intesa l'opinione di vari membri, e qualche emendamento a quelli apportato, la Camera ha definitivamente arrestato come segue il decreto per essere presentato alla sanzione reale.

Decreto della Camera di Parlamento del Regno di Corsica sopra i depositi degli Assegnati, letto nelle sessioni de' 18 e 19 e definitivamente arrestato nella sessione del 21 dicembre 1795.

Considerando la necessità di porre fine con una legge sulle multiplicate controversie pendenti nei Tribunali sopra i depositi, ed il valore degli assegnati : — Piaccia perciò all'Eccellentissima Maestà del Re, col consenso della Camera di Parlamento riunita in questa presente sessione, e per autorità della medesima, statuire, e sia statuito come segue.

Articolo Primo.

I depositi fatti in assegnati per denaro ricevuto, o per cose contrattate a denaro contante, e non ritirati dalle parti, saranno considerati a carico del creditore per il solo valore, che gli assegnati aveano ridotti in specie sonante al momento del deposito, ammenoché non sia intervenuto sentenza passata in cosa giudicata.

Art. 2.

I depositi fatti in assegnati, saranno considerati come legittimi per tutte le azioni di riscatto, o ritratto, qualora non siano nulli per altri capi; sarà però tenuto il depositante di completare in danaro i detti depositi, nel termine di giorni trenta, dal giorno della liquidazione del valore degli assegnati, qual'ora però il deposito fosse stato fatto per semplice estinzione di debito; il valore degli assegnati sarà sempre a carico del creditore.

Art. 3.

Le nullità dei depositi in virtù di qualunque altra legge non saranno pregiudicate.

La sessione è stata sciolta alle ore dieci di sera, e rinviata a domani alle ore dieci di mattina.

Gio : Gius. Ma Vescovo d'Aleria, *Presidente.*
Muselli.

Sessione del 22 Dicembre 1795.

(*Alle ore dieci di mattina*).

I membri della Camera riuniti, la sessione è stata aperta colla lettura del processo verbale della precedente, la di cui redazione è stata approvata.

Il rapportatore del progetto di decreto sopra l'imposizione territoriale, ne ha fatta la terza lettura.

Dopo l'esame e la discussione di ciascun articolo, la Camera ha definitivamente arrestato il decreto come siegue, per essere presentato alla sanzione reale.

Decreto della Camera di Parlamento del Regno di Corsica sopra l'imposizione territoriale per l'anno 1796, letto nelle due sessioni dei 20 e 21 e definitivamente arrestato nella sessione del 22 dicembre 1795.

Considerando che la fissazione delle imposizioni deve essere regolata in proporzione delle pubbliche spese, e che per supplire a quelle delle differenti parti dell'amministrazione del Regno, e del suo governo, si rende necessario un pronto provvedimento : — Piaccia perciò all'Eccellentissima Maestà del Re, col consenso della Camera di Parlamento riunita in questa presente sessione, e per autorità della medesima, statuire, e sia statuito come segue.

Articolo Primo.

L'imposizione territoriale per acconto votata nell'anno 1795, sarà definitiva per il detto anno.

Art. 2.

Sarà pagata la somma di cento quaranta mila lire d'imposizione territoriale per l'anno 1796, conforme è stato praticato per il 1795, cioè, metà al 15 marzo, e metà il 15 settembre.

Art. 3.

Le Comunità che si trovassero gravate per la ripartizione del 1795, e 1796, avranno la facoltà di riclamare le indennità dalle altre, dopo che l'Atto di Parlamento concernente l'estimo dei beni sarà eseguito, e che il Parlamento avrà fissata la imposizione secondo il metodo previsto dal detto Atto.

Il rapportatore del progetto di decreto per la soppressione della giurisdizione contenziosa dei Podestà delle pievi e delle funzioni ed onorari dei loro cancellieri, ne ha fatto la terza lettura.
Dopo la discussione dei due articoli del progetto, la Camera ha definitivamente arrestato nei termini seguenti il decreto per essere sottoposto alla sanzione di Sua Maestà.

Decreto della Camera di Parlamento del Regno di Corsica che sopprime la giurisdizione contenziosa attribuita ai Podestà delle Pievi, e le funzioni e gli onorari dei loro Cancellieri, letto nelle sessioni dei 20 e 21 e definitivamente arrestato nella sessione del 22 dicembre 1795.

Considerando che la giurisdizione dei Podestà delle Pievi può essere supplita dalle municipalità con maggior soddisfazione del popolo, e che l'abolizione delle funzioni ed onorari dei loro cancellieri apporta un risparmio alle pubbliche spese : — Piaccia perciò all'Eccellentissima Maestà del Re, col consenso della Camera di Parlamento riunita in questa presente sessione e per autorità della medesima, statuire, e sia statuito come segue :

Articolo Primo.

La giurisdizione attribuita ai Podestà delle Pievi per giudicare le sentenze dei Municipali in grado di appello, è deferita ai Tribunali delle giurisdizioni.

Art. 2.

Le funzioni e gli onorari dei cancellieri dei Podestà delle Pievi sono aboliti.

Il rapportatore del progetto di decreto sopra la sussistenza provvisoria del Clero per l'annata 1796, ne ha fatta la terza lettura.

La Camera, dopo la discussione degli articoli del progetto e le osservazioni di vari membri, ha arrestato definitivamente il decreto come segue, per essere presentato alla sanzione reale.

Decreto della Camera di Parlamento del Regno di Corsica sopra la sussistenza provvisoria del Clero per l'annata 1796, letto nelle due sessioni dei 20 e 21, e definitivamente arrestato nella sessione del 22 dicembre 1795.

Considerando quanto sia doveroso e giusto di assicurare ai ministri dell'altare una onesta sussistenza conciliabile colle risorse del popolo : — Piaccia perciò all'Eccellentissima Maestà del Re, col consenso della Camera di Parlamento riunita in questa presente sessione e per autorità della medesima, statuire e sia statuito ciò che segue.

Articolo Primo.

Sarà pagato al Clero, compresi i Vescovi, la decima in natura alla ragione di uno per ogni trenta uniformemente in tutta la Corsica, compreso il territorio della Comunità di Cargese ; se vi sarà uso più favorevole al popolo in qualche parrocchia, sarà conservato.

Art. 2.

La decima all'uno per ogni trenta si pagherà di quei generi dei quali soleva pagarsi e da quelli che vi erano soggetti secondo gli usi locali, e le detrazioni sono conservate a favore dei popoli, come esistevano per l'avanti.

Art. 3.

I decimatori percepiranno ciascuno secondo la porzione che avevano; e i diritti respettivi l'uno verso dell'altro sono mantenuti.

Art. 4.

La congrua provvisoria fissata dall'Atto di Parlamento del 18 maggio, rimane abolito al 1° gennaio 1796.

Un membro del Comitato di verificazione al momento che si proponeva di fare il rapporto sopra la contestazione del secondo parlamentario della città di Calvi fra i Signori Panattieri e Parodi, il detto Signor Panattieri avendo desistito dal richiesto complemento di due membri dell'istesso comitato, che non erano stati ancor rimpiazzati, il rapportatore senza entrare in alcun dettaglio dei fatti, che davano luogo alla suddetta contestazione, ha concluso a nome del suddetto comitato a che il detto Signor Parodi sia ammesso, come candidato della città di Calvi, senza pregiudizio delle opposizioni fatte e di tutti i diritti e ragioni ed eccezioni competenti al detto Signor Panattieri per farli valere alla prima riunione della Camera.

Inteso il detto parere del suo comitato, la Camera aderendovi ha senza pregiudizio nelle opposizioni fatte, e di tutti i diritti, ragioni ed eccezioni competenti al detto Signor Panattieri, che rimangono intatti ed illesi per farli valere alla prima riunione della Camera, ha ammesso ed ammette per candidato della città di Calvi il detto Signor Francesco Parodi, il quale dopo aver prestato il giuramento costituzionale deferitogli dal Presidente, ha preso seggio fra i membri della Camera.

Sulla mozione del detto membro Signor Panattieri, a che il di lui competitore debba fra un breve termine produrre la nota dei suoi beni e nominare suoi esperti conformemente al regolamento, la Camera ha deliberato che il Signor Parodi dovrà presentare al segretario la nota de' suoi beni e nominare fra tre giorni i suoi esperti in conformità del regolamento della Camera.

Un altro membro dell'istesso comitato di verificazione ha fatto il rapporto sulla contestazione vertente fra i Signori Casanova e Paoli per secondo membro di Parlamento della pieve di Rogna.

Dopo aver esposti tutti i fatti e le irregolarità commesse dal Podestà della pieve durante l'assemblea nell'avere ammesso li cittadini che non avevano diritto di votare, ed esclusi altri a' quali non si poteva disputare questo diritto, il comitato è stato di avviso che si debba rinnovare l'assemblea della pieve di Rogna, per la nomina del secondo parlamentario, che sarà nondimeno presieduta da un altro Podestà, che verrà dal Re designato.

La Camera, inteso il detto rapporto, considerate le irregolarità occorse nell'assemblea e nella votazione dei cittadini della pieve di Rogna, dichiara illegale la nomina del secondo parlamentario di detta pieve, e quindi sarà rinnovata un'altra assemblea presieduta da quel Podestà, che piacerà al Re di designare, nella quale sarà nominato il secondo parlamentario in conformità delle leggi e regolamenti concernenti le assemblee suddette.

Il Signor Aurelio Aiqui, membro alla Camera per la pieve di Ornano, ha esposto che per le indisposizioni continue di sua salute, non avendo potuto intervenire alle sessioni della prima riunione che ha avuto luogo in Bastia, fu condannato all'emenda di lire due cento pronunciata dalla Costituzione; che in vista di un'impotenza certificata dalle attestazioni dei professori, ha richiesto dalla Camera la revoca della sua determinazione portante la detta emenda.

La Camera, udite le giustificazioni del Signor Aiqui, ha revocata e revoca la sua determinazione dei 31 marzo, con cui il detto Signor Aiqui fu condannato, come assente e non comparente, all'emenda di lire due cento.

Sulla mozione di un membro che ha fatto conoscere quanto sarebbe utile e vantaggiosa l'impressione del Codice delle nuove leggi del Regno, la Camera determina che il governo sarà pregato di ordinare al più presto l'impressione del Codice, e che un esemplare del medesimo venga diretto dal segretario della Camera a ciascuno dei suoi membri.

Il Signor Presidente ha annunciato che essendo ultimate le spedizioni dei decreti fin qui resi dalla Camera, converrebbe di presentarli per mezzo di una deputazione a Sua Eccellenza il Vice Re, per sentire le intenzioni di Sua Maestà.

Nominata quindi una deputazione di dodici membri, sono

stati ad essa rimessi i decreti seguenti, per essere sottoposti alla sanzione reale.

1º Sopra la sospensione del giurato e la nuova istruzione della procedura criminale.

2º Sopra la tariffa dei notari, estimatori, cancellieri, uscieri, avvocati e procuratori.

3º Per la creazione delle communità di Crocicchia e Sichè.

4º Sopra i testamenti, fidecommessi ed altre disposizioni di ultima volontà fatte secondo la legge francese.

5º Sopra l'esenzione dei vini all'uso delle mense regimentali degli ufficiali inglesi.

6º Per lo stabilimento dei Tribunali in Capo Corso e Bonifacio.

7º Sopra la naturalizzazione dei forestieri di già stabiliti nel Regno.

8º Per la recezione degli avvocati.

9º Decreto che aggiunge delle disposizioni all'Atto di Parlamento concernente la gerarchia dei Tribunali sopra gli appelli.

10º Decreto che aggiunge delle disposizioni all'Atto sopra i diritti di entrata e di sortita, concernente la tariffa dei vini neri, ed i contrabbandi delle mercanzie.

11º Decreto che ordina l'esecuzione dell'Atto di Parlamento che autorizza il Re a far arrestare le persone sospette di tradimento e d'intelligenza coi nemici.

12º Sopra le spese ed intrattenimento dei fanciulli esposti

13º Decreto esclaratorio all'Atto sulla promulgazione delle leggi per la trascrizione del solo titolo.

14º Decreto che aggiunge delle disposizioni all'Atto sopra gli abusi campestri per i danni fatti dalle pecore.

15º Sopra il rendimento dei conti di tutti gli amministratori dei fondi pubblici e liquidazione dei crediti.

16º Sopra i depositi ed il corso degli assegnati.

17° Sopra l'imposizione territoriale per l'annata mille sette cento novanta sei.

18° Decreto che ordina la soppressione della giurisdizione contenziosa dei Podestà delle pievi e delle funzioni ed onorari dei loro cancellieri.

19° Finalmente il decreto sopra la sussistenza provvisoria del clero per l'annata 1796.

E poco dopo Sua Eccellenza, essendosi reso nella sala del Parlamento coll'ordinario suo corteggio ed accompagnato dalla suddetta deputazione, e seduto sotto del Trono, ciascun decreto essendo stato rimesso al segretario del Parlamento, che ha fatto lettura del titolo, e Sua Eccellenza avendo detto: *Il Re approva,* sono stati i suddetti dieci nove decreti sanzionati e depositati sopra lo scagno della Camera per avere forza di legge nel Regno.

Dopo la sanzione dei decreti suddetti, è stato annunciato dal segretario di Stato che Sua Maestà prorogava il Parlamento al giorno quindeci del mese di aprile nella città di Corte.

In seguito Sua Eccellenza ha pronunciato il seguente dicorso :

« Signori,

» Mi felicito di riconoscere che per l'effetto dei travagli della Camera e per la buona situazione delle cose pubbliche io posso permettervi di ritornare nel seno delle vostre famiglie, ed ai vostri domestici affari.

» Verun servizio più segnalato poteasi rendere alla vostra patria di quello che risulta dalla saviezza ed unione che la Camera ha dimostrato costantemente nel corso della presente sessione ; Voi avete adempito le speranze ed i voti dei buoni, dissipate le macchinazioni dei maligni, ed influite con una condotta veramente patriottica a dirigere lo spirito pubblico verso l'ordine e l'ubbidienza alle leggi, mezzo unico ed indispensabile per assicurare la pace e promuovere la felicità di questo paese.

» Informerò Sua Maestà dei sentimenti leali che avete dimostrato verso la sua sacra persona, e dello zelo con cui avete travagliato per il bene del suo popolo; mi pregio di assicurarvi della sua soddisfazione reale, e che la condotta commendabile della Camera, vero organo della voce del popolo, sarà un nuovo titolo acquistato dalla Corsica intiera alla benignità e munificenza del Re.

» I poteri straordinari accordati a Sua Maestà saranno sempre impiegati con prudenza e moderazione dal suo rappresentante, ma nel tempo stesso la Camera sarà sodisfatta nel riconoscere la risoluzione in cui siamo di prevalercene nei casi necessari, e di rendere efficaci tutti i mezzi stati conferiti al Governo del Re per il mantenimento della pace pubblica e la salvezza dello Stato. »

Dopo di che Sua Eccellenza essendosi ritirata dalla sala col medesimo corteggio, la Camera si è sciolta, ed il processo verbale della presente sessione è stato chiuso il giorno, mese ed anno suddetti.

Gio: Gius. Mª Vescovo d'Aleria, *Presidente*.
Muselli.

Déposé dans les archives le 24 ventôse an 5.

J. Marchi, *Archiviste*.

TABLE

DES LOIS ET RÈGLEMENTS

VOTÉS PAR LE PARLEMENT ANGLO-CORSE

1795.

20 *Febbrajo*. — Regolamento della polizia della Camera . . Pag.	36
21 *Febbrajo*. — Legge sulla maniera e le forme da praticarsi per la verificazione dei processi verbali attaccati di falsità	50
2 *Marzo*. — Decreto per la creazione di una o più commissioni straordinarie per procedere contro gli accusati di delitto che merita pena afflittiva o infamante	70
7 *Marzo*. — Articoli concernenti la promulgazione degli Atti di Parlamento	82
9 *Marzo*. — Decreto che regola la forma della promulgazione degli Atti di Parlamento, e fissa il termine da cui cominceranno ad essere obligatori	90
9 *Marzo*. — Decreto che regola la vendita del sale	92
10 *Marzo*. — Decreto per autorizzare il Re a poter far arrestare le persone sospette di tradimento	102
10 *Marzo*. — Decreto che sopprime le amministrazioni dei Distretti	104
10 *Marzo*. — Decreto che accorda alla città di Calvi il diritto di avere due rappresentanti alla Camera di Parlamento	106
17 *Marzo*. — Decreto per l'organizzazione delle municipalità. . .	123
23 *Marzo*. — Tariffa per i cancellieri e uscieri delle municipalità del Regno	147
28 *Marzo*. — Decreto per la carta bollata.	160

28 *Marzo*. — Decreto per il miglior governo delle truppe corse di S. M. e per punire gli ammutinamenti e la diserzione . Pag. 162
30 *Marzo*. — Regolamento per assicurare la presenza de' membri alle sessioni della Camera 182
9 *Aprile*. — Decreto per il controllo ed insinuazione degli atti . . 190
13 *Aprile*. — Decreto sopra i diritti di entrata e sortita 202
13 *Aprile*. — Tariffa delle derrate, effetti e mercanzie 233
17 *Aprile*. — Decreto che distrae dalla comunità di Petreto il paese di Bicchisà, e vi crea una municipalità 255
17 *Aprile*. — Decreto sopra i traditori ed emigrati 257
18 *Aprile*. — Decreto che ristabilisce una municipalità nel paese di Fiuminale 263
18 *Aprile*. — Decreto per la creazione di un assessore per ogni giurisdizione 264
20 *Aprile*. — Decreto sopra i fanciulli abbandonati 266
25 *Aprile*. — Articoli da sottoporsi al Papa circa l'esercizio dell'episcopato e altri oggetti di disciplina ecclesiastica 278
25 *Aprile*. — Decreto che fissa le vendite dei beni ecclesiastici fatte in virtù delle leggi francesi, e fissa provvisoriamente la congrua dei curati e vicari 282
1 *Maggio*. — Decreto concernente l'istruzione sopra la procedura criminale 308
2 *Maggio*. — Decreto sopra gli abusi campestri 349
4 *Maggio*. — Decreto che accorda dei soccorsi alle comunità di Farinole e di Cardo, ed a quei cittadini morti o mutilati combattendo per la patria 381
4 *Maggio*. — Decreto sopra i boschi e foreste nazionali 383
4 *Maggio*. Decreto di urgenza che mette in istato di requisizione tutti i marinari del Regno 393
5 *Maggio*. — Decreto che attribuisce al Tribunale Supremo di cassazione, e provvede sopra i giudizi resi dai tribunali esistenti nelle città di Bastia, Calvi e San Fiorenzo, dal 10 aprile 1793 fino alla loro liberazione 396
6 *Maggio*. — Decreto concernente le funzioni e la gerarchia dei tribunali nel civile 402
7 *Maggio*. — Decreto concernente l'amministrazione delle Poste . 422
10 *Maggio*. — Decreto concernente l'amministrazione della marina. 430
11 *Maggio*. — Decreto che stabilisce un controllore ambulante per visitare gli scagni delle dogane etc. 463
12 *Maggio*. — Articoli addizionali al Decreto del 1° maggio sopra la procedura criminale 469

12 *Maggio*. — Decreto sui delitti e pene . . . . Pag. 470
12 *Maggio*. — Decreto sopra l'imposizione delle case appigionate . 500
12 *Maggio*. — Decreto sopra l'imposizione sui fondi in commercio. 503
13 *Maggio*. — Decreto di urgenza per la creazione dei tesorieri del Regno 506
13 *Maggio*. — Articoli per la verificazione dei conti degli amministratori dei fondi pubblici 508
13 *Maggio*. — Decreto sopra l'imposizione territoriale 509
13 *Maggio*. — Articoli concernenti la Sanità 526
13 *Maggio*. — Articolo addizionale al Decreto de' 12 maggio concernente l'Imposizione dei fondi in commercio 527
13 *Maggio*. — Decreto concernente l'acconto da pagarsi sopra l'imposizione territoriale dell'anno corrente 1795 52
13 *Maggio*. — Decreto per rimediare al non controllo di insinuazione degli atti passati dai notari nel tempo dell'antico governo. 529
15 *Maggio*. — Decreto concernente le concessioni fatte ai Signori Ferdinando Agostini e Giovanni Stefanopoli dall'antico governo francese. 532
15 *Maggio*. — Articoli penali addizionali al decreto de' 10 maggio concernente la navigazione e la marina 534
16 *Maggio*. — Articoli addizionali al decreto de' 4 maggio per i soccorsi in favore delle famiglie di coloro che sono morti per la patria. 536
16 *Maggio*. — Decreto concernente la fissazione degli onorari de' diversi impiegati del Regno e delle spese pubbliche. . . . 538
16 *Maggio*. — Decreto concernente l'amministrazione dei beni pubblici. 543
16 *Maggio*. — Decreto d'urgenza che autorizza il Re a fissare i regolamenti per la migliore organizzazione e servizio delle milizie del Regno 550
16 *Maggio*. — Decreto che ordina l'esecuzione degli editti concernenti i battesimi, matrimoni e sepolture, e provvede all'apposizione e levata dei sigilli. 551
16 *Maggio*. — Decreto che autorizza il Re a poter far rientrare le persone designate nel Decreto del 17 aprile prossimo passato . . 552
4 *Dicembre*. — Decreto concernente l'istruzione pubblica 587
5 *Dicembre*. — Decreto concernente i delitti e pene correzionali. 591
10 *Dicembre*. — Decreto sopra la costruzione, riparazione e conservazione delle strade comunali 608
13 *Dicembre*. — Decreto concernente le assemblee pubbliche, gli attruppamenti ed il caso della legge marziale 620

13 *Dicembre*. — Decreto che sospende il giurato e deroga all'Atto di Parlamento del 18 maggio 1795 (Decreto del 1 maggio) concernente l'istruzione criminale . . . . Pag. 626
Altri due titoli dello stesso Decreto 665
17 *Dicembre*. — Decreto sopra la tariffa dei notari ed estimatori . . 670
17 *Dicembre*. — Decreto per la creazione di una nuova municipalità nel paese di Crocicchia ed in quello di Sichè 678
17 *Dicembre*. — Decreto sopra i testamenti e fidecommessi e altre disposizioni di ultima volontà, fatti secondo le leggi francesi. 680
17 *Dicembre*. — Decreto sopra l'esenzione dei diritti d'importazione dei vini per l'uso delle mense regimentali degli ufficiali inglesi al servizio del Re 682
18 *Dicembre*. — Decreto che stabilisce i tribunali in Capocorso e Bonifacio 684
18 *Dicembre*. — Decreto sopra la naturalizzazione dei forastieri di-già stabiliti nel Regno 686
18 *Dicembre*. — Decreto sopra la recezione degli avvocati . . . 687
18 *Dicembre*. — Tariffa dei cancellieri 688
19 *Dicembre*. — Decreto che aggiunge delle disposizioni per gli appelli all'Atto di Parlamento del 18 maggio (Decreto del 6 maggio) sopra la gerarchia dei tribunali 691
19 *Dicembre*. — Decreto esclaratorio alla tariffa dei vini neri al seguito dell'Atto del 18 maggio (Decreto del 13 aprile) sopra i diritti di entrata e sortita 693
19 *Dicembre*. — Decreto che ordina l'esecuzione dell'Atto del 31 marzo 1795. (Decreto del 10 marzo) con cui il Re viene autorizzato a poter far arrestare le persone sospette di tradimento. 695
19 *Dicembre*. — Decreto sopra le spese e l'intrattenimento dei fanciulli esposti 696
20 *Dicembre*. — Decreto esclaratorio dell'Atto del 31 marzo (Decreto del 9 marzo) che regola la promulgazione degli Atti di Parlamento 702
20 *Dicembre*. — Decreto che aggiunge una disposizione all'Atto di Parlamento del 18 maggio (Decreto del 2 maggio) concernente gli abusi campestri 703
21 *Dicembre*. — Articolo addizionale al Decreto de' 19 dicembre sopra l'intrattenimento de' fanciulli esposti 706
21 *Dicembre*. — Tassa degli uscieri 707
21 *Dicembre*. — Tassa degli onorari degli avvocati e salario dei procuratori 708

21 *Dicembre*. — Decreto sopra il rendimento dei conti di tutti gli amministratori dei fondi pubblici e la liquidazione dei crediti. 710
21 *Dicembre*. — Decreto sopra i depositi degli assegnati. . . . 713
22 *Dicembre*. — Decreto sopra l'imposizione territoriale per l'anno 1796 715
22 *Dicembre*. — Decreto che sopprime la giurisdizione contenziosa attribuita ai Podestà delle pievi, e le funzioni e gli onorari dei loro cancellieri. 716
22 *Dicembre*. — Decreto sopra la sussistenza provvisoria del clero per l'annata 1796 717

TABLE
DES NOMS PROPRES

A

Agostini Domenico Andrea, pag. 505.
Agostini Ferdinando, 11, 526, 532, 567.
Aiqui Aurelio, 11, 185, 186, 567, 570, 720.
Alessandri Antonio, 14, 77, 570.
Alessandrini Simone, 13, 87, 198, 568.
Andriani, 603.
Angeli (Carlo d'), 182.
Angeli Giuseppe Maria, 6, 13, 27, 42, 87, 569.
Antonetti Gio : Brando, 13, 87, 568.
Antonetti Innocenzo, 188.
Antonsanti Ponziano, 12, 16, 87, 262, 567.
Argiusta e Moriccio, villages, 429.
Arrighi, 82.

B

Balestrino Pietro Antonio, 4, 12, 33, 35, 42, 68, 115, 274, 567.
Balisoni, 122.
Barreni, 587.
Bartoli (fratelli), 669.
Bartoli Domenico, 277.
Battesti Gio : Battista, 12, 60, 74, 115, 276, 567.
Belgodere Ludovico, 12, 27, 35, 42, 115, 568, 573, 578.

Belvedere, village, 585, 700.
Benedetti, 32, 46, 77.
Berguen (Francesco Van), 393.
Bernardini Marc'Antonio, 13, 115, 276, 568.
Bertolacci Pasquale, 4, 12, 31, 35, 42, 68, 115, 274, 567.
Beveracci Antonio, 531.
Bichisà, village, 64, 82, 250, 253, 255, 421.
Biguglia Francesco Antonio, 505.
Bisinchi, village, 584.
Bonaldi Gio : Girolamo, 12, 16, 42, 115, 167.
Bonavita Nicolò, 272, 404.
Bonelli Orso Santo, 13, 111, 118, 568.
Bozio, pieve, 619.
Brandi, 6, 111, 145, 569.
Buonaccorsi Felice Carlo, 348.

C

Calvi, discussion sur le droit de cette ville à avoir des députés, 57 à 59.
Campile, village, 669.
Canale, village, 583.
Canazzi, 122.
Canioni Matteo, 12, 145, 156, 568.
Capucins (religieux) 606.
Carbini, pieve, 669, 685.
Carbonaccia, village, 182, 254, 263.
Cardo, village, 181, 182, 303.
Carlotti Anton Francesco Luigi, 13, 111, 145, 568, 578.
Casalino, village, 590.
Casanova Giulio Antonio, 13, 145, 152, 153, 157, 247, 343, 568, 585, 719.
Casanova Pietro, 562, 568.
Casella Giacomo, 664.
Celani Tomaso, 4, 14, 112.
Chiurline (étang de), 122.
Ciavaldini, Luigi, 4, 6, 12, 42, 44, 567.
Colonna Anton Santo, 13, 568.
Colonna Bozzi Giuseppe Maria, 11, 33, 112, 113, 114, 115, 144, 567.
Colonna Ceccaldi Durabile Maria, 14, 63, 78, 156, 570, 584.
Colonna Ceccaldi Francesco Saverio, 14, 80, 570.

Colonna Cesari Pietro Paolo, 14, 569, 580.
Colonna Francesco Antonio, 11, 60, 566.
Colonna Gio : Francesco, 13, 568.
Colonna Istria Paolo Agostino, 13, 42, 64, 82, 569.
Colonna Leca Simone, 14, 569, 580.
Colonna Mercurio, 569, 570, 586.
Confortini Francesco, 13, 69, 121, 562.
Costa, village, 700.
Cristofari Pietro Felice, 12, 567.
Crocicchia, village, 590, 678.
Cuneo d'Ornano, 3, 15.

D

Dundas, (général anglais), 152, 275, 581.

E

Elliot, vice-roi, ouvre la session du Parlement, 6, — texte de sa commission, 16 à 23, — son message au Parlement, 86, — autre message, 150 à 152, — prié de reconnaître le pavillon corse, 200, — autre message au Parlement, 465, — clôture la première session, 557, — ouvre la seconde session, 562, 566, 577, — message au Parlement, 618, — clôture la deuxième session, 722.
Emanuelli Angelo Luigi, 12, 60, 75.
Evisa, village, 118, 602, 709.

F

Fabiani Giovan Francesco, 75, 108, 117, 159, 249, 568, 700.
Farinole, village, 182, 198, 303.
Ferrandi Marc' Antonio, 4, 12, 31, 42, 60, 254, 262, 567, 573, 578.
Ferri Pisani, 6, 10, 11, 35, 42, 53, 56, 567, 583.
Figarella Francesco, 13, 568.
Figarelli (fratelli), 300.
Fiuminale, village, 254, 263.
Fiumorbo, pieve, 678.
Franceschetti Francesco, 14, 67, 68, 570.
Franceschini Anton Francesco, 12, 31, 68, 567, 578.

Franzini Domenico, 12, 31, 42, 145, 263, 567, 578.
Frasso, village, 584.
Fraticelli Giulio Francesco, 13, 107, 568.
Frediani Francesco Saverio, 4, 12, 42, 567, 573, 578.
Furiani, village, 248.

G

Gabrielli Tommaso, 590.
Gaffaioli Ludovico Santo, 12, 156, 567.
Gafforj Francesco Antonio, 13, 31, 144, 568.
Galloni, 122.
Gavini Dionisio, 12, 567, 573, 670.
Gavini Paolo, 13, 42, 274, 569, 578.
Giacobbi, 111.
Giacomoni Giacomo Francesco, 13, 31, 80, 188, 569.
Giafferri Agostino, 5, 10, 11, 27, 561, 567, 570, 580.
Giampietri, curato di Gavignano, 462.
Giampietri Pasquino, 4, 6, 12, 567, 580.
Giorgi Nicolò, 13, 42, 568.
Giralt Stefano, 393.
Giudicelli, giudice di pace, 570.
Giudicelli Gio : Andrea, 704.
Giudicelli Pietro, 12, 16, 253, 568, 585.
Giudicelli Pietro, 607.
Giuliani Giovanni, 12, 304, 568.
Granace, village, 664.
Graziani Giovanni Agostino, 602, 700.
Graziani Vittore, 12, 252, 277, 568.
Grazietti, 111.
Grimaldi Agostino, 13, 16, 118, 568.
Grimaldi Luciano, 13, 188, 272, 401, 569.
Griscelli Angelo Giuseppe, 13, 111, 118, 568.
Grisoni Martino, 700.
Guasco (Mgr), évêque de Sagone, 184, 430, 569, 584.
Guasco Antonio, 590.
Guasco Anton Battista, 122.
Guernes (Mgr) de), Giuseppe Maria, 561, 562, 567, 570.
Guglielmi Francesco Maria, 13, 252, 276, 568.
Guitera Pasquino, 3, 15.

H

Hood, (amiral auglais), 152, 275, 581.
Hotham (vice-amiral, 151, 181, 196, 197.

I

Isola Rossa, 606.
Istria Giuseppe Antonio, 570.
Istria Serafino, 569, 578.
Italiani Antonio Maria, 570.

L

Lano, village, 700.
Leca Domenico, 617.
Leca Filippo Maria, 14, 67, 68, 252, 570.
Leoni Gio : Battista, 6, 12, 35, 42, 88, 252, 668.
Lepidi Carlo, 12, 567.
Limarola Giabico, 13, 31, 277, 569, 580.
Lota, village, 248.
Lucciardi Paolo Maria, 118.
Luporsi Giannesino, 12, 189, 567.

M

Marcantoni Angelo Matteo, 12, 123, 567.
Marchetti Ludovico Maria, 12, 270, 567, 585.
Marchioni Carlo Filippo, 13, 152, 153, 188, 271, 568, 578.
Mariani Marc' Angelo, 68.
Marini Paolo, 12, 69, 568.
Mariotti Angelo, 13, 109, 271, 569, 578.
Mariotti Giulio, 13, 580.
Martinetti Natale, 12, 198, 567.
Massimi Carlo Simone, 119.
Massimi Francesco Antonio, 67, 68.
Mattei Giuseppe Antonio, 12, 108, 271, 568.
Mattei Giuseppe Maria, 12, 568, 585.
Mattei Paolo, 12, 33, 42, 108, 271, 568.

Mattei Sebastiano, 11, 35, 42, 567, 578.
Melgrani Francesco, 11, 65, 567.
Moore, colonel anglais, 154.
Morati Achille, 13, 580.
Morati Paolo Francesco, 664, 700.
Morlas Giuseppe, 79.
Muselli Andrea, secrétaire du Parlement, 16.

N

Natali, 74.
Natali Gio: Paolo, 603.
Negroni Pasquale, 6, 12, 35, 42, 466, 568, 573, 578, 583.
Nicolai Gio: Francesco, 12, 27, 35, 262, 567.
Nicolai Giulio Francesco, 13, 107, 561, 568.
Nicolai Giuseppe, 582.
Nicolai Rocco, 12, 16, 568.
North, secrétaire d'Etat, 581, 583.
Novepiane, village, 590.

O

Olmeta arcidiacono, 582, 700.
Olmeta, village, 602.
Olmeto, village, 700.
Orabona Don Pietro, 12, 60, 568.
Ordioni Pietro, 6, 13, 42, 568
Ornano Antonio, 6, 11, 15, 80, 188, 567.
Orneto, village, 182, 254, 263.
Orsini (sorelle), 148.
Orsini Orso Taddeo, 13, 16, 569.
Orticoni Giorgio, 607.
Ortoli Saverio, 13, 569.
Ottomani Gio: Marco, 12, 74, 269, 277, 567.

P

Pajanacci, 122.
Panattieri Francesco Benedetto, 4, 12, 13, 23, 27, 31, 35, 42, 44, 53, 55, 466, 568, 718, 719.

Paoli Anton Pietro, 13, 569.
Paoli Brandizio, 4, 14, 42, 569.
Paoli Giovan Antonio, 536.
Paoli Orso Giovan, 348, 585, 719.
Paoli Pasquale, 12, — nommé président du Parlement, 15, — son refus, 25, — inauguration de son buste, 43, 52, 53, 83, 84, — proposition de lui former une compagnie, 117, — 428.
Paoli Simone, 14, 46, 47, 48, 198, 569.
Parodi Antonio, 12, 75, 108, 157, 159, 249.
Parodi Francesco, 568, 706, 718, 719.
Pasqualini Giacomo, 12, 27, 35, 42, 144, 303, 568.
Penta, village, 531.
Peraldi Antonio, 11, 25, 567, 585.
Peraldi Giovanni, 11, 25, 567.
Peraldi Mario Giuseppe, 3, 4, 11, 31, 35, 42, 566, 578.
Peretti Don Giacomo, 13, 115, 569, 578.
Peretti Don Giuseppe, 13, 569.
Peretti Giovanni, 13, 149, 569, 586.
Peretti Giovan Battista, 115.
Peretti Pietro Maria, 683.
Petreto, village, 64, 82, 250, 255, 421.
Petriconi Baldassare, 13, 569.
Pianelli, 122.
Piano, village, 394, 421.
Piazza Natale, 13, 569, 573.
Pietri Agostino Orso, 148.
Pietri Giambattista, 13, 80, 188, 263, 569, 580.
Pietri Paolo Francesco, 569, 570.
Pinelli (de Guagno), 582, 700.
Pinelli Giovanni, 119.
Pinelli Gio : Pietro, 46.
Poggi (i) di Micoria, village, 590.
Poletti Carlo Francesco, 12, 568.
Poletti Giuseppe Maria, 155.
Pomonti Antonio, 300.
Ponte Giacomo Maria, 395, 537, 683, 700.
Pozzodiborgo Carlo Andrea, 4, 11, 27, 34, 35, 42, 44, 53, 55, 466, 568, 718, 719.
Prato di Giovellina, village, 272.

Q

Questa Ottavio, 12, 568, 602.

R

Renucci Giuseppe Maria, 12, 75, 123.
Renucci Tommaso, 12, 43, 568.
Rinaldi Angelo, 148
Rinaldi Tommaso, 148.
Roccaserra Gio : Paolo, 4, 13, 35, 42, 60, 107, 251, 300, 301, 569.
Rogna, pieve, 720.
Rossi (conte), 705.

S

Sabbiani Gio : Francesco, 6, 11, 42, 144, 567.
Saint-Clair, 564.
Saladini Anton Vincenzo, 12, 85, 568.
Saliceti Gio : Giacomo, 13, 60, 78, 569, 586.
Saliceti Orlando, 78.
Saliceti Pietro, 13, 60, 88, 255, 569.
Saliceto, village, 584.
Salini, 669, 700.
Sammarcelli Quilico, 304.
Sandamiani Santo, 11, 64, 66, 567.
Sanguinaires (îles) 395, 537.
Santini (Mgr), 569, 580, 583, 691.
Santini Orso Leone, 13, 188, 568.
Santucci Gio : Michele, 156.
Sari, village, 430.
Serra Giacomo Antonio, 14, 42, 569.
Simoni Giuseppe, 13, 42, 44.
Stefanopoli Giovanni, 6, 14, 31, 42, 45, 46, 63, 76, 77, 78, 263, 526, 532, 570, 578.
Stuart, général anglais, 152, 275, 581.
Susini Paolo, 197, 274, 569, 573, 578.
Suzzarelli Antonio Maria, 14, 185, 186, 187, 569.

T

Tarano, village, 700.
Tartaroli, 3, 15.
Tartaroli Gio : Battista, 704.
Tasso Antonio, 112, 113, 114.
Tavera Santo, 14, 266, 567.
Tognon Francesco, 683, 705.
Torre Francesco Maria, 12, 568.

V

Valentini Francesco, 12, 74, 277, 400, 567.
Velone, village, 182, 254, 263.
Verclos (Mgr de), Ignazio Francesco, 561, 568, 583, 616.
Versini Antonio, 14, 82, 83, 570.
Vicinato, village, 584.
Viggiano, piève, 683.
Ville, village, 248.
Ville di Balagna, village, 462.
Villettes, colonel anglais, 152, 275.
Vincenti Paolo Andrea, 75.
Vinciguerra Alessandro, 12, 35, 42, 567, 585.
Virgitti Giuseppe Maria, 11, 567.
Vittini Bartolomeo, 12, 567.
Vittini Giacomo Maria, 13, 569.

Z

Zerbi Paolo, 13, 25, 568, 586.

PROCÈS-VERBAUX
DES SÉANCES DU PARLEMENT ANGLO-CORSE

ERRATA

	Au lieu de	Lisez
Page	11, l. 19, Maria	Mario
	12, l. 26, Amia	Olmia
	12, l. 24, Giuseppe Maria Mattei	Giuseppe Maria Massei
	13, l. 21, Giacomo Maria Vittini	Angelo Mariotti.
	13, l. 22, Paolo Gavini	Giacomo Maria Vittini
	13, l. 23, Angelo Mariotti	Paolo Gavini
	16, l. 2, Anton Santi	Antonsanti
	59, l. 19, proposizione	proporzione
	62, l. 5, legalità	la legalità
	62, l. 22, prescrisse	prescrisse agli opposti
	68, l. 27, Moriani	Mariani
	79, l. 1, 8, Sanoni	Simoni
	87, l. 14, An'on Santi	Antonsanti
	89, l. 12, scegliere	sciogliere
	107, l. 21, 25, Fratinelli	Fraticelli
	122, l. 15, Olmeta	Olmeto
	134, l. 18, al Re	al reo
	140, l. 2, somme	forme
	158, l. 14, restanta	restanti
	201, l. 15, esecuzione	esenzione
	206, l. 19, asporteranno	esporteranno
	207, l. 8, asportare	esportare
	207, l. 12, asportazione	esportazione
	220, l. 25, I direttori o proposti	Il direttore o proposto
	248, l. 29, tersa	terza
	284, l. 20, preti	periti
	289, l. 18, Foricolo	Forciolo
	292, l. 32, Casata,	Casalta
	294, l. 9, Vigica	Pigna

294, l. 15, Ocè	Occi
296, l. 24, Alzida	Alzi
208, l. 5, Altagine	Altagene
298, l. 24, Vicconello	Viggianello
299, l. 20, Balagna	Balogna
299, l. 30, Rosario	Rosazia
315, l. 4, ci si rendano	ordineranno che ci si rendano
344, l. 4, avvocati presenti	accusati presenti
393, l. 5, Stefano Giralt	Stefano Carà
396, l. 13, 19 aprile 1792	19 aprile 1793
401, l. 4, Caccia	Canale
405, l. 11, il foro del Re	il foro del reo
425, l. 11, e dui	e dieci
432, l. 9. dare il giro	fare il giro
433, l. 6, detti registri	sette registri
443, l. 22, per fare acqua	o fare acqua
465, l. 26, quinto	quarto
535, l. 23, Casinca	Coasina
563, l. 28, 29, qualvoltà	qualvolta
565, l. 8, principi	principj
568, l. 12, Giuseppe Maria Mattei	Giuseppe Maria Massei
569, l. 8, Giacomo Maria Vittini	Angelo Mariotti
572, l. 22, muniti	uniti
581, l. 25, dal	del
582, l. 28, goderà	godeva
585, l. 34, Mattei	Massei
587, l. 22, Camera	Maestà
596, l. 22, ammonizione	ammossione
668, l. 8, esecuzione	esenzione

www.ingramcontent.com/pod-product-compliance
Lightning Source LLC
Chambersburg PA
CBHW060904300426
44112CB00011B/1341